ESSAI

D'UN

SISTEME NOUVEAU

CONCERNANT

LA NATURE

DES

ETRES SPIRITUELS,

TOME SECOND.

Qui renferme principalement la Défen-
se ou l'Apologie de Mr. Locke.

A NEUFCHATEL,

De L'imprimerie des Editeursdu
Journal Helvetique.

M DCC XLII.
Avec Aprobation

INDICE

DES PIECES CONTENUES
dans le second Tome.

a 2   Ou-

a 3

PREFACE.

JE dois juger, que la plûpart de mes Lecteurs trouveront que je me fuis trop étendu, dans le Difcours préliminaire, que j'ai mis à la Tête du prémier Volume de mon Ouvrage. Je ne faurois cependant me difpenfer de revenir à la charge, en le priant, de n'envifager ce fecond Volume & ceux qui le fuivront, que come un Recueil de diférentes Penfées fur la nature des Etres fpirituels & fur les Queftions qui *L'Ou-* en dépendent*. J'ai doné le Titre d'Ef-*vrage de* fai à ce que je viens de publier fur ce fu-*l'Au-* jet, pour faire fentir qu'on ne dóit pas *teur ne* s'atendre à un Ouvrage régulier, où à *doit être* un Siftème qui foit expofé & démontré *envifagé* méthodiquement & dans toutes les for-*que come* mes. Nous ne faurions faire violence à *un Recu-* nôtre Genie. Le mien m'a forcé à fui-*eil de di-* vre ce qu'il y a d'irrégulier dans la mé-*férentes* thode d'écrire de *Montagne*, fans pou-*Penfées* voir efpérer d'atéindre au folide d'un des*fur la*

a 4. *Ef- nature*

des Etres spirituels, & sur les questions qui en dependent.

Esprits les plus étoffés qui ait jamais paru dans la République des Lettres. Il est vrai, que si j'avois une dizaine d'Années de moins, j'aurois fait des eforts sur moi pour éviter le reproche d'inexactitude qu'on est en droit de me faire. Mais dans cette circonstance il m'a falu opter, ou de doner mon Ouvrage tel qu'il est, & tel que je le donerai encore, ou de le suprimer tout a fait.

„ C'est ce dernier parti qu'il faloit „ prendre, *me dira-t'on*, plûtôt que d'em„ barasser le Lecteur, qui par la manié„ re confuse, dont vous traités vôtre su„ jet, ne sera jamais en état de se former „ des idées netes & distinctes de ce que „ vous avés entrepris de traiter, ou tel„ les que l'importance du sujet le deman„ deroit. Je n'ai rien à répondre à cela. C'est une question que je dois laisser décider au Lecteur indulgent ; mais qu'il me soit permis de dire, que j'ai crû pouvoir me servir à cet égard de ma Liberté naturelle, laissant aussi à chácun la sienne.

Il est vrai, qu'une Méthode réguliere done une grande facilité au Lecteur, pour se mettre au fait de tout ce qu'on veut lui faire comprendre. Mais il est vrai aussi que souvent les Méthodes les plus

plus éxactes font les plus fteriles & les plus languiffantes : L'enchainement & les inutilités qu'on y met, délaïent trop le fond des chofes & le rendent infipi- de ; au lieu que l'Efprit ne fe fentant point gêné, done une force à fes pro- ductions, qui peut faire regagner d'un côté, ce que par le défaut d'un ordre éxact, il auroit fait perdre de l'autre.

Quelques Perfones qui ont vû le pré- mier Volume de mon Ouvrage m'ont dit, qu'il eut été à fouhaiter, que j'euf- fe doné un Précis clair de ce que j'ai entrepris de déveloper dans mon Siftè- me Nouveau, & cela dans un enchai- nement qui pût faire conoître, que ce que je prétens établir n'eft pas pure Hi- pothéfe, en atendant que dans la fuite je done des preuves convaincantes de ce que je veux combatre ou foûtenir.

J'ai trouvé cette Demande fort jufte, & come il eft encore tems d'y fatisfaire, je dirai, que je fonde mon Siftème nou- veau fur les Propofitions fuivantes con- cernant les Etres fpirituels, & en parti- culier la nature de nôtre Ame, & fur les queftions qui en dépendent.

I. PROPOSITION. L'Home eft un com- *Precis du* pofé de deux Parties principales diféren- *Siftème* tes, dont la plus noble peut éxifter in- *Nouveau*
de-

dependamment de l'autre : Elle exiftera
même éternellement.

Cette Propofition n'a pas befoin de preuve.

J'ai dit dans le prémier Volume de
mon Ouvrage, que je ne l'ai entrepris
qu'en faveur de deux fortes de Perfones,
qui font 1°. Les Pirrhoniens de bone
foi. 2°. Ceux qui font encore Table-
rafe à l'égard des Matiéres dont il eft
queftion, & qui par conféquent n'ont
point pris parti encore. Je demande aux uns & aux autres, d'admettre feulement cette prémiere Propofition,
de comparer enfuite atentivement les
trois Siftèmes précédens avec le mien,
& d'opter.

II. Les Propriétés & les fonctions que
nous atribuons tous à l'Ame, à cette
partie la plus noble de l'Home, ne fauroient être conçues dans un Etre abfolument non étendu.

*Cette Prop. fera pleinement prouvée dans ce
fecond Volume, & dans les fuivans.*

III. Nous ne faurions nous former aucune idée *pofitive* de quelqu'Etre que ce
foit, réellement exiftant & abfolument
non étendu. Ces fortes d'Etres ne
font donc que des fictions de l'Efprit
humain, des Etres de raifon.

IV. La Révélation ne fait aucune mention

tion de l'exiſtence de ces ſortes d'Etres.
Elle ne fait que diſtinguer les Etres en
inviſibles & impalpables, & en viſibles &
palpables à nos ſens groſſiers, en mortels & en immortels.

*C'eſt à ceux qui ſoûtiennent l'afirmative,
l'Exiſtence des Etres abſolument non étendus,
à la prouver. Ils ne la prouveront jamais.
Donc la troiſiéme Prop. eſt cenſée prouvée encore, independamment des raiſons que j'ai donées, & que je donerai, ſur leſquelles je fonde
la Negative. Donc*

V. Nôtre Ame ne peut être conçue
ſans Etendue réelle.

*Cette Conſéquence réſulte naturellement des
Prop. 2. 3. 4. d'autant qu'il n'y a abſolument
point de milieu entre l'étendue réelle & la
Non étendue.*

VI. *Cela étant,* on peut dire, que cette
étendue réelle conſiſte dans un Corps
ſpirituel; c'eſt à dire, inviſible, impalpable, à nos ſens groſſiers, indiviſible,
immortel; dans un Corps organiſé, qui
en cette qualité eſt la Cauſe matérielle,
inſtrumentale & *ſine quâ non* de la Puiſ-
ance active & paſſive, ou de toutes les
modifications de l'Ame.

*Les proprietés & les diférentes fonctions
que nous atribuons à l'Ame, font voir, que*
cet-

cette. étendue réelle ne sauroit être envisagée.
autrement.

VII. La Puissance active & passive de
l'Ame resulte du Soufle Divin, (*Gen.* ii. 7.)
dont Dieu a animé le prémier Etre humain crée.

VIII. Ce Soufle Divin est un Principe de Vie, qui en vertu de la Volonté
& de la Toute Puissance Divine, come
cause instrumentale & *sine quâ non*, met
l'Ame humaine douée de ce Corps spirituel (§. 6.) & de ce Soufle, en état
d'exercer cette Puissance active & passive.

IX. Ce Soufle Divin n'est pas un Principe actif par lui même, un Etre crée,
ou une substance.

X. Il n'est que mode dans sa maniér-
re d'être; c'est une modification ou pour
mieux dire, une Emanation immédiate
& constante de la Divinité même, sans
que pour cela elle perde rien de sa substance réelle.

Les Prop. 6. *à* 10. *sont fondées sur les*
précédentes 2. 3. 4.

XI. Ce même Principe done respectivement le mouvement & la vie à tous
les Etres insensibles & sensibles dont
l'Univers est composé.

Cette Proposition est fondée.

1º. *Sur les diférens Passages de l'Ecriture*
Sainte raportés dans le prémier Volume, &

dont une partie sera expliquée dans les Vol. II. III, & les suivans.

2. Sur ce grand Principe, qu'il est digne de l'Etre Suprême de faire par les Voïes les plus simples tout ce qu'il fait.

3. Elle prévient toutes les dificultés touchant la nature ou l'Ame des Bêtes & leur destinée.

XII. La Propagation des Ames humaines dans la Postérité d'*Adam* a lieu à l'instar de celle du Corps grossier, & se fait quant au Corps spirituel par *formation*, & quant au Principe de Vie par *Comunication*.

Cette Proposition pare à toutes les dificultés insolubles dans les diférentes autres Hipothèses, concernant la prétendue création & distribution des Ames humaines.

XIII. L'Ame ou l'Etre humain ne vient au Monde que come Animal, avec de simples capacités vuides.

XIV. Sa Raison & sa Personalité * se forment par degrés, par l'exercice de cette capacité, & par le concours des sens extérieurs, avec les sens intérieurs spirituels de l'Ame.

XV. La diférence qu'il y a entre l'Home & les Bêtes consiste 1°. En ce que le

* La Personalité est l'état de l'Home fait, de l'Home intelligent, capable de Loi, & de Jugement, de récompense ou de punition, de bonheur ou de misère.

le Prémier au moïen d'une organifation plus fine & peut être plus compofée, a la capacité de former des fons articulés diftincts, pour fe faire entendre à foi même & aux autres, & dans celle, de former des idées abftraites nominales ; capacités qui font le fondement de la *Perfonalité*. 2o. Cette diférence eft établie en vertu des *Caufes finales*.

XVI. Toutes les idées de l'Ame ont une réalité efective. L'Efprit eft *paffif* dans la réception de celles qui lui viennent du dehors, & *actif* en formant les idées abftraites nominales &c.

XVII. L'Immortalité de l'Ame eft uniquement fondée fur la Volonté & la Toute Puiffance de l'Etre fuprême, come la certitude l'eft fur fa véracité.

XVIII. L'Etre fuprême eft réellement étendu dans fa divine maniére d'exifter, quoi qu'incomprehenfible à nos lumiéres foibles & bornées.

Cette Propofition eft fondée fur la Révélation même, fur l'immenfité réelle qu'elle atribue à cet Etre des Etres, & fur l'Activité de fa Toute Puiffance. Elle refulte d'ailleurs des §. 3. 4.

XIX. Tous les autres Etres fpirituels au deffus de la Nature humaine, font réellement étendus.

Cette Prop. refulte des §. 2. 3. 4. 18. Elle rend *sensible l'Activité de ces Etres*, & *la Comunication qu'il y a entre eux*, *inexplicable dans les autres Sistèmes*.

XX. L'Espace pur ou l'Espace immense existe : Il est une suite de l'Existence & un Domaine éternel de l'Etre suprème : Il a la capacité de contenir les Corps, & d'être la Cause *sine quâ non* de leurs mouvemens.

XXI. Ce qu'on apelle *mouvement*, le mouvement local, est un éfet ou une modification de la *Puissance*, qui reside originairement dans l'Etre suprème, & qui en est l'unique source.

XXII. Tous les Mouvemens des Corps insensibles procedent immédiatement & uniquement de cette Puissance. §. 11.

XXIII. La Puissance active & passive dont les Etres sensibles sont doués, & qui opere respectivement leur *perceptivité* & leur *motivité*, leurs Pensées, leurs Actions phisiques & morales, est un Don que Dieu leur fait immédiatement, & d ont, dans l'ordre de ses Décrets éternels, il est le Conservateur actuel. Dans les Etres raisonables, c'est un Moïen, un Depôt que Dieu leur confie, & de l'usage duquel il les rend responsables

Cette Proposition établit la liberté de ces Etres.

Le

Le Sistême Nouveau renferme plusieurs autres Propositions, qui resultent des premiers Principes établis, & qu'il est inutile de raporter ici; Elles trouveront leur place dans le Corps & dans la suite de cet Ouvrage.

Ce qui pourra paroitre *hipothétique* dans plusieurs des Propositions exposées, n'est pas proprement tel. Ces Propositions sont des suites ou des conséquentes de ces premiers Principes, fondées sur la nature des choses dont il s'agit, & come telles, elles peuvent passer pour vraies, aussi long-tems qu'on n'aura pas démontré par des raisons & par des preuves convaincantes, qu'elles sont inadmissibles.

Ce qui n'est pas assés clair ou assés évident dans ces diférentes Propositions, ce qui a besoin de preuve, sera suffisamment dévelopé dans ces Tomes II. III. & dans la suite de cet Ouvrage, si Dieu me done assés de santé & de vie pour l'achever.

„ C'est ce précis que vous devriés avoir
„ fait au comencement de votre Entre-
„ prise, & le prendre pour regle, *pourrs*
„ *on me dire, afin* d'expliquer & de
„ prouver vos Propositions les unes après
„ les autres, faire voir les liaisons qu'el-
„ les ont entre elles, & établir sur ce pié

„ là l'évidence ou la probabilité de vôtre
„ Siltème. J'en conviens: Mais je prie le
Lecteur de se souvenir de ce que j'ai
exposé dès l'entrée de mon Discours préliminaire sur ce qui a ocasioné l'Ouvrage
que je done présentement. En comen-
çant à mettre la main à la plume, il n'é-
toit nullement question de déveloper un
Siltème dans les formes, par les raisons
que j'ai alléguées; il ne s'agissoit que de
la Defense de M. *Locke* contre les imputations odieuses de l'Auteur du *Pour &*
Contre, que je m'étois proposé de publier
sous le Titre d'*Apologie* de ce célèbre
Philosophe Anglois. Cet Ouvrage aïant
doné lieu ensuite aux Eclaircissemens contenus dans le troisième Volume, j'ai crû
devoir consulter sur l'un & l'autre un
Philosophe de mes Amis trés capable de
juger sur ces sortes de matiéres. Il me
conseilla de ne pas tarder à mettre au
Jour ces deux Parties, précédées par les
Piéces que j'avois envoïées à la *Societé*
Roïale de Londres, qui renferment un Plan
ou un Abrégé de mon Siltème avec le
Jugement qui en a été fait par ordre de
cet Illustre Corps, & ma Réponse. C'est
donc en suivant le Conseil de cet Ami,
que j'ai pris ce parti, en intitulant ces
trois Volumes d'*Essai d'un Siltème nouveau*.

Tom. II.　　　　b　　　　Je

Je conviens que ce Titre, & ce que je n'ai fait entrevoir qu'en Abrégé dans le premier Volume, auroit demandé un Developement Méthodique ; mais pour cet éfet il auroit falu refondre entiérement tun Ouvrage qui étoit déja achevé. Or me rouvant dans le Cas de ce Pape,* qui difoit à fes Neveux: *Sbrigatevi cariffimi figliuoli: Sono ventitrè hore & mezza;* je n'ai pû gagner fur moi d'entreprendre un travail fi long & fi pénible. J'efpere donc, que vû cette circonftance, le Lecteur aprouvera que je done mon Ouvrage tel qu'il eft, plûtôt que de rifquer de ne le doner jamais. Mais pour faire voir qu'en cela je n'ai pas fuivi tout à fait mes propres idées, je raporterai ici le fentiment d'un autre Philofophe de mes Amis, auffi refpectable par fon grand fens, que par fon favoir éminent; c'eft ce Savant dont j'ai parlé dans mon Difcours preliminaire, qui m'a fait des objections importantes fur toutes les Piéces que je lui avois comuniquées, auxquelles je me propofe de répondre dans le quatriéme Volume de cet Ouvrage. Aïant confulté cet Ami fur ce qu'il convenoit de faire en cette ocafion, voici ce qu'il me répondit en autant de termes :

„ Je vous confeille de ne plus penfer

„ au

* *Alexandre VIII.*

„ au grand Ouvrage, à un Ouvrage, dont
„ l'Arrangement & la Méthode vous cou-
„ teroient trop de tems, & vous ferés fa-
„ gement. C'eſt une peine immenſe que
„ de refondre des Méditations de tant
„ d'Années. Des Diſſertations détachées
„ par forme de Lettres ne feront qu'un
„ Jeu pour vous, & moïennant cette voïe
„ abregée, nous aurons tout le fruit de
„ vôtre travail. Je compte pour rien,
„ les irrégularités & les répétitions dans
„ des ſujets de cette nature : Les répéti-
„ tions ſervent à inculquer les Idées avec
„ lesquelles on n'eſt point familiariſé. En
„ tout cas, ſi c'eſt un Inconvénient,
„ nous en ſomes dédomagés par le plaiſir
„ d'aprendre tant de Vérités neuves &
„ intereſſantes. Je ne vous reprocherai
„ donc pas les répétitions & les prolixi-
„ tés : Outre qu'elles ſont ici néceſſaires
„ & inévitables, je les paſſe toutes les
„ fois qu'on me done d'excellentes cho-
„ ſes. Je vous avertis ſeulement de ne
„ laiſſer point d'équivoque dans vôtre
„ Siſtème, d'expliquer ſi clairement vos
„ penſées qu'on ne puiſſe s'y méprendre ;
„ de bien digérer l'obſcur de ce qui eſt
„ clair dans les queſtions que vous trai-
„ tés ; de faire, ſur tout, vos éforts pour
„ montrer, qu'il eſt probable au moins,

„ que

„ que l'Etendue réelle & la faculté de
„ penfer avec ce qui en dépend, ne font
„ pas incompatibles dans un même fujet:
„ Car je trouve que c'eſt-là le *Noeud Gor-*
„ *dien.* S'il faut recourir à la Puiſſance
„ de Dieu, à la bone heure; mais ſi l'on
„ rendoit la choſe feulemeut vraiſembla-
„ ble, alors je ſignerois que vôtre Siſtème eſt demontré à rigueur: Car je ne
„ vois pas qu'on puiſſe conteſter l'Eten-
„ due de l'Ame, après avoir lû vos rai-
„ ſons.

Je crois avoir ſatisfait à ce que ce Savant a éxigé de moi; & ſi je n'ai pas
doné des preuves aſſés fortes dans les
Volumes II. & III. de cette compatibilité
de l'Etendue, avec la faculté de penſer
dans un même fujet, j'y fuplérai dans le
IV. qui doit les ſuivre, à l'ocaſion même des
objections de ce Philoſophe, & cela d'une
manière qui achevera de convaincre tout
Eſprit, qui de deſſein prémédité ne voudra pas reſiſter à l'Evidence.

En atendant, je crois avoir ſufiſam-
ment prouvé dans les Volumes II. & III.
les principales Propoſitions 2. 3. 4. 5. 7.
11. 16. 17. 18. 21. énoncées dans le
Précis que je viens de doner, dont toutes les autres font des ſuites ou des conféquences naturelles. Je me flate donc
qu'en

qu'en faveur de ces preuves qui n'échaperont pas à l'attention & à la pénétration d'un Lecteur éclairé, il voudra bien me pardoner le peu d'ordre & de Méthode qu'il y a d'ailleurs dans mon Ouvrage.

Je dois remarquer ici encore, qu'on trouvera dans ce second & troisiéme Volume, des raisonemens sur quelques Articles qui demandent de plus grands Eclaircissemens, que je renvoie à la suite de cet Ouvrage, & qui cependant sont mieux expliqués dans le premier Vol. come par exemple ce que j'ai dit sur le Soufle Divin. T. I. Partie Ire. p. 302. & suiv. & Partie II. p. 125. & suiv. La Raison en est, come je l'ai déja dit, que mon premier dessein etoit de doner uniquement au Public le second Volume, sous le Titre d'*Apologie* de M. *Locke* & les Eclaircissemens contenus dans le troisiéme Volume, en renvoiant à un autre tems l'entier dévelopement de mon Sistême; mais aiant ensuite changé ce Plan sur la Lettre du Philosophe inserée dans mon Discours préliminaire & suivi le Conseil qu'il m'avoit doné de faire précéder à ces deux Volumes, les Pièces envoiées en *Angleterre* &c.

J'ai fait quelques changemens & aditions à ces Piéces, qui eclaircissent plusieurs Articles, qui ne sont traités que

b 3   su-

fuperficiellement dans le fecond & troifiéme Volume : Mais le tems que je m'étois
prefcrit pour la publication de ces derniers Tomes m'a empêché de faire les
changemens qui auroient pû mieux les
affortir au premier. J'ai crû d'ailleurs qu'il
convenoit de laiffer les trois grandes
Lettres qui compofent le troifiéme Volume, dans l'état, que je les ai envoiées,
à l'exception des Citations deja raportées dans le Premier Volume que j'ai
retranchées. S'il y a de l'irrégularité encore
en cela, je compte que le Lecteur voudra
bien les regarder avec indulgence, ainfi
que l'inégalité & la dureté de mon Stile,
en confiderant que le François n'eft pas ma
Langue maternelle. Plein de mon fujet,
il m'eft auffi échapé certaines obfcurités,
ou Contradictions aparentes, dont je ne
me fuis aperçu que dans l'imprimé &
trop tard pour y rémedier, mais j'efpere
que l'intelligence du Lecteur y fupléra.

I. _Objec-_
tion fur
les Eclair-
ciffemens
que l'Au-
teur ren-
voie à la
fuite de

On m'a reproché, & on me reproche-
ra fans doute encore, à la vue de ces T.
II. III. que je raporte plufieurs Propofitions, dont je renvoie les preuves & les
Eclairciffemens qu'elles demandent, à la
fuite de mon Ouvrage. On me dit que
cette manière de traiter les chofes eft
défagréable, d'autant qu'elle tient l'Efprit

du

du Lecteur en suspens, sans lui doner *son Ou-* une véritable Instruction. C'est un incon- *vrage, &* vénient, je l'avoue ; mais un inconvenient *Reponse.* qui me fera, peut-être plus de tort à moi même, qu'il ne fera de peine au Lecteur équitable & complaisant. Je n'ai pû l'évi- ter 1. Par la fatalité qui m'entraîne, & dont j'ai déja fait mention, de ne pou- voir traiter les Matières autrement. 2. Par l'immensité, pour ainsi dire, de cet ob- jet, qui ne permet pas de dire tout d'un tems ce qu'il y auroit à dire : Encore moins étoit-il convenable de couper le fil de mes raisonemens par de longues digressions, qui ne pouvoient que causer des distractions dans l'Esprit du Lecteur atentif. Une autre cause, c'est 3. le tems que certaines raisons m'avoient engagé de fixer pour la publication de ces trois Volumes, qui ne m'a pas doné le loisir d'éclaircir certaines matières, come je l'eus- se souhaité, & come suivant un ordre & une methode exacte je l'eusse dû faire. Je repéterai 4. que je ne done pas ce present Ouvrage pour un Sistème com- plet & démontré, dans toutes ses parties ; ce n'est, come je l'ai intitulé, qu'un *Essai,* par lequel je me propose de pressentir le goût du Public ; & au cas qu'il soit aprouvé, j'acheverai de développer tout

b 4   ce

ce qui pourra mettre le Lecteur entiérement au fait de mon Siftème. La grace
que je lui demande donc, c'eft de recevoir ce que je fuis en état de lui doner
prefentement tel qu'il eft, en atendant
qu'encouragé par les Difpofitions favo-
rables, dont je me flate, je remplife totalement fon atente.

II. Objec-
tion. Sur
la proli-
xité & les
répeti-
tions
de l'Au-
teur & fa
Réponfe.

On m'a fait fentir encore que le Public ne fera pas content de ma prolixité,
de mes répétitions & de certaines afir-
mations inutiles qui reviennent trop fouvent. La Lettre du Philofophe dont j'ai
doné un Extrait, fait en quelque façon mon
Apologie à cet égard. Je me raporte d'ailleurs à ce que j'ai dit fur cet Article dans
mon Difcours préliminaire : S'agiffant de
combatre les préjugés les plus enracinés
dans prefque tous les Efprits ; les repe-
tions font devenues en quelque façon in-
difpenfables. Je ne faurois m'empêcher
de remarquer auffi, qu'on a fait ce reproche à un des plus grands Homes, dont
je me fais gloire de fuivre les traces,
quoique de fort loin. C'eft de l'Illuftre
M. Locke dont j'entens parler. Son Excufe
fera en partie la mienne. Voici ce que
le Traducteur de ce célèbre Philofophe

* Avis
fur la fe-
en dit : * „ En relifant l'Ouvrage de M.
„ Locke, j'ai été frapé d'un defaut que
                                                „ bien

,, bien des gens y ont obfervé depuis long-
,, tems ; ce font les repétitions inutiles.
,, M. Locke a preffenti l'objection ; &
,, pour fe juftifier des repetitions dont
,, il a groffi fon Livre, il nous dit dans
,, la Preface : *qu'une même notion ayant difé-*
rens raports, peut être propre ou néceffaire à
prouver ou à eclaircir diférentes parties d'un mé-
me Difcours, & que, s'il a raporté les mêmes
Argumens, ça été dans des vües diférentes.
,, L'Excufe eft bone en general ; mais il
,, refte bien des répétitions qui ne fem-
,, blent pas pouvoir être pleinement juf-
,, tifiées par là.

   S'il m'étoit arrivé de tomber dans le
même défaut, en traitant les mêmes matiéres que ce grand Philofophe, & que
par conféquent j'euffe mérité les mêmes
reproches, j'efpère que le Lecteur aura
la complaifance de les excufer en faveur
d'une memoire peu fidèle, d'une fanté
foible & de plufieurs autres embaras
qui m'ont obligé de travailler à mon
Ouvrage à une infinité de reprifes,
fans avoir eu le tems de me reconoitre.
Abandoné d'ailleurs à moi méme, come
je fuis dans la Retraite où je me trouve,
& privé des reffources qui ne manquent
pas dans les grandes Villes, où chacun

conde
Edition
du Traité
de l'En-
tende-
ment hu-
main.

peut

peut trouver des Amis qui aident à limer
& à perfectioner un Ouvrage ; je n'ai pû
profiter de pareils fecours , & fur tout
dans la circonftance , que ceux qui pouvoient être à portée de me foulager , font
imbus des opinions que j'ai entrepris de
combatre ; ce qui m'a mis dans une
impoffibilité , que je puis apeller phifique,
de redreffer les défauts que l'on pouroit
me reprocher. Mais enfin on ne laiffe
pas de tirer les Métaux des Mines , &
de les purifier , quoique cela ne fe puiffe
faire fans y emploïer beaucoup de tems
& de peine. J'efpère que le Lecteur
voudra bien avoir la même patience en
faveur du bon qu'il poura découvrir
dans mon Ouvrage. D'ailleurs il aper-
cevra facilement dans l'Abrégé du contenu en ces deux Volumes II. III. combien mes raifonemens effentiels font ferrés.
J'efpére donc qu'il voudra bien compen-
fer cette précifion avec les répétions qu'il
pourra trouver inutiles.

III. Ob- On m'a dit enfin , & ce font les pro-
jection. pres termes d'un refpectable Théologien,
On craint qui a vû le premier Volume. ,, Met-
les Con- ,, tons que l'Auteur ait abatu les autres
féquences ,, Siftèmes , il faudra venir à établir le
que les ,, fien , & la Piété l'oblige à écarter tou-
mauvais   ,, tes

,, tes les mauvaises conséquences, qu'on *Esprits*
,, en pourroit tirer. On ne sauroit lui *pourront*
,, cacher qu'on apréhende que de mau- *tirer du*
,, vais Esprits n'en abusent ; & que des *Sistème*
,, Cœurs gâtés ne suivent cette Chaine *de l'Au-*
,, de raisonement : *Tout est étendu ; donc* *teur.*
,, tout Etre est Matiére ; donc tout est réglé
,, par les Loix générales du Mouvement ; donc
,, point de Liberté ; point de Moralité ; point
,, d'Immortalité, point de Religion &c.

Mais quant à l'abus que l'on craint *Réponse.*
de mon Sistème, de quoi n'abuse-t-on
pas ? De quoi abuse-t-on d'avantage que
de la Vérité révélée même ? Une triste
Expérience ne le fait voir que trop. Cependant on ne nous la prêche pas moins
pour cela tous les Jours.

Et quant à cet Argument qu'on prête aux mauvais Esprits, aux Cœurs gâtés,
il est bien certain qu'aucun bon Logicien
ne raisonera de la sorte. Mais on peut
apliquer aux prémiers ce que *l'Ange* dit
dans *l'Apocalipse* * *Que celui qui fait l'Inju-* * *Ch.*
stice, la fasse encore ; que celui qui est souil- XXII.II.
lé, se souille encore. Mr. de *Saci* raporte
sur ce Passage une Glose, qui paroit être
faite exprès pour moi : Elle dit, que ces
Paroles de l'Ange signifient ; *qu'il ne faut*
pas laisser de publier la Vérité, quoique les
                                        mé-

Méchans en deviennent pires, & qu'ils s'en scandalifent, pourvû qu'elle ferve aux Bons. J'ai lieu d'efpérer, que ces derniers, ceux en faveur defquels je publie cet Ouvrage, ne s'aviferont pas de tirer de mon Siftème des Conféquences qui n'en refultent en aucune maniére, comme tous ceux qui, avec les difpofitions de l'Efprit & du Cœur requifes, examineront mon Ouvrage, en conviendront; ainfi il eft inutile que j'en dife d'avantage. Enfin pour ce qui eft de la forme, je conviens que je prête trop le flanc à ceux qui pourroient devenir mes Adverfaires; mais quant au fond, à en juger au moins par les objections qui m'ont été faites jufqu'à préfent par d'habiles Gens, j'ofe me flater qu'il fe foutiendra, finon pendant ma vie, au moins quand je ne ferai plus.

L'Auteur ne rejete pas l'ufage de la bone Methode des Geomètres. Je dois avertir au furplus, que quoique dans mon Difcours preliminaire j'aïe en quelque façon declamé contre la Méthode des Geomètres, & que j'aïe entrepris de faire voir que dans un fens, elle n'eft guère propre pour traiter les Matiéres metaphifiques; je n'aï garde de rejeter pour cela cette Methode en général, telle, par exemple, qu'eft celle dont *Defcar-*

cartes nous a doné des Idées dans les deux prémieres Parties de fon excellent *Difcours fur la Méthode*, & telle qu'elle a été expliquée & amplifiée dans *l'Art de penfer* fur les Principes de ce Philofophe: Je conviens qu'elle eft d'ufage & neceffaire, en difcutant toutes fortes de Matieres fcientifiques. Si je ne l'ai pas mieux fuivie que je n'ai fait, j'en ai doné la raifon, & j'efpére que le Lecteur équitable s'en conténtera.

RE-

REFLEXIONS

De l'Auteur dans l squelles il examine jusques où nos Lumiéres peuvent ateindre dans la conoissance de la Nature des Etres existans, & où il établit quelques Principes préliminaires, pour lui servir de Guide dans son Ouvrage, par raport à la Recherche de la Verité.

J'Ai dit dans le Discours *, qui est à la Tête du prémier Volume qu'en developant entiérement mon Sistème nouveau, je debuterois.

1º. Par examiner, jusques où nos conoissances peuvent ateindre dans la recherche de la Nature des Etres existans, & quel est le *Criterium* & la Règle de la Vérité.

2º. Que j'etablirois quelques Principes préliminaires, qui pourront me servir de Guide dans la Recherche de la Vérité, & dans celle de la nature de ces Etres.

Mais come reflexion plus mûre faite, je trouve que ce n'est pas une chose à renvoïer si loin, & que d'ailleurs ce que j'aurai à dire sur ce sujet, ne pourra

être

être mieux placé qu'à la Tête de ce fecond Volume; j'ai crû devoir fuivre cette idée, d'autant que ce que j'aurai à
raporter en cette ocafion, ne fera pas
fort étendu.

Quant à la premiere Partie du pré- *Le L. IV.*
mier de ces deux Articles, je ne fau- *du Traité*
rois mieux faire que d'indiquer au Lec- *de l'En-*
teur le quatriéme Livre de l'excellent *tende-*
Traité fur l'Entendement humain de Mr. *ment hu-*
Locke, qui eft un des beaux & des plus *main de*
grands éforts de l'Efprit humain, où ce *Mr.*
célebre Philofophe raifone amplement *Locke*
fur la nature, l'étendue & les bornes *fait voir*
de la Conoiffance humaine en général, *jufqu'où*
& fur les moïens d'y parvenir, autant *peut s'é-*
qu'il eft permis à des Efprits auffi foi- *tendre*
bles & auffi limités que le font les nô- *nôtre co-*
tres. Ce que cet Illuftre Philofophe nous *noiffance*
aprend fur la Conoiffance en général, *touchant*
fervira au Lecteur judicieux pour en fai- *la nature*
re l'aplication à ce que nous pouvons *des Etres.*
conoitre ou ne pas conoitre dans la recherche de la nature de l'Etre en général, & dans celle des Etres fpirituels
en particulier. Il n'eft donc pas néceffaire, que je m'explique d'avantage ici
fur ce fujet.

Quant au *Criterium* & à la Regle de
la Vérité, ce même Philofophe nous

* L. IV.
Ch. V.
§. 2.

dit *. „ Que la Vérité n'emporte autre
„ chofe, felon la fignification propre du
„ mot, *que la conjonction ou la féparation*
„ *des fignes, fuivant que les chofes mêmes con-*
„ *viennent ou difconviennent entre elles.* Il
„ faut entendre ici par la conjonction
„ ou la féparation des fignes, ce que
„ nous apellons autrement *Propofition.* De
„ forte que la Vérité n'apartient propre-
„ ment qu'aux Propofitions, dont il y
„ en a deux fortes, l'une *mentale* & l'au-
„ tre *verbale,* ainfi que les fignes dont
„ on fe fert comunément font de deux
„ fortes, favoir les Idées & les *Mots* :

† §. 5.

„ Une Propofition † confifte à joindre
„ ou à féparer des fignes, & la *Vérité*
„ confifte à joindre ou à féparer ces fig-
„ nes, felon que les chofes qu'ils figni-
„ fient, conviennent ou difconviennent.
Ce Philofophe s'explique encore mieux
dans un autre Endroit.

§. 9.

„ La Vérité, *dit-il* *, eft la dénota-
„ tion en parole de la convenance ou
„ de la difconvenance des idées, telle
„ qu'elle eft. La Fauffeté eft la dénotation
„ en paroles de la convenance ou de la
„ difconvenance des Idées, autre qu'elle
„ n'eft efectivement. Et tant que ces
„ idées ainfi défignées par certains fons,
„ font conformes à leurs Archétipes,
juf-

„ jufques là feulement la Vérité eft réel-
„ le, de forte que la Connoiffance de cet-
„ te efpece de Vérité confifte à favoir
„ quelles font les idées que les mots fig-
„ nifient, & à apercevoir la convenance
„ ou la difconvenance de ces idées, fe-
„ lon qu'elle eft defignée par ces Mots.

La Vérité ou le *Critérium* de la Vérité, Le Cri-
fi je ne me trompe, eft *l'évidence*. Mais terium
quel eft le *Critérium* ou le figne certain *de la Vé-*
& infaillible, auquel nous puiffions co- *rité eft*
noitre cette évidence ? Il faut convenir l'évi-
ici qu'il eft auffi dificile de fatisfaire dence.
exactement à cette Queftion, qu'il eft
facile d'indiquer les moïens qui font propres pour parvenir à cette évidence, autant que l'Efprit humain en eft capable.

Ces moïens font la lumiere naturelle *Moïens*
& le bon ufage qu'on en fait, la Révéla- *pour par-*
tion, l'étude de la Nature, la comparai- *venir à*
fon de nos idées avec tous ces Princi- *cette évi-*
pes qu'on apelle *Vérités immuables & éter-* *dence.*
nelles* généralement reconues, & qui font
la Pierre de touche de la Juftefle de ces
idées; l'Expérience, les reflexions que
les diférens objets qui fe préfentent à
l'Efprit, lui font faire; le dépouillement des
prejugés de l'Education & de l'Autorité,
& de ceux dont nous aurions été imbus en d'autres ocafions, la converfation

Tom. II.   c   avec

avec les Savans & avec ceux qui ont
une certaine Conoiſſance des choſes du
Monde ; la Lecture des bons Livres &
la Méditation , par lesquelles nous aquerons ces *Idées moïennes* ſi néceſſaires pour
parvenir à la Conoiſſance, à la démonſtration & à l'évidence. Voïés ce que
Mr. *Locke* dit ſur ces idées moïennes , en
pluſieurs Endroits de ſon excellent Traité déja cité. Cette évidence, ſur tout
dans les Matiéres ſpeculatives, réſulte plus
ou moins des preuves, que nôtre Raiſon, en ſe ſervant de tout ce ſecours,
& par ces idées moïennes aquiſes &
miſes en Oeuvre , peut nous doner de
ce qu'elle afirme ou qu'elle nie. Elle
eſt imparfaite en ce Monde , ſur tout
par raport aux objets qui ne tombent
pas immédiatement ſous nos ſens extérieurs ; & cette Lumiére ne ſera pure
que dans la Vie avenir. Quant à la *Certitude*, on peut voir ce qu'en dit l'Auteur de
la belle Diſſertation ſur le Livre, qui a
pour Titre *le Philoſophe honête Home* *.
On m'objectera ſans doute ici , que
ce que je viens de dire ſur l'évidence,
ou ſur le *Criterium* de l'évidence, n'eſt pas
nouveau, que cela eſt trop général d'ailleurs ; & ne nous aprend rien ; qu'il s'a-
git

Marginal notes:

*Elle eſt impar-
faite en
ce mon-
de.*

* *Biblio-
téque
Britann.
T. XIII.
I. Partie*

Objec-
tion.

*L'Auteur
n'éclair-
cit pas*

git de dévéloper plus particuliérement & *aſſés la* plus clairement s'il eſt poſſible, s'il y a *Matiére* un *Criterium* de la Vérité, un ſigne au- *qu'il l'eſt* quel on puiſſe conoître ſans ſe tromper, *propoſé* qu'un Principe, une Propoſition, un *de traiter* Siſteme ſont tellement vrais & évidens, que l'Eſprit puiſſe s'en convaincre & y aquieſcer, ſans être obligé d'en venir à de nouvelles recherches, ou à en de- mander de nouvelles preuves.

Je conviens que c'eſt là le Nœud de la queſtion; Nœud plus facile à couper, qu'à denoüer d'une autre maniére.

Il eſt beaucoup plus aiſé encore, un *Répon-* coup, d'indiquer come je viens de faire, *ſe : Il* ou pour parler plus juſte, come l'illuſtre *eſt plus* Mr. *Locke* a fait, les moïens de parve- *aiſé d'in-* nir à la Conoiſſance, & de là à une cer- *diquer les* taine évidence, autant que l'Eſprit hu- *moïens* main foible & borné y peut ateindre; *de parve-* que d'imaginer ou d'établir un *Criterium nir à une* certain & infaillible, en vertu duquel *certaine* nous puiſſions nous perſuader d'être par- *évidence,* venu à une vraïe Conoiſſance. Il eſt *que d'en* plus aiſé de nous faire ſentir, come a *établir* fait ce grand Philoſophe*, les bornes *un crite-* étroites de la capacité de nôtre Eſprit, *rium* nôtre ignorance, & ce qui en eſt la Cau- *infail-* ſe; de nous faire ſentir, dis-je, que la *lible.* certitude concernant l'Exiſtence & la na- ** Voïés*

ture des chofes extérieures, n'eſt pas
plus grande que nôtre Etat préſent le
requiert ; qu'elle ne s'étend point au de
là de la ſenſation actuelle ; que nous ne
ſaurions avoir aucune conoiſſance ſcien-
tifique touchant les Corps & encore
moins touchant les Eſprits ; que c'eſt
folie même de prétendre à une demonſtration ſur chaque choſe ; & qu'en un
mot , il eſt beaucoup plus facile de faire ſentir à l'Eſprit trop curieux & trop
avide de conoître , ces Verités triſtes
pour lui, que de lui indiquer les moïens
de parvenir à une évidence, qui ne lui
laiſſe plus aucun doute par raport aux
choſes naturelles mêmes, qu'il lui eſt permis d'aprofondir juſqu'à un certain point.

*Nôtre
Conoiſ-
ſance in-
tuitive
eſt im-
parfaite
& bornée.*
Nous avons la conoiſſance par *Intuition* , qui eſt la plus certaine à laquelle
nous puiſſions aſpirer , par raport aux
Corps dont nous ſomes environés ; mais
elle eſt des plus bornées, vû que par ce
moïen nous ne ſaurions pénétrer juſqu'à
l'intérieur de leur nature ; ni juſqu'à la con-
texture des particules inſenſibles dont
ils ſont compoſés, & deſquelles réſultent
les prémières & ſecondes qualités que
nous apercevons en eux ; pour ne rien
dire , de ce qu'il n'y a aucune Comparaiſon entre la quantité des Corps que
nous

nous pouvons conoître par cette voie, & celle de ceux à l'égard desquels, soit par leur petitesse ou par leur éloignement, la conoissance nous manque absolument.

Nous avons celles des Mathématiques, qui passent pour démontrées; Mais outre qu'elles n'ont pour objet que la quatité, elles ne sont, peut-être, pas aussi évidentes qu'on veut nous le faire croire. „ J'avoüe avec ma franchise ordi-„naire, *dit un Auteur judicieux*, * que je ne „m'éloigne pas beaucoup de la pensée „de M. *Bernard*, ** touchant l'incertitude „réelle & absoluë des Mathématiques: El-„les ne roulent que sur des Abstractions: „Elles supposent qu'il y a réellement hors „de nôtre Esprit, des superficies sans „profondeur, des lignes sans largeur „& des Points sans aucune dimen-„sion. La plûpart des Démonstrations „Géométriques sont fondées sur cela; „d'où il suit, que ce ne sont que de „beaux & brillans fantomes dont nô-„tre Esprit se repaît; c'est à dire, une „suite d'objets inévidens, à quoi rien n'est „semblable existant hors de nôtre Esprit.

Ne pourroit-on pas dire que ces supositions des Geométes ont doné lieu, à imaginer nôtre Ame, come un Point

Les Conoissances Mathématiques ne sont pas absolument certaines.

* *Mr. Baïle, Oeuvres Div. T. IV. p. 859.*

** *Nouv. de la Rep. des Lettres Fevrier. 1705. p. 129. & suiv.*

Ma-

Mathematique, come un Point *Methaphisique*, ou come un Point *Phisique*, sans aucune dimension; ou à confirmer dans leur opinion ceux qui étoient déja prévenus que nôtre Ame est un Etre absolument non étendu?

L'Embaras est plus grand encore lors qu'il s'a-git des conoissances speculatives.

Mais l'Embaras est tout autre encore, lors qu'il s'agit des Conoissances speculatives, des Principes generaux, tant de la Phisique que de la Metaphisique, * de la recherche de la Nature des Etres spirituels invisibles & impalpables à nos sens grossiers, & ou par consequent la conoissance *intuitive* ne peut avoir aucun lieu. Nous avons à la verité des Principes, des Axiomes; nous avons l'Analogie, une certaine Experience, la Capacité de raisoner sur cette Experience, & de parvenir par là à la conoissance de ce qui nous est inconu, par ce qui nous est conu; † methode que j'emploierai pour prouver l'Etendue réelle de nôtre Ame; mais il faut avoüer, que tous ces moiens ne sont pas sufisans pour nous conduire à une entiere évidence, qui ne laisse plus aucun doute dans l'Esprit: En discutant ces sortes de matieres, il faut se contenter, come je le dirai plus amplement tantôt, de prouver par cet Argument que M. *Locke* apelle *Ad ignorantiam*, qui n'emporte cependant

* Voiés la Philosophie du bon Sens de Mr. d'Argens.

† Voiés l'excellent Traité de M. Boullier des vrais principes pu...

pas

pas une entiére conviction. ,,Dès-là qu'un *de la cer-*
,,Home, m'a fait voir que j'ai tort, *dit titude*
,,ce *Philosophe au même Endroit, * il ne s'en- Morale.*
,,fuit pas qu'il ait raison lui même. si Je
,,puis être modefte, & par cette raison *L. IV.*
,,ne point ataquer l'opinion d'un autre *Ch.XVII.*
,,Home. Je puis être ignorant, & n'être §. 22.
,,pas capable d'en produire une meilleure.
,,Je puis être dans l'Erreur, & un autre
,,peut me faire voir que je me trompe.
,,Tout cela peut me difpofer, peut-être,
,,à recevoir la Vérité; mais il ne contri-
,,bue en rien à m'en doner la conoiffan-
,,ce, cela doit venir des preuves,
,,des Argumens, & d'une Lumiére qui
,,naiffe de la Nature des chofes mêmes,
,,& non de ma timidité, de mon ig-
,,norance ou de mes égaremens.

Ce que M. *Locke* remarque ici eft vrái
in abftracto, mais je crois qu'il ne faut pas
rejetter pour cela cette maniére d'argumenter. Ces Argumens peuvent être acom-
pagnés de fi bones preuves, que fans
être timide, ignorant ou prévenu, il
n'eft pas facile d'en faire voir le foible,
ou de mettre quelque chofe de mieux
raifoné à leur place.

M. *Locke* nous dit à l'Endroit raporté,
qu'entant que les Idées défignées par certains

font, font conformes à leur Archetipes, jufques-là feulement la Vérité eft réelle. Mais quel eft le figne certain que ces idées font réellement conformes à leurs archétipes? C'eft ici que l'Embaras fe manifefte.

Voici ce qu'un autre * Philofophe Anglois † penfe fur ce fujet : „ Que dirons „ nous maintenant, *dit-il*, fi peut être „ le raifonement n'eft rien autre chofe „ que l'affemblage & un enchainement „ des noms par ce mot *Eft*. D'où il s'en- „ fuivroit que par la Raifon nous ne „ concluons rien du tout touchant la „ nature des chofes ; mais feulement tou- „ chant leurs appellations ; c'eft à dire, „ que par elle nous voïons fimplement, „ fi nous affemblons bien ou mal les „ Noms des chofes, felon les conven- „ tions que nous avons faites à nôtre „ fantaifie touchant leurs fignifications. „ Si cela eft ainfi, come il peut être, „ le raifonement dépendra des noms, „ les noms de l'imagination &c. *C'eft* *à dire des idées que nôtre imagination a for-* *mées, auxquelles nous atachons ces noms.*

Je ne raporterai point la conclufion que ce Philofophe tire de ce raifone-ment, & dont je n'ai garde de convenir. Mais il me paroit que *Defcartes* n'y a pas répondu fort folidement. „ L'Affembla-ge

Senti- *ment de* *Hobbes* *fur cette* *Matiére.* **Object.** *contre le* §. 13. *de* *la* 2e. *Med. de* *Defcartes* * *Med.* *de Def-* *cartes* T. II. *p.* 151. *Ed.* *de Paris.*

Replique *de Def-* *cartes* *qui ne* *paroit*

„ge qui se fait dans le raisonement, *pas fort*
„*dit-il*, n'est pas celui des noms, & je *solide.*
„m'etonne que le contraire puisse ve-
„nir en l'Esprit de Persone : Car qui
„doute qu'un François & un Allemand
„ne puissent avoir les mêmes pensées ou
„raisonemens touchant les mêmes cho-
„ses, quoique neanmoins ils conçoivent
„des mots entiérement diférens ? Et ce
„Philosophe ne se condamne-t'il pas lui
„même, lorsqu'il parle des conventions
„que nous avons faites à nôtre fantaisie
„touchant la signification des mots ? Car,
„s'il admet que quelque chose est signi-
„fiée par les paroles, pourquoi ne veut
„il pas que nos Discours & Raisonemens
„soient plûtôt de la chose qui est signi-
„fiée que des paroles seules ?

La question est ici de savoir si nous *Refle-*
pouvons conoître la nature des choses ; *xions de*
jusqu'à quel point & coment nous pou- *l'Auteur*
vons les conoître. „Il y a une grande *sur cette*
„diférence, dit *Hobbes*, entre imaginer, *replique.*
„c'est à dire, avoir quelque idée, &
„concevoir par l'entendement, c'est à
„dire, conclure en raisonant, que quel-
„que chose est ou éxiste ; Mais Mr. *Des-*
„*cartes* ne nous a pas expliqué en quoi
„ils diférent. Et c'est là dessus que le
Philosophe Anglois fait le Raisonement

que

que je viens de raporter, pour faire entendre, que ce que nous difons des chofes eft moins fondé fur une véritable conoiffance que nous avons de leur nature, que fur le raport qu'il y a entre les
idées que nous avons de ces chofes &
que nôtre Imagination nous fournit, en
afirmant fur ce raport, par le Terme est.
En quoi il me femble que *Hobbes* a raifoné jufte. Il eft aifé d'en doner la
preuve. *Defcartes* a foûtenu, par éxemple, *que nôtre Ame eft abfolument non étendüe.* Or, tout le Monde ne conviendra
pas que cette Propofition foit évidente,
ou fondée fur la nature même de la chofe. Elle ne l'eft donc que fur le raport,
que ce Philofophe a trouvé dans fon Imagination, entre les termes *Ame* & *Non-
étendüe*, ou entre les Idées répréfentées
par ces termes ; raport qui ne prouve
rien moins que la veritable nature de
l'Ame. Cette Propofition n'eft donc nullement propre à éclairer folidement l'Efprit fur la nature de cette Ame.
   Il eft vrai, qu'un *François* en prononçant le terme *Ame*, & un *Allemand* en
prononçant celui de Seele, atachent la
même idée à ces deux diférens termes,
& que ce ne font pas des termes vui-
des de fens ; mais dans le fond ils ne
                                    dé-

dénotent que l'idée que l'un & l'autre a
de cet Etre confidere come exiftant ; &
hon pas celle qu'ils ont de la nature de
cet Etre. Si vous leur demandés ce
qu'ils entendent par cette idée , à laquelle ils atachent ces deux diférens termes,
ils vous en doneront , peut être , une
definition , aufli diférente que le font ces
deux termes.

Ce qu'on peut conclure de ceci eft, *Nôtre*
que la Conoiffance que nous pouvons *Conoif-*
avoir de la nature des Etres quels qu'ils *fance de*
foient , ne fera jamais une Conoiftance *la nature*
parfaite , & qu'il eft inutile de preten- *de l'Etre*
dre fur ce fujet à une entiére évidence.* *eft im-*
Cette conoiffance ne peut être fondée *parfaite.*
que fur un certain nombre d'idées que ** Elle ne*
nous fomes capables de nous former des *peut être*
proprietés que nous apercevons dans ces *aquife*
Etres, au moien de nos fens extérieurs ; *jufqu'à*
fur le raport qu'il y a entre ces idées , *un cer-*
& fur les raifonemens confequens que *tain*
nous pouvons former , pour conclure de *point*
ce qui nous eft *conu* à ce qui nous eft *qu'à pof-*
inconu , à l'égard de la nature de ces E- *teriori,*
tres. Or, come la capacité des Homes,
& leur atention dans cette recherche font.
diférentes , il en refulte , come je l'ai déja remarqué , qu'on ne fauroit prouver *Ni être*
én ces ocafions que par cet Argument *prouvée*
que

que par l'Argument que M. Locke apelle adignorantiam.

que Mr. *Locke* apelle *Ad ignorantiam*, & que les preuves donées par cet Argument font bonnes jufqu'à ce qu'on nous ait démontré que nous avons mal raifoné, ou que quelqu'un vienne, qui pouffe les découvertes & le raifonement plus loin que nous n'aurions fait.

Erreur de Descartes. Que l'Efprit & le mouvement font deux genres entiérement diférens.

Au refte il faut avoir eu l'Efprit auffi enfoncé dans le préjugé, que *Descartes* l'avoit, pour raifoner au même Endroit, comé il fait. „ Et certes, *dit-il*, de la mê-
„ me façon & avec une auffi jufte raifon,
„ qu'il (*Hobbes*) conclut que l'Efprit eft un
„ mouvement, il pourroit auffi conclure
„ que la Terre eft le Ciel ; ou telle autre
„ chofe qu'il lui plaira ; pour ce qu'il n'y
„ a point de chofes au Monde entre lef-
„ quelles il n'y ait autant de convenance,
„ qu'il y a entre le Mouvement & l'Ef-
„ prit, qui font deux genres entiérement
„ diférens.

Je ne dis pas côme le Philofophe Anglois, que l'Efprit eft un mouvement. Cette Idée eft abfurde : Il eft évident que le mouvement, le mouvement local, n'étant qu'une modification de la force ou de la Puiffance, & cette Puiffance étant un atribut, elle fupofe un fujet réel d'inherence quel qu'il foit,

foit, autre qu'elle même. * Mais je dis, que nôtre Ame, ou nôtre Efprit étant un Etre actif; vérité dont Perfone ne difconviendra, aucune de fes modifications, pas même la moindre de fes Velleïetés, ne fauroient être conçües fans un mouvement actuel; † Donc la Puiffance ou la faculté de fe mouvoir eft un attribut inféparable de nôtre Ame; donc Il y a un raport naturel & par conféquent nulle opofition entre l'Efprit & le Mouvement. Il eft vrai que l'Efprit n'eft pas un mouvement, & que le Mouvement n'eft pas Efprit; mais ceux qui ne conviennent pas de la conféquence que je viens de tirer de mon raifonement, font obligés de nous faire voir, qu'*Efprit* & *Mouvement* font des Idées qui s'exclüent mutüellement, còme celles de *Jour* & de *Nuit*, de *froid* & de *chaud*, & c'eft ce qu'ils ne nous prouveront jamais. Je demande, Un Etre fans Etendue, fans localité, fans la *motivité* & la *mobilité* qu'eft-il? C'eft un Etre de raifon, un néant tout pur.

Pour revenir à mon fujet principal, je dirai qu'il fuit de ce que j'ai expofé, jufqu'ici, que c'eft par nos facultés intellectuelles que nous pouvons fupléer en quelque manière à ce qui nous manque du côté de la conoiffance

* Aucune modification queconque de l'Efprit ou de l'Ame, ne fauroit être conçue fans un mouvement actuel.

† Voïés ce que je dis fur ce fujet dans ce Volume II. p. 224. & fuiv.

C'eft par nos facultés intellectuelles que nous in-

pouvons intuitive, pour parvenir jufqu'à un cer-
fupléer à tain degré a celles des Etres, qui font
ce qui l'Objet de nos recherches. Ce que M.
nousman- Locke nous aprend fur ce fujet eft trop
que du beau, pour ne pas raporter ce Paffage,
coté de la quelque long qu'il foit, par lequel je con-
conoiffan- clurai ce que je m'étois propofé de dire
ce intui- fur le prémier Article dont il étoit queftion.
tive.

C'eft le „ Les facultés intellectuelles n'aïant pas
fentiment „ été feulement donées à l'Home pour
de M. „ la fpeculation, *dit ce Philofophe*, * mais
Locke. „ auffi pour la conduite de fa vie; l'Ho-
* L. IV. „ me feroit dans un trifte état, s'il ne
Ch. XIV. „ pouvoit tirer du fecours pour cette di-
§. I. & „ rection, que des chofes qui font fon-
„ dées fur la certitude d'une véritable co-
„ noiffance; car cette efpece de conoif-
„ fance étant refferrée dans des bor-
„ nes fort étroites, come nous avons deja
„ vû, il fe trouveroit fouvent dans de
„ parfaites Tenèbres, & tout a fait indé-
„ terminé dans la plûpart des Actions de
„ la vie, s'il n'avoit rien pour fe con-
„ duire, dès qu'une conoiffance claire &
„ certaine viendroit a lui manquer. Qui-
„ conque ne voudra manger qu'après avoir
„ vû demonftrativement qu'une telle Vian-
„ de le nourrira; & quiconque ne voudra
„ agir qu'après avoir conû infailliblement
„ que l'afaire qu'il doit entreprendre, fera
„ fuivie

„ suivie d'un heureux succès, n'aura guere
„ autre chofe à faire qu'à fe tenir en re-
„ pos, & à perir en peu de tems.
„ C'eft pourquoi come Dieu a expo-
„ fé certaines chofes à nos yeux avec
„ une entiere évidence, & qu'il nous a
„ doné quelques conoiffances certaines,
„ quoique reduites à un tres petit nom-
„ bre, en comparaifon de tout ce que
„ des Créatures intellectuelles peuvent
„ comprendre, & dont celles là font
„ aparemment come des avant-goûts,
„ par où il nous veut porter à défirer &
„ à rechercher un meilleur état; il ne
„ nous a fourni auffi, par raport à la
„ plus grande partie des chofes qui re-
„ gardent nos propres interêts; qu'une
„ lumiere obfcure, & un fimple crepuf-
„ cule de *probabilité*, fi j'ofe m'exprimer
„ ainfi, conforme à l'état de médiocrité
„ & d'epreuve où il lui a plû de nous
„ mettre dans ce Monde; afin de re-
„ primer par là nôtre préfomption, &
„ là confiance exceffive que nous avons
„ en nous mêmes, en nous faifant voir
„ fenfiblement par une expérience jour-
„ naliére combien nôtre Efprit eft borné
„ & fujet à l'erreur; Vérité dont la con-
„ viction peut nous être un avertiffement
„ continuel d'emploier les jours de nôtre

,, tre Pelerinage à chercher & à fuivre
,, avec tout le foin & toute l'induftrie
,, dont nous fommes capables, le che-
,, min qui peut nous conduire à un état
,, beaucoup plus parfait. Car rien n'eft
,, plus raifonable que de penfer (quand
,, bien la Révélation fe tairoit fur cet Ar-
,, ticle) que, felon que les Homes font
,, valoir les Talens que Dieu leur a do-
,, né dans ce Monde, ils recévront leur
,, recompenfe fur la fin du Jour, lors
,, que le Soleil fera couché pour eux,
,, & que la Nuit aura terminé leurs tra-
,, vaux. La faculté que Dieu a doné à
,, l'Home pour fupléer au défaut d'une
,, conoiffance claire & certaine dans les
,, Cas où l'on ne peut l'obtenir, c'eft le
,, *Jugement*, par où l'Efprit fupofe que
,, fes Idées conviennent ou difconvien-
,, nent, ou ce qui eft la même chofe,
,, qu'une Propofition eft vraie ou fauffe,
,, fans apercevoir une évidence démon-
,, ftrative dans les preuves. L'Efprit met
,, fouvent en ufage ce Jugement par
,, neceffité, dans des rencontres où l'on
,, ne peut avoir des preuves démonftra-
,, tives & une conomance certaine; &
,, quelquefois il y a recours auffi par
,, negligence, faute d'adreffe ou par pré-
,, cipitation, lors même qu'on peut trouver

» ver des preuves demonſtratives & cer-
» taines. Souvent les Homes ne s'arrê-
» tent pas, pour examiner avec ſoin la
» convenance ou la diſconvenance de
» deux idées qu'ils ſouhaitent, ou qu'ils
» ſont intereſſés de conoître, mais in-
» capables du degré d'atention qui eſt
» requis dans une longue ſuite de gra-
» dation, ou de diferer quelque tems à
» ſe determiner, ils jettent legerement
» les yeux là deſſus, ou negligent en-
» tierement d'en chercher les preuves,
» & ainſi ſans decouvrir la demonſtration,
» ils decident de la convenance ou de
» la diſconvenance de deux idées à vûë
» de Païs, ſi j'oſe ainſi dire, & come
» elles paroiſſent conſiderées en éloigne-
» ment, ſupoſant qu'elles conviennent ou
» diſconviennent, ſelon qu'il leur paroit
» plus vrai ſemblable, après un ſi leger
» examen.

Je viens maintenant à mon ſecond
Article, & je dirai que ce ſont les Propoſitions ſuivantes, qui pourront me ſervir de Guides dans la Recherche de la
nature des objets, dont il s'agit dans
mon Ouvrage

I°. La fin de nos recherches & de
tous nos raiſonemens, ne doit être que
la découverte de la Verité.

Propoſitions préliminai-

Tom. II.   d   II°.

res de l'Auteur, pour lui servir de Guide dans la recherche de la nature des Etres qui font fon objet.

II°. Les Principes évidemment vrais doivent être admis, quelles que foient les conféquences qui en réfultent.

III°. La Vérité n'étant qu'une & ne pouvant fe contredire, ces Principes & ces conféquences ne peuvent être contraires à la Vérité immuable. Ce qui eft vrai en bone Philofophie ne peut être faux, confideré du coté de la Religion & *vice verfa.*

IV. Un Principe dont on aperçoit l'évidence & la Vérité à la fimple Vüe, & qui eft également reconu, tant par les Savans, que par ceux qui ne le font pas, ne peut être combatu, par des Principes Hipothétiques, quelqu'évidens qu'ils paroiffent.

V. Si un Principe eft évidemment vrai, tant pis pour les conféquences. Si elles paroiffent inadmiffibles, il n'y a d'autre moïen, que de bien développer les mauvaifes aplications qu'on en fait, & leur doner le fens qui leur convient rélativement à d'autres Vérités, ou tâcher de les concilier d'ailleurs avec la Vérité immuable.

VI. Il en eft des Principes hipothétiques come des exemples; ils font bons pour éclaircir, non pour prouver. *Exempla illuftrant, non probant.*

VII.

VII. Là où l'on ne peut parvenir à l'évidence, ou à une entière certitude, il faut établir le *probable* & s'en contenter.

VIII. Quelque Sistème que l'on adopte sur la nature intime des choses, sur celle des Etres spirituels, & sur tout ce qui échape d'ailleurs à nos sens extérieurs, il est impossible de démontrer le vrai par des preuves évidentes & géométriques.

IX. La Nature de l'Etre Divin, celle de nôtre Ame, & de ses liaisons avec le Corps grossier &c. ne peuvent être prouvées *qu'à posteriori* & par cet Argument que Mr. *Locke* apelle *Ad ignorantiam* *; c'est à dire par des preuves qui sont bones, jusqu'à ce qu'on en assigne de meilleures.

L· IV. Ch. XVII. §. 20.

X. *Je ne le comprens pas* n'est pas si pressant, que de dire, *cela est contradictoire.* Si un Aveugle disoit, cela est invisible, parce que je ne le vois pas, n'auroit-on pas raison de se moquer de lui? Quelle diférence y a-t-il entre cet Aveugle, & un Home qui a la Vüe trop courte ou trop foible, pour apercevoir intuitivement certains objets, & pour dire, ce qu'ils sont?

XI. La principale Cause de l'embaras

d 2 &

& des contradictions que l'on trouve dans ce que la plûpart des Philosophes ont avancé sur la Nature des Etres Spirituels, est, qu'ils sont portés naturellement, faute d'atention, à négliger une distinction très nécessaire, & sans laquelle on ne peut raisoner clairement; je veux dire, qu'ils n'ont pas soin de distinguer, quoi qu'ils le dûssent faire, entre les Termes abstraits & concrets, come sont P. E. *l'immensité* & *l'immense*. Ils négligent aussi de distinguer entre les Idées & les choses, come sont l'Idée de l'immensité, que nous avons dans l'Esprit, & l'immensité réelle, qui existe hors de nous. C'est une Reflexion de *M. Clarke.* ∗

∗Voïés le Recüeil de M. des Maizeaux de diferentes piéces de M.Clarke. Leibnitz &c.

M. Locke indique une autre Source de la confusion qu'il y a dans les Raisonemens des Savans, & dans les Disputes qui sont entre eux. Quelque beau que soit ce Passage, il est trop long, pour être raporté ici. Le Lecteur le peut voir L. II. Ch. XIII. §. 28. Il peut voir aussi dans le Ch. XXI. depuis le §. 53. jusqu'à la fin, ce que ce judicieux Philosophe remarque sur la foiblesse de l'Esprit humain, & sur les diferentes Causes des faux jugemens des Homes.

XII. Tout Sistème, qui dans la découverte de la Vérité ne va pas au delà de ce qui eſt marqué par les Prop. VII. VIII. IX. eſt preferable aux autres, qui outre ce défaut, impliquent contradiction, ſans parler des conſéquences qui réſultent de ces derniers, & qu'on ne ſauroit admettre.

XIII. Le Siſtème conu de l'Influence, tel qu'on nous l'a doné juſqu'à préſent, ceux de *Descartes,* du *P. Mallebranche*, de M. *de Leibnitz* & de leurs Sectateurs, pour ne rien dire de celui de *Spinoza*, ſont viſiblement ſujets à ces défauts.

Ce ſont ces Principes que j'aurai en vüe, & ſur leſquels je me règlerai en traitant les Matiéres, dont il eſt queſtion dans ce ſecond Volume, & dans les ſuivans.

LETTRE
DE L'AUTEUR
A

Mr. B..... DE P.... A PARIS,

MONSIEUR

'Eſt moins à un entier oubli ; qu'aux occupations inſéparables de la place où vous vous trouvés, & que vous rempliſſés ſi dignement, pour le bien de l'Etat, auquel vous êtes ataché, que j'atribue un ſilence, qui me cauſe tant d'inquiétude. Cependant comme je ſais que vous aimés les Lettres, & que vous eſtimés ceux qui en font le principal

Tom. II.   A   orne-

ornement ; les Manes d'un de ces Grands Hommes , à qui j'ai beaucoup d'obligagation, par les lumiéres que j'ai puifées dans fes excellens Ecrits, aïant été ataqués de la maniére du monde la plus outrageante par l'un de vos Ecrivains ; j'efpére , Monfieur, que vous ne trouverés pas mauvais, que je vous interrompe un moment, pour vous expofer ce que j'ai fur le cœur à cet égard.

Il m'eft tombé entre les mains, depuis quelques femaines le POUR & CONTRE de M. l'Abé P.... C'eft une Lecture affés amufante, & qui eft d'ailleurs fort de mon goût. Mais je ne comprens pas, par quel endroit M. LOCKE peut avoir déplû à l'Auteur de cet Ouvrage , pour le traduire fur la Scène, comme il a fait § LXXXIX. à l'ocafion de l'Ecrit d'un Anonime, où on fait paroitre BAYLE & LOCKE dans le prémier rang de ceux à qui cet Auteur en veut, en les nommant les *deux Idoles de ce Siécle, & la ruine de tout ce qu'on avoit aquis de Savoir & de Vertu.*

„ Cet Anonime, *dit* M. l'Abé P. ne „ refufe pas à *Loke* le titre de *beau Genie* „ & la gloire *d'avoir pénétré plus loin que* „ *Perfone, dans les Profondeurs de la Mé-* *taphifique.* Mais on lui reproche d'a-

» voir abusé de ses talens, pour se dis-
» tinguer par des Opinions nouvelles,
» dont toutes les Conséquences tendent
» visiblement à *l'Infidélité* & même à *l'A-*
» *théïsme*, & d'avoir réussi trop heureu-
» sement à faire goûter ses principes
» en Angleterre. On ataque particu-
» liérement son *Hipothèse du Cone infini*,
» sous l'Idée duquel il prétend renfer-
» mer tout ce qui existe, depuis D I E U
» même jusqu'aux plus viles parties de
» la Matiére; & cette maniére de con-
» cevoir les choses est traitée d'ima-
» gination *absurde & impie*, qui entraine
» nécessairement le *Matérialisme*. Cepen-
» dant, dit-on, *le Serpent s'est glissé si loin*
» *sous les Fleurs, que son Poison a plus de*
» *force aujourd'hui que tous les Remèdes.*
» *Il s'est changé en Lait jusques dans les*
» *Universités, & c'est la principale Nourri-*
» *ture qu'on y fait succer à la Jeunesse.* Si
» le mal étoit aussi grand, *ajoute M.*
» *l'Abé P.* que le *Censeur le représente*, il
» ne faudroit pas regarder comme une
» exagération ce qu'un Ministre osoit
» dire en Chaire, il y a quelques Jours;
» *Que la Religion révélée est tombée dans un si*
» *grand mépris en Angleterre, qu'à peine*
» *trouveroit - on un Chrétien entre dix*
» *Anglois.*

Cette Critique tombe fur l'Angle-terre en général, & fur les Univer-fités d'O-xford & de Cam-bridge, en particu-lier.

Vous fentés bien, Monfieur, que c reproche ou cette acufation tombe fu l'*Angleterre* en général, & en particulie fur les célèbres Univerfités d'*Oxford* e de *Cambridge*, où, comme tout le Mon de le fait, on lit aujourd'hui à la Jeu neffe, LOCKE & NEWTON, comme dan les Ecoles *Péripatéticiennes* on lit ARIS TOTE. Ce feroit naturellement aux Chef de ces deux Univerfités à venger leu honeur & celui de leur Illuftre Com patriote. S'ils ne l'ont pas fait, ou s'il ne le font pas, c'eft aparemment qu'ils penfent, que dans un Païs où la Perfo ne, le mérite & les pieufes intentions de M. *Locke* font conus de tout le Monde, & où la juftice que ces deux célèbres Univerfités ont rendu & rendent à fes grandes qualités, eft généralement a prouvée ; il feroit auffi inutile de fe mettre en peine de pareilles impoftures, fi odieufes & fi peu vraifemblables, qu'il le feroit de faire atention au raifonne ment d'un Ecervelé, qui foutiendroit que nous fommes dans les tenèbres en plein Midi

Quant à moi, qui ne vois pas dans l'Hipothèfe dont il eft queftion, ce que nos Critiques y voient, je conviens que je puis avoir l'Efprit trop bouché,

Cependant, si je suis à cet égard dans un sentiment diférent du leur, j'en ai un bon Garant. C'est le Spectateur Anglois, qui raporte cet endroit de M. *Locke* (T. V. Disc. XLIV.). Vous y pouvés voir, Monsieur, ce qu'il en pense. Je n'en dirai pas d'avantage. Je vous prie seulement de remarquer à ce §. LXXXIX. combien M. l'Abé P. afecte de défendre Bayle, & de laisser Locke dans le bourbier.

Malgré tout cela, ma bile contre M. l'Abé P. ne se feroit pas échaufée, s'il s'étoit tenu aux règles qu'il s'est prescrites à lui même, de raporter également le *Pour & le Contre*; ou qu'il se fût contenté de citer simplement son Anonime & ses Déclamations contre M. *Locke*, sans l'ataquer de son propre chef, comme il l'a fait, non seulement dans cet Article sur ce prétendu *Cône*, mais aussi en d'autres endroits, où il l'a encore plus mal traité. Voïons d'abord comme il raisone sur ce prémier Article.

» Ce *Cône* de *Locke*, dit il, (§. CCC
» xxx) est sensiblement pris de *Vanini*,
» qui dans un Ouvrage dédié au Com-
» te de *Castro*, & aprouvé par *François*
» *du Soleil*, *Grand Vicaire de Lion*, entre-
» prend de prouver par un calcul ca-

A 3.

,, baliſtique du Nombre Neuf, qu'il y a
,, un Etre Eternel. Ce Nombre, *dit il*,
,, finiſſant par un indiviſible, répréſen-
,, te la Machine du Monde, qui con-
,, tient toutes ſes parties & qui eſt
,, contenu dans *l'Unité*, qui eſt *Dieu*,
,, le Souverain & l'Unique Etre, le
,, Principe & la Fin de toutes choſes.
,, Dans ce Siſtème, comme dans celui
,, de LOCKE, il eſt clair que Dieu n'eſt
,, point un Etre Spirituel, diſtingué de
,, la Matiére; mais que toutes les par-
,, ties du Monde ſont parties de la Di-
,, vinité, & compoſent un Etre, qui
,, eſt *Un* dans ſon total; ce qui revient
,, au pur Athéïsme.

Je ne vous dirai pas, Monſieur, ſi cette aplication odieuſe & deshonorante,
pour celui qui l'a faite, eſt juſte ou
non; vous en déciderés vous même,
après que j'aurai raporté, le Paſſage
de Mr. LOCKE, qui a doné lieu à M.
l'Abé P... d'en juger auſſi téméraire-
ment qu'il a fait. Le voici :

Paſſage de Locke ſur ce Co-ne, Trai-té de l'En-tend: Hu-

,, Lorsque nous conſidérons, *dit M.*
,, LOCKE, la Puiſſance & la Sageſſe in-
,, finie de l'Auteur de toutes choſes,
,, nous avons ſujet de penſer, que c'eſt
,, une choſe conforme à la ſomptueu-
,, ſe Harmonie de l'Univers, & au grand

„ deſſein, auſſi bien qu'à la Bonté infi-
„ nie de ce Souverain Architecte, que
„ les *diférentes eſpèces de Creatures* s'éle-
„ vent auſſi, peu à peu, depuis nous *vers*
„ *ſon infinie Perfection*, comme nous voï-
„ ons, qu'ils vont depuis nous en décen-
„ dant par des degrés preſque inſenſi-
„ bles. Et cela, admis une fois *comme*
„ *probable*, nous avons raiſon de nous
„ perſuader, qu'il y a beaucoup plus
„ d'Eſpèces de Créatures au deſſus de
„ nous, qu'il n'y en a au deſſous, parce-
„ que nous ſommes beaucoup plus éloi-
„ gnés en degrés de Perfection de l'E-
„ tre infini de Dieu, que du plus bas
„ Etat de l'Etre, & de ce qui aproche
„ le plus près du Néant. Cependant
„ nous n'avons nulle idée claire & dif-
„ tincte de toutes ces diférentes Eſpè-
„ ces, par les raiſons qui ont eté pro-
„ poſées ci deſſus.

Je voudrois bien ſavoir maintenant
ſoit qu'on conſidére les termes de M.
Locke dans leur ſens naturel, ou que
l'on faſſe atention aux Conſéquences
qui en réſultent, comment M. l'Abé P.
& ſon Anonime, en ont pû tirer l'Idée
de leur prétendu Cone, & en vertu de
quel Principe ou de quelle Règle de
Logique il s'enſuit, que M. *Locke* a in-

main L.
III. Ch.
VI. § 12

Juſtifi-
cation du
Senti-
ment de
LOCKE.

A 4

finué , que Dieu & les Créatures dont il
parle , forment un *Cone matériel*, un
Tout indivisible, compofé de parties matérielles & homogènes ; lui qui ne dit
pas feulement un Mot, dont on puiffe conclure, qu'il regarde *Dieu* & ces
Créatures, comme un *Tout phifique* ;
quoique dans un fens métaphifique,
on puiffe dire, que *Dieu* & l'Univers
forment un Tout, un Tout, qui éxifte, fans qu'on rifque d'être acufé pour
cela d'Héréfie & encore moins d'A-
théifme.

*Suite de
la même
juftifica-
tion.*

M. LOCKE fupofe ou admet comme
probable, qu'il y a une Chaîne de diférentes Efpèces de Créatures, qui, depuis celles qui font immédiatement au
deffus du Néant, monte par des degrés
presqu'imperceptibles jufqu'à nous, &
de là *vers* la Perfection infinie de
l'Etre fuprème. Or il eft évident que
celui qui dit, que les plus parfaites
de ces Créatures s'élèvent *vers* la perfection de l'Etre fuprème, ne dit pas
qu'elles touchent immédiatement à cet
Etre adorable, encore moins qu'elles font
un *Tout phifique* & *indivifible* avec lui.
Ce qui fait donc voir que ces termes
ne font nullement fufceptibles d'être
expliqués dans un fens qui doneroit

ateinte à l'Idée, que tout Etre raiſonable, quelque Hipothèſe qu'il adopte
d'ailleurs, a, & doit avoir de la diſtance infinie, qu'il y a, en tout ſens,
entre cet Etre ſuprème & ſes Créatures les plus parfaites; ce qui eſt dans
le fond le ſentiment de M. Locke,
dont il a donné mille & milles preu-
non ſuſpectes, dans ſes diférens Ouvrages. Mais ſupoſé, que M. Locke eût
voulu inſinuer, que dans un ſens il n'y
eût qu'un degré de diférence entre certaines Perfections de l'Etre ſuprème &
celles des Créatures qui l'aprochent le
plus, Penſée dont il etoit ſans doute
bien éloigné; la diſtance immenſe qu'il
y a d'ailleurs entre le Fini & l'Infini, l'Ouvrier & ſon Ouvrage, ſeroit elle moins
eſſentielle? ou s'enſuivroit il pour cela,
que M. Locke eût voulu faire entendre,
que Dieu & cette Chaine des Créatures
dont il parle, ſont un même *Tout*, dans
le ſens, dans lequel ceux qu'on apelle
Matérialiſtes emploïent ce terme, lui
qui dit ſi expreſſément que ces Créatures
ſont l'Ouvrage du *Souverain Architecte* ?

Que ne doit on donc pas penſer de
la hardieſſe de ceux, qui par étourde-
rie ou par un Eſprit de parti & de préjugés, ont oſé tirer du raiſonement de

ce grand & pieux Philofophe, des conféquences auffi infoutenables & auffi
odieufes que le font celles, que fans
doute vous détefterés, auffi bien que
moi ?

Vous favés, Monfieur, permettés
moi de le remarquer en paffant
qu'outre le *Spectateur Anglois* dont je
vous ai fait mention, le célèbre M.
POPE, dans fon *Effai fur l'Homme*, adopte, comme le Spectateur, cette Idée de
M. LOCKE : Il établit la même Chaine
des Etres créés, & va même plus loin :
Il fupofe que cette Chaine commence
depuis Dieu ; mais il s'explique, comme M. *Locke* le fait tacitement : Il dit,
que *Dieu fe répand fans fe partager, qu'il
donne fans rien perdre* ; par où il diftingue nettement l'Etre & la Nature Divine, d'avec l'Etre & la Nature des
Créatures tirées du Néant.

M. LOCKE dit, que nous avons raifon de nous perfuader, qu'il y a beaucoup plus d'Efpèces de Créatures au
deffus de nous, qu'il n'y en a au deffous,
parce que nous fommes incomparablement plus éloignés, en dégrés de Perfection de l'Etre fuprème, que les Etres
du plus bas étage ne le font de nous.
Il dit, que cette Chaine des Etres, qu'il

*C'eft
auffi le
fentiment
de Mr.
Grew,
dans fa
Cofmolo-
gie Sa-
crée.*

fupofe, eſt une choſe conforme à la
fomptüeuſe Harmonie de l'Univers &
aù grand Deſſein, auſſi bien qu'à la Bonté infinie du Souverain Architecte. C'eſt
tout ce qu'il a prétendu inſinuer. Y a til
là de quoi l'acufer d'Hétérodoxie ou
d'Atheiſme ? Ie vous en laiſſe juger,
Monſieur. Peut on imputer de pareils
ſentimens à un Homme, qui ſe déclare
dans les termes les plus précis & les plus
exprès pour l'opinion comune, que
l'Etre ſuprème a tiré toutes choſes du
pur Néant; qui emploïe plus de qua- *Voïez le*
tre pages de ſon excellent Traité, *§. 18. &*
pour convaincre d'Erreur ceux qui ima- *ſuiv. du*
ginent, que la Matiére eſt éternelle, *Ch. X. L.*
quoi qu'ils reconoiſſent un Etre Eter- *IV. de*
nel penſant & immatériel; qui ſoutient *l'Exiſten-*
même cette Spiritualité de l'Etre Su- *ce de*
prème, & fait conoitre le danger, qui, *Dieu.*
ſelon lui, réſulte de l'opinion contraire.
Ce qu'il dit en cet endroit eſt trop
remarquable & fait trop à la Juſti-
fication de ce grand Homme, pour
me difpenfer de le raporter. *Ortodo-*
Voici comme il s'explique. ,, On di- *xie de M.*
,, ra peut être, que bien que ce ſoit Locke
,, une vérité auſſi évidente que la dé- *juſtifiée,*
,, monſtration la plus certaine, qu'il *§. 13. du*
,, doit y avoir un *Etre* éternel, & que *même Ch.*

,, cet Etre doit avoir de la Conoiſſance ; il
,, ne s'enfuit pourtant pas de là, que cet
,, Etre penſant ne puiſſe être matériel.
,, Eh bien qu'il ſoit matériel, il s'enſuivra
,, toûjours également de là, qu'il y a un
,, Dieu. Car s'il y a un Etre éternel, qui
,, ait une Science & une Puiſſance infinie,
,, il eſt certain qu'il y a un Dieu, ſoit que
,, vous ſupoſiés cet Etre matériel ou
,, non. Mais cette ſupoſition a quel-
,, que choſe de dangereux & d'illuſoi-
,, re, ſi je ne me trompe ; car comme
,, on ne peut éviter de ſe rendre à la
,, démonſtration, qui établit un Etre
,, éternel, qui a de la conoiſſance ;
,, ceux qui ſoutiennent l'Eternité de la
,, Matiére, ſeroient bien aiſe qu'on leur
,, acordât que cet Etre intelligent eſt
,, matériel ; après quoi, laiſſant écha-
,, per de leurs Eſprits, & banniſſant en-
,, tiérement de leurs Diſcours, la dé-
,, monſtration, par laquelle on a prouvé
,, l'Exiſtence néceſſaire d'un Etre éternel
,, & intelligent, ils viendront à ſoûtenir
,, que tout eſt Matiére, & par ce moï-
,, en, ils nieront l'Exiſtence de Dieu,
,, c'eſt à dire d'un Etre Eternel pen-
,, ſant ; ce qui, bien loin de confirmer
,, leur Hipotheſe, ne ſert qu'à la ren-
,, verſer entiérement.

Je vous laisse juger maintenant, Monsieur, s'il ne faut pas avoir perdu le
sens, ou être d'une Méchanceté sans
égale, pour oser avancer, qu'un Philosophe, qui pense comme M. *Locke*, a tiré de *Vanini*, l'Idée de cette Chaine des
Etres, qu'il supose, & dont M. l'Abé P.
& son Anonime ont formé leur Cone ridicule? Je n'ai que faire de remarquer
ici le peu de raport qu'il y a entre l'I-
dée de *Vanini*, & celle du Philosophe
Anglois. Cela saute aux yeux.

Soufrés, Monsieur, que je passe à
un autre Endroit de l'Ouvrage de M.
L'Abé P. c'est là qu'il s'oublie entièrement. Cet Endroit (§. cxx) est trop
long pour être raporté dans une Lettre.
Prenés la peine d'y jetter les yeux :
vous y verrés, avec une surprise sans
doute égale à la mienne, que non seulement M. L'Abé P. met les Lockes
& les *Wollastons* dans la même Classe
des *Tolands*, des *Tyndals* & des *Wools-
tons*; mais qu'il désigne M. Locke comme le pire ou le plus dangereux de
tous, en disant: » Que ceux qui dou-
» teroient de la vérité des reproches
» qu'il fait à tous ces Messieurs, n'ont
» qu'à lire sur tout le célèbre endroit
» de Locke, qui n'est que le Commen-

*Critique d'un au-
tre en-
droit de*
Locke.

„ taire d'un Paſſage, non moins célè-
„ bre de LUCRECE, *Quippe & enim mor-*
„ *tale æterno jungere &c.* Vous verrés
comme M. *Locke*, en cette Compagnie,
eſt traité. Si vous avés lû l'Ouvrage de
l'Illuſtre M. WOLLASTON, *Ebauche de la*
Religion naturelle, vous êtes en état de juger, ſi ce grand Homme & M. LOCKE
ſont bien aſſortis avec les autres Perſona-
ges que M. l'Abé nomme dans ſon Ecrit.

La grace, que je prens la liberté
de vous demander maintenant, en ſupoſant qu'il y a quelque liaiſon entre
vous & cet Abé, c'eſt, Monſieur, de le
prier d'avoir la bonté de m'indiquer le
Paſſage de M. LOCKE, qu'il a en vuë, pour
pouvoir le comparer avec celui de *Lu-*
crèce ; car ſur un fait auſſi grave, je n'oſe
me fier à mes propres conjectures. Si je
trouve la choſe telle que M. l'*Abé* l'in-
ſinüe, je tâcherai de me garantir de ce
Serpent, qui *s'eſt gliſſé ſi loin ſous les*
Fleurs, & *dont le Poiſon a plus de force*
aujourd'hui que tous les Remèdes; & de
cette Méthode, peut être la plus artificieuſe
& *la plus ſubtile que l'Enfer ait jamais*
mis en uſage, comme il s'exprime.

Je vous aurai, Monſieur, une obli-
gation trés particuliére, ſi vous voulés
bien me procurer cet Eclairciſſement.

Et come tous les Ecrits modernes paſſent par vos mains, faites moi la grace auſſi, de me dire, ſi aucuns des Ad-
mirateurs de Mrs. Locke & *Wollaſton*
n'ont relevé ces vivacités ſurprenantes
de M. l'Abé. On peut dire, ſi cet
Ecrivain eſt fondé à penſer ſur le
compte de ces deux Hommes illuſtres,
comme il fait, que la feüe *Reine d'An-*
gleterre avoit grand tort, de faire placer leurs Buſtes parmi ceux des excellens Hommes qui décorent ſa belle
Grote de *Merlin*, & que les Prépoſés
aux Univerſités *d'Oxford* & de *Cambridge*,
dont j'ai déja fait mention, qui y ſont
lire *Locke*, comme dans vos Colleges on
lit *Ariſtote*, ſont encore plus coupables,
& qu'on ne peut les regarder que comme d'inſignes Corrupteurs de la Jeu-
neſſe innocente. Il eſt vrai que M.
Newton, dans un autre endroit (§. CX)
n'eſt pas mieux traité par M. l'Abé,
& par l'Auteur de *l'Alciphron*, qu'il cite,
que le ſont *Locke* & *Wollaſton*: Mais il
faut que ces trois Meſſieurs s'en conſo-
lent par l'Exemple d'un beaucoup plus
grand qu'eux, que ſes Ennemis, qui en
même tems étoient ceux de la Verité,
n'ont pas traité autrement.

Je ne citerai pas à M. l'Abé les E-
Eloges de
de Mr.
Locke.

loges magnifiques que Mrs. d'ARGENS
* & de VOLTAIRE ont fait de la Perfone de Monfieur LOCKE & de fes
Ecrits. De l'humeur dont il eft, il s'a-
viferoit fans doute de les recufer pour
Juges, & il les mettroit dans la même cathegorie des *Tolands*, & des *Tindals*.
Mais je ne faurois m'empêcher de
vous rapeller ici les tèmoignages glorieux à M. *Locke*, de trois autres Auteurs, qui feront peut être moins fuf-
pets à M. l'Abé. Le prémier eft
M. de la *Cize*, Auteur de *l'Hiftoire du
wighifme & du Torifme:*

*Autres
Eloges du
du même
par Mr.
de La Ci-
ze.*
„ Il mourut en cette Année 1704. *nous*
„ *dit cet Ecrivain,* un illuftre Wigh, je veux
„ dire JEAN LOCKE, Ecuier: Il fut obligé
„ de quiter l'Angleterre en 1683. Il
„ fut emploïé dans des Charges confi-
„ dérables fous GUILLAUME. Il écrivit
„ quantité de Traités, dont les plus
„ confiderables font, *Effai fur l'Entende-
„ ment humain; Penfées fur l'Education*
des

___

* *Voïez* les Lettres Juives, Tom. I de l'E-
dit. de Paupie, p. 238. Tom. IV. p. 175.
284, T. VI. p. 263; *Mémoires fecrets*, T.
IV. p. 542. au comencement; & M. de Voltaire dans la XIII. de fes Lettres Philofoph.

» des Enfans ; *Traité sur le Gouvernement* *
» où il réfute le *Chevalier Filmer*, qui
» prétendoit que l'Homme étoit essen-
» tiellement né Esclave : Que la Roï-
» auté étoit de Droit Divin : Qu'ADAM
» avoit été le premier Monarque du
» Monde & que tous ses Descendans a-
» voient été ses Esclaves. *Locke* combatit
» ces Principes, établit l'origine des Gou-
» vernemens, justifia la Révolution.

  » Pour ce qui est de son Caractère,
» son Nom sera respecté autant qu'il
» y aura du bon sens sur la terre.

  » Sa Literature fût universelle : Ses
Idées furent vastes & ses Observations
justes & utiles : On fût convaincu de

---

  * *On peut y ajouter son* Christianisme
raisonable. *C'est par raport au fond de la*
Matiére que LOCKE *traite, un Ouvrage*
incomparable, & par raport à la Dialecti-
que, qu'il fait paroître dans le second Tome,
on peut dire que c'est un des plus grands
eforts de l'Esprit Humain ; sans parler ici
de ces autres compositions, qui ont pour ob-
jet la Réligion, la Morale & la Politique,
qu'on peut voir dans le Corps de tous
ses Ouvrages, imprimés en Anglois en trois
Volumes in folio, & qui mériteroient bien
d'être traduits en nôtre Langue.

    Tom. II.   B

„ de tout ce qu'il entreprit de défen-
„ dre, & sa maniére honête & civile
„ n'y contribua pas moins que la force
„ de ses raisonemens. Il gagna plus de
„ Prosélites au parti *Wigh*, qu'aucun
„ Homme qui ait jamais écrit. Sa pé-
„ nétration, sa clarté & sa profondeur
„ dans toutes les Matiéres dont il
„ traita , le rendirent Maitre des
„ Idées & des Sentimens de ses Lec-
„ teurs. Il remplit parfaitement tous
„ les Devoirs de la Vie Civile & Chré-
„ tienne : Il fut zèlé pour sa Patrie :
„ Il fut un honête Homme, un pro-
„ fond Philosophe, un Savant du pré-
„ mier ordre, & un pieux & bon Chrétien.

Eloge Voici, Monsieur, comme le second
du même, de ces Auteurs, celui de la Bibliothè-
par l'Au- que nouvelle, que *Paupie* vient de nous
teur de la donner, fait le Panégirique de nôtre
Nouv. Illustre, à la fin de sa Préface.
Bibliotèq

„ L'Admiration que causent les Ou-
„ vrages des grands Hommes, *dit - il*,
„ fait naitre une espèce d'entousiasme,
„ contre lequel il est dificile d'être
„ toûjours en garde. On peut blâmer
„ avec beaucoup de sang froid un mau-
„ vais Auteur, parce que l'ennui qu'il
„ cause, assoupit les sens & rend plus
„ flegmatique. Mais quand on lit les

„ Ouvrages d'un Homme tel que Loc-
„ ke, on est saisi tout à la fois de
„ respect & d'admiration. On bénit le
„ Siécle qui a produit un Génie aussi
„ profond. On ne se contente pas
„ quelque fois de donner à un aussi
„ grand Philosophe des Epithètes, qui
„ sont faites pour les Etres sujets aux
„ foiblesses de l'Humanité: On lui a-
„ corde le titre de *Divin*. Si jamais
„ l'Hiperbole est pardonable, c'est bien
„ dans une pareille ocasion.

Vous verrés, Monsieur, par le témoignage du troisiéme de ces Auteurs,
qui mérite encore plus vôtre atention
que celui des deux autres, que sur le
Christianisme de M. Locke, il pensoit
tout autrement que n'a fait l'Abé P.
C'est le *célebre Spectateur Anglois.*

„ Parmi les faits qu'on a souvent *Par le*
„ allégués contre les Athées, *dit-il, Spectat.*
„ & dont ils n'ont pû se tirer jusqu'ici, *Anglois*
„ l'un est, que les Homes les plus *T. IV.*
„ sages & les plus habiles de tous les *Disc.*
„ Siécles ont été contre eux, & qu'ils *XXXVII*
„ ont toujours suivi le Culte public
„ reçû dans leur Païs, lorsqu'il n'y a-
„ voit rien d'oposé à l'honeur de l'E-
„ tre infini, ou de préjudiciable aux
„ interêts du Genre-Humain.

,, Les *Platons* & les *Cicerons* entre les
,, Anciens : Les *Bacons*, les *Boiles* & les
,, *Lockes* entre nos Compatriotes mo-
,, dernes, nous fourniffent tous des
,, beaux exemples de ce que je viens d'a-
,, vancer, pour ne rien dire des Cé-
,, lèbres Theologiens, puifque nos An-
,, tagoniftes les récufent, fous prétexte
,, qu'ils ont trop d'interêt dans la Cau-
,, fe dont il s'agit, pour être admis à
,, fervir de tèmoins.

Il me femble que l'Autorité des *Stéels*
& des *Adiſſons* vaut bien celle des *Abés*
P. & de ceux qui penfent comme lui,
& que M. Locke eft un peu plus judicieufement & plus dignement placé
avec les *Bacons* & avec les *Boiles*, qu'il
ne l'eft avec les *Tindals*, avec les *To-*
lands &c. Qu'en penfés vous Monfieur ?

Quoi que j'aïe dit, que parmi les
Panégiriftes de M. Locke, je ne citerois
point M. *d'Argens*, je ne faurois m'empêcher de raporter ici, de quelle maniére, en réflêchiffant fur les derniéres
circonftances de la Fin édifiante de cet
illuftre & pieux Philofophe, il apoftro-
phe le faux zèle infenfé : ,, Théo-
,, logiens Perfécuteurs, *dit-il*, que ré-
,, pondrés vous fur cela ? (aux parti-
,, cularités de la Mort de M. Locke,

Par le
Marquis
d'Argens
dans les

,, donées par M. *Coſte* & raportées par Mém. ſe-
,, M. *d'Argens*,) Dirés vous encore que crets de
,, Mr. Locke avoit peu de Réligion ? la Répub.
,, L'acuſerés vous toûjours d'avoir ſongé des Let-
,, à détruire le Chriſtianiſme ? Liſés le tres T.
,, Récit de ſa Mort: Rougiſſés enſuite IV. pag.
,, de confuſion, & ſouhaités enfin, que 975.
,, vous puiſſiés mourir en auſſi bons
,, Chrêtiens que lui.

C'eſt avec raiſon que cet Auteur
ſpiritüel dit , dans un autre Endroit: Ibid. p.
,, Que les plus grands Hômes & les plus 915.
,, capables d'une ſolide Pieté, ſont
,, ceux, qui ont toûjours fait un cas in-
,, fini des Ouvrages de ce Philoſophe ;
,, & que ceux, qui ont voulu les com-
,, batre ſont, ou des Perſones, qui n'a-
,, voient point aſſés de lumiére pour
,, les comprendre, ou qui imaginoient,
,, que la Pieté n'eſt pas compatible a-
,, vec l'exactitude du Raiſonement &
,, l'Etude de la Philoſophie, & qui
,, penſoient que la Religion n'eſt faite
,, que pour ceux qui ne raiſonent point.
,, Son *Traité de l'Entendement humain* eſt
,, celui qui eſt ſur tout en bute à cet-
,, te eſpèce de Gens, qui ignorent &
,, mépriſent les avantages de la Raiſon,
,, & qui ſemblent ne point ſavoir que
,, la plus ſolide Pieté ne ſe trouve

B 3

„ qu'avec la Raiſon la plus épurée.

Page
947.

„ On s'étone, *dit encore cet Auteur judi-*
„ *cieux*, qu'il y ait en Italie des Gens,
„ qui ſe loüent pour faire des Meur-
„ trés, & dont le Mêtier eſt d'aſſaſſi-
„ ner, comme celui d'un Cordonier eſt
„ de faire des Souliers. Je conviens
„ que cela paroit le comble de l'infa-
„ mie. Mais combien ne trouve-t'on
„ pas d'Auteurs, qui imitent parfaite-
„ ment ces Bandits, & qui vomiſſent
„ dans leurs Ecrits les Injures les plus
„ infames & les Calomnies les plus a-
„ troces? On fait avec la Plume, dans
„ la République des Lettres, ce qu'on
„ éxécute à *Naples* avec le Fer. Cette di-
„ férence eſt bien petite, & la perte de
„ l'Honeur eſt bien auſſi ſenſible que
„ celle de la Vie. Entre *Dominiço Pinci*,
„ fameux Chef des Bandits Napolitains,
„ & les Auteurs dont je parle, tout me
„ paroit égal. Je crois même, que puis
„ que le Crime eſt pareil, la Punition
„ devroit être ſemblable. Elle le ſeroit
„ ſans doute, s'il y avoit des Tribu-
„ naux dans la République des Lettres,
„ qui jugeaſſent des Crimes, qui méri-
„ tent une punition éxemplaire.

Réflex- Quant à moi, réfléchiſſant ſur ce que
Mrs.

Mrs. Le Clerc * & Coste ** nous ions fur ces Elo-ges. ont apris de la Fin édifiante & chrétienne de M. Locke, & fur ce que le Traducteur de l'*Ebauche de la Religion naturelle* nous dit dans fa Préface, de fon Illuftre Auteur, je crois avoir lieu de m'écrier avec celui, *** qui, un peu plus Sage que ne l'eft M. l'Abé ne voulut pas maudire ceux que Dieu béniffoit : *Moriatur anima mea Morte juftorum, & fiant noviffima mea horum fimilia.* Nombr. Ch. XXIII. 10.

Je m'aperçois ici, Mon cher Monfieur, mais un peu tard que mon Zèle pour la gloire de l'Illuftre M. Locke, & ma reconoiffance pour ce que je lui dois, m'emportent un peu trop loin: J'efpére cependant de vôtre grande politeffe, & de l'amitié dont vous m'ho-

B 4

* *Eloge Hiftorique de feu M.* Locke *par M. Jean le Clerc, à la tête des Oeuvres diverfes de ce Philofophe.*

** *Eloge de M.* Locke *par fon Traducteur, à la tête de fon Traité de l'Entendement Humain.*

*** *Balaam*

norés, que vous voudrés bien me pardoner la prolixité de cette Lettre, &
me doner une Réponse à vôtre co-
modité.　　　　　Je suis &c.

Extrait　C ETTE Lettre m'aïant atiré une
de la Ré-　　Réponse obligeante de mon Ami,
ponse de je vais en doner un précis au Lecteur,
Mr. B. de autant qu'elle concerne le sujet, dont
P.　　il étoit question dans la mienne.

Cet Ami me dit en substance, que
M. l'Abé est à la vérité un Homme
d'Esprit, estimable par la bonté du Cœur;
que son principal talent consiste dans
une grande facilité d'écrire; qu'en qualité d'Homme, qui d'un côté n'est pas
indiférent au plaisir, & qui, d'un autre
est souvent travaillé par des idées som-
bres, dont il etoit inutile de déveloper
la cause, il réussit assés à peindre les
Objets agréables & les Objets tristes;
que son imagination échaufée a riche-
ment brodé ces deux Canevas; mais
qu'au reste quant à un Savoir solide &
sur tout à la Philosophie spéculative,
on ne lui atribüe que des conoissances
fort superficielles, avec peu de goût &
un discernement des plus médiocres;
& que s'il lui arrive de faire quelqu'é-

chapée femblable à celle dont il s'agit
à l'égard de M. Locke, c'eſt plûtôt
par légéreté d'Eſprit que par malice.

  „ Un Home de ce Caractère, *ce font*
„ *les propres termes de mon Ami*, ne co-
„ noit guère M. Locke, ni la Méta-
„ phiſique. Je n'ai aucune liaiſon avec
„ lui, ni ne me fuis jamais trouvé en
„ fa compagnie. Mais je fais de bonne
„ part, que dans toutes celles ou il a
„ voulu faire le raiſoneur fur ces
„ fortes de Matiéres, il n'a pas été fort
„ aplaudi. Voici, à ce que je crois,
„ ce qui a ocafioné fa fortie contre M.
„ Locke. Vous favés, Monfieur, que
„ cet Illuſtre Auteur a toûjours mis à
„ l'écart l'Immatérialité de l'Ame, & fon-
„ dé l'Eſpérance de l'Homme fur le
„ ferme apui de la Révélation, plûtôt
„ que fur des Raiſonemens Philofophi-
„ ques. Il a encore hazardé, p ar for-
„ me de conjecture, & fans rien af-
„ furer, que DIEU pouvoit revêtir une
„ portion de Matiére de la faculté de
„ penfer. Il n'en a pas falu d'avantage,
„ à ceux dont il a renverſé & ridiculi-
„ fé les Siftèmes, pour le décrier come
„ un Auteur dangereux & favorable
„ aux Athées. Quelques Perfones de mé-
„ rite en Angleterre même, come Mrs.

,, *Stillingfleet* & *Ditton*, ont donné
,, dans ce travers. Le pauvre Abé a eu
,, quelque conoiffance confufe de tout
,, cela, & c'eft fur ces bruits va-
,, gues qu'il a bâti fa cenfure. Vous
,, jugés bien, Monfieur, qu'en vain on
,, tacheroit de lui faire entendre rai-
,, fon. Comme il ne travaille plus au
,, *Pour* & *Contre*, mais à des Romans,
,, il n'eft pas plus en fituation qu'en
,, volonté de fe retracter, &c.

Je crois que le Lecteur judicieux
fentira aifément, d'un côté, qu'après
cette Réponfe de mon Ami, je n'ai guére
re dû faire folliciter d'avantage les é-
claircivemens, que je m'étois propofé
de demander à l'Abé P. & que, d'un
Réflex- autre, on ne fera plus furpris de voir,
ions fur qu'un Home d'un Caractère tel que
le Carac- mon Ami le dépeint, ait pû fe livrer à
tère de fa legereté, come il a fait, en raifo-
l'Abé P. nant fur des Matiéres, qui ne font pas
de fa compétence, & en maltraitant avec
tant d'indignité cet Auteur, des Ecrits
duquel il n'a peut être jamais vû que
les Titres. Cela ne doit cependant pas
m'empêcher, de raporter ici en entier,
come j'en ai fait mention dans mon
Difcours Préliminaire, la Feuille
C X X. du *Pour* & *Contre*, dans laquel-

le cet Abé ataque fi étourdiment le Philofophe Anglois. J'ai trouvé à propos auffi d'y joindre le Paffage de Lu-crece & celui de M. Locke dont il eft aparemment queftion dans cette Piéce de l'Abé, afin que, par la com-paraifon, le Lecteur puiffe juger, avec quel fondement ce Critique a pû con-clure, que le dernier de ces deux Paffa-ges n'eft que le Comentaire du prémier. J'aurai ocafion de faire en même tems quelques Réflexions, qui, à ce que j'ef-pére, ne déplairont pas, fur ce que M. l'Abé P. a trouvé à propos de mettre en queftion, concernant ce qu'il apelle *Sentimens Naturels*; lefquels, à ce qu'il prétend, un certain nombre de Philo-fophes Anglois ne reconoiffent point.

J'eftime d'ailleurs, que le Lecteur ne fera pas faché de voir, dans l'Hif-toire & dans le Caractère du *Chevalier Henri F *** une de ces imperfections, ou de ces contradictions, auxquelles la Nature Humaine eft fujette, & qui paroiffent quelque fois dans des Indi-vidus doüés d'ailleurs des plus grandes qualités, en faifant un contrafte dont on ne fauroit être affés étoné.

EXTRAIT

DU

POUR ET CONTRE

NOMBRE CXX.

Te Lapis & Montes, innataque ruſtibus altis
Robora, te ſævæ progenuere feræ.
OVID. EP. VII.

Hiſtoire & Caractère du Chevalier Henri F.

SIR HENRI F.... deſcendu, dit-on, d'une Famille *Françoiſe*, qui paſſa en *Angleterre*, ſous le Règne d'EDOUARD III. mourût le 3. Juillet à *Welches*, en *Suſſex*, où il étoit né. Etant mort ſans Enfans, ſon Titre & ſon Bien ſont paſſés à M. CHARLES EVERSFIELD, qu'il avoit nommé ſon Héritier univerſel, ſans autre motif qu'une longue & tendre amitié. Avec le même déſintéreſſement il a laiſſé *Cinq Cent Livres Sterlings*, qui doivent être emploïés ées à la construction d'un *Monument dans l'Eglise de Westmunster*, pour honorer la Mémoire du Duc d'Argile. Ce Seigneur est encore plein de Vie, & Sir *Henri* ne le connoissoit point autrement, que par la Renommée de ses Vertus. Ainsi c'est l'*Amitié & l'Estime*, qui ont présidé seules à ce Testament.

Mais l'admiration qui paroit düe à deux Sentimens si nobles se soutiendra-t'elle après ce qu'on va lire? Sir *Henri* avoit un Frére qu'il avoit aimé longtems, avec une parfaite tendresse. Elle duroit encore, lorsqu'il conçût de la passion pour une jeune Fille de son voisinage, qui résista peu à ses libéralités & à ses soins. Il eût d'elle un Fils. C'étoit le Fruit de leur Amour. Il n'avoit point d'autre Enfant de son Epouse. Toutes sortes de raisons le portoient à l'aimer. Cependant par un Caprice extraordinaire, il le vit naitre avec le dernier chagrin, & n'aïant point de meilleur Ami que son Frére, il lui fit confidence de sa peine. La réputation de sagesse où il étoit dans le Monde, & sur tout la crainte de déplaire à son Epouse, avec laquelle il avoit toûjours vécu fort honêtement, faisoient son plus grand embaras. Heu-

reufement l'Avanture étoit encore fe-
crète; mais la Mort de fa Maitreffe,
qui fuivit de fort près le tems de fes Cou-
ches, & la dificulté d'élever l'Enfant
qu'elle avoit fecrètement chés elle,
alloit faire éclatér le Miftère, parce
que les affiduités précédentes de *Sir*
Henri ne pouvoient manquer de le tra-
hir. Ce fût dans cette extrémité que
fon Frére s'ofrit à le fervir avec toute
la générofité d'un véritable Ami. Il
lui promit de fe faire paffer pour le
Pére de l'Enfant, & de prendre aux
yeux du Public cette Galanterie fur fon
Compte. L'Ofre fût acceptée, & come
il fe trouve peu de gens qui fe char-
gent volontiers de la honte d'autrui,
cette fupofition paffa tout d'un coup
pour une vérité conftante.

Les Amis de *Sir Henri*, qui n'avoient
pas ignoré les foins qu'il rendoit depuis longtems à fa Maitreffe, ne
laifférent pas de faire leurs Réflexions
fur un dénoûment fi peu atendu. L'Aî-
né des deux Fréres avoit été l'Amant,
l'autre fe trouvoit le Pére. Cette In-
trigue étoit fi contraire aux règles or-
dinaires, qu'elle leur atira des railleries
d'autant plus libres qu'on les croïoit
innocentes. *Sir Henri*, toûjours agité

de fa prémiére crainte, les expliqua
tout autrement: Il crût remarquer dans
fon Frére trop de molleffe à fe défendre. Enfin fes foupçons s'augmentérent
jufqu'à lui faire prendre le parti de ne
le plus voir, & de rompre mème avec
lui fort brufquement, dans l'efpérance
de s'affûrer autant contre lui que contre le Public; parce qu'étant mal enfemble, il auroit plus de facilité à
faire regarder la vérité de fon Avanture come une Calomnie. Il paffa près
de vingt Ans dans cette difpofition,
fans fe laiffer flèchir par les éforts que
l'autre fit continüellement pour fe rétablir dans fon Amitié.

Cependant le Jeune F.... ne croif-
foit pas plus en âge, qu'en perfections
de Corps & d'Efprit. Son Oncle lui te-
noït lieu de Pére; mais n'étant
pas affés riche pour élever beaucoup
fa Fortune, il lui infpiroit du moins
des fentimens conformes à fa Naiffance. Il ne ceffoit pas même de lui faire efpérer un bonheur inconû, qui ne
pouvoit lui manquer tôt ou tard. Car
Sir Henri étant fans Enfans, fon Héri-
tage devoit tomber naturellement à
fon Frére, & celui ci avoit perdu fon
Epoufe avec tous les Fruits de fon Ma-

riage. L'atente de l'Oncle & du Neveu fût entiérement trompée, par le
choix que *Sir Henri* fit de Mr. *Evers-*
field, pour fuccéder à fon Titre & à la
meilleure partie de fes Richeffes. L'Oncle en conçût une douleur mortelle,
qui le mit en peu de Jours au Tom-
beau. Il laiffa à fon Neveu le peu de
Bien qu'il poffédoit, & il lui découvrit
en expirant toute l'Hiftoire de fa
Naiffance.

Ce jeune Homme fe flata encore de
tirer quelque avantage d'un tel Secret.
Il emploïa tous les eforts de la ten-
dreffe & de l'induftrie, pour amollir le
Cœur d'un Pére qu'il n'avoit point o-
fenfé, & dont fes excellentes qualités
le rendoient digne. Il lui fit conoitre à la fin tout ce qu'il avoit apris de
fon Oncle; mais cette reffource à laquelle il n'eut recours qu'après avoir
épuifé inutilement toutes les autres, a-
cheva de ruiner fes Efpérances. Il fût
traité comme un Impofteur. *Sir Hen-*
ri l'acabla d'injures & lui défendit de
paroitre devant fes yeux. Cependant
pour garder quelque bienféance à l'heure de fa Mort, il le fit apeller, & le nommant fon Néveu, il lui fit préfent de
quelques Terres d'un Revenu médiocre,
fous

sous le titre de Bâtard de son Frére.

Un endurcissement si opiniatre contre les plus tendres sentimens de la Nature, auroit peut être rendu le témoignage de l'Oncle & du Neveu fort suspect. Mais outre l'honêteté de leurs principes, qui est reconüe de tous ceux qui les ont vû familiérement, le Ciel a permis pour leur justification, qu'on ait retrouvé toutes les Lettres, que *Sir Henri* écrivit à sa Maitresse, pendant le Comerce qu'il eût avec elle. Le sens en est trop clair pour laisser le moindre doute sur la Naissance de M. F.... Mais le Titre & les Richesses, qui lui étoient dûs par l'ordre de la Nature, n'en sont pas moins passés dans les Mains d'un Etranger.

Un Ecrivain *Anglois*, du nombre de ces *Philosophes*, qui ne reconoissent point de Sentiment naturel, a crû trouver dans cet Exemple une nouvelle preuve de la Doctrine ,, Ici, *dit-il*, vous ,, voïés l'Home tel qu'il est natu- ,, rellement, par raport à la qualité ,, de Pére. *Sir Henri* ne hait point son ,, Fils, puisqu'il lui fait un présent con- ,, sidérable en mourant. Il n'a point ,, pour lui non plus cette tendresse

Idée d'un Philoso-phe An-glois sur le senti-ment na-turel.

„ prétendüe naturelle, dont on vante
„ tant la force ; puifqu'il ne penfe pas
„ à lui faire du bien pendant toute fa
„ vie, & qu'un intérêt des plus legers
„ l'empêche de le recônoitre pour fon
„ Fils. Il eft à l'egard du jeune F . . . ,
„ ce qu'il eût été pour le plus éloigné
„ de fes Parens. Il n'eft rien de plus,
„ & la Raifon de cela fe préfente fans
„ peine : C'eft que n'aïant eû qu'un co-
„ merce fort court avec la Mére, n'aïant
„ point élevé le Fils, n'aïant jamais
„ vécû avec lui, n'aïant point les foles
„ idées d'Orgueil & d'Ambition, qui
„ font fouhaiter aux Homes, que leur
„ Nom dure plus longtems qu'eux mê-
„ mes, il n'eft à l'egard de fon Fils
„ qu'une Caufe aveugle, qui ne côn-
„ ferve d'elle même aucune liaifon a-
„ vec fon éfet. Il n'a point avec lui
„ tous les raports que je viens de mar-
„ quer. Ces raports font nôtre choix
„ & nôtre ouvrage. Leur continua-
„ tion produit une habitude que le
„ Vulgaire nomme Sentiment naturel.*

Si l'Auteur de ce raifonement avôit
bien prouvé, que l'interêt qui portôit
Sir Henri à défavouer fon Fils, fût un
interêt auffi leger qu'il le réprefente,

I. Réflex-
ion de
l'Abé P.
fur cette
Hiopthè-
fe.

   * Monthli Réflexions July p. 17. 18.

je ne vois pas tout|d'un coup ce-que
nous aurions à lui opofer; car quoiqu'on pût alléguer les Monftres, & dire affés vraifemblablement; qu'ils ne
changent rien à l'uniformité des Loix
de la Nature, il n'y a pas aparence
qu'on doive mettre dans ce rang un
Home auffi généreux d'ailleurs, & auffi fenfé que *Sir Henri.* On ne trouve
nulle part les Vertus réünies avec les
excès qui leur font opofés. Mais le
Difciple de Locke n'a pas fait atention,
que ce qu'il apelle un *interêt leger;*
pouvoit en être un des plus effentiels &
des plus preffans. En éfet à l'égard des
Biens qui dépendent de l'opinion des
Homes, tels que *l'honneur,* la *réputation,*
la *grandeur;* quelles autres règles avons
nous que nôtre propre imagination?
Et lorfqu'elle atache à un faux bien le
mérite & le prix qu'il n'a pas, n'arive-
t'il pas tous les jours qu'elle lui faffe
emporter la balance fur les avantages
les plus folides, fur les inclinations les plus
cheres, & fur les devoirs les plus juftes?
Ainfi le *Chevalier* F.... Efclave tout
à la fois de fa réputation de fageffe &
de fa complaifance pour fon Epoufe,
peut avoir fait violence à fes fentimens
naturels, par un fentiment plus fort

qu'eux, quoi qu'il ne fût que l'ouvrage de son imagination. Considérés une
Fille tendre & timide, qui tüe volontairement le Fruit de sa faute, pour
éviter l'infamie. Est-ce haine ou cruau-
té, qui lui met le Couteau à la main?
Manque-t-elle d'amour & de pitié pour
un malheureux Enfant qui ne fait que
sortir de son Sein? Non; mais elle
aime l'Honneur plus que lui.

> *Deux Tirans opasés ont décidé de ton*
> *sort.*
> *L'Amour, malgré l'Honeur, te fit doner*
> *la Vie;*
> *L'Honeur, malgré l'Amour te fait do-*
> *ner la Mort.*
>
> Sonnet de l'Avorton.

Ce n'est point ici le lieu de combatre le *Sistème favori des Anglois.* Je
ne puis me refuser pourtant de conclure cet Article, par deux *Observations.*
1. Le séjour que j'ai fait à *Londres* m'a
mis à portée de remarquer, qu'il n'y a
point de *Philosophes d'aussi mauvaise foi*
que les Philosophes Anglois: Je leur ferois
ce reproche avec moins de liberté, si
l'Explication que j'ai à doner, étoit o-
fensante pour eux. Pour m'arrêter donc

au feul exemple qui m'a conduit à cette Réflexion, j'ai été furpris de voir
que ce Peuple, où on établit ce Dogme, que l'Home fe trouve à fa Naiffance, comme une *Table rafe*, * eft de * C'eft
tous les Peuples du Monde, celui qui *l'expref-*
fe conduit le plus généralement par les *fion de*
prémiéres impreffions de la Nature. A *Locke.*
peine font ils fortis de l'Enfance, que
vous les voïés fiers de leur Raifon. Ils
rejettent avec mépris l'Efclavage de
l'Exemple, & le Joug de l'Autorité.
Où prennent ils donc les Principes fur
lefquels ils fe conduifent, s'ils n'en ont
point reçûs quelques uns de la Nature?
Ont-ils eû le tems dès leur prémier
Age d'examiner avec tant de foin les
Conoiffances qu'ils ont fi tôt aquifes, &
de les comparer avec tant de juftefle
& de fidelité, qu'ils puiffent les regarder comme autant de fondemens certains, fur lefquels ils aïent le droit de
fe régler eux mêmes & celui de condamner les autres? Ajoutés que pour
les fentimens, il y a peu de Nations
qui en foïent auffi capables qu'eux. Les
Péres & les Epoux y font tendres,
ardens, fidèles. En *Angleterre*, la ten-
dreffe de Cœur eft la Vertu de tous

les Etats, & c'est ce qu'ils expriment
si bien par le mot *Good naturd.* Je leur
demande, si ce qui seroit un éfet de
l'habitude ou des préjugés de l'Enfance, ou de la force de l'Education, peut
devenir si universel, & se soutenir si
constamment ? Ainsi c'est de leur Caractère même que je conclus la fausseté
de leur Doctrine.

II. *Ré-*
flexion
de l'Abé
P.

II. Quand ces *Philosophes Anglois* font
ouvertement leurs éforts pour rétablir
la *Religion naturelle* sur les ruines du
Christianisme ; n'est-ce pas encore u-
ne contradiction visible avec leur Principe ? Car surquoi peuvent-ils fonder
leurs raisonemens, si ce n'est sur ces
sentimens primitifs, & sur ces lumiéres
indépendantes, qui se trouvent dans
tous les Homes ; & qu'il est facile de
déveloper avec une médiocre atention.
Tout le Monde sent jusqu'où peut aller cette Objection, & de combien de
maniéres elle peut être tournée con-
tr'eux. Mais pour nous expliquer sans
détour ; s'il est visible que les Ennemis
des Sentimens naturels se contredisent,
il ne faut pas croire qu'ils le fassent en
Aveugles : Ils conoissent le terme auquel ils tendent : C'est leur route qu'ils
tachent de déguiser : *Religion Naturelle*

& *Révélée:* Ils regardent l'une & l'autre à peu près de même Oeil, & raportant toutes leurs vües à l'Etabliſſement de leur Idole, qui n'eſt que le *Matérialiſme,* ils commencent ſeulement par ſe défaire du *Chriſtianiſme,* comme de l'Obſtacle le plus importun; & déja ils ataquent l'autre de loin, par le Principe dont nous parlons, quoi qu'ils afectent de la prêcher par un reſte de bienſéance & de ménagement. En un mot, c'eſt à l'*Exiſtence de l'Ame & de toutes ſortes de Subſtances immaterielles* qu'ils en veulent depuis trente ou *quarante* ans. Ceux qui douteroient de la vérité de ce reproche, n'ont qu'à lire avec un peu d'atention *Locke, Colins, Toland, Tyndal, Wolaſton Woolſton,* & ſur tout le célèbre *Endroit de M. Locke.** qui n'eſt que le Comentaire de ce Paſſage non moins célèbre de LUCRECE.

Cette Réflexion porte en particulier ſur M. Locke

Quippe etenim mortale æterno jungere, & una

Conſentire putare, & frangi mutua poſſe.

C 4

* *Ce Paſſage de Locke, dit l'Abé P. eſt trop long pour être raporté ici.*

Desipere est. Quid enim diversius esse
putandum est,
Aut magis inter se disjunctum, dis-
crepitans que,
Quam, mortale quod est, immortali
atque perenni
Junctum in consilio Sævas tollerare pro-
cellas ?

Au reste leur Méthode est peut être
la plus artificieuse & la plus subtile que
l'Enfer ait jamais mis en usage. Car il
ne faut pas se laisser tromper par la diférence des Titres, & s'imaginer que
leurs Ouvrages soient faits autrement
que de concert. On assûre, à la vérité, que que la plûpart de ces nouveaux Apôtres ont afecté toûjours de
marquer peu de liaisons les uns avec
les autres ; mais M. GIBSON a montré
d'ailleurs que cette afection n'est qu'un
Masque, & qu'ils tendent au même
but par des déliberations comunes. *

* *J'ai peine à croire que M. GIBSON,*
Evêque de Londres, si je ne me trompe,
se soit avisé de confondre les LOCKES & les
WOLLASTONS, avec les TOLANDS & les
autres qui sont nommés.

L'un se charge d'ataquer directement le *Chriſtianiſme*; l'autre d'établir la *Religion naturelle*; un troiſiéme, de faire également la Guerre à toutes les deux; un autre de les défendre; mais avec des Armes perfides, qui ne font que les afoiblir. Celui ci emploïe la *Philoſophie*, celui là les *Mathématiques*, & d'autres l'*Hiſtoire*. WOOLSTON a-t'il la hardieſſe de tourner les Miracles du SAUVEUR en ridicule par mille boufoneries profanes, où l'Impiété paſſe toutes ſortes de bornes; le grave & ſérieux COLINS lâche auſſi tôt une Diſſertation ſavante & bien raiſonée, pour prouver que la Raillerie & l'Jronie ſont des voïes très propres à la ruine de l'Erreur & à la manifeſtation de la Vérité. Enfin, je ne vois rien à quoi l'on puiſſe comparer leur ardeur contre la Religion, qu'au zéle, qu'ils devroient avoir pour l'etablir & pour la défendre.

REMAR-

REMARQUES
DE
L'AUTEUR

Sur l'Article du POUR & CONTRE
inferé ci - devant.

M'Etant engagé de faire quelques
Réflexions fur cet Article du *Pour*
& Contre, je ne m'arrêterai point fur
ce qui regarde le Caractère du Chevalier *Henri* F.... Je me bornerai à la feule queftion que M. l'Abé P. a fait naitre à l'ocafion de ce Gentilhome fur
les *Sentimens naturels*, lefquels il prétend
que nombre de *Philofophes Anglois* ne
reconoiffent point. Si avant que de
combatre cette opinion, il eût plû à
M. l'Abé de nous dire ce qu'il entend
par ce terme *Sentiment naturel*, nous
aurions vû plus clair, que nous ne
voïons dans ce qu'il a entrepris de
combatre, ou de nous aprendre fur ce
fujet.

L'Abé P.
n'expli-
que pas
affés ce
qu'il en-
tend par
fentiment
naturel.

Si M. l'Abé entend par ce terme, ce Penchant naturel, qui porte un Pére à aimer ses Enfans, qui fait que tout Home raisonable cherche naturellement ce qui est un bien en soi, ou ce qui l'est à son égard, & qu'il évite ce qui est un mal, ou réputé tel, par raport à lui même ; j'estime, qu'il convient d'apeller ce Penchant un *Instinct*, plûtôt qu'un *Sentiment naturel*, d'autant qu'il nous est comun avec tous les autres Animaux. Je ne crois pas que dans ce sens aucun Philosophe Anglois nie ce que M. l'Abé apelle *Sentiment naturel*, ou qu'il nie tout semblable Sentiment naturel : Si l'Auteur des *Monthli Réflexions*, que M. l'Abé critique, nie ce sentiment, ainsi qu'il paroit qu'il le fait, par le Passage que ce dernier raporte, il a tort ; come M. l'Abé a tort aussi d'imputer en termes couverts ce sentiment à M. Locke, en traitant l'Auteur qu'il cite de Disciple de ce Philosophe. M. L'Abé seroit bien embarassé, s'il s'agissoit de prouver que M. *Locke* nie le sentiment naturel, ou tout Sentiment naturel. Mais il ne comprend pas sans doute qu'il y a une grande diférence entre nier tout Sentiment naturel, & nier les *Idées innées*.

Mais quoi qu'il en soit de ce que je

Si c'est un Penchant, un Instinct de la Nature, il n'y a pas aparence que les Philosophes Anglois le nient.

L'Auteur des *Monthli Réflexions* & fon Critique rai-fonent auffi mal l'un que l'autre.

viens de dire, il me femble que l'Auteur des *Monthli Réflexions* & fon Critique rai-fonent auffi mal l'un que l'autre. Je ne fais fi le prémier nie tout fentiment naturel, ou tout fentiment naturel tel que je viens de le définir: Cela n'eft pas clair par le Paffage de l'Auteur que le Critique raporte, & duquel il a fans doute tiré fon Hiftoire du Chevalier F. Il paroit qu'il nie feulement, dans le fens dont il s'agit, un certain Amour Paternel, un Amour Paternel qui va jufqu'à un certain degré: Il ne nie pas tout Amour Paternel, même en la Perfone de ce Chevalier, puifqu'il convient *qu'en mourant il lui a fait un Préfent confidérable,* ce qui ne peut être atribué qu'à cet intèrêt que la Nature infpire, & qui dans un fens parle en faveur d'un Enfant; & fi cet Auteur traite d'*Erreur Vulgaire,* de nommer *Sentiment Naturel* l'Amitié ou l'Inclination que produifent pour l'ordinaire les habitudes, dont il parle, il ne s'enfuit pas pour cela qu'il nie tout Sentiment naturel. Ce Sentiment peut être tout ce qu'il eft, indépendamment de ces habitudes: Elles peuvent doner de la force à ce fentiment, là où elles fe trouvent: Ce Sentiment peut fe réfroidir là où cette habitude manque,

Mais supofé que l'intention de l'Auteur des Réflexions fut de nier tout Sentiment naturel, ou de nier que l'Amour Paternel est un Sentiment que la Nature inspire, en établissant comme il fait, que ce n'est que l'Habitude & ce qui en dépend, qui le fait naitre; il auroit aussi mal prouvé cette Thèse, en raportant l'exemple du Chevalier F. que s'il avoit allégué l'exemple des Monstres pour combatre l'Ordre règlé & établi dans la Nature phisique : Cet Auteur, *dis-je*, auroit aussi mal prouvé son Opinion, que l'Abé P. prouve de son côté la mauvaise foi des Philosophes Anglois & leur négation de tout Sentiment naturel, en citant cette opinion particuliére de l'Auteur des Réflexions. Car il est bien évident, que parmi un Million d'Hommes raisonables, pour ne pas parler de tous les autres, qui auroient autant de sens & d'Esprit qu'en pouvoit avoir le Chevalier F. il n'y en a peut être pas un seul, qui eut manqué à l'Amour paternel, ou au Sentiment naturel, come ce Gentilhome a fait en cette ocasion. Donc son Exemple ne prouve rien en faveur de ceux qui nieroient le Sentiment naturel en général.

L'exemple du Chevalier F. ne sert point à prouver la Thèse de l'Auteur des Réflexions.

L'Abé P. fait encore un plus grand écart.

Mais M. l'Abé fait un bien plus grand écart encore. Il tire fa preuve, que les Philofophes, Anglois en général nient le fentiment naturel, & qu'ils font de mauvaife foi, en fupofant que ces Philofophes ou tout le Peuple Anglois, établiffent ce Dogme, *que l'Home fe trouve à fa Naiffance come une Table raze.* Où il ignoroit qu'il y a une grande diférence entre le Sentiment naturel, la Capacité, le Penchant, l'Inftinct naturel d'aimer ou de haïr, & les Idées innées, foit qu'elles éxiftent ou qu'elles n'exiftent point; ou il ne l'ignoroit pas. S'il l'ignoroit, il pouvoit s'empêcher de raifoner fur ce qu'il n'entend pas, & de fe proftituer par là devant un Public judicieux; & s'il ne l'ignoroit pas, on peut lui reprocher, que c'eft lui qui eft coupable, & non les Philofophes Anglois, de la mauvaife foi qu'il leur atribüe: Car il eft bien évident, qu'on peut nier les Idées innées, fans nier pour cela le Sentiment naturel, & que l'un n'eft nullement une conféquence de l'autre.

Si par ces termes *Sentiment naturel,* M. l'Abé entend cette Raifon, que dans un autre Endroit de fon Ouvrage, il dit fort bien, *n'être autre chofe que l'acord de tous les Hommes à juger de la* même manière, dans tous les tems & dans tous les lieux, & qu'il fupofe que ce Jugement eft fondé fur des Idées claires & diftinctes, que ces Hommes ont de ce qui eft l'objet de leur Raifon ou de leur Raifonement, comme on ne fauroit doner un autre fens à ces termes; ces Philofophes Anglois que M. l'Abé ataque, font fondés fans doute à nier, que ce Jugement foit un Sentiment naturel à l'Home, ou qu'il foit né avec lui. Il eft évident, que pour doner fon confentement par Exemple à ces trois Propofitions dès plus fimples : *Ce qui eft, eft: Le tout eft plus grand, que chacune de fes parties: Deux & deux font quatre*; il faut avoir auparavant dans fon Efprit, des Idées diftinctes de ce qu'on apèle *Exiftence*, & de ce que fignifient les termes *tout* & *partie:* Il faut avoir apris à compter jufqu'à *quatre.* Pour ne rien dire de ces Propofitions morales ; *qu'il faut vivre honétement; qu'il ne faut léfer perfonne; qu'il faut rendre à chacun le fien; qu'il ne faut faire à autrui, que ce que nous voudrions qu'on nous fit,* & autres femblables, & qui demandent des lumiéres aquifes beaucoup plus étendües, pour y donner fon affentiment en conoiffance de cau-

Si c'est une Conoissance distincte, ce Sentiment n'est pas inné dans l'Homes

se. Or il est incontestable, que ces sortes d'Idées distinctes, qui opérent ce Jugement prétendu général & uniforme, ne sont pas innées à l'Home & qu'à cet égard il n'aporte au Monde que ce qu'on peut apeller *capacité vuide*, laquelle, come elle dépend d'une certaine construction des Organes, du Temperament & de bien d'autres circonstances, n'est pas la même dans chaque Individu; desorte que de la Capacité vuide de l'Homme on ne peut pas conciure à cette Raison, que l'Abé P. fait consister dans l'acord de tous les Hommes, à juger en certains cas de la même maniére, dans tous les tems & dans tous les lieux. Il est évident d'ailleurs, que la plûpart des Homes vivent & meurent sans avoir jamais aucune Idée distincte de toutes les Propositions que je viens de raporter, & encore moins de celles qui renferment beaucoup d'Idées morales; de maniére, que si étant interrogés sur quelqu'une de ces Propositions, ils y donoient leur assentiment, ce ne seroit que par un pur hazard, ou par un Sentiment confus, dont ils seroient redevables, peut être à leur mémoire, qui ne prouveroit rien en faveur de ceux qui soutiendroient, que

que ce qu'ils apellent ici *Sentiment naturel*, est général & inné à tous les Homes.

Demandés à un Homme du comun, à un Païſan; à un *Huron*, s'il admet pour vrai, qu'il ne faut pas faire aux autres ce que nous ne voudrions pas qu'on nous fît; ſupoſé qu'il en convienne, on peut dire, que ce n'eſt pas en vertu d'une lumiére innée ou qui eſt naturellement dans ſon entendement; mais que c'eſt plûtôt parce qu'il ne trouve rien dans ſon Eſprit, qu'il puiſſe opoſer à cette vérité, pour la contredire. Faites la même queſtion à un Philoſophe; il donera ſans héſiter ſon conſentement à la propoſition qu'elle renferme; mais ce ſera en pleine & diſtincte conoiſſance de cauſe, & parce qu'il ſent d'abord qu'elle eſt fondée ſur cette égalité, qu'il y a originairement entre tous les Homes, & que leur intérêt général & particulier demande, non ſeulement d'y aquieſcer, mais encore d'agir en conſéquence. Or il eſt évident qu'on ne ſauroit faire ce Raiſonement ſans des Idées aquiſes, qu'on chercheroit inutilement dans l'Eſprit d'un Home du comun, d'un Païſan ou d'un Huron; & qu'il faut donc aquerir ces idées pour concevoir le raport qu'il

Un Huron ſur les Maximes de Morale les plus ſimples, penſera bien différemment du Philoſophe.

Tom. II.   D

y a entr'elles, & la verité de cette Propofition donée.

Le Sen-   Je crois donc être fondé de dire,
timent, que ce qu'on pourroit nommer ici
qui ren- *Sentiment* ou *Jugement*, n'eft pas natu-
ferme un rel, mais aquis, & qu'à cet égard
Juge- l'Homme, come je viens de dire, n'a-
ment n'eft porte au Monde qu'une certaine *Capa-*
pas inné. *cité vuide*, laquelle fi on la veut nommer, Sentiment naturel, la fignifica-
tion des termes étant Arbitraire, je ne
m'y opofe pas.

    Pour mieux m'expliquer, je dirai,
que fi *Sentir* eft juger felon cette Raifon, qui confifte dans l'acord de tous
les Hommes à juger de la même maniére, dans tous les tems & dans tous
les lieux; ce Sentiment ou ce Jugement
fupofe trois chofes, *Capacité vuide*, *Per-*
ceptivité & un fond d'idées. Je conviens
que les deux prémiéres confiderées *in*
abfratto font les mêmes dans tous les
Homes. Mais il eft certain que ce
Il ne peut fond d'idées ne peut être aquis que
être a- par l'Habitude, * par la Conoiffance,
quis que par l'Etude & la Réflexion; & qu'il
par l'Ha- n'eft pas le même dans chaque Parti-

    * *L'Habitude ici n'eft autre chofe, fi je*
ne me trompe, qu'une conoiffance aquife im-

tulier, quoi qu'il puisse arriver que *bitude,*
tous les Homes envisagent & jugent *l'Etude*
la même chose, de la même maniére; *& la Ré-*
de sorte qu'on ne peut pas dire, que *flexion.*
ce fond d'Idées néceffaires pour juger
felon la Raïson, eft un Sentiment naturel & inné à tous les Homes en
général.

M. l'Abé entreprend de tirer la preu- *L'Abé*
ve de l'acord & de l'univerfalité de ce *P. pré-*
qui eft *Sentiment naturel*, dans fon Ef- *tend*
prit, du Caractére général qu'il atribüe *prouver*
à une Nation entiére. Il dit, ,, Qu'il *le Senti-*
,, a été furpris de voir que ce Peuple *ment na-*
,, où l'on établit en Dogme, que l'Ho- *turel,*
,, me fe trouve à fa naiffance; *come dans le*
,, *une Table raze*, eft de tous les Peu- *Sens qu'il*
,, ples du Monde, celui qui fe conduit *lui aone,*
,, le plus généralement par les prémié- *par le Ca-*
,, res impreffions de la Nature &c. Il *ractère*
,, demande, fi ce qui feroit un éfet de *général*
,, l'habitude, ou des préjugés de l'En- *des Na-*
,, fance, ou de la force de l'Education, *tions.*
,, peut devenir fi univerfel & fe fou-
,, tenir fi conftamment? Ainfi, dit-il,
,, c'eft de leur Caractère même que je

D 2

perceptiblement, qui porte l'Home à fe dé-
terminer & à agir en conféquence, même
fans Réflexion, & fans qu'il le fente.

„ conclus la fauſſeté de leur Doctrine.

Réfuta-
tion de
cette I-
dée.

Chaque
Nation a
ſon Ca-
ractère
particu-
lier, qui
ſoufre de
grandes
excep-
tions.

Mais M. l'Abé ignore-t-il, que chaque Nation a ſon Caractère particulier;
qu'il y en a, qui ſont naturellement
graves & ſérieux, & qui ont le ſentiment grand & noble ; d'autres qui ſont
legers, ſuperficiels, mais ſpirituels, a-
gréables & de bon comerce ; d'autres ;
qui ſont prudens, mais circonſpects,
défians & vindicatifs ; d'autres qui ſont
laborieux, ſimples & de bone foi &c ?
Je lui demande donc 1. S'il n'eſt pas
vrai que ſi, du Caractère général d'une
Nation, on pouvoit conclure au Sentiment naturel & univerſel de tout le
Genre - humain ; il faudroit que le
Vice prédominant de tous les Homes
fût d'être vindicatifs, come, par exemple on ſupoſe que le ſont les *Italiens.*
M. l'Abé doit bien ſavoir que rien n'eſt
ſi contraire à l'expérience. Je lui demande en *ſecond lieu*, ſi ce Caractère
qu'il atribüe à la Nation Angloiſe eſt
ſi général, qu'il ne ſoufre aucune exception ? Je crois qu'il eſt inutile que
je faſſe des éforts pour lui prouver
qu'encore à cet égard l'expérience eſt

Raiſon du viſiblement contre lui. Il eſt vrai que
Caractè- l'Anglois a naturellement l'Eſprit juſte
re géné- & pénétrant, qu'il a une certaine fer-

meté, un certain courage par deſſus *ral, que*
les autres Nations, qui fait, que come *l'Abé P.*
le dit M. l'Abé, il rejette avec mépris *atribüe*
l'Eſclavage de l'Exemple & le Joug de *aux An-*
l'Autorité, lorſqu'il combat ce qui paſ- *glois.*
ſe pour vrai & pour évident dans ſon
Eſprit; & que s'acharnant come il fait
à ce qu'il entreprend, il creuſe & a-
profondit beaucoup plus lorſqu'il s'a-
git de la recherche de la vérité que
ne font les autres Nations. Mais il eſt *Ce Ca-*
clair que ce Caractère, dans le fond, *ractère*
n'eſt autre choſe que Capacité naturel- *ne prou-*
le, & non pas ce que M. l'Abé peut *ve rien*
entendre par le terme *Sentiment natu-* *en faveur*
rel ou univerſel; Capacité naturelle, cul- *de ſon*
tivée par l'Education, par la Conver- *ſenti-*
ſation, par l'Etude, & par des Réflé- *ment,*
xions ſenſées & profondes, dont ils ſont
peut être, plus capables que toutes les
autres Nations. *A peine ſont ils ſortis de*
leur Enfance, dit M. l'Abé, *que vous*
les voiés fiers de leur Raiſon. Où prennent-
ils donc les principes ſur leſquels ils ſe con-
duiſent, s'ils n'en ont point reçus quelques
uns de la Nature? Ont-ils eû le tems dès
leur prémier age d'éxaminer avec tant de
ſoin les conoiſſances qu'ils ont ſi tôt aquiſes,
& de les comparer avec tant de juſteſſe &
de fidélité, qu'ils puiſſent les regarder

D 3

come autant de *fondemens certains fur lef-*
quels ils aient le Droit de fe règler eux mê-
mes, & celni de condamner les autres. Oui
M. l'Abé, dès qu'ils font fortis de leur
Enfance, ils font come vous le fupofés, cenfés à la faveur de leur Education & de leurs propres éforts, avoir
aquis tout ce qu'il leur faut, pour penfer, pour raifoner & pour agir de la maniére que vous leur atribués; ils font cenfés avoir eû tout le tems néceffaire pour
aquerir cette Capacité, outre celle qui
leur eft naturelle. Je ne vois rien,
qui puiffe nous porter à en juger autrement : Je ne vois pas que pour penfer & pour agir come ils font, ils aïent
befoin de vôtre prétendu Sentiment naturel. Vous auriés donc beaucoup mieux
fait, de vous en tenir à vos Romans, que
d'entreprendre de prononcer fur des
chofes, qui felon le jugement de mon
Ami de Paris paffent trop la Sphère
de vôtre Capacité, & d'acufer tous les
Philofophes Anglois de *mauvaife foi.* Il
eft vrai que vous dites que ces Philofophes ne trouveront pas ce reproche
ofenfant par l'éxplication que vous en
donés. Je conviens avec vous qu'ils
le trouveront mal placé & abfurde

L'Abé P. plûtôt qu'ofenfant.

Mais il eft aifé de voir où le foulier

vous blesse : C'est à M. Locke & *en veut à*
à ceux que vous apellés ses Disciples, *M. Locke,*
que vous en voulés. Vous ne sauriés *parce*
soufrir ceux qui combatent vôtre Siste- *qu'il a é-*
me, ou celui de vôtre Philosophe, *crit con-*
qui s'est déclaré pour les Idées innées. *tre les*
C'est là ce que vous apellés dans le *Idées in-*
fond, *Sentiment naturel.* L'Home se trou- *nées.*
ve à sa Naissance *une Table raze,* c'est
l'Expression de *Locke,* dites vous, come si
ce Principe étoit de son invention.
Seroit-il possible que vous ignorassiés,
que c'est celui *d'Aristote,* & de presque *Ce Sen-*
tous les Philosophes de l'Antiquité ? *timent de*
Mais ne vous en déplaise, le grand *Locke, Locke est*
a si bien batu en ruine vôtre Sistème *celui des*
des Idées innées ; ses preuves ont été *Philoso-*
si fort goutées de tous les Esprits non *phes de*
prévenus & capables de juger de ces *l'Anti-*
sortes de Matiéres, Philosophes & non *quité.*
Philosophes, qu'aparemment il ne s'en
relevera jamais.

Je ne vous dirai pas que du nombre des *Et il est*
Aprobateurs de M. Locke est nôtre dé- *aprouvé*
funt Illustre Professeur J. A. Turretin *des Sa-*
un des plus grands Ornemens de nôtre *vans mo-*
Siécle : Je ne vous citerai pas non plus *dernes du*
le Célèbre M. Bayle, dont l'Esprit *prémier*
pénétrant est conu de tout le Monde ; *Ordre.*
vous les mettriés sans doute l'un &

l'autre dans la Claſſe des Hérétiques, come vous mettés les LOCKES & les WOLLASTONS dans celle des TYNDALS & des TOLANDS ; & vous les jugeriés par conſéquent indignes de vôtre atention.

Il n'eſt pas vrai que la négation des Idées innées conduiſe au Matérialiſme, ou a l'Athéiſme.

Mais je vous demande en vertu de quoi nous prouverés vous que le Sentiment de ceux qui combatent vos Idées innées, conduit à l'Irréligion, au *Matérialiſme*, à l'*Athéiſme* ? En vertu de quoi nous ferés vous voir, que les raiſonemens de ceux qui établiſſent la *Réligion naturelle*, ne ſauroient être fondés que ſur les *Idées innées*; ſur ces *Sentimens primitifs*, & ſur ces *lumiéres indépendantes*; qui ſe trouvent dans tous les *Homes* & qu'il eſt facile de déveloper avec une médiocre atention. Dites nous un peu plus clairement, ce que vous entendés par ces Sentimens primitifs & par ces Lumiéres indépendantes : Il vous ſera peut être beaucoup plus dificile, que vous ne penſés, de nous prouver, que ce ſont vos Idées innées. Donerés vous le démenti à l'Apôtre, qui nous dit; *Les Perfections inviſibles de Dieu, ſa Puiſſance éternelle & ſa Divinité, ſont devenues viſibles, depuis la Création du Monde, par la conoiſſance que ſes Créatures nous en donent, & ainſi ces Perſones ſont inex-*

cusables. * Si c'est par la conoissance des Créatures, que nous parvenons à celle du Créateur; Conoissance qui est le fondement de la *Religion naturelle*; ce n'est donc pas en vertu de vos prétendües Idées innées, mais uniquement en vertu de cette *Capacité vuide* que nous avons, d'apercevoir, d'aquerir & de nous former des Idées, de réflechir, de juger, & de nous déterminer en conséquence,

Mais enfin M. l'Abé vous en voulés en tout sens à l'Illustre Locke, en tirant même par les Cheveux, ce que vous avés crû pouvoir contenter vôtre animosité contre lui. M. Locke est donc dans vôtre Esprit un *Matérialiste*, un *Athée* & pis encore; c'est un *Corrupteur des Esprits & de la Jeunesse*: Le *Matérialisme est son Idole*: c'est à l'Existence de l'Ame & de toutes fortes de Substances immatérielles qu'il en veut: Sa Méthode est, peut être, la plus artificieuse & la plus subtile que l'Enfer ait jamais mis en usage: c'est avec des Armes perfides qu'il combat; c'est sur le Canevas de Lucrece

Portrait afreux de Locke par l'Abé P.

* *Invisibilia enim ipsius, à Creatura Mundi, per ea quæ facta sunt intellecta, conspiciantur, sempiterna quoque ejus Virtus & Divinitas: Ita ut sint inexcusabiles. Rom. I. 20.*

qu'il travaille, & qu'il nous fait succer le Poison de ses Idées pernicieuses.

Donons nous un peu de patience & voïons sur quoi des Imputations aussi téméraires & aussi afreuses, avancées avec tant de confiance, sont fondées. Ce que nous avons à faire à cet égard est fort simple. Il n'y a, qu'à rapeller en peu de mots les Principes de *Lucrèce* & ceux de M. *Locke* sur la nature, & la destinée de nôtre Ame, & les conséquences qu'ils en tirent l'un & l'autre, ou celles qui en résultent naturellement. Il n'y a qu'à raporter la Traduction du Passage de *Lucrèce*, déja cité, & on verra celui de M. *Locke*, dont il est question, immédiatement après ces Remarques. Par là toutes sortes de Lecteurs pourront juger de la liaison qu'il y a entre les Principes de ces deux Philosophes, & voir s'il est vraisemblable, que le Passage du Philosophe Anglois soit le Comentaire de celui du Poëte Latin; ou s'il y a aparence qu'un Home tel que M. LOCKE, pour déveloper ses pensées dans le Passage dont il s'agit, ait pû croire avoir besoin de celui de *Lucrèce*, & s'il a pû avoir seulement l'idée de broder sur un semblable Canevas.

Il n'y a qu'à parcourir tout le troisié- *Senti-* Livre de Lucrece, venû au Monde *ment de* guère moins de Cent Ans avant la Naif- *Lucrèce.* sance de J. C. & privé par conséquent des lumieres de la Révélation, pour y apercevoir, qu'il établit, *Que l'Homme est une Unité, un Individu; c'est à dire un Etre indivisible, & qui n'est pas composé de deux parties, ou de deux substances diféentes, dont l'une puisse exister independemment de l'autre; que l'Ame ou l'Esprit n'est pas un Etre simple, mais corporel composé de parties trés menües & trés subtiles; que l'Ame ou l'Esprit est une partie de l'Homme, comme le sont ses Pieds & ses Mains; que l'Ame n'est pas mise dans le Corps comme dans une Habitation; que le Corps & l'Esprit ou l'Ame ne peuvent subsister l'un sans l'autre, & qu'ils sont insensibles après la Mort, ou que l'un & l'autre périssent par la Mort.*

Il ne faudroit être guère versé dans *Senti-* les excellens Ecrits ou dans l'Histoi- *ment de* re de la vie de nôtre Philosophe An- Locke. glois, pour ignorer quels étoient ses vrais sentimens ou son Orthodoxie sur cette Vérité capitale de la Religion Chrétienne, *Que l'Homme est un Composé de deux parties distinctes, Corps & Ame, dont l'un périt par la Mort, & l'au-*

tre en conservant le sentiment & le souvenir des Actions passées de l'Individu,
continüe à éxister, pour subir un Jugement
dans un autre Monde, & y être, selon ses
mérites ou ses démerites, ou éternellement
heureuse, ou éternellement malheureuse.

Passage de Lucrèce.

Venons aux deux Passages, dont il est
question. N'est ce pas * dit LUCRECE,
une Vision riducule de vouloir associer l'A-
vantage de l'Immortalité avec la bassesse
d'une Nature corruptible, & de profaner
un Etre éternel jusqu'à lui faire avoir un
comerce d'intelligence avec le Corps, & le
faire agir mutuellement avec lui? Est il
rien de plus diférent, de plus distingué, &
de plus contraire, que l'Union d'une substance périssable avec une Essence immortelle? Peut on faire un assemblage de ces Natures diverses, pour les rendre sujettes à
toutes les violentes ataques qui leur sont
comunes.

* Je me sers de la Traduction de M. le Baron des Coutures

Jugement de l'Auteur sur ces deux Philosophes

Il n'est pas dificile d'apercevoir que
le but du Poëte Latin n'étoit que de
faire sentir, que dans sa façon de penser,
rien n'est si ridicule que d'associer & faire agir de concert deux Natures aussi
diférentes entre elles que le sont la
mortelle & l'immortelle; de prétendre
même qu'elles peuvent s'afecter mutuellement.

Le Philofophe Anglois qu'a-t'-il fait de fon côté? Il n'avoit en vûe, come il le dit expreffément, L. IV. Ch. 3. §. 6. que de faire voir, que l'étendüe de nôtre conoiffance eft non feulement au deffous de la réalité des chofes; mais encore, qu'elle ne répond pas feulement à l'étendüe même de nos propres Idées. Pour en doner la preuve, il dit: *Nous avons des Idées d'un Quarré & d'un Cercle; & de ce qu'emporte égalité; cependant nous ne ferons, peut être, jamais capables de trouver un Cercle égal à un Quarré & de favoir certainement s'il y en a. Nous avons des Idées de la Matiére & de la Penfée. &c.*

Cela étant, il eft donc évident, qu'il n'y a pas plus de raport entre les buts de ces deux Philofophes, qu'il y en a entre le noir & le blanc, ou qu'il y en a entre les Principes mêmes de ces deux Homes, qu'on a voulu fi indignement allier enfemble.

L'un dit, qu'il eft abfurde & ridicule de vouloir affocier une Nature immortelle avec une Nature corruptible &c. L'autre au contraire avance modeftement, que Dieu peut joindre la puiffance d'apercevoir & de penfer, à quelques amas de Matiére difpofés come il le trouve à propos; que Dieu en peut faire un Etre immortel, & le lier dans cet état au Corps groffier & périffable : Il fupofe qu'il n'y a rien de contradictoire & d'in-concevable en cela. Le Lecteur impar-tial fentira donc aifément, à quel point il étoit abfurde & téméraire, come a fait nôtre Abé, d'infinuer que M. *Locke* a pris le Texte de *Lucrèce,* pour nous prêcher le *Matérialifme* ou *l'Athéifme ;* & combien il eft blamable d'avoir cher-ché ce prétexte pour déchirer d'une manière auffi indigne, une réputation qui mérite autant que tout autre, le refpect & l'admiration de tous les Siè-cles, & l'immortalité même, pour fe fervir des Expreffions de fes Panégiriftes.

Et fur l'Abé P.

Je ne difconviens pas au furplus, que M. *Locke* peut avoir crû comme Lu-crece, qu'il eft inconcevable qu'un E-tre étendu & un Etre non étendu puif-fent avoir communication enfemble & agir l'un fur l'autre, & que par confé-quent ce Principe leur eft comun. Ils ne font, peut être, pas les feuls incré-dules fur ce fujet. Dans le nombre de ceux, qui n'adoptent pas de certains fiftèmes fans les examiner, il y en a bien d'autres, qui penfent comme ces deux Philofophes. Mais M. Locke que

fait-il? Il propofe, qu'il me foit permis
le répéter, il propofe modeftement par
forme de doute ou comme probable; que
le Tout Puiffant, à certain amas de Matiere difpofé comme il l'a trouvé a propos,
*a pû joindre la Puiffance d'apercevoir, de
penfer* &c; par où il infinüe qu'on peut envifager nôtre Ame, cette Partie intérieure de nous mêmes, come un Etre étendu; ce qui lève entiérement la dificulté.
Il demande dans un autre Endroit, qu'on
lui faffe voir qu'il y a de la contradiction
dans cette fupofition & qu'elle eft contraire aux grandes fins que la Religion
nous propofe : j'eftime qu'on fera longtems à le lui prouver, comme J'eftime, que Lucrece, Homme d'un Efprit judicieux & penétrant, s'il avoit
eu le bonheur d'aquerir les lumieres
de la Révélation, fe feroit rendu le
prémier à ce fentiment; bien eloigné
en cela de ceux, qui au lieu de foutenir leurs fiftemes par des raifons convaincantes, ne font que fe répandre en
invectives contre ceux qui n'adhérent
pas aveuglément à leurs Opinions.

Si M. Locke, en ce qu'il avance à cet
egard, n'a fait que comenter le Texte de
Lucrece, & s'il a mérité pour cela d'ê-
tre rangé dans la Caffe des Impies, des

Athées & des Corrupteurs des Efprits, je m'en raporte à ceux qui font mieux en état d'en juger que nôtre Abé prévenu. Je finirai ces Remarques en citant ici ce qu'un Homme * qu'on peut regarder par la fupériorité de fon Efprit, comme Juge compétent, a penfé fur la querelle que cette Hipothèfe de M. LOCKE a fait naitre entre le D. Stillingfleet & lui.

* Sentiment de l'Auteur des Lettres Philofophiques fur les Anglois , concernant M. LOCKE.

„ M. LOCKE, dit-il, vient enfin à „ confiderer, l'étendue ou plutôt le „ néant des Conoiffances humaines. „ C'eft dans ce Chapitre, qu'il ofe avan- „ cer modeftement ces paroles: Nous „ ne ferons jamais peut être capables de „ conoitre fi un Etre purement matériel „ penfe ou non.

„ Ce difcours fage parût à plus d'un „ Theologien une déclaration fcanda- „ leufe, que l'Ame eft matérielle & „ mortelle.

„ Le D. Stillingfleet, s'eft fait une „ réputation de Théologien moderé, „ pour n'avoir pas dit pofitivement „ des injures à LOCKE. Il entra en li- „ ce contre lui; mais il fût batu. Car „ il raifonoit en Docteur, & LOCKE en „ Philofophe inftruit de la force & de „ la foiblesse de l'Efprit humain & qui

fe

,, se batoit avec des Armes, dont il
,, connoissoit la trempe.

J'ai dit il n'y a qu'un moment, que
je donerois au Lecteur, ce fameux Paragraphe de M. Locke qui a porté M.
l'Abé P. à acuser ce Philosophe Anglois, que c'est sur le Canevas du Passage de *Lucrèce* cité, qu'il a brodé l'endroit que le Lecteur verra marqué en
Caractères Italiques, dont il s'agit principalement, & sur lequel l'Auteur du
Pour & Contre a exercé une Critique
aussi mal fondée qu'odieuse.

J'ai dit dans mon Discours Préliminaire, que je joindrois à ce Paragraphe
de M. Locke la Remarque de M. *Coste*
son Traducteur, qui contient un Abrégé de la Défense de M. *Locke* contre
les Objections du *D. Stillingfleet*, &
j'en ai doné la raison. J'espère que
ceux qui possèdent l'excellent Traité de l'Entendement Humain ne trouveront pas mauvais, qu'en faveur de
ceux de mes Lecteurs qui ne l'ont pas,
je doné ces deux Morceaux en entier.
J'ai dû d'autant moins hésiter à prendre ce parti, qu'un Célèbre Philosophe de
mes Amis, aïant fait chercher il y a quelque tems ce Traité dans une de nos Villes, où il y a quantité de Savans de tous

Tom. II.   E

les Ordres, & nombre d'autres Perso-
nes curieufes de ces fortes d'Ouvrages,
il n'y a pû déterrer qu'un feul Exemplaire de ce Traité, où il n'y avoit
pas même les Remarques de M. *Cofte*,
dont il s'agit ici. Le Lecteur ne fera
que mieux en état de juger fur le champ
de ce dont il eft queftion entre M.
l'Abé P. & moi, & il pourra voir par
fes propres yeux, que ce que M. Locke
fait conoitre lui même, par raport à
l'Orthodoxie de fes Sentimens, concernant l'Immortalité de nôtre Ame & ce
qui en dépend, le juftifie mieux que
ne pourroit faire une Plume tout autrement éloquente que ne l'eft la mienne.

P A S S A G E
D E
Mr. L O C K E.

*Tiré du L. I V. Ch. 3! de fon excellent
Traité de l'Entendement humain. § 6.*

IL eft évident, que l'étendüe de nôtre conoiffance eft non feulement
au deffous de la réalité des chofes, mais
qu'encore elle ne répond pas à l'éten-

due de nos propres Idées. Mais quoique nôtre conoissance se termine à nos
Idées, de sorte qu'elle ne puisse les
surpasser ni en étendüe ni en perfection,
quoi que ce soient là des bornes fort
étroites par raport à l'étendüe de tous
les Etres, & qu'une telle conoissance
soit bien éloignée de celle qu'on peut
justement suposer dans d'autres Intelli-
gences créées, dont les Lumiéres ne se
terminent pas à l'instruction grossiére
qu'on peut tirer de quelques voies
de perception, en aussi petit nombre,
& aussi peu subtiles que le sont nos sens;
ce nous seroit pourtant un grand avantage, si nôtre conoissance s'étendoit
aussi loin que nos Idées, & qu'il nous
restât bien des doutes & bien des questions sur le sujet des Idées que nous
avons, dont la solution nous est inconüe, & que nous ne trouverons jamais
dans ce Monde, à ce que je crois. Je
ne doute pourtant point, que dans l'é-
tat & la constitution présente de nôtre
Nature, la Conoissance Humaine ne pût
être portée beaucoup plus loin qu'elle
ne l'a été jusqu'ici, si les Homes vou-
loient s'emploïer sincérement, & avec
une entiére liberté d'Esprit, à perfectioner les moiens de découvrir la Vé-

rité avec toute l'aplication, & toute l'induftrie qu'ils emploient à colorer, ou à foutenir la fauffeté, à défendre un Siftème pour lequel ils fe font déclarés, certain parti, & certains intérêts où ils fe trouvent engagés. Mais après tout cela, je crois pouvoir dire hardiment, fans faire tort à la Perfection Humaine, que nôtre conoiffance ne fauroit jamais embraffer tout ce que nous defirons de conoitre touchant les Idées que nous avons, ni lever toutes les dificultés & réfoudre toutes les queftions qu'on peut faire fur aucune de ces Idées. *Par exemple, nous avons des Idées d'un Quarré, d'un Cercle, & de ce qu'emporte l'égalité, cependant nous ne ferons, peut être, jamais capables de trouver un Cercle égal à un Quarré, & de favoir certainement s'il y en a. Nous avons des Idées de la Matiére & de la penfée; mais, peut être, ne ferons nous jamais capables de conoitre, fi un Etre purement matériel penfe ou non, par la raifon qu'il nous eft impoffible de découvrir par la contemplation de nos propres Idées, fans révélation, fi Dieu n'a point doné à quelques amas de Matiére difpofés come il le trouve à propos, la Puiffance d'apercevoir & de penfer; ou s'il a joint & uni à la Matiére ainfi difpofée, une fubftance immd térielle qui penſe.* Car par raport à nos notions, il ne nous eſt pas plus mal aiſé de concevoir que Dieu peut, s'il lui plait, ajouter à nôtre Idée de la Matiére, la faculté de penſer, que de comprendre qu'il y joigne une autre ſubſtance avec la faculté de penſer; puiſque nous ignorons en quoi conſiſte la penſée, & à quelle eſpèce de ſubſtance cet Etre Tout-Puiſſant a trouvé à propos d'acorder cette Puiſſance, qui ne ſauroit être dans aucun Etre crée, qu'en vertu du bon plaiſir & de la Bonté du Créateur. Je ne vois pas quelle contradiction il y a, que Dieu, cet Etre penſant, Eternel & Tout-Puiſſant done, s'il veut, quelques degrés de ſentiment, de perception & de penſée à certains amas de Matiére crée & inſenſible, qu'il joint enſemble come il le trouve à propos, quoi que j'aïe prouvé, ſi je ne me trompe (Liv. IV. Ch. 20.) que c'eſt une parfaite contradiction de ſupoſer que la Matiére, qui de ſa nature eſt évidemment deſtituée de Sentiment & de Penſée, puiſſe être ce prémier Etre penſant qui exiſte de toute Eternité. Car coment un Home peut-il aſſûrer que quelques perceptions, come vous diriés le plaiſir &

E 3

la douleur, ne sauroient se rencontrer
dans certains Corps modifiés & mus
d'une certaine maniére, aussi bien que
dans une Substance immatérielle, en
conséquence du mouvement des parties
du Corps? Le Corps, autant que nous
pouvons le concevoir, n'est capable
que de fraper & d'afecter un Corps, &
le Mouvement ne peut produire autre
chose que du Mouvement, si nous nous
en raportons à tout ce que nos Idées
nous peuvent fournir sur ce sujet; de
sorte que lorsque nous convenons que
le Corps produit le plaisir ou la douleur, ou bien l'Idée d'une couleur ou
d'un son; nous somes obligés d'aban-
doncr nôtre Raison, & d'aller au delà
de nos propres idées, & d'atribuer
cette production au seul bon plaisir de
nôtre Créateur. Or puisque nous sommes obligés ou contraints de reconoitre que Dieu a communiqué au Mouvement des éfets que nous ne pouvons
jamais comprendre que le Mouvement
soit capable de produire; quelle raison
avons nous de conclure, qu'il ne pouroit pas ordonner que ces éfets soïent
produits dans un sujet, que nous ne saurions concevoir capable de les produire,
aussi bien que dans un sujet, sur lequel

nous ne saurions comprendre que le
Mouvement de la Matiére puisse operer en aucune maniére? Je ne dis point
ceci, pour diminuer la croïance de
l'Immatérialité de l'Ame. Je ne parle
point ici de probabilité, mais d'une conoissance évidente; & je crois que non
seulement c'est une chose digne de la
Modestie d'un Philosophe, de ne pas
prononcer en Maitre, lorsque l'évidence requise pour produire la conoissance vient à nous manquer, mais encore,
qu'il nous est utile de distinguer jusqu'où peut s'étendre nôtre Conoissance:
Car l'état où nous sommes présentement, n'étant pas un *Etat de Vision*,
come parlent les Théologiens; la Foi
& la probabilité nous doivent sufire
sur plusieurs choses; & à l'égard de
l'Immatérialité de l'Ame dont il s'agit
présentement; si nos facultés ne peuvent parvenir à une certitude demons-
trative sur cet Article, nous ne le devons pas trouver étrange. Toutes les
grandes fins de la Morale & de la Réligion sont établies sur d'assés bons
fondemens, sans le secours des preuves
de *l'Immatérialité* de l'Ame tirées de la
Philosophie; puisqu'il est évident, que
celui qui a commencé à nous faire sub-

E 4

fifter ici come des Etres fenfibles, &
intelligens ; & qui nous a confervé plufieurs Années dans cet état, peut &
veut nous faire jouïr encore d'un pareil
état de fenfibilité dans l'autre Monde,
& nous y rendre capables de recevoir
la rétribution qu'il a deftinée aux Homes, felon qu'ils fe feront conduits
dans cette Vie. C'eft pourquoi la néceffité de fe déterminer pour ou contre
l'Immatérialité de l'Ame n'eft pas fi
grande, que certaines gens trop paf-
fionés pour leurs propres fentimens ont
voulu le perfuader : dont les uns aïant
l'Efprit trop enfoncé, pour ainfi dire,
dans la Matiére, ne fauroient acorder
aucune Exiftence à ce qui n'eft pas matériel ; & les autres ne trouvant point
que la *Penfée* foit renfermée dans les
facultés naturelles de la Matiére, après
l'avoir examinée, en tout fens avec
toute l'aplication dont ils font capables,
ont l'affûrance de conclure de là, que
Dieu lui même, ne fauroit donner la
Vie & la perception à une fubftance
folide. Mais quiconque confidérera
combien il nous eft dificile d'allier la
fenfation avec une Matiére étendüe,
& l'Exiftence, avec une chofe qui n'ait
abfolument point d'Etendüe, confeffe-

ra qu'il eſt fort éloigné de conoitre certainement ce que c'eſt que ſon Ame.
C'eſt là, dis je, un point qui me ſemble tout à fait au deſſus de nôtre Conoiſſance. Et qui voudra ſe doner la
peine de conſiderer & d'ëxaminer libre-
ment les embaras & les obſcurités impénétrables de ces deux Hipothèſes,
n'y poura guère trouver des raiſons
capables de le déterminer entiérement
pour ou contre la *Matérialité* de l'Ame;
puiſque de quelque maniére qu'il regarde l'Ame, ou come une ſubſtance
non étendüe, ou come de la Matiére
étendüe qui penſe; la dificulté qu'il
aura de comprendre l'une ou l'autre
de ces choſes, l'entrainera toûjours vers
le ſentiment opoſé, lorſqu'il n'aura
l'Eſprit apliqué qu'à l'un des deux :
Méthode déraiſonable, qui eſt ſuivie
par certaines Perſones, qui voïant que
des choſes conſidérées d'un certain côté, ſont tout à fait incompréhenſibles,
ſe jettent tête baiſſée dans le partı o-
poſé, quoi qu'il ſoit auſſi inintelligible
à quiconque l'éxamine ſans préjugé. Ce
qui ne ſert pas ſeulement à faire voir
la foibleſſe & l'imperfection de nos
Conoiſſances; mais auſſi le vain triom-
phe qu'on prétend obtenir par ces ſor-

tes d'Argumens, qui fondés fur nos propres vües, peuvent à la vérité nous convaincre que nous ne faurions trouver aucune certitude dans un des côtés de la queftion; mais qui par là ne contribüent en aucune maniére à nous aprocher de la vérité, fi nous embraffons l'opinion contraire, qui nous paroitra fujette à d'aufli grandes dificultés, dès que nous viendrons à l'éxaminer férieufement. Car quelle fûreté, quel avantage peut trouver un Home à éviter les abfurdités & les dificultés infurmontables qu'il voit dans une opinion, fi pour cela il embraffe celle qui lui eft opofée, quoi que bâtie fur quelque chofe d'aufli inexplicable, & qui eft autant éloigné de fa compréhenfion? On ne peut nier que nous n'aïons en nous quelque chofe qui penfe. Le doute même que nous avons fur fa nature, nous eft une preuve indubitable de la certitude de fon éxiftence; mais il faut fe réfoudre à ignorer de quelle efpèce d'Etre elle eft. Du refte, c'eft en vain qu'on voudroit à caufe de cela douter de fon éxiftence, come il eft déraifonable en plufieurs autres rencontres, de nier pofitivement l'éxiftence d'une chofe, parce que nous ne faurions com-

prendre fa nature. Car je voudrois bien
favoir, quelle eft la fubftance actüellement exiftante, qui n'ait pas en elle
même quelque chose qui paffe vifiblement les Lumiéres de l'Entendement
humain? S'il y a d'autres Efprits, qui voïent & qui conoiffent la nature, & la confti-
tution intérieure des chofes; come on
n'en peut pas douter, combien leur conoiffance doit elle être fupérieure à la
nôtre? Et fi nous ajoutons à cela une
plus vafte compréhenfion, qui les rende capables de voir tout à la fois la
connexion & la convenance de quantité d'Idées, & qui leur fourniffe prom-
tement les preuves moïennes, que nous
ne trouvons que pié à pié, lentement,
avec beaucoup de peîne, & après avoir
tâtonné longtems dans les tenèbres, fujets d'ailleurs à oublier une de ces preuves avant que d'en avoir trouvé une
autre; nous pouvons imaginer par conjecture, quelle eft une partie du bonheur des Efprits du premier Ordre,
qui ont la vüe plus vive & plus péné-
trante, & un Champ de Connoiffance
beaucoup plus vafte que nous.

※❀※❀※❀※❀※❀※❀※❀※❀※❀※❀※❀※

EXTRAIT *de la Défense de M.* LOCKE, *sur ce qui est contenu dans le Paragraphe précédent, contre les Objections du* D. STILLINGFLEET, *donné par* M. COSTE, *Traducteur du Traité de l'Entendement humain.*

LE Docteur *Stillingfleet*, savant Prélat de l'Eglise Anglicane (dit M. *Coste*,) aïant pris à tâche de réfuter plusieurs Opinions de M. LOCKE, répandües dans cet Ouvrage, se récria principalement sur ce que M. LOCKE avance ici; que nous ne saurions découvrir, *si Dieu n'a point donné à certains Amas de Matiére disposés comme il le trouve à propos, la Puissance d'apercevoir & de penser.* La question est délicate; & M. LOCKE aïant eu soin, dans le dernier Ouvrage qu'il écrivit pour repousser les ataques du D. Stillingfleet, d'etendre sa pensée sur cet Article, de l'eclaircir, & de la prouver par toutes les raisons dont il pût s'aviser; j'ai crû qu'il étoit nécessaire de donner ici un Extrait exact de tout ce qu'il a dit, pour établir son sentiment.

La Connoissance que nous avons, dit d'a-

bord le Docteur Stillingfleet, *étant fon-*
dée selon M. Locke, sur nos propres Idées;
& l'idée que nous avons de la Matiére en
général, étant une substance solide; & cel-
le du Corps, une substance étendüe, solide
& figurée; dire que la Matiére est capa-
ble de penser; c'est confondre l'idée de la
Matiére avec l'idée d'un Esprit. Pas plus,
répond M. Locke, que je confons l'idée
de la Matiére avec l'idée d'un Cheval,
quand je dis que la Matiére en général est une substance solide & étendüe;
& qu'un Cheval est un Animal, ou une
substance solide, étendüe, avec sentiment & motion spontanée. L'idée de
la Matiére est une substance etendüe
& solide : Par tout où se trouve une
telle substance, là se trouve la Matiére & l'Essence de la Matiére, quelques autres qualités non contenües
dans cette Essence, qu'il plaise à Dieu
d'y joindre par dessus. Par éxemple,
Dieu créa une substance étendüe & solide, sans y joindre par dessus aucune autre chose; & ainsi nous pouvons la considérer en repos. Il joint
le Mouvement à quelques unes de ses
parties, qui conservent toûjours l'Essence de la Matiére. Il en façonne
d'autres en Plantes, & leur donne tou-

tes les proprietés de la *Végétation*, la
vie & la beauté qui se trouve dans un
Rosier & un Pomier, par dessus l'Essence de la Matiére en général, quoi
qu'il n'y ait que de la Matiére dans
le Rosier & le Pomier. Et à d'autres
parties il ajoute le sentiment & le
mouvement spontané & les autres
proprietés qui se trouvent dans un E-
lephant. On ne doute point que la
Puissance de Dieu ne puisse aller jusques là, ni que les proprietés d'un Rosier, d'un Pomier ou d'un Eléphant
ajoutées à la Matiére, changent les
proprietés de la Matiére. On reconoit que dans ces choses, la Matiére est
toûjours Matiére. Mais si l'on se ha-
zarde d'avancer encore un pas & de
dire, que Dieu peut joindre à la Matiére la Pensée. la Raison & la *Volition*, aussi bien que le Sentiment & le
Mouvement spontané, il se trouve aussi
tôt des gens prêts à limiter la Puissance du Souverain Créateur, & à nous
dire, que c'est une chose que Dieu ne
peut point faire, parce que cela détruit
l'Essence de la Matiére, ou en change
les proprietés essentielles. Et pour
prouver cette assertion, tout ce qu'ils
disent, se réduit à ceci, que la Pen-

fée & la Raifon ne font pas renfermées dans l'Effence de la Matiére. Elles n'y font pas renfermées; j'en conviens, *dit M.* Locke. Mais une proprieté, qui, n'étant pas contenüe dans
la Matiére, vient à être ajoutée à la
Matiére, n'en détruit point pour cela l'Effence, fi elle la laiffe être une
Subftance étendüe & folide. Par tout
où cette Subftance fe rencontre, là eft
auffi l'Effence de la Matiére. Mais fi
dès qu'une chofe qui a plus de perfection, eft ajoutée à cette fubftance,
l'Effence de la Matiére eft détruite ;
que deviendra l'Effence de la Matiére
dans une Plante, ou dans un Animal,
dont les proprietés, font fi fort au
deffus d'une fubftance purement folide
& étendüe ?

Mais, ajoute-t-on, il n'y a pas moïen
de concevoir comment la Matiére
peut penfer. J'en tombe d'acord, répond M. Locke; mais inferer de là
que Dieu ne peut pas donner à la Matiére la faculté de penfer; c'eft dire,
que la Toute Puiffance de Dieu eft
renfermée dans des bornes fort étroites,
par la raifon, que l'Entendement de
l'Home eft lui même fort borné. Si
Dieu ne peut doner aucune puiffance

à une portion de Matiére, que celle que les Hommes peuvent déduire de l'Essence de la Matiére en général, si l'Essence ou les propriétés de la Matiére sont détruites par toutes les qualités qui nous paroissent au dessus de la Matiére, & que nous ne saurions concevoir comme des conséquences naturelles de cette Essence ; il est évident ; que l'Essence de la Matiére est détruite dans la plûpart des parties sensibles de nôtre sistème ; dans les Plantes & dans les Animaux. On ne sauroit comprendre comment la Matiére pourroit penser ; Donc Dieu ne peut lui donner la puissance de penser. Si cette raison est bonne, elle doit avoir lieu dans d'autres rencontres. Vous ne pouvés concevoir que la Matiére puisse atirer la Matiére à aucune distance, moins encore à la distance d'un Milion de Miles ; Donc Dieu ne peut lui dôner une telle puissance. Vous ne pouvés concevoir que la Matiére puisse sentir ou se mouvoir, ou afecter un Etre immatériel & être mûe par cet Etre ; Donc Dieu ne peut lui doner de telles puissances : Ce qui est en éfet nier la pesanteur, & la Révolution des Planètes autour du Soleil,

changer

changer les Bêtes en pures Machines, fans Sentiment ou Mouvement fpontanés, & refufer à l'Home le Sentiment & le Mouvement volontaire.

Portons cette regle un peu plus avant : Vous ne fauriés concevoir coment une Subftance étendüe & folide pourroit penfer ; Donc Dieu ne fauroit faire qu'elle penfe. Mais pouvés vous concevoir coment vôtre propre Ame ou aucune Subftance penfe ? Vous trouvés à la vérité que vous penfés : Je le trouve aufli. Mais je voudrois bien que quelqu'un m'aprit coment fe fait l'action de penfer : Car j'avoue que c'eft une chofe tout à fait au deffus de ma portée. Cependant je ne faurois en nier l'exiftence, quoi que je n'en puiffe pas comprendre la maniére : Je trouve que Dieu m'a doné cette faculté ; & bien que je ne puiffe qu'être convaincu de fa puiffance à cet égard, je ne faurois pourtant en concevoir la maniére dont il l'exerce ; & ne feroit-ce pas une infolente abfurdité de nier fa puiffance en d'autres pareils cas, par la feule raifon que je ne faurois comprendre coment elle peut être exercée dans ce cas là ?

Dieu, *continüe M. Locke*, a crée une Subftance ; que ce foit par exemple une

une fubftance étendüe & folide : DIEU
eft-il obligé de lui donner, outre l'Etre,
la Puiffance d'agir? C'eft ce que Perfone n'ofera dire, à ce que je crois.
DIEU peut donc la laiffer dans une
parfaite inactivité : Ce fera pourtant une fubftance. De même, Dieu
crée ou fait éxifter de nouveau une
fubftance immatérielle, qui fans doute,
ne perdra pas fon Etre de fubftance,
quoi que Dieu ne lui doné que cette
fimple éxiftence, fans lui comuniquer
aucune activité. Je demande à préfent,
quelle puiffance Dieu peut doner à l'u-
ne de ces fubftances, qu'il ne puiffe pas
doner à l'autre? Dans cet état d'inactivité, il eft vifible qu'aucune d'elles ne
penfe : Car penfer étant une Action,
l'on ne peut nier, que Dieu ne puiffe
arrêter l'action de toute fubftance crée,
fans annihiler la fubftance : Et fi cela
eft ainfi, il peut auffi créer ou faire
éxifter une telle fubftance, fans lui doner aucune Action. Par la même raifon
il eft évident, qu'aucune de ces fubftances ne peut fe mouvoir elle même. Je demande à préfent, pourquoi
Dieu ne pourroit il point donner à l'u-
ne de ces fubftances, qui font également
dans un état de parfaite inactivité, la

même puissance de se mouvoir qu'il peut doner à l'autre, come par exemple, la puissance d'un Mouvement spontané, laquelle on supose que Dieu peut doner à une substance non solide; mais qu'on nie qu'il puisse doner à une substance solide?

Si l'on demande à ces gens là pourquoi ils bornent la Toute Puissance de Dieu, à l'égard de l'une plûtôt qu'à l'égard de l'autre de ces substances; tout ce qu'ils peuvent dire, se réduit à ceci, qu'ils ne sauroient concevoir coment la substance solide peut jamais être capable de se mouvoir elle même. À quoi je répons, qu'ils ne conçoivent pas mieux coment une substance créé non solide peut se mouvoir. Mais dans une substance immatérielle, il peut y avoir des choses que vous ne conoissés pas. J'en tombe d'acord; & il peut y en a-avoir aussi dans une substance matérielle. Par exemple; la gravitation de la Matiére, selon diférentes proportions que l'on voit à l'œil, pour ainsi dire, montre, qu'il y a quelque chose dans la Matiére, que nous n'entendons pas, à moins que nous ne puissions découvrir dans la Matiére une faculté de se mouvoir elle même, ou une atraction inexplicable &

inconcevable, qui s'étend jufqu'à des diftances immenfes & prefque incompréhenfibles. Par conféquent, il faut convenir qu'il y a dans les fubftances folides, auffi bien que dans les fubftances non folides, quelque chofe, que nous n'entendons pas. Ce que nous favons, eft, que chacune de ces fubftances peut avoir fon éxiftence diftincte, fans qu'aucune activité leur foit comuniquée ; à moins qu'on ne veuille nier que Dieu puiffe ôter à un Etre fa puiffance d'agir; ce qui pafferoit fans doute pour une extrème préfomption. Et après y avoir bien penfé, vous trouverés en éfet qu'il eft auffi dificile d'imaginer la puiffance de fe mouvoir dans un Etre immatériel, que dans un Etre matériel; & par conféquent, on n'a aucune raifon de nier qu'il foit au pouvoir de DIEU, de donner, s'il veut, la puiffance de fe mouvoir à une fubftance matérielle; puifque nulle de ces deux fubftances ne peut l'avoir par elle même, & que nous ne pouvons pas concevoir comment cette puiffance peut être en l'une, ou en l'autre.

Que Dieu ne puiffe pas faire qu'une fubftance foit folide & non folide en même

tenís, c'eſt ce que je crois, que nous pouvons aſſûrer, ſans bleſſer le reſpect
qui lui eſt dû. Mais qu'une Subſtance ne puiſſe point avoir des qualités, des
perfections, & des puiſſances qui n'ont
aucune liaiſon naturelle ou viſiblement
néceſſaire avec la ſolidité & l'étendüe,
c'eſt témérité à nous, qui ne ſommes
que d'hier, & qui ne conoiſſons rien,
de l'aſſûrer poſitivement. Si Dieu ne
peut joindre les choſes par des Conex-
ions que nous ne ſaurions comprendre,
nous devons nier la conſiſtence & l'exiſtence de la Matiére même, puiſque chaque partie de Matiére aïant quelque
groſſeur, a ſes parties unies par des
moïens que nous ne ſaurions concevoir;
Et par conſéquent toutes les dificultés
qu'on forme contre la puiſſance de penſer, atachée à la Matiére, fondées ſur
nôtre ignorance ou les bornes étroites
de nôtre conception, ne touchent en aucune maniére à la Puiſſance de Dieu,
s'il veut comuniquer à la Matiére la
faculté de penſer; & ces dificultés ne
prouvent point qu'il ne l'ait pas actuellement comuniquée à certaines parties de
Matiére diſpoſées come il le trouve à
propos, juſqu'à ce qu'on puiſſe montrer
qu'il y a de la contradiction à le ſupoſer.

Quoique dans cet Ouvrage M. Locke ait expreſſément compris la Senſation ſous l'idée de penſer en général; il parle dans ſa Replique au *D. Stillingfleet* du Sentiment dans les Brutes, cóme d'une choſe diſtincte de la penſée, par ce que ce Docteur reconoit que les Bêtes ont du Sentiment. Surquoi M. *Locke* obſerve, que ſi ce ce Docteur done du ſentiment aux Bêtes, il doit reconoitre, ou que Dieu peut doner & done actüellement la puiſſance d'apercevoir & de penſer à certaines particules de Matiére, ou que les Bêtes ont des Ames immatérielles & par conſéquent immortelles, ſelon le *D. Stillingfleet*, auſſi bien que les Homes. Mais, ajoute M. *Locke*, dire que les Mouches & les Cirons ont des Ames immortelles, auſſi bien que les Homes; c'eſt ce qu'on regardera, peut être, cóme une aſſertion, qui a bien la mine de n'avoir été avancée que pour faire valoir une Hipothèſe.

Le *D. Stillingfleet* avoit demandé à M. Locke, ce qu'il y avoit dans la Matiére qui pût répondre au Sentiment intériéur que nous avons de nos Actions. Il n'y a rien de réel, répond M. Locke, dans la Matiére, conſiderée

fimplement come Matiére. Mais on ne
prouvera jamais que Dieu ne puiffe doner à certaines parties de Matiére la puiffance de penfer, en demandant, coment
il eft poffible de comprendre que le fimple
Corps puiffe apercevoir qu'il aperçoit?
Je conviens de la foibleffe de nôtre compréhenfion à cèt égard, & j'avoüe que nous
ne faurions concevoir coment une fubftance folide, ni même coment une fubftance non folide créé, penfe; mais cette foibleffe de nôtre compréhenfion, n'afecte
en aucune maniére la Puiffance de Dieu.

Le Docteur *Stillingfleet* avoit dit,
*qu'il ne mettroit point de bornes à la Toute
Puiffance de Dieu, qui peut, dit il, changer un Corps en une Subftance immatérielle.* C'eft à dire, répond M. *Locke*, que
Dieu peut ôter à une Subftance la folidité qu'elle avoit auparavant & qui la
rendoit Matiére, & lui doner enfuite
la faculté de penfer, qu'elle n'avoit pas
auparavant & qui la rend Efprit, *la même Subftance reftant.* Car fi la même Subftance ne refte pas, le Corps n'eft pas
changé en une Subftance immatérielle;
mais la Subftance folide eft anihilée
avec toutes fes apartenances, & une
Subftance immatérielle eft créé à fa place; ce qui n'eft pas changer une chofe

en une autre, mais en détruire une, &
en faire une autre de nouveau.

Cela posé, voici quel avantage M.
LOCKE prétend tirer de cet aveu. 1.
Dieu, dites vous, peut ôter d'une
Substance solide la solidité, qui est ce
qui la rend Substance solide ou Corps,
& qu'il peut en faire une Substance immatérielle, c'est à dire, une Substance
sans solidité. Mais cette privation d'une
qualité ne done pas une autre qualité;
& le simple éloignement d'une moindre qualité, n'en comunique pas une
plus excellente, à moins qu'on ne dise,
que la puissance de penser résulte de
la nature même de la Substance, auquel
cas il faut qu'il y ait une puissance de
penser par tout où est la Substance. Voilà
donc, *ajoûté M.* LOCKE, une Substance immatérielle sans faculté de penser, selon
les propres principes du D. *Stillingfleet.*

2. Vous ne nierés pas en second lieu,
que Dieu ne puisse donner la faculté
de penser à cette Substance, ainsi dé-
pouillée de solidité, puisque vous suposés
qu'elle en est renduë capable, en deve-
venant immatérielle; d'où il s'ensuit
que la même Substance numérique peut
être en un certain tems non pensante,
ou sans faculté de penser, & dans un

autre tems parfaitement penfante, ou donée de la faculté de penfer.

3. Vous ne nierés pas non plus, que Dieu ne puiſſe pas doner la ſolidité à cette Subſtance, & la rendre encore matérielle. Cela poſé, permettés moi de vous demander, pourquoi Dieu, aïant doné à cette Subſtance la faculté de penſer, après lui avoir ôté la ſolidité, ne peut pas lui redoner la ſolidité, ſans lui ôter la faculté de penſer? Après que vous aurés éclairé ce point, vous aurés prouvé qu'il eſt impoſſible à Dieu, malgré ſa Toute Puiſſance, de doner à une Subſtance ſolide la faculté de penſer; mais avant cela, nier que Dieu le puiſſe faire, c'eſt nier qu'il puiſſe faire ce qui de ſoi eſt poſſible, & par conſéquent mettre des bornes à la Toute Puiſſance de Dieu.

Enfin M. Locke déclare, que s'il eſt d'une dangereuſe conſéquence de ne pas admettre come une vérité inconteſtable *l'Immatérialité* de l'Ame, ſon Antagoniſte devoit l'établir ſur de bones preuves; à quoi il étoit d'autant plus obligé que ſelon lui, *rien n'aſſure mieux les grandes fins de la Réligion & de la Morale, que les preuves de l'Immortalité de l'Ame, fondée ſur ſa nature & ſur ſes proprietés, qui font voir qu'elle eſt imma-*

térielle. Car quoi qu'il ne doute point, que Dieu ne puisse donner l'Immortalité à une Substance matérielle, il dit expressément, *que c'est beaucoup diminuer l'évidence de l'Immortalité, que de la faire dépendre entiérement de ce que Dieu lui done, ce dont elle n'est pas capable de sa propre Nature.* M. Locke soûtient, que c'est dire nettement que la fidélité de Dieu n'est pas un fondement assés ferme & assés sûr pour s'y reposer, sans le secours du tèmoignage de la Raison: Ce qui est autant, que si l'on disoit, que Dieu ne doit pas en être crû sur sa Parole (ce qui soit dit sans blasphème,) à moins que ce qu'il révèle ne soit en soi même si croïable qu'on en puisse être persuadé sans Révélation. *Si c'est là,* ajoute M. Locke, *le moïen d'acréditer la Réligion Chrétienne dans tous ses Articles, je ne suis pas fâché que cette Méthode ne se trouve point dans aucun de mes Ouvrages. Car pour moi je crois qu'une telle chose m'auroit atiré (& avec raison) un reproche de Scepticisme.* Mais je suis si éloigné de m'exposer à un pareil reproche sur cet Article, que je suis fortement persuadé, qu'encore qu'on ne puisse pas montrer que l'Ame est Immatérielle, cela ne diminüe nullement l'évidence de son Immortalité;

parce que la fidélité de Dieu eſt une démonſtration de la vérité de tout ce qu'il a
révélé, & que le manque d'une autre démonſtration ne rend pas douteuſe une Propoſition démontrée.

Au reſte, M. Locke aiant prouvé
par des Paſſages de *Virgile* & de *Ciceron*, que l'uſage qu'il faiſoit du mot
Eſprit, en le prenant pour une ſubſtance penſante, ſans en exclure la Matérialité, n'étoit pas nouveau; le *D. Stillingfleet* ſoutient que ces deux Auteurs
diſtinguoient expreſſément l'Eſprit du
Corps. A cela M. Locke répond, qu'il
eſt très convaincu que ces Auteurs ont
diſtingué ces deux choſes, c'eſt a dire,
que par le *Corps* ils ont entendu les
parties groſſiéres & viſibles d'un Home, & par l'*Eſprit* une Matiére ſubtile
come le *Vent*, le *Feu*, ou l'*Ether*; par
où il eſt évident qu'ils n'ont pas prétendu dépouiller l'Eſprit de toute eſpéce de Matérialité. Ainſi *Virgile*, dé-
crivant l'Eſprit ou l'Ame *d'Anchiſe*, que
ſon Fils veut embraſſer, nous dit.

*Ter Conatus ibi collo dare brachia circum
Ter fruſtra comprenſa manus effugit Imago,
Par levibus ventis, volucrique ſimillima
Somno.* ÆNEID L. VI

Et *Ciceron* fupofe dans le prémier Livre des *Queftions Tufculanes*, qu'elle est Air ou Feu, *Anima, fit Animus* (a) *Ignifve, nefcio*; ou bien un Air enflamé. (b) *Inflamata anima*; ou une Quinte-Effence introduite par *Ariftote* (c) *Quinta quædam natura ab Ariftotele introducta.*

a *Ch. 75.*
b *Ch. 18.*
c *Ch. 26.*

M. LOCKE conclut enfin, que, tant s'en faut, qu'il y ait de la contradiction à dire, que Dieu peut doner, s'il veut, à certains amas, difpofés come il le trouve à propos, la faculté d'apercevoir & de penfer; Perfone n'a prétendu trouver en cela aucune contradiction avant *Defcartes*, qui pour en venir là, dépouille les Bêtes de tout fentiment, contre l'expérience la plus palpable. Car autant qu'il a pû s'en inftruire par lui même, ou fur le raport d'autrui, les Péres de l'Eglife Chrétienne n'ont jamais entrepris de démontrer, que la Matiére fut incapable de recevoir des Mains du Créateur, le pouvoir de fentir, d'apercevoir & de penfer.

✠✠✠✠✠✠✠✠✠✠✠✠✠✠✠✠✠✠✠✠✠

OBSERVATIONS *de l'Auteur sur la Défense précédente de M.* LOCKE, *dans lesquelles en justifiant le Sentiment de ce Célebre Philosophe, il explique en quelque maniére le sien sur la Nature de nôtre Ame.*

JE m'en vais maintenant faire quelques Remarques sur la Réponse de M. *Locke* au D. *Stillingfleet*, concernant la Question qui fût agitée entre ces deux Savans. Mais auparavant j'estime nécessaire, pour donner au Lecteur une juste idée de l'etat de cette Contestation, de le prévenir sur deux choses.

L'*Une*, que si M. LOCKE a crû, qu'il n'y a aucune contradiction à supposer, que Dieu, cet Etre pensant, Eternel & Tout Puissant, a pû doner quelque degré de sentiment, de perception & de pensée à certains Amas de Matiere, crée & insensible, qu'il joint ensenble, comme il le trouve à propos; il est censé n'avoir à cet égard eu en vüe que nôtre Ame, cette partie de nous même, qui doit continuer à exister après sa séparation du Corps grossier, lors qu'elle arrive par la Mort de l'Etre composé de ces deux parties

La Proposition de Locké n'est rélative qu'à la nature de L'Ame.

M. Locke étoit trop bon Philofophe
& trop pieux Chrétien, pour atribuer
cette Capacité du fentiment & de la
penfée, au Corps groffier, qui come tout
le monde le fait, périt par la Mort, &
dont les particules diffipées par l'influence de l'Air, fervent à de nouvelles Généra-
tions. C'eft fur ce pié là que je m'expliquerai auffi fur ce fujet. J'ai crû devoir en avertir le Lecteur, afin qu'il ne s'y trompe pas.

La *Seconde* chofe que j'ai à obferver
eft, que M. Locke, avec cette modeftie
fi rare & fi digne d'un auffi grand Philofophe, s'eft d'abord uniquement ref-
traint fur ce qui étoit en queftion, à
faire entrevoir, que cette propofition ,

Elle ne renferme rien de contradictoire. *Dieu a pû doner la Capacité de fentir & de penfer à certains Amas de Matière créé & infenfible ; qu'il a joint enfemble ; côme il a trouvé à propos ;* ne renferme rien d'abfurde ni de contradictoire; & qu'enfuite, il a défendu ce fentiment contre
le D. *Stillinfleet* par des raifons, qui,
fi je ne me trompe, paroitront fans replique à tout Efprit éclairé, non prévenu & amateur de la Vérité. Il faut convenir, que je ne comprens pas come
un Savant auffi judicieux que l'etoit ce
Prélat a pû s'avifer d'ataquer M. Locke,
fur un fentiment, propofé avec tant

de Circonfpection, & qui en lui même
n'a rien de contraire au Bon-fens, ni à la
faine Philofophie & aux grandes fins que
la *Révélation* nous a mis devant les yeux.
Mais je comprens encore moins, comment, après les Eclairciffemens que M.
Locke nous a donés, & qui doivent
convaincre tout Efprit raifonable; il fe
trouve encore, je ne dis pas des Génies auffi fuperficiels que l'eft l'Abé P.
mais des Philofophes du premier ordre, *Injuftice*
refpectables également par l'excellence *des Criti-*
de leur Caractère & par l'étendüe de *ques de*
leurs Lumiéres & de leurs Conoiffan- *Locke.*
ces, qui aient pû prendre ocafion de cette Difpute, pour noircir la Memoire
& la Réputation d'un Home, qui par fes
diférens Ecrits, auxquels d'autres Juges
plus équitables ont acordé le titre même de *Divins*; * par fa vie innocente
& par fa fin exemplaire, a doné tant
de preuves de fon Ortodoxie. Je ne
comprens pas, dis-je, que des Philofophes tels que je viens de les dépein-
dre, aient pû traiter M. Locke
de *Matérialifte*, dans le Sens odieux
que l'on atache à ce terme, l'acufer

---

* *Voiés la Préface de l'Auteur de la Bi-
bliotéque nouvelle chés Paupie.*

d'avoir rendu nôtre Ame matérielle &
périſſable par conſéquent, & d'avoir
par là doné ateinte à tout ce que la
Réligion Chrétiene a de plus ſacré &
de plus reſpectable. Mais enfin je n'en
dois pas être ſurpris : Ce n'eſt pas
d'aujourd'hui que l'on ſait, que la Vérité ne peut rien ſur certains Eſprits ;
qu'elle ne peut rien contre les préjugés de l'Education & de l'Autorité, ni
contre les Paſſions humaines. Il faut
une certaine ſimpathie entre l'Eſprit &
la Vérité, ſi l'on veut que cette derniére faſſe impreſſion : Sans cette ſimpathie, c'eſt en vain qu'on la prêche.
Vous avés beau faire, vous ne boucherés
jamais un Trou quarré avec une Chevil-
le ronde, & c'eſt une Maxime qui ſera éternellement vraïe ; *Omne quod recipitur ; ad modum recipientis recipitur.*

Riſque de   Ce que je viens de dire, me fait ſen-
l'Auteur tir vivement à quoi je m'expoſe moi
en ſe mê- même, en entreprenant de juſtifier par
lant de mes Remarques, la réputation & le
cette ſentiment d'un Home à qui j'ai de ſi
querelle. grandes obligations, par le profit que
j'ai tiré de ſes excellens Ecrits ; d'oſer
juſtifier, *dis-je,* non ſeulement ce Sên-
timent, mais malgré la diſproportion infinie qu'il y a entre la ſupériorité des
Lumiéres

Lumiéres de M. Locke & la foiblesse
des miennes, d'aller encore plus loin
que ce grand Philosophe; de tâcher
même de faire voir que ce qu'il a a-
vancé come possible & probable, ne
sauroit être envisagé autrement, au
moins par la Lumiére naturelle, qui
ne peut être contraire à la Lumiére révélée. Je sens encore un coup tout ce
que je risque, en m'aventurant come
je fais; mais j'estime que dans une A-
me tant soit peu généreuse, l'Amour &
la defense du Vrai, doivent l'emporter
sur la crainte & sur toute autre confidé-
ration humaine.

Je ne toucherai cependant à cette
Matiére, qu'autant que le Texte qui
donera lieu à mes Remarques, me con-
duira. Le sujet dont il est question, est
trop riche par lui même; il fournit des
raisons & des réflexions trop abondan-
tes, pour pouvoir les renfermer dans
les bornes trop étroites, auxquelles
je me suis proposé de me restraindre.
Je tâcherai de supléer à ce qui ne peut
pas trouver sa place ici, dans la suite
de mon Ouvrage, ainsi que j'en ai fait
mention dans mon Discours préliminaire.

Je dois m'atendre qu'on me deman- *Quel est*
dera d'abord quel est le *Cui bono* de cet- *le Cui-*
bono.

de son Entreprise ?

te entreprise? Je repondrai qu'il ne sauroit être plus important. Tout le monde sait, que malheureusement nôtre *Europe* fourmille plus que jamais d'Esprits forts, & de Pirrhoniens, tant Libertins que Spéculatifs de bonne foi. On peut dire, que parmi tout ce qui fournit matiére à leurs doutes, rien ne les choque tant, que le Sistème de *Descartes* & de ceux qui l'ont suivi, dans lesquels ils ont entrepris de prouver l'Immortalité de nôtre Ame, par sa propre nature, & indépendamment de la Révélation.

Cette Immortalité de nôtre Ame est sans doute ce qu'il y a de plus essentiel dans la Religion Chrétienne, au moins par raport à nous.

C'est en faveur des Pirrhoniens de bone Foi.

Or ces Pirrhoniens voïant combien cette baze de nôtre Foi & de nôtre Espérance est vacillante, par la foiblesse des preuves que *Descartes* en done dans son Sistème presque généralement adopté; n'en prennent ils pas, ou n'en prendront ils pas ocasion de se confirmer dans leurs égaremens, & de rejeter non seulement ce Dogme, mais de passer delà à révoquer en doute, tout ce que la Révélation enseigne d'ailleurs de plus clair & de plus évident? N'est-ce donc pas ren dre un service essentiel à la Réligion, *C'est à ceux qui la professent, ou qui de-* vroient la professer, que d'ôter cette *rendre service à* Pierre d'achopement de leur chemin? *la Réli-* Quant à moi, j'estime au moins, que *gion.* ramener par cette voie une seule Ame incrédule & égarée, qui suivant J. C. est plus précieuse devant Dieu que tout le reste de l'Univers, feroit faire plus de bien, que ne fera le mal qui pourra arriver par le *Scandalum receptum,* que causera peut être mon Entreprise dans les Esprits imbus des anciens préjugés de l'Education & de l'Autorité, & qui ont plus de Zéle indiscret, que de prudence : C'est le seul inconvénient qu'il y ait à craindre.

Il y a des Esprits d'une certaine trempe, qui posent pour Principe, *Que jamais Home n'a été bien persuadé par sa Raison, ou que l'Ame fût certainement immortelle, ou qu'elle s'anéantit éfectivement avec le Corps.* * Ils nous alléguent là *S. Evre-* dessus Socrate & Salomon, l'un, *mond T.* le plus sage, l'autre le plus éclairé des *I. de l'Ed.* Hommes. Ils nous raportent les Contra- *de Lon-* dictions d'Aristote & de Seneque, *dres* celles des autres Savans & de presque *1711 p.* tous les Philosophes, sur cette Matiére, *118.* la plus importante, *disent ils,* pour l'in-

C 2

terêt, & la plus obfcure pour la Conoiffance. *D'où-vient cette variation ordinaire,*
ajoute Mr. de *St Evremond ? C'eft qu'ils*
font troublés par les diférentes idées de la
Mort préfente & de la Vie future. Leur Ame
incertaine d'elle même, établit, ou renverfe
fes opinions, à mefure qu'elle eft féduite par
les diférentes aparences de la Vérité.

Je laiffe juger au Lecteur pénétrant
& impartial, de l'impreffion qu'a dû faire,
& que fait fur l'Efprit des Perfones naturellement portées au doute, fur un
fujet fi intereffant, l'Entreprife de ceux
qui fe font éforcés de prouver cette Immortalité de l'Ame par la Raifon,
par fa propre nature, par fa fpiri-
tüalité pure, ou par fon Immatérialité, & qui y ont fi mal reuffi, au jugement de ces Efprits auffi éclairés que
vacillans dans leur Foi, tout come à celui de tous ceux qui envifagent les chofes de fang froid & avec impartialité

Ce même Philofophe done à ceux qui
ont imaginé ce Siftème une Leçon, qu'on
devoit atendre plutôt d'eux, que d'un
Home, qui, à en juger par fes autres
Ecrits, & par l'Hiftoire de fa Vie & de
fa Mort, n'avoit pas le pié trop ferme
en matiere de Religion. *Vouloir fe per-*
fuader, dit-il, *l'Immortalité de nôtre Ame*

par la Raison, c'est entrer en défiance de la
Parole de Dieu, & renoncer en quelque façon à la seule chose, par qui nous pouvons en
être assurés.

Qu'a fait Descartes, ajoute-il, * par sa
démonstration prétendue d'une Substance purement Spirituelle, d'une substance, qui doit
penser éternellement ? Qu'a-il fait par des
spéculations si épurées ? Il a fait croire que la
Religion ne le persuadoit pas, sans pouvoir
persuader ni lui, ni les autres par ses raisons.

Je voudrois, dit-il dans un autre endroit sur lequel je suis tombé par hazard,
n'avoir jamais lû les Méditations de M.
Descartes. L'estime où est parmi nous cet
excellent Home, m'auroit laissé quelque Cré-
ance de la démonstration qu'il nous promet:
Mais il m'a parû plus de Vanité dans l'as-
surance qu'il en done, que de solidité dans
les preuves qu'il en aporte; & quelque envie que j'aïe d'être convaincû de ses raisons;
tout ce que je puis faire en sa faveur,
& en la mienne, c'est de demeurer dans
l'incertitude où j'étois auparavant.

Je crois que ce Texte n'a pas besoin
de Commentaire, pour ceux qui ont des
yeux pour voir, & des oreilles pour
entendre.

MONTAGNE, plus grand Sceptique
encore que S. Evremond, a pensé à peu

* Juge-
ment de
St. Evre-
mond sur
Descar-
tes. p. 121

T. III.
p. 74.

Monta-
gne cité.

G 3

près de même fur ce fujet. Le Paffage
eft trop long pour être raporté ici. On
peut le voir *L. II. Ch. XII. p. 482. &*
fuivantes de l'Ed de M. Cofte 1727. in 12.

Je pourois raporter nombre de pareils témoignages venant non feulement de ces Efprits du caractère des
S. *Evremonds* & des *Montagnes*; mais des
Philofophes * & des Théologiens les
plus Orthodoxes, qui fe font éforcés
tous à faire conoître la foibleffe de
nôtre Raifon, lorfqu'elle entreprend de
démontrer des Chofes qui font au deffus
de fa portée. Mais ce que je viens
d'expofer, fufit pour faire voir à quel
point il eft dangereux d'emploier ce
foible Inftrument , & de n'en pas
faire un meilleur ufage, qu'en ont fait
ceux qui jufqu'à préfent fe font avifés
de prouver l'Immortalité de nôtre Ame
par fa Spiritualité pure, ou par fon Immaterialité. J'efpére qu'on ne me fera
pas le même reproche, par raport à
ce que j'effaïe de faire de mon côté.
Mon bût n'eft pas tant de bâtir, comme il eft de détruire l'Erreur. Et fi je
prouve, ce n'eft pas par des Argumens en
forme, ou par des raifons *à priori*; mais
uniquement en faifant voir, que ce que
j'afirme, ne fauroit être conçû autrement.

* *Tout le Tome II. de l'Ex- cellent Ouvrage de M. Pluche, Hiftoire du Ciel mérite ici fur tout une extrê- me aten- tion.*

D'ailleurs mon but n'eſt que de doner un Os à ronger aux Eſprits forts, à faire taire les uns, & à ramener les autres. Si dans ce deſſein, les Eſprits prévenus, dont je viens de parler, me trouvent en leur chemin, j'en ſuis fâché; mais je crois qu'ils ſont trop raiſonables, pour déſaprouver ce deſſein, uniquement parce qu'il heurte leurs préjugés. Qu'ils ſe ſouviennent au moins que ce n'eſt pas au Bonet de Docteur à decider là où la Révélation ne s'explique & ne decide point; * mais que c'eſt au Bon-Sens ſeul, qui au dire d'un Juge competent **, doit être l'Arbitre des Règles tant ancienes que modernes, puiſque tout ce qui n'a pas le Sceau de ſon aprobation, eſt faux.

** *M. de la Rochefoucault.*

* *Il s'agit ici d'une diſcuſſion entre des Homes, qui a pour objet la nature de nôtre Ame; Il s'agit d'examiner, ſi ceux qui ont raiſonné juſqu'à préſent & qui raiſonent actuellement ſur ce ſujet, ont bien ou mal pris la choſe; c'eſt au bon ſens ſeul à en juger, à ce bon ſens qui eſt comun à tous les Homes. L'Autorité n'a rien à dire ici, & la Révélation n'y intervient qu'autant qu'elle peut ſervir de preuve aux déciſions de ce bon ſens, autant qu'il en fait un bon uſage.*

Caractère
requis
par M,
Baile à
des Juges
compé-
tens , *sur*
les Ma-
tiéres
dont il
s'agit,

Qu'il me soit permis de raporter ici quelques Endroits tirés du *Dictionaire Historique & Critique du Célèbre M. Bayle* à *l'Article de* CHARRON , où, à l'ocasion de son *Traité de la Sageffe*, le Philosophe de Roterdam fait sentir à quelle trempe d'Esprits, il apartient de prononcer sur des Ecrits, qui renferment des Paradoxes, en discutant des Matiéres pareilles à celle que je traite, & qui combatent les opinions comunément reçuës ; quelle doit être la Règle de ceux , qui pourroient entreprendre d'éxaminer & de juger ces fortes d'Ecrits ; bien entendu qu'en raportant ces Endroits , je ne prétens pas , par l'aplication que je pourrois m'en faire , m'arroger une supériorité d'Esprit ou de Lumiére & de Conoiffance, que je conviens de bonne foi n'avoir pas.

„ Le Préfident JEANNIN, Conseiller
„ d'Etat, Perfonage des plus Judicieux
„ & des plus experimentés de ce tems,
„ (*C'eft un des Apologiftes de Charron que*
„ *Bayle fait parler*) entre les mains de
„ qui fût mis *ce Traité de la fageffe*, après
„ l'avoir vû & éxaminé , dit haut &
„ clair, que ces Livres n'etoient pas pour
„ le Comun & bas Etage du Monde,

„ & qu'il n'apartenoit qu'aux plus forts
„ & relevés Esprits d'en faire juge-
„ ment.

„ Charron savoit bien , *continue son* Senti-
„ Apologiste, que pour la défense de ses ment
„ Livres, il avoit besoin d'un Protecteur d'un des
„ tel qu'étoit le premier President de Apologis-
„ Harlay, qu'il se proposoit de choisir tes de
„ pour cet éfet ; c'est à dire un Homme Charron.
„ qui come cet Illustre Magistrat , eut
„ l'Esprit hardi , fort, genereux, rele-
„ vé, & nullement superstitieux ni po-
„ pulaire.

„ Come Charron, *dit Bayle deson côté,* Senti-
„ n'est pas le seul qui ait besoin de faire ment de
„ sentir aux Critiques, ce qu'ils doivent Charron
„ distinguer, quand ils veulent être équi- même
„ tables ; je raporterai mot à mot l'aver-
„ tissement qu'il leur donna. *Bien veux*
„ *je avertir le Lecteur, qui entreprendra*
„ *de juger de cette œuvre, qu'il se garde de*
„ *tomber en aucun de ces sept mescomptes, co-*
„ *me ont fait aucuns en la premiere Edi-*
„ *tion, qui sont de rapporter au droit & de-*
„ *voir, ce qui est du fait : au faire, ce qui est*
„ *du juger : à resolution & determination,*
„ *ce qui n'est que proposé, secoué & disputé*
„ *problematiquement & Academiquement :*
„ *à moi & à mes propres opinions, ce qui est*
„ *d'autrui & par raport : à l'Etat, profession*

,, & condition externe, ce qui eſt de l'Eſprit
,, & ſuffiſance interne : à la Réligion & Cré-
,, ance Divine, ce qui eſt de l'opinion hu-
,, maine : à la grace & opinion ſurnaturel-
,, le, ce qui eſt de Vertu & Action natu-
,, relle & morale. Toute paſſion & préo-
,, cupation ôtée, il trouvera en ces ſept points
,, bien entendus de quoi ſe réſoudre en ſes dou-
,, tes, de quoi répondre à toutes les objections
,, que lui même & d'autres lui pourroient faire,
,, & s'éclaircir de mon intention en cet Ouvra-
,, ge. Que ſi encore après tout, il ne ſe contente
,, & ne l'aprouve, qu'il l'ataque hardiment &
,, vivement (car de me dire ſeulement, de mor-
,, dre & charpenter le nom d'autrui, il eſt aſſés
,, aiſé, mais trop indigne & trop pedant) il
,, aura tôt une franche confeſſion & aquieſce-
,, ment (car ce Livre fait gloire & fête
,, de la bone foi de l'ingenuité), ou un
,, Examen de ſon impertinence & folie. Ce
,, qu'il venoit de dire, continüe M. Baile,
,, eſt trop beau pour ne devoir pas être
,, inſeré dans cette Remarque : Une in-
,, finité de Lecteurs y aprendront leur
,, devoir : Ils y verront de quel Ef-
,, prit il faut être revêtu, lorſqu'on veut
,, juger d'un Livre, qui n'eſt pas bâti ſe-
,, lon le goût général, ou ſelon les pré-
,, jugés de la Multitude ; c'eſt à dire,
,, où l'Auteur étale ſans dogmatiſer, ni

„ chercher à faire secte, les pensées
„ qui lui viennent. *Aucuns trouvent*, c'est
„ Charron qui parle, *ce Livre trop hardi*
„ *& trop libre à heurter les opinions comu-*
„ *nes, & s'en ofensent. Je leur réponds ces*
„ *quatre ou cinq mots : prémièrement, que si*
„ *la Sagesse, qui n'est comune ni populaire,*
„ *n'a pas proprement cette liberté & Au-*
„ *torité* Jure suo singulari, *de juger de*
„ *tout (c'est le privilége du Sage spirituel,*
„ Spiritus omnia judicat & a nemine judi-
„ catur)*& en jugeant de censurer, condam-*
„ *ner (comme la plus part erronées) les opi-*
„ *nions comunes & populaires ; Qui le deffen-*
„ *dra donc ? Or, ce faisant, ne peut*
„ *qu'elle n'encoure la male grace &*
„ *l'envie du Monde. D'ailleurs je me plains*
„ *d'eux, & leur reproche cette foiblesse po-*
„ *pulaire & délicatesse feminine, come in-*
„ *digne & trop tendre pour entendre chose*
„ *qui vaille, & du tout incapable de sagesse :*
„ *Les plus fortes & hardies propositions sont*
„ *les plus séantes à l'Esprit fort & relevé,*
„ *& il n'y a rien d'étrange à celui qui*
„ *sait que c'est du Monde : C'est foiblesse*
„ *de s'étonner d'aucune chose : Il faut roi-*
„ *dir son courage, afermir son Ame, l'en-*
„ *durcir à acerer, à jouïr, savoir, entendre,*
„ *juger toutes choses, tant étranges sem-*
„ *blent elles : Tout est sortable & du gibier*

,, de l'Esprit, mais qu'il ne manque point à
,, foi même. Mais auffi ne doit-il faire, ni
,, confentir qu'aux bonnes & belles, quand
,, tout le Monde en parleroit. Le Sage mon-
,, tre également en tout les deux fon coura-
,, rage: Ces délicats ne font capables, ni de
,, l'un ni de l'autre, foibles en tous les
,, deux: Tiercement en tout ce que je propo-
,, fe, je ne prétens obliger perfone; Je pré-
,, fente feulement les chofes & les étale
,, come fur l'Etablier. Je ne me mets point
,, en colére, fi l'on ne m'en croit; c'eft à
,, faire aux pedans. La paffion témoigne que
,, la raifon n'y eft pas: qui fe tient par l'une
,, a quelque chofe, ne s'y tient pas par l'au-
,, tre. Mais pourquoi fe courroucent-ils? Eft-
,, ce que je ne fuis pas par tout de leur
,, avis? Je ne m'en courrouce pas, de ce
,, qu'ils ne font pas du mien: De ce que je
,, dis des chofes qui ne font pas de leur
,, goût ni du comun? Et c'eft pourquoi je
,, les dis. Je ne dis rien fans raifon: S'ils
,, favent la fentir & goûter; s'ils ont une
,, meilleure chofe qui détruife la mienne, je
,, l'écouterai avec plaifir & gratification à
,, qui la dira. J'exhorte tous mes Lec-
,, teurs, dit M. Bayle, à méditer pro-
,, fondement fur ces deux Paffages.

Quoique le Cas de mon Ecrit ne foit pas
e même que celui du Traité de la fageffe; que

toutes ces Règles que *Charron* infinüe à fes Lecteurs, pour bien juger de fon Ouvrage, ne foient pas effentielles, par raport au mien, & que je croïe d'ailleurs de m'expliquer d'une maniére à être entendu de tout le Monde; j'ai néanmoins penfé que ce Préfervatif, en citant ces Paffages, étoit néceffaire à mon égard, & qu'il pourra, d'une certaine façon, être utile à quelques uns de mes Lecteurs.

Entrons maintenant en Matière

PREMIERE REMARQUE.

„ Le Docteur *Stilingfleet* dit à *M. Locke*, „ que la Conoiffance que nous avons de la „ Matiére en general, étant une fubftan„ ce folide, & celle du Corps, une fubftan„ ce étendüe, folide & figurée; dire, que „ la Matiére eft capable de penfer, c'eft „ confondre l'idée de la Matiére avec „ l'idée d'un Efprit.

Objection du D. Stilingfleet p. 56.

Je conviens que dans cette définition de la Matiere & du Corps, la capacité de penfer n'eft pas renfermée. Mais qu'eft ce que cela prouve? Rien autre finon que dans cette Définition, la capacité de penfer n'eft pas contenüe. Mais je demande, nos idées font elles la Règle de l'Effence de la nature des Chofes? Un Etre ne peut il avoir d'autres propriétés que celles que nons y apercevons? Ou implique-t-il contradiction de foutenir que cet Etre peut avoir de certaines propriétés, quoi que nous ne les y apercevions pas, ou que par un éfet de nos préjugés, nous ne voulions pas les y apercevoir? Je crois que perfone n'ofera afirmer que cela est impoffible en foi, & encore moins, qu'il est impoffible à Dieu de doner ces propriétés à cet Etre, par la feule raifon de ce que nous ne pouvons les y apercevoir, ou de ce que nous ne faurions concevoir coment ces propriétés font compatibles, avec celles que nous apercevons diftinctement dans cet Etre.

Le Célèbre M. *Sgravefende*, à l'ocafion de la Queftion qu'il examine, fi la Matiére penfe toûjours ou non, a une Idée qui peut fort bien fervir de Réponfe à l'Objection, que le D. *Stillingfleet* fait à M. *Locke.*

Senti-
ment de
M. Sgra-
vefende.
* *Intro-*
duction à
la Philo-
fophie
Ch. XV.
§. 198.
199.

„ Nous demeurons bien d'acord, *dit*
„ *il,* * qu'en écartant la penfée, il ne
„ nous refte plus aucune Idée de l'Ame;
„ Mais cela vient de ce que nous ne
„ conoiffons qu'une feule proprieté de
„ cette Subftance. Il ne s'enfuit point
„ pourtant de là qu'il ne puiffe y avoir
„ dans la Subftance inconüe de l'Ame

„ d'autres proprietés, qui peuvent fub-
„ fifter fans une penfée actuelle.
„ Je vois un Objet qui eft rouge &
„ dont je ne puis découvrir autre cho-
„ fe, finon qu'il eft rouge. S'enfuit-il
„ que la couleur rouge conftitue l'Ef-
„ fence de cet Objet, parce que, fi
„ j'écarte l'idée de cette couleur, il ne
„ refte plus rien de l'Objet même dans
„ mon Ame? *Car il faut diflinguer entre*
„ *l'Objet idéal, c'eft à dire, entre ce que*
„ *nous avons dans l'Ame, touchant un Ob-*
„ *jet, & l'Objet même qui exifte hors de*
„ *nous, & duquel l'idée ne fauroit jamais*
„ *être une repréfentation parfaite, à moins*
„ *que nous ne conoiffions cet Objet parfaite-*
„ *ment.* „ Et jamais, peut on ajouter, nous
ne conoitrons parfaitement ces Objets
phifiques & fpirituels, auxquels nous
donons le nom de Subftance .

De ce que nous n'avons découvert
dans la Matiére que l'étendüe, l'impé-
nétrabilité &c., s'enfuit il, peut on
dire après M. *Sgravefende*, que la Matiére ne foit pas doüée d'autres *Capacités*
que nous ne conoiffons pas? En vertu
de quoi foutiendroit-on la négative ?

Cet Auteur dit que nous ne faurions
découvrir dans nôtre Ame autre chofe
que la penfée. Cela n'eft pas furprenant,

puifque nous fomes tous d'acord, que nôtre Ame eft un Etre invifible & impalpable à nos fens groffiers; au moïen defquels par conféquent nous ne faurions pénétrer dans fa nature, pour en avoir des idées tout à fait claires & pofitives. Mais la chofe eft encore plus impoffible dans l'Hipothèfe de fon Immatérialité. Quelles proprietés peut-on chercher dans un Etre abfolument non étendu & fans parties? Nôtre Ame penfe: Nous en convenons tous, parceque nous le fentons. Mais un Etre non étendu & fans parties; tel qu'on nous le définit, coment peut-il être le Sujet d'inhérence de la penfée, qui fupofé dans cet Etre la capacité du Mouvement & d'autres proprietés encore; come cela fera prouvé dans la fuite de ces Remarques? Je voudrois bien qu'on nous éclaircit cette dificulté.

Voici come ce même Philofophe s'explique fur cette Matiére; dans un autre endroit.

„ Avant que de dire mon avis fur les „ divers fentimens concernant la nature „ de nôtre Ame & fon union avec le
Ch.XVII. „ Corps; je comencerai par avoüer, *dit-*
P. 243. „ *il;* * que la Queftion même me pa-
& fuiv. „ roit d'une obfcurité impénétrable.

„ Je ne conçois pas la maniére, dont
„ l'Ame peut agir fur le Corps ; je ne
„ vois pas non plus, coment une percep-
„ tion peut être le Mouvement d'un nerf ;
„ mais il ne me paroit pas que toute *In-*
„ *fluence* doive être rejetée *.

„ Les fubftances nous font incoüies.
„ Nous avons déja vû que la nature de
„ l'Ame nous eft cachée. Nous favons
„ bien que c'eft un Etre qui a des Idées,
„ qui les compare enfemble ; mais nous
„ ignorons quel eft le fujet auquel ces
„ proprietés convienent. Nous difons la
„ même chofe du Corps : Il eft étendu,
„ impénétrable &c.

„ Mais quel eft le fujet dans lequel
„ réfident ces proprietés ? Nous ne co-
„ noiffons aucune route, qui puiffe nous
„ mener à la conoiffance.

„ D'où nous concluons que nous igno-
„ rons bien des chofes , rélatives aux
„ proprietés de l'Ame & du Corps.

Ce

---

* *Rien de fi vrai, que cette penfée, que
toute Influence ne doit pas être rejetée ; mais
ne mene-t-elle pas droit à un Siftème tel qu'eft
le mien , où cette Influence peut être conçue , au lieu quelle eft incomprehenfible &
contradictoire dans l'ancien Siftème?*

Ce Sentiment eſt digne de la Sageſſe & de la modeſtie de cet Illuſtre Philoſophe.

La Cauſe de nôtre incertitude dérive de l'abus que nous faiſons des termes abſtraits.

Mais ne pourroit - on pas demander quelle eſt la Cauſe de cette obſcurité, de cet embaras, de cette incertitude, concernant les ſujets dont il eſt queſtion, qui ocupent & tourmentent tant nos meilleurs Philoſophes ? Elle dérive, ſi je ne me trompe, de ce que pour parvenir à la Conoiſſance de la nature de l'Etre, on a imaginé de certains termes, qui dans le fond, & à les éplucher de près, n'ont aucune ſignification, & ne ſont que de vains noms & des idées abſtraites. Tel eſt celui de *Subſtance*, qui come Mr. *Sgraveſande* vient de dire, eſt une choſe qui nous eſt inconüe. Tel eſt ce terme par lequel on déſigne un je ne ſais quoi, qu'on prétend être diſtinct des proprietés ou des atributs que l'on découvre dans l'Etre réel; qu'on dit être la baze, le *Subſtratum*, le ſoûtien de ces atributs, & qui pourroit bien n'être qu'une chimére.

Je ne ſuis pas ſurpris que les plus grands Philoſophes aïent tant de peine à définir ce terme d'une manière qui les ſatisfaſſe, puiſque ce n'eſt qu'une idée abſtraite, une idée ſimple, & que ſelon Mr. *Locke*
ces

ces fortes d'idées font indéfiniffables *.

Je crois que ce ne feroit pas une grof-
fe perte, fi l'on banniffoit ce terme tout
à fait de la bone Philofophie, d'autant,
que fi l'on entreprend d'éxaminer, ce
que c'eft que l'Etre confideré en général, *in abftracto*, & independamment du
concret, on ne peut que rifquer de fe
trouver en Païs perdu. Ce qu'un Auteur judieux † vient tout nouvellement
de remarquer fur ce fujet, en raifonant
fur la Matiére prémiére des *Peripateticiens*,
mérite atention. *Voïés fon Hiftoire du Ciel.*
T. II. p. 173.

J'eftime d'ailleurs, que ce que nous
pouvons conoitre de certain, concernant
la nature de l'Etre réel, de l'Etre crée,
ne peut être fondé que fur le Témoignage de nos fens extérieurs. Je n'entens pas rejeter, pour cela ce que la Révélation peut nous aprendre fur ce fujet; mais j'ofe dire hardiment, qu'on a
beau y chercher, on n'y trouvera jamais
de quoi apuïer l'Hpothêfe de la pure Spiritualité ou de l'Immaterialité abfolüe de
nôtre Ame, telle qu'on veut l'etablir dans
le Siftème des *Caufes ocafionelles*, & dans celui de *l'Harmonie préetablie.*

Il y a plus: Non feulement la Conoiffance que nous pouvons avoir par nos

H 2   fens

** Traite
de l'En-
tend hu-
main
L. III.
Ch. IV.
§. 4. &
fuivans.*

*† Mr.
Pluche.*

*La Co-
noiffance
de l'Etre
réel n'eft
fondée
que fur le
témoigna
ge de nos
fens exté-
rieurs.*

*Encore
eft-elle*

*impar-
faite.*

sens extérieurs de la nature de l'Etre, de la substance étendüe même, est très imparfaite; mais tout ce qui va au delà n'est qu'incertitude. Voici come nôtre grand Métaphisicien s'explique là dessus: „ La „ conoissance que nous avons, *dit il* [*], des „ substances, de leurs qualités & de leurs „ proprietés, s'étend rarement au delà „ de ce que nos sens peuvent nous apren- „ dre. Peut être que des Gens curieux „ & apliqués à faire des Observations, „ peuvent par la force de leur Jugement „ pénétrer plus avant, & par le moien de „ quelques probabilités déduites d'une Ob- „ servation exacte, & de quelques apa- „ rences réünies à propos, faire souvent „ de justes conjectures sur ce que l'Ex- „ périence ne leur a pas encore décou- „ vert; mais ce n'est toûjours que con- „ jecturer; ce qui ne produit qu'une sim- „ ple opinion, & n'est nullement acom- „ pagné de la certitude nécessaire à une „ Vraie conoissance.

    „ Nous devons prendre garde, *dit nôtre* „ *Philosophe dans un autre Endroit* [*], que le „ Nom de *principe* ne nous fasse illusion, „ & ne nous impose, en nous faisant „ recevoir come une Vérité incontesta- „ ble, ce qui n'est tout au plus qu'une „ conjecture fort incertaine, telles que „ sont

* *Mr.*
Locke
L. iv. *Ch.*
vi. §. 13.

* *Ch.* xii.
§. 13.

„ font la plûpart des Hipothéfes qu'on
„ fait en Phifique, *j'ai penfé dire, toutes*
„ *fans exception.*

Le *Livre quatriéme* de cet excellent Philofophe, eft un chef d'œuvre dans toû-
tes fes parties : Il y traite de la *Conoiffance,*
& il y dévelope le but de tout fon Ouvrage. Il mérite donc extrêmement d'ê-
tre aprofondi par ceux qui feroient bien
aifes d'avoir de juftes idées fur un fujet
fi important. Je ne compréns pas co-
ment l'Auteur fpirituel*, que je viens de   * Mr.
citer, & qui eft aparemment plus amou- Pluche
reux de fa Phifique, qu'il ne l'eft de la T. 11.
Metaphifique, a 'pû fe laiffer aller p. 427.
à traiter cette Lecture de *très ennuiante.*
Il eft vrai qu'il a raifon en ce qu'il a-
joute, *que fi dans ces fortes de Livres & au-*
tres qu'il cite, le raifonement gagne, c'eft par
ce que ces Lectures font un Exercice d'Efprit,
& non pas par ce qu'elles nous aprennent la
nature de l'Efprit, ou les Régles de fes opera-
tions. Mais il devoit s'être rapellé, que
le but de tout l'Ouvrage de Mr. *Locke,*
eft précifément de nous aprendre à quel
point nos conoiffances en général, &
fur ce fujet en particulier, font incertaines & imparfaites.

Meffieurs de l'Academie Roïale des
Sciences de Paris, à l'ocafion de l'Adju-

di-

dication du Prix concernant la Queſtion *ſur la Cauſe du flux* & du *Reflux* de la Mer, vienent de nous doner tout fraichement une preuve convaincante du peu de ſolidité de nos Conoiſſances & de nos Hipothèſes en Matiere de Phiſique, quoique fondées ſur des Obſervations & ſur l'Expérience ; par où ils confirment le Sentiment de Mr. LOCKE ſur cette Matiére.

Come parmi les Piéces qui ont été envoïées à l'Academie ſur ce ſujet, il s'en eſt trouvé quatre, entre lesquelles ces Juges auſſi équitables qu'éclairés, n'ont pû établir des raiſons de préference tant par raport au même fond de Siſtème, qu'à des Siſtèmes diférens ; ils ſe ſont determinés à les couroner toutes quatre en égale part.

Ces Meſſieurs n'ont donc ajugé en éfet le prix à aucune de ces quatre Piéces. Nous ſomes donc à l'égard de ce ſujet, qu'il s'agiſſoit d'aprofondir, dans la même incertitude, où nous étions auparavant. Nos conoiſſances, qui ont pour objet la Phiſique, ſont donc auſſi bornées qu'elles le ſont en Metaphiſique & dans toutes les autres ſciences, où l'on eſt obligé d'emploïer des Hypothèſes, pour éclaircir les Matiéres que l'on trai-

traite, ou pour prouver ce que l'on veut soûtenir.

Or, si nos conoissances en matiére de Phisique sont si imparfaites, & si les spéculations que nos meilleurs Naturalistes font sur elles, sont si incertaines & si peu fondées; coment a-t'on osé entreprendre de prouver *à priori* ou par *démonstration* la nature d'un Etre que nous convenons tous être invisible & impalpable à nos sens extérieurs? On ne s'est pas souvenu aparemment *que la plûpart de nos Jugemens ne sont rien moins que Conoissance.*

Je demande quel est le *Criterium* le plus certain de l'Existence des Etres créés à nous conus?

C'est principalement son Etendüe réelre, visible & palpable.

Par où parvenons nous à la conoissance de ces Etres?

Par nos sens extérieurs.

De ceci résultent evidemment ces Principes ou ces Vérités.

1°. Qu'il n'y a point de certitude par raport à l'Existence ou à la nature de l'Etre réel, que par le Témoignage de nos sens extérieurs. Or on fera voir démonstrativement dans un autre tems, la fausseté de l'assertion des Cartésiens, lors qu'ils disent, *Que nos sens extérieurs nous trompent.* 2. Que

le Criterium de l'Existence des Etres à nous conus.

2₀. Que ce n'eſt que de la Conoiſſance des Etres viſibles & palpables, que
nous parvenons juſqu'à un certain point
à celle de ces autres Etres, qui n'ont
pas ces deux qualités à l'égard de nos
ſens extérieurs & groſſiers.

3₀. Que la conoiſſance de Dieu & toute la Révélation ſont fondées ſur ce Principe, & ſur ce Témoignage de nos ſens
groſſiers.

Moïen ur de bien défi- nir les Etres réels.

Il me ſemble, que nous nous égare-
rions beaucoup moins que nous ne faiſons, ſi nous nous contentions de définir chaque Etre réel par les atributs &
par les proprietés, qu'au moïen de ce
Témoignage de nos ſens extérieurs, nous
avons juſqu'à préſent clairement aperçües
en eux, en atendant que le tems & l'Expérience nous conduiſent à de nouvelles lumiéres. Il y a tout lieu de préſumer ; que
nous pourrons y parvenir, puiſque de nôtre
tems on a découvert des proprietés dans
la Matiére ou dans l'Etre corporel, qui
ont échapé à la pénétration des Philoſophes des Siécles antérieurs au nôtre ;
come par Exemple *l'Inertie* de la *Matiére*
& cette *Gravitation* ou *Peſanteur*, ſur laquelle l'Hipothéſe de *l'Atraction* de l'Illuſtre Mr. N E vv T O N eſt fondée. Et il y
a aparence auſſi que ceux qui viendront
après

après nous, profitant de nos Découvertes & de nos Expériences, nous surpas-
seront en conoissance, come nous sur-
passons ceux qui nous ont précédé.

Il est vrai, qu'il y a des Etres, à la
conoissance immédiate desquels nous ne
saurions ateindre par le seul Témoignage de nos sens extérieurs. Tel est l'Etre
des Etres, l'Etre suprème : Nous ne conoissons cet Etre adorable, que par ce
qu'il lui a plû de nous en aprendre lui
même par la Révélation, & par le grand
Ouvrage de la Création de l'Univers &
de toutes les merveilles qu'il renferme.
Mais il est vrai aussi que cette conoissance n'est entrée en nous, que par l'Ouïe
& par la Vûe, par le Témoignage de
ces saints Homes, qui avoient autre -fois
des Rélations immédiates avec cet Etre
suprème, & par la Lettre écrite : Conoissance que nous avons cultivée, augmen-
té & portée ensuite au point d'une derniére évidence, par les Réflexions justes
& sensées, quelle nous a fait faire.

Il est vrai aussi, qu'il y a quelque chose *Régles*
en nous, que nous apellons Ame, la- *pour par-*
quelle étant au dedans, & non hors de *venir à*
nous, nous ne saurions mieux conoitre *la conois-*
que par le Sentiment intérieur, & par *sance de*
les Réflexions solides que ce Sentiment *nôtre*
         peut *Ame.*

peut ocafioner. Mais je crois, qu'il y a
une règle à établir à cet égard, dont
l'Utilité & la nécessité me paroissent également évidentes. C'est de ne rien établir ou suposer, qui soit contraire à l'Expérience & au Témoignage de nos sens
extérieurs *, d'autant qu'on peut dire,
que tout ce qu'on apelle Raison, Vérité & Evidence par raport à nous, ne
peut résulter que du parfait acord de nos
sens extérieurs avec les sens intérieurs
de nôtre Ame ; de ne rien suposer qui
soit contradictoire avec ce qu'on veut
établir dans le fond ; de ne rien avancer, que ce, par où les fonctions & les
opérations de cet Etre puissent être clairement conçües & expliquées ; & enfin
de ne rien dire qui soit sujet à de plus
gran-

* *Qu'on ne m'objecte pas, que ce que je
dis, est contradictoire avec ce que je viens
de dire & qui précède. C'est un Principe certain, que, independamment de la Révélation,
il n'y a que nos conoissances extérieures, qui
puissent nous conduire le plus sûrement à la
conoissance de nôtre intérieur, autant qu'on y
peut parvenir à l'égard d'un sujet environé de
tant de tenébres, come l'est celui dont il s'a-
git ici.*

grandes dificultés encore que ne font cel-
lés qu'on auroit envie de lever.

Or fi *Defcartes*, en imaginant fon Siftème concernant la Spiritualité pure ou
l'Immaterialité abfolüe de nôtre Ame, &
ceux qui après lui ont forgé les leurs, fur
ce même Principe, ont fuivi cette Règle
ou non, j'en laiffe décider tous ceux
qui font capables de juger de ces fortes
de Matiéres. Mais quoi qu'il en foit, je
crois que *Defcartes* a beaucoup plus hazardé en entreprenant de prouver fon
Siftême, en tout fens infoutenable, *à priori*, ou par voie de démonftration, que
n'a fait Mr. *Locke*, en propofant par forme de fimple demande & de doute, fon
fentiment fur la Nature de cette Ame,
fondé fur la Toute-Puiffance Divine ; &
que ne feront ceux, qui iront un peu
plus loin que lui, & qui tacheront de
prouver l'évidence ou la très grande probabilité de ce fentiment, par cet Argument que le Philofophe Anglois apelle
Ad ignorantiam, en faifant voir au Doigt
& à l'Oeil, que la chofe ne fauroit être
envifagée autrement, & en exigeant de
ceux qui feroient d'une opinion contraire, d'admettre les preuves qu'on donera,
ou d'en affigner de meilleures.

Mais qu'il me foit permis, puifque je

*Que Def-
cartes n'a
point fui-
vie.*

viens

viens de faire quelques Remarques fur le
témoignage de nos fens exterieurs, &
fur la certitude qui en réfulte, d'y ajoû-
ter encore celle ci, qui eft, qu'en voïant

*Horace
cité fur le
témoi-
gnage de
nos fens
exté-
rieurs.*

par hazard devant moi ce Vers d'HORA-
CE : *Certior aure, arbiter eft Oculus* ; il m'eft
venu je ne fais coment dans l'Efprit
d'examiner fur quoi cette diférence eft
fondée. Je fuis apuïé fur un Balcon de
ma Demeure : je vois le Ciel, le Soleil,
des Nües, des Maifons, des Campagnes,
le Parterre qu'il y a devant moi. Je fens
l'Odeur des Fleurs ; je vois le mouvement du Soleil & des Nües : je fens que
mes Piés touchent le Plancher fur lequel
je me trouve, & que mes Bras font
apuïés fur ce Balcon. Je comprens aifément, que les autres Homes ont les mêmes Idées de tout ce que je vois & que
je fens, puis qu'ils les défignent par les
mêmes termes, que j'atache à ces Idées,
par lefquels je me réprefente intérieurement ces chofes. C'eft donc une preuve
fortifiée par le témoignage uniforme de
mes diferens fens, de l'exiftence réelle de
ces chofes, & l'on ne fauroit demander
une plus grande certitude à cet égard.

Pendant que je fais ces Réflexions, un
Home vient m'anoncer une Nouvelle. Je
comprens parfaitement ce qu'il me veut
dire

dire : J'atache les mêmes Idées que lui
aux termes dont il se sert en me parlant :
Je suis donc aussi certain du sens de ce
qu'il me veut dire, autant que c'est un
son Phisique qui me touche, qu'en est
cet Home lui-même qui m'aporte cette
Nouvelle. Mais il n'en est pas de même
du son, ou du sens moral de ce qu'il
veut m'insinüer. Ce qu'il m'anonce, n'est
acompagné d'aucune de ces preuves qui
constatent l'évidence d'un fait : Il peut
avoir des raisons secrètes par devers lui,
qui l'engagent à me doner pour vrai ce
qui est faux dans le fond. C'est donc avec
raison que je tiens mon Esprit en suspens sur la Vérité de ce fait ; & que je
sens qu'*Horace* est fondé à dire *Qu'il y a*
plus de certitude dans ce que nous voïons, que
dans ce que nous entendons.

De là je passe à réflêchir sur la natu- *Consé-*
re de ce Moi, qui voit, qui sent, qui *quences*
flaire, qui écoute, qui se meut, qui par- *que l'Au-*
le, qui raisone, qui tire des conséquen- *teur en*
ces & des conclusions de ses raisonemens *tire sur*
&c. On veut me persuader que ce Moi, *la nature*
capable de ces diférentes & de tant d'autres *de l'A-*
Modifications, est un Etre absolument *me.*
Non-étendu, ou pour mieux dire la même chose en d'autres termes, un Etre
purement spirituel, qu'il est en un mot

le

le *Point Mathématique*. Or je n'ai pas si peu de conoissance des choses du Monde & du Caractère des Homes, pour ne pas sentir que toutes sortes de raisons devroient me porter à aquiescer à ce Sentiment, plûtôt que de passer pour Novateur en entreprenant de le combatre. Mais le moïen d'adherer à ce qu'on ne sauroit comprendre, à ce qui est inconcevable & contradictoire en soi. Coment pourroit on se mettre dans l'Esprit, qu'un Etre puisse, soit médiatement ou immédiatement, apercevoir, sentir, écouter, se mouvoir, & raisoner extérieurement, ou intérieurement, sans un *Sensorium* ou plusieurs, qui lui donent ces diférentes capacités; ou ces diférentes capacités coment peuvent elles être conçües dans le *Point Mathématique* ? Je conviens de bone foi que cela passe mon intelligence foible & bornée; & je crois que cela doit passer celle de bien d'autres, quoique d'une plus grande pénétration que ne l'est la mienne.

SECONDE REMARQUE.

*p. 79. **ON** objecte à Mr. LOCKE * *Qu'il n'y a*
Cette   *pas moïen de concevoir coment la Matiére*
Objec- *peut penser*. C'est ici le Sophisme qu'on
*tion est l.*apelle dans les Ecoles *Ignoratio Elenchi*.
              Mr.

Mr. Locke a-t-il soûtenu, que c'est la *Sophif-* Matiére qui penfe? Dans fa fupofition, *me qu'on* ce feroit un Etre doüé d'Etendüe & de *apelle* la Puiffance active & paffive, qui pen- *Ignora-* fe. C'eft donc un Etre compofé, & non *tio Elen-* la Matiére brute, qui fait partie de fon *chi.* Etre, qui penfe. La queftion fe réduit donc à ceci, favoir, s'il eft poffible ou non à la Toute Puiffance Divine, de créer un Etre individuel, doüé d'eten- due matérielle & de la Puiffance motri- ce, & de lui doñer dans cet état la fa- culté de penfer & d'apercevoir? Mr. Locke a fi bien prouvé que cela n'eft pas impoffible à Dieu, que j'eftime inu- tile de m'y arrêter d'avantage.

Je crois que quand même on pren- droit la chofe dans un autre fens, on ne feroit pas plus fondé à foutenir que Dieu ne peut doüer un Etre corporel de la faculté de penfer, parce que nous fomes perfuadés que la Matiére infenfible à nous conüe en eft incapable; que le feroit un Home qui nieroit qu'il y a des Mores, par la raifon qu'il n'a jamais vû ni conu que des Homes qui ont la peau blanche, & qu'il croit qu'il ne peut pas y en a- voir d'autres.

Pour mieux faire fentir encore le ri- *Inftance* dicule de la dificulté que l'on fait ici, *contre*

je

cette Ob-
jettion.

je ne demanderai pas come a fait Mr.
LOCKE : *Dieu a-t-il pû joindre la faculté de
sentir & de penser à de certaines particules
de la Matiére arrangées come il lui a plú.*
Mais je demanderai, Dieu a-t-il pû joindre & organiser certaines particules de
la Matiére, pour en former un Corps spiritüel qui soit la *Cause sine quâ non* de
la faculté de sentir & de penser, au
moïen du Soufle Divin dont MOISE
parle. Je crois qu'à l'égard d'un Etre
Tout Puissant, il n'y a pas plus de dificulté d'admettre l'afirmative de cette propofition, qu'il y en auroit d'acorder celle, que Dieu a pû faire que *deux & deux
font quatre.* On me dira, qu'il y a une
grande diférence entre l'une & l'autre :
Que la seconde est évidente par elle même, au lieu que la prémiére ne l'est nullement. Je répons, qu'on ne sauroit ré-
voquer en doute la possibilité de la prémiere propofition que par une raison pareille à celleci, *Dieu n'a pû faire que deux
& deux font quatre, parce qu'il est evident
que deux & trois font cinq.* Cette raison
ne seroit elle pas entiérement absurde ?
Mais je demande celle ci l'est elle moins,
de dire, come l'on fait, *La Matiére à
nous conue est entiérement incapable de la faculté de penser & de celle d'être Cause sine
quâ*

quâ non de cette faculté; au moins nous n'y
faurions concevoir ces capacités ; donc Dieu
n'a pû doner cette dernière Capacité à de
certaines particules de Matière arrangées &
organifées come il lui auroit plû? J'en laiffe
juger tout Lecteur éclairé, & non prévenu,

Le raifonement de ceux, qui pour combatre la Propofition ou la poffibilité que
je viens d'etablir, nous difent que fi l'A-
me étoit un Etre étendu & organifé, elle
feroit divifible, & que par conféquent
la Capacité de penfer, la penfée actuelle
en elle feroit divifible ou divifée auffi.
C'eft argumenter encore d'une chofe conüe à une chofe inconüe *, & dont la
nature peut être, come elle eft en efet,
toute diférente de celle qui nous eft conüe. C'eft dire, que deux & deux ne
peu-

---

* Je dois remarquer ici, qu'il y a une
grande diférence entre argumenter d'une chofe conüe, à une autre, qui nous eft inconüe;
& argumenter de ce qui nous eft conu dans
une chofe, à ce qui nous eft inconu en elle. La
prémière façon de raifoner eft celle de ceux
dont je parle ici; & la feconde eft & fera
la mienne, come on le verra dans la fuite
de mon Ouvrage.

Tom. II.   I

peuvent faire quatre, parce que deux &
trois font cinq.

L'Objec-
tion que
l'Auteur
combat,
done le
démenti
au St. Es-
prit
même.
Mais pour faire voir par un raisonement sans replique à quel point ce Paradoxe, que la Matiére en tout sens est
incapable de la faculté de penser, est insoutenable & temeraire même ; je n'ai
qu'à dire, que ceux qui le soutiennent,
ne s'apercoivent pas qu'ils donent le dementi au St. Esprit même, qui par la
bouche de St. JEAN BATISTE a declaré en termes clairs & non équivoques,
que Dieu peut des Pierres mêmes susciter des
Enfans à Abraham. Or, il est constant,
que dans le cas que Dieu voulut faire ce
Miracle, le seul sens que nous pourrions
doner raisonablement à ces termes, au
moins dans nôtre façon de concevoir les
choses, est celui-ci, que Dieu doneroit
un autre arrangement aux particules insensibles dont la Pierre est composée,
au moïen duquel en y joignant son
Soufle Divin, il rendroit le nouvel Individu capable de la faculté de penser,
ou qu'au moins, selon mon Hipothèse,
cette Pierre autrement arrangée & aquerant la forme humaine, deviendroit Cause sine quâ non de cette faculté de penser
& de ce qui en dépend. Car si Dieu
détruisoit tout à fait cette Pierre, &
qu'il

S. Math.
Ch. III.
v. 9.

qu'il mit une autre substance à sa Place,
ce ne seroit pas faire d'une Pierre un
Etre qui pense, mais annihiler cette Pierre & créer un autre Etre. Cela est
de la derniére évidence. Dieu peut donc
doner la Capacité de penser à la Matiére entant que telle : Il peut faire qu'elle devienne *Cause fine quâ non* de la Capacité de penser. Il doit donc y avoir
d'autant moins de dificulté d'admettre
cette Hipothése, que par les raisons que
j'ai déja dites, & que je dirai encore
dans la suite, la chose, au moins dans nôtre façon de l'envisager, ne sauroit être
conçue autrement.

J'ajouterai ici, puisque l'ocasion s'en *Raisonne-*
présente naturellement, qu'il n'y a pas *ment fur*
moins de ridicule dans l'Objection de *l'Etenuie*
ceux, qui lors qu'on leur soutient que *réelle de*
Dieu est un Etre réellement étendu dans *l'Etre Su-*
la divine maniére d'exister, se révoltent *preme.*
contre cette idée, & s'écrient que cé
ne se peut, parce qu'il s'ensuivroit que
Dieu seroit matériel. Eh bien ! qu'il soit
matériel, pourra-t'on leur répondre ; mais
n'y a-t'il point d'autre Matiére ou d'E-
tendue réelle, que celle qui vous est conüe ? En vertu de quoi prouverés vous
qu'il est impossible, & qu'il implique contradiction, qu'il y ait une Etendue réel-

le

le dans la Nature Divine assortie à toutes
les Perfections de les autres Atributs adorables, & qui n'ait rien de comun avec
la Matière qui vous est conüe, que cette
Etendüe que vous prenés mal à propos
pour l'Essence de la Matière, quoique
dans le fond ce ne soit qu'une Idée abstraite.

Ce que j'établis ici, & qui ne sauroit
jamais être rejetté par la droite Raison,
ne leve-t-il pas toutes les difficultes qui
pourroient m'être oposées par ceux qui
sont d'un Sentiment contraire au mien?

Faut-il vous dire que certaines idées
abstraites sont apliquables à tous les Etres,
sans que l'on soit censé déroger pour
cela à la préeminence de nature, que
les uns ont sur les autres? Dieu est *juste,*
puissant, sage & *bon*. Il y a des Homes
qui sont justes, puissans, sages & bons
aussi. Je vous demande, 1º. Si parce que
l'on se sert des mêmes termes pour désigner la Puissance, la Bonté, la Sagesse
& la Justice dans ces Homes, qu'on em-
ploie pour représenter ces Atributs dans
l'Etre Divin; s'ensuit-il que la nature de
ces Vertus ou de ces Perfections soit la
même dans ces Homes, qu'elle est dans
l'Etre suprême? Vous conviendrez aparemment que cette Conséquence n'en re-
sul-

sulte pas. Or, si la nature de ces Perfections n'est pas la même dans l'Home qu'elle est en Dieu, je vous demande, 2°. Si en atribuant à Dieu, come je fais, une Etendue reele assortie à ses autres Perfections adorables, je ne suis pas fondé à dire, qu'il y a autant de diference entre la nature de cette Etendue reelle & celle que nous conoissons dans la Matiere, qu'il y en a entre les Perfections morales de l'Etre suprème & celles de l'Home, quoi que nous soions acoutumés de nous représenter les unes & les autres par les mêmes termes ? Or, si ce que je soutiens à cet égard ne sauroit m'être contesté, come je le crois; je demande, 3°. Quel inconvénient il y a d'atribuer cette Etendue à l'Etre suprème, & s'il s'ensuit de là, que je mets cet Etre adorable à niveau de la Matiere vile à nous conue ? C'est cependant la seule Objection, que ceux qui sont dans l'Hipothese de la Spiritualité pure, de Dieu, puissent faire à ceux qui sont d'un sentiment contraire au leur. Inutilement m'objectera-t-on ici, que s'il y a une très grande diference, come on n'en sauroit disconvenir, entre la Justice, la Puissance, la Sagesse & la Bonté de Dieu, & celles des Homes, on peut dire qu'el-

I 3   le

le n'est que du plus au moins ; que ces
propriétés en Dieu sont infinies & très
parfaites, au lieu que dans l'Home elles
sont finies & imparfaites ; d'où l'on concluroit, qu'il en seroit de même, si Dieu
étoit réellement étendu ; qu'il n'y auroit
qu'une diférence selon le plus ou le
moins ; que celle de Dieu seroit à la Vérité incomensurable, immense, ou indé-
terminable ; au lieu que l'Etendüe matérielle à nous connüe est mesurable, bornée & par conséquent déterminable ; mais
que le fond de cette Etendüe en Dieu
& en la Matiére à nous connüe seroit le
même ; qu'elle seroit divisible &c. l'une
come l'autre. Mais je demande en vertu de quoi cette conséquence en résul-
teroit elle ? Vous convenés, ou au moins
vous êtes obligé de convenir, que la diférence qu'il y a entre les propriétés morales de Dieu & celles de l'Home consiste entr'autre en ceci, que les unes sont
très parfaites & que les autres sont imparfaites. Cela dénote donc non seulement une diférence selon le plus ou le
moins ; mais une diférence de nature in-
trinsèque & totale. Je suis donc fondé
à établir qu'il y a la même diférence entre l'Etendüe que j'atribüe à la Nature Divine, & celle de la Matiére à nous conüe ;

nüe; qu'elle eſt non ſeulement diferente
ſelon le plus, ou le moins en *quantité*;
mais qu'elle eſt toute diferente auſſi en
qualité; que l'une eſt toute parfaite &
inaltérable &c. come l'autre eſt imparfaite, alterable, diviſible, paſſible, périſſable &c. Je ne vois pas ce qu'on
pourra me répondre à ceci.

Après avoir donc détruit cette Objection & prouvé par là, que rien ne peut
empêcher d'établir cette Etendüe réelle
en Dieu, & la diférence infinie qu'il y
a entre elle, & celle que nous atribüons
à ce que nous apellons Matiére; je demande, 4°. Quelle dificulté il y a d'admettre, que Dieu cet Etre penſant & é-
tendu dans ſa Divine maniére d'éxiſter,
a pû joindre la Capacité de penſer; je
ne dirai pas même come Mr. *Locke*, à
quelques particules de la Matiére à nous
conüe, diſpoſées come il a trouvé à propos; mais a une ſorte d'Etendüe réelle,
qui ne ſeroit pas la même que celle de
la Matiére que nous conoiſſons, ou qui
ſeroit analogue à celle de la Nature Divine même, avec cette diférence qu'on
doit ſupoſer entre le Créateur & la Créature, entre l'Infini & le Fini. Je demande quelle dificulté il y a d'admettre que
Dieu a pû créer de ſemblable sEtres é-
ten-

Conſé-
quence
que l'Au-
teur en
tire en fa-
veur de
l'Etendüe
réelle de
nôtre
Ame.

tendus, en les doüant de la faculté de
penfer &c. ou en les rendant Caufes *fine*
quâ non de cette faculté? Quant à moi
je n'y en vois aucune, & s'il y en a, je
ferois charmé qu'on me fît voir en quoi
elle confifte. Si je fais conoitre qu'il **y**
a une diférence entre l'Etendüe réelle
de cette Partie de nous qui penfe & la
Matiére infenfible; j'en fonde la poffibilité, non feulement fur ce qu'il eft évident, que l'une eft vifible & palpable,
au lieu que l'autre eft invifible & impalpable à nos fens groffiers; & fur la diférence que j'ai établie entre l'Etendüe
de Dieu, & celle de cette même Matiére; mais encore fur les *Caufes finales*;
puis que cette partie de nous même doit
exifter éternellement : D'où il refulte que
fa Nature ou fon Etendüe doit être inaltérable & indivifible; au lieu que la
Matiére brute eft périffable dans un fens,
ou fufceptible au moins de divifibilité &
de toutes fortes de changemens de forme &c.

Je demande, pour revenir à l'Objection dont il s'agit, Dieu peut-il par un
feul Acte de fa Volonté & de fa Toute
Puiffance, & dans un feul & même inftant, créer un Etre dont les Atributs principaux feroient l'Etendüe & la Puiffance?

Il

Il faudroit avoir une idée bien médiocre de la Toute Puissance Divine, pour
nier que cela soit possible à Dieu. Et
inutilement m'objecteroit on pour taxer
l'affirmative d'absurde, que ce seroit supposer que Dieu créeroit de la Matiére
qui pense. Car on doit bien sentir qu'il
y a une grande diférence entre établir,
que Dieu peut créer un Etre, dont les
principaux Atributs seront l'Etendüe réelle & la faculté de penser; & dire que
Dieu atribüe la faculté de penser à la Matiére brute telle qu'elle est. Indépen-
dámment de cela il y a Matiére & Matiére.

Je sens bien que nous ne saurions concevoir que Dieu pût doner le Sentiment
& la faculté de penser à une Statüe de
Marbre, qui représenteroit une Figure
humaine, sans cependant rien changer
en elle. Je dis que nous ne saurions le
concevoir; mais je ne dis pas que cela
soit absolument impossible à Dieu, puis
que nous ne savons pas ce qui à cet é-
gard est possible ou impossible à cet Etre
suprème.

Mais je vous demande, le Corps humain grossier que vous voïés, le Corps
spirituel que j'atribüe à l'Ame, & que
vous ne voïés pas, sont-ils censés sem-
bla-

biables à cette Statuë de Marbre ? S'ils ne le font pas, come il n'y a aucune raifon de penfer autrement, vous n'êtes pas en droit d'argumenter de cette Statuë de Marbre au Corps extérieur ou au Corps fpirituel de nôtre Etre, pour dire, Dieu ne peut pas doner la capacité de penfer à cette Statuë de Marbre; Donc il ne peut créer un Etre doüé indivifiblement d'Etendüe réelle & de la faculté de fentir & de penfer. Vôtre Argument, dans ce cas, feroit femblable à celui ci: Je ne vois point de figure humaine dans un Bloc de Marbre; Donc le Statuaire ne peut lui doner cette Figure. Je ne vois point de Mouvement dans la Matiére; Donc l'Onvrier n'en peut doner à une Montre ou à un Horloge.

Nôtre Ame comparée avec une Montre. Si je dis : ma Montre chemine & m'indique régulierement les heures; eft ce que je fupofe, que la Matiére, les Roues, les Contrepoids, le Balancier, le Cadran, l'Aiguille dont cette petite Machine eft compofée; que cette Matiére feule, disje, en tant que Matiére, chemine & indique les heures ? Perfone ne m'imputera une penfée auffi abfurde. Ce que j'entens ici par ce terme Montre, qui chemine & indique les heures, n'eft pas

la

la Matiére brute, ou la Matiére feule ;
mais une portion de Matiére arrangée
d'une certaine façon, & le Mouvement
qui est en elle, autant qu'elle est montée. Or, il est évident, que je serois
aussi ridicule de dire, que ce Mouvement feul, en le prenant pour un Etre
réel, chemine & indique les Heures, que
je le ferois d'avancer, que la Matiére feule, dont cette Machine est composée,
fait cette fonction. Ce n'est donc ni le
Mouvement feul, ni la Matiére feule ;
mais ce tissu de Matiére & de Mouvement, ce *Tout* à qui l'on a doné le nom
de *Montre*, qui chemine & qui indique
régulierement les Heures.

Apliquons maintenant ce que je viens
de dire de ma Montre, à ce qu'on fait
établir à Mr. *Locke*, & à ce que j'etablis
en éfet, par raport à nôtre Ame, que
je fupofe être un Corps spirituel, invisible
& impalpable, par la Volonté & la Toute Puissance de Dieu, indivisible, simple
par conféquent & imperissable, doüé de
la faculté active & passive, de celle d'a-
percevoir, de penser, de sentir &c. Je
demande; Ne faudroit il pas être extrèmement prévenû, & extrèmement opiniatre, pour m'imputer que j'établis que
nôtre Ame est matérielle, & par conféquent

quent mortelle, & que j'atribue la penfée
à la Matiére?

Je demande, fi ce ne feroit pas faire
un mauvais ufage de fon tems, que de
l'emploïer, pour me prouver par toutes
fortes de raifons, que la Matiére naturellement eft incapable de penfer & de
fentir.

Mon Ame étant dans un fens femblâ-
ble à ma Montre, je ne dis pas, que
c'eft fon Corps organifé, fpirituel, feul
ou entant qu'étendu, qui penfe; come
je ne dis pas, que c'eft le Mouvement,
ce foufle Divin feul dont il eft animé,
qui penfe. Mais je dis, que c'eft ce *Tout,*
ce Tiffu maintenant indivifible & indéfiniffable
d'Etendüe & de Puiffance, que nous apellons
Ame, qui fent, qui penfe &c., & quand
je m'explique ainfi, je demande encore,
peut on me réprocher avec raifon, que
j'établis que nôtre Ame eft matérielle,
que j'atribüe la Penfée à la Matiére, que
je fuis *Matérialifte,* à prendre ce terme
dans le fens odieux qu'on lui done pour
l'ordinaire, ou que je favorife la Caufe
de ceux qui le font dans ce fens.

S'il étoit permis de comparer le Maître
Souverain de l'Univers, avec un Ouvrier fa Créature, je dirois, que Dieu
en formant l'Etre humain, a fait come
l'Hor-

l'Horloger en conftruifant ma Montre.
Il y avoit un deffein en Dieu, côme il
y en avoit un dans l'Efprit de mon Horloger. Dieu pour executer le fien, a
comencé par former le Corps, la Machine humaine ; enfuite il l'a animé par
ce Soufle Divin *, au moien duquel l'Home, come *Moïfe* s'en explique, *fut fait
en Ame vivante.* L'Horloger pour executer fon deffein, a comencé par forger
& limer les diverfes Pieces, qui devoient
entrer dans la compofition de ma Montre ; & par aranger cette Montre de la
maniere que je le vois, & enfuite en la
montant, il lui a doné la capacité qu'elle

* *La grande & principale Queftion concernant le Soufle Divin de Moïfe, dont je
fais mention ici & dont j'aurai ocafion de parler plus fouvent dans le cours de ces Remarques, fe réduit à ceci, favoir ; fi ce Soufle
eft fimplement un Principe de Vie & de Mouvement, ou fi c'eft cette fubftance immatérielle apellée Ame, prefque généralement adoptée
jufqu'à préfent dans les diférens Siftèmes, qui
ont parû? Voïes ce que j'ai dit là deffus T. 1.
Part. 1. 45. 302. & fuiv ; & Partie 11.
p. 130. & fuivantes. Je m'expliquerai encore
mieux fur ce fujet dans la fuite de mon Ouvrage.*

le a de cheminer & d'indiquer réguliérement les Heures.

Diféren-ce entre l'Ouvra-ge de Dieu & celui d'un horloger. Quant à la diférence qu'il y a entre ces deux Machines, je n'ai que faire de dire, qu'elle est aussi grande, qu'elle est entre la Toute-Puissance du Créateur de l'Univers, & la Puissance bornée d'un chetif Ouvrier sa Créature : la chose est évidente & parle d'elle-même. L'Ouvrage de ce dernier est une Machine purement passive. C'est parler populairement quand on dit, que ma Montre se meut pour indiquer l'heure : cette petite Machine ne se meut pas : Elle est mûe en vertu de l'Invention de l'Ouvrier, en vertu de sa construction & du mouvement que l'Ouvrier a sû lui doner, & qu'il ne peut faire durer sans le renouveller, que le peu de tems que la nature de la construction de la Machine le permet.

La Machine humaine au contraire, l'Ouvrier de ma Montre lui même, est un des Chefs d'oeuvres de la Sagesse & de la Toute Puissance de l'Etre suprème.

Ce Divin Ouvrier, avec un artifice digne de ses Perfections, a sû la former, non pour faire de la Matiére brute un Etre pensant, mais pour rendre cette Machine en vertu de sa merveilleuse

leufe conftruction, *la Cauſe ſine qua non*
de la perception, du Sentiment & de la
penſée, de l'Etre entier, de l'Etre doüé
de la Puiſſance active & paſſive, de l'Home qui, aux termes de MOISE *fût fait
en Ame vivante*. Dieu a établi le raport
néceſſaire & convenable entre le Corps
groſſier & le Corps organiſé ſpirituel
qu'il renferme. En animant l'un & l'autre de ce Soufle, dont *Moïſe* parle, il
a doüé ce dernier de la Puiſſance active
& paſſive, du Sentiment de ſoi même,
de la Liberté ; du pouvoir de ſe tourner à droite ou à gauche, de ſe modifier
ſciemment & volontairement. Dieu conſer-
vera ce Soufle avec le Sentiment de ſoi
même & le ſouvenir de ſes Actions paſſées dans ce Corps ſpirituel, qui conti-
nuera à exiſter après ſa ſéparation du
Corps groſſier, pour ſubir un jugement
dans une autre Vie, & recevoir récom-
penſe ou punition ſelon les mérites ou
les démérites de l'Etre individüel, tel
qu'il exiſtoit en ce Monde. Qu'on me
faſſe voir maintenant, que ce que j'établis ici, eſt impoſſible à la Toute Puiſſance Divine, ou qu'il ne quadre pas
avec toutes les Perfections adorables,
que nous atribuons à cet Etre ſuprème ;
qu'il répugne à la Raiſon, à la Morale,

à

à la faine Philofophie, à la Révélation, & je rendrai les Armes. Mais j'efpére que je n'ai rien à craindre de ce côté là.

L'Immortalité de l'Ame etendue eſt facile à concevoir.   Je demande, celui qui a doné cette capacité étonante à la Machine humaine, qui a fû y joindre la Puiffance active & paffive, ne fauroit il conferver cette Puiffance dans cette partie, qui doit continuer à exifter après fa féparation du Corps groffier? On concevra aifément, qu'il n'y a pas tant de diftance de la création à la confervation, qu'il y en avoit, du Néant à l'Etre que Dieu a doné à l'Ame. Dieu pour la conferver par un Acte de fa Volonté & de fa Toute Puiffance, n'a qu'à la laiffer fimplement dans l'état où elle fe trouve lors de fa féparation du Corps groffier.

Je voudrois bien favoir au moins en vertu dequoi on feroit fondé de conclure de la Corporalité fpiritüelle de cet Etre, à fa Mortalité ou à fa Deftruction, en conféquence de fa féparation de ce Corps groffier?

Il n'y a point de contradiction dans ce   Inutilement m'objectera-t'on ici, qu'en vertu de mon propre Siftème & en emploïant l'Hiftoire de MOISE, come je fais, il réfulte que j'atribue la capacité de penfer à la Matiére; & qu'ainfi en m'em'eforçant d'infinuer le contraire, je ne *que l'Au-* fais que me contredire. *teur a-*

Je répons I°. Que je crois, que fi a- *vance en* près MOÏSE, après le St. ESPRIT, *raportant* qui a infpiré cet Hiftorien facré, je di- *les termes* fois que DIEU au moïen de ce Soufle *de Moïfe.* Divin, qu'il répandit fur le Vifage de la prémiére Machine humaine matérielle, a doné à la Matiére la faculté de pen- fer, je n'avancerois pas un Sentiment hétérodoxe, qu'on pût me reprocher. En éfet, quand on fait atention à ces ter- mes de Moïfe : *Le Seigneur Dieu forma* Gen. n. 7. *donc l'Home du Limon de la Terre : Il ré-* *Verfion* *pandit fur fon Vifage un Soufle de Vie,* & *de Mr. de* *l'Home devint vivant* & *animé ;* Quand on *Saci.* confidere que la dénomination *d'Home* eft donée à cette Machine formée de ce Li- mon de la Terre, avant qu'elle ait été animée par ce Soufle Divin ; on feroit prefque tenté de croire que Moïfe a vou- lu infinüer, que cette Machine elle mê- me, ce Chef d'œuvre du Souverain Mai- tre, eft la baze de l'Humanité. Mais il s'agit ici d'envifager la chofe avec une précifion philofophique ou métaphifique.

Je dirai donc II°. Que dans ce fens, il n'eft plus queftion de la Matiére bru- te, de ce Limon de la Terre. Il eft queftion de cette Machine merveilleufe-

Tom. II. K ment

ment organiſée, ou s'il étoit permis de
ſe ſervir de cette expreſſion, de ce Limon de la Terre *metamorphoſé*, dont la
Toute Puiſſance a formé cette Machine,
& qui par cette opération a aquis une
Nature toute diférente. Je demande : Si
je dis, que c'eſt à cette Machine que
Dieu a joint la faculté de penſer ; ſi j'e-
tablis que cette Machine eſt la *Cauſe ſine
quâ non* de la faculté de penſer ; peut on
m'imputer, que j'atribue la penſée à la
Matiére, autant qu'on la conſidére come
brute ou come ſimplement étendüe ? Et
ce n'eſt que dans ce ſens, que cette atri-
bution ſeroit inſoutenable & ſujete aux
conſéquences qu'on en fait réſulter par
raport à la prétendüe Mortalité de cette
Machine.

*Diféren-
ce entre
la Ma-
chine hu-
maine &
celle des
Brutes.*

Je demande, ſi j'ai tort d'avancer,
qu'on peut & qu'on doit enviſager cette
Machine come Cauſe *ſine quâ non* de la
Penſée & de ſes Modifications ? N'eſt il
pas vrai que tous les bons Philoſophes
d'aujourd'hui conviennent unanimément,
que la faculté plus ou moins exquiſe de
penſer, dépend uniquement de la diférente organiſation des Etres ; de l'Organiſation même des Etres de la même
Eſpèce * ? N'eſt il pas vrai, qu'à cet égard
la

* *J'ai déja ſupoſé en quelque maniére une*

la supériorité de l'Home sur la Bête, se
manifeste uniquement, en ce que par une
Organization plus subtile & plus composée peut être, il a la capacité de former des sons articulés distincts, pour se
faire entendre à soi même & aux autres,
& celle de produire des Idées abstraites
nominales, & par conséquent distinctes,
d'où depend la Capacité de devenir un
Etre moral, un Etre intelligent, capable
de bien & de mal, de récompense &
de punition, de bonheur ou de misère :
Prérogative sur laquelle est uniquement
fondée l'importante & principale diféren- *Fondée*
ce qu'il y a entre lui & la Bête brute *sur les*
& qui résulte des Causes *finales* ? N'est il *Causes*
pas vrai enfin, n'en deplaise à ces Phi- *finales.*
lo-

autre diférence essentielle entre l'Etre raisona-
ble & la Brute, savoir que la Machine du
prémier Home est un composé d'un Corps ex-
térieur visible & palpable, perissable, & d'un
Corps spirituel, invisible, impalpable, indivisi-
ble & immortel ; au lieu, que la Machine
des Brutes animée par ce même Soufle Divin,
qui done la Vie & le Mouvement à toutes
les parties de l'Univers, est plus simple, & pé-
rit néanmoins totalement par la Mort. Ce
font les Causes finales qui exigent cette difé-
rence. K 2

lofophes qui adoptent les Idées inées, qu'il ne faut chercher l'origine de toutes nos conoiffances, que dans les impreffions que les Objets extérieurs font fur nos fens; que ces impreffions font les Matériaux fur lesquels la capacité de nôtre Ame s'excerce; qu'elles fervent de fondement aux opérations de l'Ame; & que c'eft fur elle, come dit l'illuftre Mr. *Locke*, que l'Ame réfléchit come fur les véritables objets de fes contemplations *?

* Voïés les Ch. 1. 11. du fecond Livre de l'Entend. humain, où ce que j'avance ici, eft mis dans la derniere évidence.

En faut il d'avantage pour faire voir, que cette Machine, apellés-la Matiére, ou come il vous plaira, eft la Caufe *fine quâ non*, des mouvemens & des opérations intellectuelles de l'Etre humain individüel, & que même la chofe ne fauroit être envifagée autrement.

Qu'il me foit permis de raporter ici un Paffage du P. MALEBRANCHE. Je ne faurois m'en difpenfer, quoi qu'il foit un peu long, puis qu'il me conduit à établir mon Hipothèfe fur un autre Principe adopté par ce Philofophe, & qui fervira à en faire mieux fentir l'evidence.

Suivant le P. Ma-lebranche Dieu fait tout ce qu'il fait

„Non feulement il eft très conforme „à la Raifon, *dit ce Pére**, mais encore il „paroit pas l'œconomie de toute la Natu-„re, que Dieu ne fait jamais par des voïes „très dificiles, ce qui fe peut faire par des voïes

* *Recherche de la Vérité* T. 11. p. 96.

„voïes très simples, & très faciles. Car Dieu *par les*
„ne fait rien inutilement & sans raison. Ce *Voïes les*
„qui marque sa Sagesse & sa Puissance n'est *plus sim-*
„pas de faire de petites choses par de *ples.*
„grands moïens; cela est contre la Rai-
„son, & marque une Intelligence bor-
„née; mais au contraire, c'est de faire de
„grandes choses par des moïens très sim-
„ples & très faciles. C'est ainsi qu'avec
„l'Etenduë seule, il produit tout ce que
„nous voïons d'admirable dans la Nature,
„& même ce qui done la vie, & le mou-
„vement aux Animaux. Car ceux qui
„veulent absolument des formes substan-
„cielles, des facultés, & des Ames
„dans les Animaux, diférentes de leur
„sang, & des Organes de leurs Corps,
„pour faire toutes leurs fonctions, veu-
„lent en même tems que Dieu manque
„d'intelligence, ou qu'il ne puisse pas
„faire ces choses admirables avec l'Eten-
„düe toute seule. Ils mesurent la Puis-
„sance de Dieu, & la souveraine Sagesse
„par la petitesse de leur Esprit. Puis
„donc que Dieu peut faire voir aux Es-
„prits toutes choses, en voulant simple-
„ment qu'ils voïent ce qui est au milieu
„d'eux mêmes; c'est à dire ce qu'il y a
„dans lui même, qui a raport à ces choses
„& qui les réprésente, il n'y a pas d'a-

K 3   pa-

» parence qu'il le fasse autrement; & qu'il
» produise pour cela autant d'infinités, de
» nombres infinis d'idées, qu'il y a d'Es-
» prits créés.

Je ne raisonerai point ici sur l'Hpothè-
se de ce Philosophe , *que nous voïons tout
en Dieu* , en faveur de laquelle il établit
ce Principe, *qu'il est digne des Perfections
de l'Etre suprème, de faire tout ce qui émane de lui, par les voïes les plus simples.* Je
ne dirai rien non plus sur ce qu'il supose, *que c'est avec l'Etendüe seule que Dieu a
produit non seulement ce que nous voïons d'admirable dans la Nature, mais même ce qui
done la Vie & le Mouvement aux Animaux.*
Je toucherai cette Matiére dans une autre
ocasion : & ferai voir, tant au sujet de ce
Philosophe, qu'à celui de DESCARTES son
Maitre, qu'il en est des Sistèmes fondés
sur des Principes erronés, come d'un Home
à qui l'on banderoit les yeux au bout d'un
Pré, & qui voudroit se rendre directement
à l'autre bout sans s'écarter. Dès que cet
Home fait le premier faux pas à droite
ou à gauche, celui ci en cause un autre qui l'éloigne toûjours d'avantage du
but qu'il s'etoit proposé.

En admettant le Principe de ce Pére,
evident par lui même, & qui a la force
d'un

d'un Axiome, je demanderai seulement:
Qu'y a-t'il de plus digne de la Sagesse
Divine ; qu'y a-t'il de plus simple, que
cette voie que je supose, que Dieu par
un seul Acte de sa Volonté & de sa
Toute Puissance a créé cette double Machine humaine, en l'animant de ce Sou-
flé dont Moïse parle, avec la faculté
de procréer naturellement l'Espèce, à
peu près de la même manière, come
une Bougie en allume une autre * ? Je
crois qu'il n'y a rien dans cette Hipothèse, que nôtre Entendement ne puisse
concevoir sans peine ; rien qui soit sujet
à la moindre dificulté. Je suis donc en
droit de me servir des mêmes termes de
nôtre Philosophe, en disant, *Qu'il n'y a
pas aparence que Dieu ait agi autrement*, &
qu'au lieu de faire cette grande opération
par ce seul & simple Acte de sa Volonté & de sa Toute Puissance que *Moïse*
nous explique, come il l'a fait, il ait
voulu aller par d'autres Chemins plus
longs, en créant *un Nombre infini* d'A-
mes, ou tout à la fois, ou successivement,
d'une manière qu'on ne sauroit acorder
avec la Sagesse, ni avec la Sainteté de
cet Etre suprème.

Les Sentimens qu'on adopte sur ce sujet dans les autres Siftèmes, se reduisent

* *Cette manière d'envisager la procreation sera mieux dévelopée, & mise en vidence dans une autre ocasion.*

Diférens Senti-

K 4   prin-

principalement à trois. Je ne parlerai pas du Sistème *d'Origène*, (qui étoit celui de Platon) qui tenoit que Dieu créa au comencement toutes les Ames, & qu'il ne les exila dans les Corps que pour les châtier: Je pense que présentement il n'est plus guere question de cette Hipothèse, & qu'elle ne trouve que peu de sectateurs. Il est vrai que ceux qui y adhérent encore aujourd'hui, donent un sens plus naturel à cette Doctrine qu'on nomme *des trois Etats du Monde*, & plus conforme à nos principes *.

Voïés le Discours sur la Mythologie de Mr. de Ramsai p. 161.

1°. On supose que Dieu a créé toutes les Ames individüelles & déterminées en nombre, en créant celle du prémier Home, auquel il a doné la faculté de comuniquer la Vie à sa Postérité par *transmission* ou par *transfusion* de ces Ames, au moïen de la propagation conüe, desorte qu'on peut dire, que cette prémiére Ame renfermoit toutes celles de l'Espèce humaine, de la même maniére, come on supose aujourd'hui que les semences des Plantes, qui devoient paroitre successivement, étoient renfermées dans celles de toutes les diférentes Espèces que Dieu a d'abord créés. Dieu n'intervient donc pas d'avantage dans cette Procréation.

2°. Ou

2º. Ou que Dieu dès le comencement a créé tout à la fois toutes les Ames qui doivent compofer le total de l'Efpèce humaine, pour les diftribuer lui même dans les Corps humains, à mefure que les Propagations individüelles fe font.

3º. Ou que Dieu veille, pour créer ou infufer une Ame au Fœtus, toutes les fois que les circonftances le demandent.

Mais il fera facile de faire voir, qu'ou- *Et qui* tre que tous ces trois Sentimens font éga- *font tous* lement incompatibles avec ce grand Prin- *inadmif-* cipe, *que Dieu agit par les voïes les plus* *fibles.* *fimples*; les uns & les autres font fujets à des Objections, auxquelles on ne fau- * *Voïés* roit doner aucune bonne folution, & en *ee que* partie à des conféquences trés abfurdes, *j'ai déja* qui en réfultent naturellement *. *dit fur ce*

Voici en quel fens le célèbre Mr. de *fujet T.1.* *Leibnitz* adopte la prémiere des trois Hi- *P. 106.* pothéfes, dont je viens de faire mention. *107.*

„Je croirois, *dit-il* †, que les Ames *Senti-* „qui feront un jour humaines come cel- *ment de* „les des autres Efpèces, ont été dans les *Mr. Leib-* „femences & dans les Ancêtres jufqu'à *nitz.* „Adam, & ont exifté par conféquent „depuis le comencement des chofes, † *Theo-* „toûjours dans une maniére de Corps *dicée* „organizé; en quoi il femble que Mr. *P. 1. §.* „*Svamerdam*, le R. P. *Mallebranche*, Mr. *191.* Baïle,

,, *Baïle* , Mr. *Pitcarne* , Mr. *Hartfœ'er* &
,, quantité d'autres Perſones trés habiles
,, ſoïent de ce Sentiment. Et cette Doc-
,, trine eſt aſſés confirmée par les Obſer-
,, vations Microſcopiques de Mr. *Löven-*
,, *hoek* & d'autres bons Obſervateurs. Mais
,, il me paroit encore concevable par
,, pluſieurs raiſons , qu'elles n'éxiſtoient
,, alors qu'en Ames ſenſitives ou anima-
,, les , doüées de perception & de ſenti-
,, ment, & deſtituées de raiſon ; & qu'el-
,, les ſont demeurées dans cet état juſ-
,, qu'au tems de la Génération de l'Home,
,, à qui elles devoïent apartenir ; mais
,, qu'alors elles ont reçû la Raiſon ; ſoit
,, qu'il y ait un moïen naturel d'élever
,, une Ame ſenſitive au degré d'Ame rai-
,, ſonable (ce que j'ai de la peine à croi-
,, re ;) ſoit que Dieu ait doné la Raiſon
,, à l'Ame par une Opération particulié-
,, re, ou (ſi vous voulés par une Eſpèce
,, de tranſcréation) ce qui eſt d'autant
,, plus aiſé à admettre, que la Révélation
,, enſeigne beaucoup d'autres opérations
,, immédiates ſur nos Ames. Cette ex-
,, plication paroit lever les embaras qui
,, ſe préſentent ici en Philoſophie & en
,, Théologie ; puis que la dificulté de l'o-
,, rigine des formes ceſſe entiérement,
,, & puis qu'il eſt bien plus convenable à
la

„ la Juftice Divine , de doner à l'Ame
„ déja corrompüe *phifiquement* ou anima-
„ lement par le Péché d'Adam, une nou-
„ velle perfection qui eft la Raifon ; que
„ de mettre une Ame raifonable par créa-
„ tion ou autrement dans un Corps où
„ elle doive être corrompüe moralement.

Qu'il me foit permis de faire quelques *Ire. Re-*
Remarques fur ce Paffage de nôtre Phi- *marque*
lofophe : J'efpére qu'elles ne deplairont *fur cette*
pas au Lecteur. Je dirai donc 1°. S'il *Hipothè-*
eft vrai, que les Auteurs que Mr. *de Leib- fe.*
nitz* cite, penfent come lui fur ce qu'il
établit ; que nos Ames dans la femence
de nos Ancêtres jufqu'à Adam ont toûjours exifté dans une maniére de Corps
organifé; ce que dans la Retraite où je
fuis, je n'ai pas le moïen de vérifier ; il
en réfulte ; qu'en atribuant, come je fais,
une Etendüe réelle à nôtre Ame, j'ai
des Autorités refpectables pour moi en
faveur de cette Hipothèfe , quoi qu'il
paroiffe que ces Auteurs prenent la chofe dans un autre fens , qui ne s'acorde,
peut être pas trop bien avec les Pheno-
mènes.

2°. Ce Sentiment de Mr. *de Leibnitz* *2e. Re-*
paroit fort probable , que fi nos Ames *marque.*
font doüées d'une Etendüe réelle, come
je crois qu'on n'en peut pas douter, après

                                     tout

tout ce que j'ai dit, & que je dirai dans la fuite de cet Ouvrage ; on ne doit les chercher que dans le Nombre de ces Animalcules, que Mr. *de Læwenhoek* a découverts dans les Vaiſſeaux ſpermatiques de l'Home, & qu'eiles n'y exiſtent qu'en qualité d'Ames ſenſitives & animales. Il n'y a cependant pas aparence, que dans cet état elles ſoient douées du Sentiment & de la perception diſtincte ; mais bien d'une Capacité, de laquelle ces modifications diſtinctes peuvent réſulter : On peut dire, que dans cet état, elles ont un certain Sentiment actüel, mais confus, ſemblable à celui que quelques Philoſophes atribuent aux Vegetaux.

Troiſiéme Remarque.

3°. Come ſelon le Sentiment raporté du P. *Mallebranche*, qui eſt le mien auſſi, Dieu n'agit jamais que par les voïes les pius générales & les plus ſimples, je crois que Dieu prefere à la *Tranſcreation* dont Mr. *de Leibniz* parle, un Moïen plus ſimple & plus naturel ; Moïen avec lequel s'acorde parfaitement mon Hipothèſe, concernant la voïe dont Dieu s'eſt ſervi, pour doner la Vie & le Mouvement à tous les Etres, dont l'Univers eſt compoſé.

Senti-mens de

Voici donc, ce qu'en raiſonant conſéquemment à l'Hipothèſe de Mr. *de Leib-*
niz

niz je pense sur un sujet aussi tenebreux, *l'Auteur* & que je soûmets avec une entiere do-*en confe-* cilité au Jugement du Lecteur éclairé & *quence* impartial. *de cette*

J'estime que c'est pas trois degrès di-*Hipothè-* férens que l'Ame parvient à cet état *se.* de perfection, sur lequel la *Personalité*, ce titre de Noblesse qui le distingue si avantageusement de tous les autres Animaux, est fondée.

Le prémier degré ou état est celui, où elle se trouve dans les Vaisseaux spermatiques de l'Home, & où elle existe simplement en qualité d'un Animalcule doüé d'un Principe de Vie, qui dans mon Sistème est celui de ce Soufle Divin, qui anime toute la Nature.

De là elle passe au second état, étant jointe à l'Oeuf, qui dans la cohabitation se détache de l'Ovaire qu'il y a dans la Femme, pour passer en la Matrice, & qui, si je ne me trompe, n'est que le Corps grossier en petit. Par cette jonction, en vertu d'un certain mecanisme*, & par une sage dispensation de ** Voïés* la Providence, qui nous est entierement *ce que j'ai* inconüe, l'Ame devenüe active par le *dit sur ce* Soufle Divin dont elle est animée, par-*sujet T.1.* vient à la Capacité d'aquerir ces idees, *p. 112.* au moïen desquelles la Raison se forme; *& suiv.*

&

& par conſequent celle de la *Perceptivité*
& du Sentiment diſtinct.

Venant en ſuite au Monde ; & le Langage ſe formant , par la converſation
avec les autres Etres raiſonables , dont
elle eſt environnée, & par ſes propres reflexions , elle parvient peu à peu à cet
état de perfection , dans lequel , come je
viens de dire, conſiſte la Perſonalité : Etat
dans lequel elle agit véritablement en
Etre doué de raiſon & d'intelligence ,
capable de Loi , de recompenſe ou de punition , & par conſequent de bonheur ,
ou de miſère.

C'eſt par ce moïen naturel , que Mr.
de Leibniz avoit de la peine d'admettre ,
ou que le préjugé l'a empêché d'entrevoir , que l'Ame, de ſon état ſenſitif s'é-
leve au degré d'une Ame raiſonable. Je
crois au moins qu'on ne ſauroit enviſager la choſe autrement.

Il n'y a originairement dans l'A-me que des Capa-cités vui-des.   On peut dire qu'originairement il n'y
a dans l'Ame que des capacités vuides.
Si donc à l'egard du detail où je ſuis entré
ſur l'origine de nôtre Ame & ſur les pro-
grès qu'elle fait pour devenir un Etre
veritablement raiſonable , je ne ſuis pas
dans l'Erreur ; il en reſulte que la Raiſon naturelle à l'Home , n'eſt originairement autre choſe que capacité de re-
ce-

cevoir & de former des Idées, d'aquerir
par là des conoiffances, & d'agir en con-
fequence.

Au furplus il fera aifé de refoudre quelques objections qu'on pourroit faire contre cette Hipothèfe, par raport à la nature & à la propagation de ces Ames.

On demandera, peut être, *Que devien-* I^e. Ob-
nent dans les Pollutions ces Animalcules ou ces jection.
Ames envifagées dans le prémier de ces trois
états que je fupofe?

Je repons, que dans ce cas, fembla- *Réponfe.*
bles aux Vegetaux, ces Ames, fi on
veut les apeller ainfi, paffent come les
fleurs, de même que celles qui periffent
dans les Vaiffeaux feminaux d'un Home
qui refte toute fa Vie dans le Celibat,
ou dans ceux des Brutes; fans qu'il s'enfuive que la Manuftupration ou la Pollu-
tion volontaire foit un Crime moins
criant & moins énorme, & cela par les
raifons, qu'il n'eft pas neceffaire de raporter ici. Et fi dans ces Vaiffeaux feminaux des Homes, il y a une fi pro-
digieufe quantité de ces Animalcules, come il paroit par les decouvertes de Mr.
de Lövenhoëk, dont par confequent le
plus grand nombre incomparablement s'a-
néantit; on ne peut l'atribuer qu'à la fageffe de la Providence Divine, qui veut
fans

fans doute, qu'il y en ait en affés grande quantité, pour que dans l'ocafion il
n'en manque pas qui s'acrochent aux
Oeufs feminins, pour les vivifier, &
pour devenir, joints à eux, dans fon
tems, des Etres raifonables, & des Perfones.

Seconde   Et quant à un autre Objeƈion, *que de*
Objeƈion *cette propagation refulteroit la mortalité de*
ces Ames ; je dis que l'Immortalité de nos
Ames étant moins fondée fur leur nature, que fur la Volonté, la Toute Puiffance & la Véracité de l'Etre fuprème,
come je developerai cette importante
verité plus amplement dans la fuite de
mes Remarques ; il eft évident, que la
maniére de la propagation ou de la comunication de ces Ames quelle qu'elle
foit, & par conféquent celle dans l'Hipothèfe dont il s'agit, ne fauroit être un
obftacle à cette Volonté Divine ; come
d'un autre côté elle ne renferme rien de
contradiƈoire au Dogme de l'Immortalité, qui eft le fondement de la Religion,
& celui de nôtre Efperance.

Troifié-   Je prevois ici une troifiéme Objeƈion
me Ob- beaucoup plus forte, que les deux autres
jeƈion. dont je viens de faire mention. On dira, que c'eft un fait conftant, *que ces*
Animalcules, ou ces pretendues Ames de
Mr.

Mr. *de Leibniz*, par là même qu'ils ont pû être découverts par le Microscope, font visibles & par conséquent palpables; qu'on y peut discerner les Parties de leurs Corps ; & qu'ils font donc censés divisibles. On demandera coment acorder tout cela avec l'Hipothèse reçue generalement & fans exception dans tous les Siftèmes, que nos Ames font invifibles , impalpables , immortelles & par conséquent indivifibles ? Je repondrai quant à moi : Ire. Re- 1°. Que je conviens, que nos Ames, come *ponfe.* toutes les autres Natures fpirituelles, font invifibles & impalpables ; mais j'y ai toûjours mis cette réftriction , *à nos fens ex- terieurs & groffiers.* Je n'ai dit nulle part, que ces Natures font invifibles & impalpables abfolument : Si elles l'etoient, coment Dieu lui même pourroit-il les apercevoir ? Coment pourroient-elles avoir un Comerce entre elles , dont aparemment Perfone ne voudra ni ne pourra difconvenir ? Je dirai 2°. Que quoique ces 2e. Re- Animalcules puiffent être aperçus par le *ponfe.* Microscope, il ne s'enfuit pas pour cela qu'ils foient palpables , & encore moins qu'ils foient divifibles. La divifibilité ou l'indivifibilité ne refulte pas de la vifibilité & de la palpabilité, où de l'invifibilité & de l'impalbabilité de ces Etres : elles

Tom. II.   L   re-

refultent uniquement de la Volonté de Dieu, & de la nature que Dieu a donée à ces Etres conformement aux diferentes fins, auxquelles il les a deftinés. Cela eft évident, pour peu qu'on y veuille réfléchir, ainfi il n'eft pas neceffaire, que je m'y arrête d'avantage. Qui eft ce qui touchera ou divifera, contre la Volonté du Créateur, ces Ames qui font deftinées à être jointes au Corps groffier humain, & à devenir par là des Perfones, des Etres raifonables? Il y a aparence

3me. Reponfe. 3o. Que ces Animalcules ou ces Ames étant jointes à l'Oeuf ou au Corps groffier qu'elles doivent habiter, elles prennent une autre forme, & que par une certaine extenfion * que plufieurs Philofophes leur atribuent, leurs Corps fpirituels devienent d'une telle fubtilité, qu'aucun Microfcope n'ateindroit à les decouvrir. Tout cela étant, cette troifiéme objection non plus que les deux autres, ne fauroit empêcher d'admettre l'Hipothèfe
de

---

* *Quelques uns de ces Philofophes, Mr. Poiret, par éxemple, tiennent même, que l'Ame eft co-étendue au Corps qu'elle habite. Voïes le Dict. Hift. & Cr. de Mr. Baïle à l'Art. de la Reine Marguerite de Navarre.*

de Mr. *de Leibniz* si elle est fondée d'ailleurs. 4°. Pour ce qui est enfin de la manière, avec laquelle Mr. *de Leibniz* paroit vouloir acorder son Hipothèse avec le Dogme du péché originel ; j'ai de la peine, je l'avoue, à me mêler de raisoner sur une question aussi epineuse, & s'il m'est permis de le dire, aussi problematique, au moins dans un sens, que l'est celle dont il s'agit ici, & qui d'ailleurs est uniquement du ressort de la Theologie. Mais je crois 1°. Que si ce Dogme du péché originel est fondé, c'est par *Imputation* plûtôt ou par une dispensation immédiate de la Justice adorable de Dieu, qui a bien voulu punir le peché de nos prémiers Parens, dans leur Posterité, en alterant la Nature humaine, come il a alteré celle de la Terre en la maudissant ; que par une *Corruption* de cette même Nature, causée par le propre fait de ce péché d'Adam, come il paroit que Mr. *de Leibniz* veut insinuer.

Il est certain, & tous nos Theologiens les plus sensés en conviennent, que le péché consiste moins dans l'acte phisique, qui peut être très indiférent en soi, que dans l'Intention, & dans la transgression de la Loi *. Dans ce sens le péché est donc un Etre moral ; d'où il

Reflexion sur l'Hipothèse de Mr. de Leibnitz & par rapport au péché originel.

* C'est aussi le Sentiment de Mr de Leibniz & de ceux qui adherent à son Sistème.

suit

fuit, qne celui du prémier Home ne pouvoit operer immediatement aucun efet
phifique ni moral fur fa Pofterité renfermée alors dans fes Vaiffeaux feminaux.
Non un efet phifique; car coment veut-on
qu'une Caufe morale puiffe produire un
efet phifique fur dés Etres femblables
aux vegetaux, come l'etoient ces Ames
renfermées dans cette femence? *Non un
efet moral*; car pour l'operer, il eût falu,
que ces Etres fuffent actuellement doués
de la Raifon eficace, capables de fentir,
de penfer, de réfléchir & de raifoner.
Mais quand ces capacités font formées,
& que l'exercice s'en manifefte dans ces
Etres, nous voïons tous les Jours, qu'une
Caufe morale peut produire en même
tems un efet moral & un efet phifique
fur les Etres qui lui font femblables : Un
efet moral; en les portant au Bien, ou en
les induifant à l'Erreur, & au Crime :
Un *efet phifique*; en les mettant dans
de grandes agitations, par les impreffions d'efperance ou de crainte, que les
Infinuations de cette Caufe peuvent former ou ocafioner en eux. Mais cela eft
tout a fait impoffible à l'egard d'un Etre
qui n'eft pas doué de la Perceptivité, &
qui faute d'Idées ne peut exercer la capacité de penfer.

Je

Je crois 2°. Que mon Hipothése concernant la formation graduelle de nôtre Raison & de la Personalité qui en resulte, peut repandre quelque Lumiere sur la question concernant le sort de nos Enfans morts sans Batème, & sur celui des Juifs, des Païens, des Mahometans, de tous ceux en un mot, qui par ignorance invincible ont été privés de la conoissance de quelque Verité necessaire à salut.

J'ai dit dans une autre ocasion *, que la liberté naturelle de l'Home, qui le rend responsable de ses Actions, & digne de recompense ou de punition, consiste dans le pouvoir phisique de vouloir & d'agir ; dans le pouvoir moral d'aller à droit ou à gauche, de suspendre ses désirs pour examiner, comparer, peser &c. avant que de se determiner ; dans le pouvoir d'aquerir toutes les conoissances necessaires pour ateindre les diferens buts où il doit aller ; dans celui de regler sa Volonté, & de la determiner pour agir en consequence de ces conoissances ; & dans la faculté enfin de faire des eforts pour maitriser ses Passions.

Definition de la Liberté de l'Home.

* Journ. Helveti-que Mois d'8bre. & de 9bre. 1740.

J'ai conclu de cette definition, & à ce que je crois avec raison, que Dieu au Jour du dernier Jugement ne prononce-

L 3   ra

la fur le fort des Homes, que, par le refultat de l'Examen qui precedera la fen-
tence, s'ils ont fait ou s'ils n'ont pas fait
un bon ufage de la capacité qu'il leur
avoit donée d'aquerir, les conoiffances,
qui leur étoient neceffaires pour remplir
les diferens devoirs, qui leur étoient
preferits, & pour arriver par là au but,
où ils devoient aller; & s'ils ont fuivi
ou s'ils n'ont pas fuivi le Dictamen de
leur Confcience; je veux dire, s'ils ont
reglé, ou s'ils n'ont pas reglé toute leur
conduite fur cette conoiffance de leurs
devoirs qu'ils avoient aquife.

*Confe-
quence
que l'Au-
teur en
tire par
raport à
la quef-
tion dont
il s'agit.*

Sur ce Principe on peut dire, qu'il
n'y a pas aparence, que la Bonté & la
Sageffe Divine veuillent condamner ceux
qui n'ont pas fait leur Devoir, faute de
s'en pouvoir faire des Idées. C'eft le
Cas des Enfans Chretiens & autres morts
fans Batème, & que par confequent
il faut abandoner à la mifericorde de Dieu,
en prefumant que cet Etre fuprème ufe-
ra de bonté & de clémence à leur égard,
plutôt que de rigueur ou d'indiference*;
a

* J'entens par indiference, l'anéantiffement
total, ou cet etat, où, felon l'opinion de certains Docteurs, ces Enfans ne fentiront ni plaifir ni douleur.

à moins qu'on ne veuille dire, que Dieu agira en cette ocasion selon cette Maxime qu'il nous a annoncée dans le Decalogue, qu'il vengera l'iniquité des Peres sur les Enfans jusqu'à la troisiéme & quatriéme génération &c. Ce qui est une question que je n'entreprendrai point de décider.

Quant aux Juifs, aux Mahometans, aux Païens, & à tous ceux qui par ignorance invincible auroient manqué le droit chemin; j'estime, que Dieu qui n'est pas cet Home dur de l'Evangile, *qui voudra moissoner où il n'a point semé, ou recueillir où il n'a rien mis* *, ne fera rendre compte à chacun que des talens qu'il lui a donés; qu'à celui à qui il aura doné beaucoup, il redemandera beaucoup; & qu'à celui à qui il a doné peu, il ne redemandera que ce qu'il lui a doné; & qu'ainsi aura lieu ce qu'a dit l'Apôtre †, *Que tous ceux qui ont peché sans avoir reçû la loi, periront aussi sans être jugés par la loi; & que tous ceux qui ont peché étant sous la loi, seront jugés par la Loi:* Bien entendu, que nous devons presumer d'un Etre infiniment bon, que la Clemence prevaudra toûjours sur la rigueur de la Justice.

* *Voïés St. Matthieu Ch. XXV. vf. 26. & suiv.*

† *Rom. II. 12.*

L 4   TROI

TROISIEME REMARQUE.

*Question
ſi une
ſubſtance
étendue
& ſolide
peut pen-
ſer ?
* p. 81.*

„ Vous ne ſauriés concevoir coment „ une ſubſtance étendüe, & ſolide pour- roit penſer, † *dit Mr. Locke*; mais pouvés „ vous concevoir coment vôtre propre „ Ame, ou aucune ſubſtance, penſe ?* C'eſt avec très grande raiſon que Mr Loc- ke fait cette objection à ſon Antagoniſte. Mais ce que je ne comprens pas eſt, co- ment cet Eſprit, l'un des plus clair-voï- ans & des plus profonds qui furent ja- mais, a pû demeurer là ; Coment, au lieu de demander ſimplement, ſi l'on con- çoit mieux qu'une ſubſtance abſolument non étendüe, que le Point Mathemati- que (& un Etre abſolument non étendu, qu'eſt il autre choſe que le point Mathe- matique ?*) peut penſer ; il a pû s'em-

---

* On ne ſauroit concevoir en éfet coment la Matiére pourroit penſer, ſi Mr. Locke & ceux qui ſont de ſon Sentiment ſupoſoient qu'elle tire la capacité de penſer de ſon propre fond; Mais Dieu ne peut-il pas joindre cette facul- té à quelques Particules de la Matiére, côme il l'a doüée de tant d'autres proprietés ? En vertu de quoi nous prouvera-t'on que cela eſt impoſſible, ou que cette Propoſition implique contradiction ?

pêcher de déclarer nettement, que cela
est tout à fait impossible. Plus hardi, ou
moins modeste que ce grand Philosophe,
j'ose dire, que cela est impossible en
efet; que cela est aussi impossible qu'il
l'est à l'Home de voir sans yeux, & d'entendre sans oreilles. Je n'aurois garde
de prendre le ton positif come je fais,
si ce que *Descartes*, *Leibniz*, quelques uns
avant ces deux Philosophes, & tant d'autres après eux, ont voulu nous faire croire sur ce sujet, étoit un Article de Foi;
si Dieu en termes clairs & exprès nous
avoit révélé, qu'il y a des Etres absolument non étendus quels qu'ils soïent,
qui existent & qui pensent. Mais l'Ecriture Sainte, come je l'ai déja remarqué,
ne nous en dit pas un seul mot qui puisse être pris ou expliqué dans ce sens.
Elle ne nous dit pas que Dieu lui même est un Etre absolument non étendu.
Coment! *Celui que les Cieux & les Cieux
des Cieux ne sauroient contenir*, seroit il
semblable au Point Mathematique ? Ne
seroit ce pas un blasphème même que de
le penser, ou de l'avancer ?

En atribuant à Dieu une étendüe,
dans un sens digne de la haute Idée que
nous devons avoir de tous les Atributs
adorables de cet Etre suprème, & en

Avanta-
ges qui
resultent
de l'Hipo-
thése que
l'a-

Dieu est un Etre réellement étendu.

l'atribuant par conféquent à tous les Etres bien heureux au deſſus de nôtre Nature ; Hipothèſe dont je donerai dans un autre tems des preuves équivalentes à une Démonſtration Géometrique ; il en réſulte cet avantage à mon Siſtème, que non ſeulement l'Action de Dieu ſur tous les Etres créés en eſt renduë plus intelligible & plus à portée de nôtre foible Raiſon ; mais auſſi qu'il n'y a plus aucune dificulté ſur la maniére de concevoir la comunication entre ces Etres qu'on apelle Eſprits, ou Natures ſupérieures à la nôtre. Tout ce que le *P. Mallebranche* & ceux qui come lui ont entrepris de nous doner des idées de la comunication entre ces Eſprits, en les ſupoſant immateriels, ont dit ſur ce ſujet, eſt abſolument inintelligible & fait pitié. Je m'en raporte à ceux qui ont épluché cette Matiére, & qui en ſont Juges compétens.

* T. I. p. II.

Reflexion ſur le Sentiment de Mr. Loke, qui ne convient pas de l'Etendue réelle de Dieu.

On m'objectera peut être ici, qu'en afectant come je fais d'être un des rigides ſectateurs de Mr. *Locke*, je m'eloigne pourtant de ſon Sentiment, en atribuant une Etendue réelle à Dieu ; Opinion formelement rejetée par ce Philoſophe dans le Paſſage même, que j'ai cité **.*

Je repons 1°. Qu'en cet Endroit Mr. *Locke* ne raiſone que contre ceux, qui
ſoû-

foûtiennent l'Eternité de la Matiére, & je crois n'avoir rien dit encore dans mon Ecrit, qui puiſſe me faire ſoupçonner d'adherer à cette opinion. Donc ce raiſonement ne me regarde pas. 2°. Il n'eſt pas decidé, quoique Mr. *Locke* le penſe, que ſi l'on acordoit à cette eſpèce de Materialiſtes, que Dieu eſt un Etre étendu, on les autoriſeroit à ſoûtenir que tout n'eſt que Matiére, & à nier par ce moïen un Dieu, c'eſt à dire un Etre éternel & penſant.

Mr. *Locke* à prouvé lui même*, qu'en raiſonant ſur ce Principe, ces Materialiſtes renverſeroient, ſans y penſer, leur propre Hipothèſe de l'Exiſtence éternelle de la Matiére. Mais ce que Mr. *Locke* prouve à cet égard, eſt preciſément auſſi ce qui fait voir, que ſa crainte, que les Materialiſtes n'abuſent de ce Principe, *Dieu eſt un Etre étendu*, étoit ſans fondement; d'où je tire cette conſéquence, que s'il n'y a que cette crainte à opoſer à ce Principe, il n'y a donc aucune autre raiſon, ou aucune bone raiſon, qui puiſſe empêcher de l'admettre.

Je dis 3°. Que ſi j'établis, que Dieu eſt un Etre étendu, je ne pretens pas inſinüer pour cela, que cette Etendüe eſt Matiére ſemblable à celle que nous conoiſ-

* L. iv. Chap. x. de l'Exiſtence de Dieu.

noiſſons. Je ſupoſe, que ce qu'il y a de réel dans cette Etendüe, & dont nous ne nous ſaurions former aucune Idée diſtincte, eſt digne de la Nature & de toutes les autres Perfections de l'Etre ſuprème; que c'eſt une réalité inalterable & incorruptible, entièrement diférente de cette Matière compoſée, paſſible & diviſible que nous avons devant nos yeux. Je ne crois pas qu'il y ait de l'Hétérodoxie ou de la contradiction dans ce Sentiment.

Si je dis, que la Nature de l'Etendüe réelle de Dieu nous eſt entièrement inconüe, je mets déja une aſſés grande diférence entre cette Etendüe, & celle de la Matière viſible & palpable, qui nous eſt parfaitement conüe.

Je dirai 4°. Que je me fais fort de prouver en tems & lieu par les propres Principes de Mr. *Locke*, ainſi que par ceux de Mr. *Nevvton*, qu'on ne ſauroit atribuer une Non‑étendüe abſolüe à l'Etre ſuprème, encore moins l'enviſager come le Point Mathematique. Je me contenterai en atendant de demander ici : L'Immenſité de Dieu, eſt elle réelle ou non ?

Si elle eſt réelle, il en eſt de deux choſes l'une ; ou elle eſt Non‑étendue,

ou

ou elle eft étendue ; fi elle eft étendüe, elle eft folide, impénétrable, inalterable dans fa divine maniére d'être, & toute diferente de l'Etendue materielle à nous conue.

Une immenfité non réelle ou non-étendue feroit *contradictio in adjecto*.

Je crois, qu'on peut dire, qu'une Immen-fité réelle telle que je viens de la définir, ne renferme rien de contradictoire, rien d'incompatible avec aucune des autres Perfections que nous reconoifions dans l'Etre fuprème.

Ce grand Philofophe, fait un raifone-ment *, en vertu duquel il entreprend de prouver que l'Exiftence d'un Etre é-ternel penfant, mais *Matériel* ou étendu ne fauroit être admife. Ce raifonement me-rite d'être épluché : Je le ferai certaine-ment dans une autre ocafion. Si je ne le fais point ici ; c'eft que cela demande une trop grande difcuffion, qui ne fe-roit pas à fa place, & détourneroit trop l'atention du Lecteur du fujet, dont il s'agit principalement dans cette *Remarque*.

Revenons au Point Mathématique, dont j'ai fait mention.

Il eft évident, que ce qu'on apelle *Point Mathématique*, eft un Etre de raifon. Voïés le Dictionaire Hiftorique de Mr. Baïle à l'Article *Zenon*, & fes Oeuvres di-

ver-

* *L.* IV. *Ch.* X. §. 14. à 17.

Plufieurs reflexions fur la na-ture de

l'Ame à l'ocafion du Point Mathé- matique. verfes ; de la *rarefaction* & *condenfation* T. IV. §. 3. p. 293.

Ou il y a une diference réelle entre l'Ame & le Point Mathématique & Metaphifique, ou il n'y en a point. S'il n'y en a point ; l'une & l'autre font de purs Etres de raifon. S'il y en a ; il eft évident, qu'elle ne peut confifter que dans l'Etendue, dont l'Ame eft douée dans fa maniere d'exifter ; & c'eft tout ce que je demande. Je fais bien que les Partifans de Mr. *de Leibnitz* difent, que cette diference confifte dans une certaine activité, dans la capacité que l'Ame a de fe réprefenter l'Univers felon l'etat ou la fituation, où elle fe trouve ; mais cela eft beaucoup plus aifé à dire qu'à prouver. Quant à moi, je ne faurois concevoir ni admettre, fans une Révélation Divine, cette activité & cette capacité, dans un Point Mathématique ou Métaphifique, dans un Etre abfolument Non-étendu.

On a trés bien prouvé, contre les prétenfions des Cartéfiens, qu'il faut néceffairement que l'Ame foit quelqu'autre chofe qu'une fimple Penfée, parce que fon *Identité* fupofe la capacité de penfer, & fes modifications la penfée actuelle, qui étant des modes, demandent neceffairement

ment un sujet d'inherence, Et je ne conçois pas que ce sujet d'inhérence puisse être le Point Mathématique ou Métaphisique.

La Personalité, prérogative incontestable de l'Etre pensant & raisonable, resulte sans contredit de la faculté de former des Idées abstraites ; celle-ci, résulte de la faculté de former des mots & des sons articulés ; celle-ci ; d'une certaine organisation, qui supose en tout sens une substance réellement étendüe.

Vous pouvés bien suposer qu'il y a des Etres absolument Non-étendus, & que Dieu peut les apercevoir ; mais vous ne sauriés jamais le prouver.

Dire, que Dieu ne peut apercevoir, ce qui seroit absolument Non-étendu, & doner pour raison, que nous ne saurions l'apercevoir, seroit une proposition beaucoup moins absurde, quelque paradoxe qu'elle paroisse à la première vûe : La Raison en est, que je pose en fait, & à ce que je crois avec fondement, que la chose, au moins dans notre façon de penser, est impossible en elle même. Pouvés vous dire, que Dieu peut apercevoir le Point Mathématique ? Je voudrois bien savoir en vertu de quoi on peut établir l'existence d'un Etre, que Dieu même

même ne pourroit apercevoir? Il faut en
efet n'y avoir pas penfé, pour imaginer
l'Exiftence ou la réalité d'un Etre, que
Dieu après l'avoir fait & crée, ne peut
apercevoir.

Dieu a tiré du néant tous les Etres
fpirituels & par conféquent nos Amés.
Le Néant qu'eft il? Eft il étendu ou non
étendu? Il eft non étendu, parce qu'il
eft néant; parce qu'il n'eft rien, me dirés vous. Moi je vous repons, que Néant
& Non-étendu font des termes fino-
nimes. Dieu dans vôtre Siftème, a donc
tiré un Néant du Néant, la Non-étendüe
d'une autre Non-étendüe; & c'eft cé que
je ne comprens pas. Mais comprenés
vous mieux que Dieu a pu tirer du Néant
un Etre réel? m'objecterés vous encore.
Dès que Dieu déclare, que par un fimple Acte de fa Volonté & de fa Toute
Puiffance il a produit les Etres, qu'il les
a tirés du Neant, je le comprens fort
bien; fur le fondement de la Véracité,
& de la Toute Puiffance de cet Etré fuprème. Mais je ne comprens pas, encore un coup, que Dieu puiffe tirer un
Néant d'un autre Néant, le Non-étendu
de la Non-étendue, à moins qu'il ne le
déclare expreffement, & je crois que
Dieu ne l'a déclaré nulle part.

L'A-

L'Ame, ce Point Mathématique ou Métaphifique felon les *Cartéfiens* & les *Leibnitiens*, eft vifible, ou il eft abfolument invifible; fi c'eft le dernier, c'eft un Etre de Raifon. Si ce Point eft vifible, il a (au moins intellectuellement) un côté droit, un côté gauche, un deffus & un deffous; il eft donc étendu; c'eft un Atome.

Si je dis dans mon Siftème, que l'Ame, femblable ou non en étendüe à un Atome, eft vifible, au moins à l'égard de Dieu, come l'Atome, & que par la Volonté de Dieu, elle eft néanmoins indivifible de fait, ainfi que l'eft cet Atome; je n'avance rien qui foit contradictoire; rien que ceux qui font capables d'envifager la chofe impartialement ne puiffent comprendre. Mais fi un *Cartéfien* ou un *Leibnitien* eft obligé de convenir, que l'Ame, ce Point Mathématique ou Metaphifique, eft vifible, ou qu'il n'eft pas abfolument invifible, ce qui revient au même, & que d'un autre côté il prétende, come il fait, que l'Atome eft divifible, par ce qu'il a un côté droit &c; il eft obligé de convenir par la même raifon, que l'Ame eft divifible auffi, en quoi il fe contrediroit manifeftement.

En un mot, l'Ame, ce Point Mathé-

Tom. II.   M   ma-

matique ou Metaphifique eft étendu ou
Non-étendu ; il eft vifible, ou abfolument
invifible. S'il eft abfolument Non-étendu & invifible ; c'eft un Etre de raifon.
S'il eft étendu ; c'eft ce que je demande. S'il eft vifible, il eft étendu ; & s'il
eft étendu il eft divifible ou indivifible ;
ceux à qui j'ai à faire, n'afirmeront pas
le prémier ; donc l'Ame, ce Point Mathématique ou Métaphifique, cet Atome,
come il vous plaira de l'apeller, eft é-
tendu, vifible (à l'egard de Dieu) & indivifible, & c'eft encore tout ce que je
demande.

   Le Paffage de l'Ecriture qui femble fa-
vorifer le plus ceux qui feroient dans
l'Idée, que Dieu eft un Etre abfolument
non étendu*, eft celui de S. Jean. Ch. iv.
24. Mais voïons de quoi il eft queftion,
en cet Endroit. La Samaritaine dit au
Sauveur : *Nos Péres ont adoré fur cette Mon-*
tagne & vous dites que Jérufalem eft le lieu
où il faut adorer. Il s'agiffoit donc de
l'Adoration de l'Etre fuprème, du lieu &
de

---

   * *Les anciens Peres ont conclu tout le con-*
traire de ce Paffage : ils l'ont emploïé pour
prouver que Dieu eft un Etre Corporel. Voïés
le comencement de ma 12e. *Remarque.*

de la maniére de l'adorer. Voici com̃e
nôtre Seigneur s'explique là dessus : *Femme croi moi, que l'heure vient que vous n'a-
dorérés le Pére ni sur cette Montagne ni à
Jerusalem. Vous adorés ce que vous ne conoissés point ; Nous adorons ce que nous conoissons ; car le salut est des Juifs. Mais l'heure
vient & est maintenant, que les vrais Adora-
teurs, adoreront le Pére en Esprit & en Vérité : Car aussi le Pére en demande de tels
qui l'adorent. Dieu est Esprit, & il faut
que ceux qui l'adorent, l'adorent en Esprit &
en Vérité.*

Je voudrois bien savoir en vertu de
quoi il resulte de ces termes, *Dieu est Esprit*, que Dieu est un Etre absolument
non étendu : qu'il est le Point Mathématique ? Si je ne me trompe, on ne sauroit doner un autre sens à ce Passage que
celui-ci, *Dieu est un Esprit*, un Etre *invisible* (à nos sens grossiers ;) donc il veut
être adoré d'une maniére qui reponde à cet A-
tribut Divin : Il veut être adoré en Esprit &
en Vérité, par une abstraction totale de toutes les choses visibles & terrestres ; qui pourroient détourner nôtre intérieur de l'entiére
atention que nous devons à celui que nous adorons. Je crois que c'est uniquement, ce
que le Divin Sauveur a voulu insinüer
à la Samaritaine, & il est évident, qu'il

n'en

n'en resulte en aucune maniére, que
Dieu est un Etre absolument Non-étendu.

Le terme *Esprit* est un terme équivoque ou susceptible de plus d'un sens: Il
denote un Etre invisible & impalpable à
nos sens grossiers, un Etre indivisible:
Il dénote dans ce sens un Etre impéris-
sable & immortel, soit par sa propre nature, soit par la Volonté & par la Toute Puissance de celui, qui a pû lui doner l'Etre. Mais on a voulû pousser plus
loin: On a voulû, & l'on veut nous faire croire, que cet Etre est immatériel ou
absolument non-étendu, & l'on n'a point
senti, que par un rafinement d'idée, si
peu necessaire, On a détruit ce qu'il y a
incontestablement de vrai, de réel
& de solide dans l'Idée de la défini-
nition prise au premier sens; que de cet
Etre on a fait un Non-Etre, un Etre de
raison, le Point Mathématique: Et cela
au grand scandale, je ne dis pas de tous
ceux qui savent faire usage de leur Raison, mais des Esprits forts & des Pirrhoniens, que l'on a confirmés & que l'on
confirme dans leurs Erreurs, dans leurs
doutes & dans leurs égaremens.

Je dis, *par un rafinement d'idées peu nécessaire.* Je demande, pourquoi voudrions

nous

nous aller plus loin que Dieu ne va lui même, au rifque de nous contredire, & de détruire d'une main ce que nous aurions bâti de l'autre? Dieu fe contente de nous aprendre *qu'il eft ce qu'il eft*, & qu'il eft un Etre invifible ; que perfone de fes yeux mortels ne peut le voir en cette Vie ; pourquoi ne nous contenterions nous pas auffi de ce que Dieu nous a bien voulû manifefter à cet egard?

Si nous difons que nôtre Ame eft un Etre invifible & impalpable à nos fens groffiers, indivifible & par conféquent fimple dans ce fens ; un Etre impériffable & immortel, non pas en vertu de fa propre nature, en vertu d'une nature imaginaire que lui atribuent ceux à qui j'ai à faire ; mais en vertu du bon plaifir de la Volonté & de la Toute Puiffance de celui qui en eft le Createur & le Confervateur ; n'eft ce pas en dire affés? Cette idée ne répond elle pas fufifament à toutes les grandes fins que la Révélation nous met devant les yeux par raport à cet Etre? Lui done-t'elle la moindre ateinte? Que peut-on nous infinuer de plus fort, pour operer les impreffions les plus vives & fur nos Efprits & fur nos Cœurs?

Ne fufit il pas de diftinguer, come fait

M 3   la

la Révélation elle même, les Etres qui
exiftent, en vifibles & palpables, & en
invifibles & impalpables à nos fens groffiers, en mortels & en immortels? Qu'a-
vons nous à faire de cette diftinction,
entre les Etres étendus & Non-étendus,
qui à tout prendre eft purement arbitraire
purement imaginaire, qui ne fait qu'embaraffer les Efprits. les jetter dans le doute, dans un labirinthe en un mot, d'où l'on
ne voit, & du quel on ne fauroit voir,
aucune iffüe? L'Apôtre St. PAUL n'a fait
autre chofe que diftinguer les Etres qui
éxiftent, en *vifibles* & en *invifibles.* Il
n'eft pas allé au dela. „ C'eft par lui
* Col. „ dit il *, qu'ont été créés toutes les chofes
Ch. 1. 16. „ qui font dans les cieux & fur la Terre,
„ *vifibles & invifibles* „ Soit les Trones,
„ ou les Dominations & les Principautés
„ ou les Puiffances.

Il eft vrai, que N. S. après fa Refurrection a dit à fes Difciples (Luc xxiv.
39.) *Voïés mes Mains & mes Piés: Car
c'eft moi même, & voïés: Car un Efprit n'a
ni chair ni os, cóme vous voïés que j'ai.* Mais
ces termes veulent-ils dire, qu'un Efprit
eft un Etre immatériel ou abfolument
Non-étendu; que c'eft le Point Mathématique? Veulent-ils dire autre chofe,
fi non, qu'un Efprit eft un Etre invifible

&

& impalpable à nos sens grossiers? Il me semble qu'il n'y a rien de si clair, & qu'on ne sauroit leur atribüer un autre sens, si l'on veut leur en doner un qui soit raisonable, & qui ne renferme rien de contradictoire.

Voici come un habile Home s'explique sur le même sujet ,, Il faut remarquer, ,, dit il*, que la prémiere fois que J. C. ,, aparût à ses Disciples assemblés, ils ,, crurent qu'ils avoient vû un Esprit, & ,, que nôtre Seigneur ne les reprit pas, ,, en leur disant qu'un Esprit n'a point ,, du tout de Corps par lequel il puisse ,, se rendre sensible; mais seulement, qu'il ,, n'a point de chair & d'os, point de ,, Corps solide tel qu'étoit celui qu'il ,, avoit.

*Mr. Cud- vorth Sistèm. Intell. Bibliot. choisie T. II. p. 75.

Or il est évident qu'il y a bien loin d'un Corps qui n'a ni chair ni os, come en ont les nôtres, à un Etre absolument Non étendu, & qui n'est qu'un Etre de raison.

Quoique dans le Passage que je viens de raporter, nôtre Seigneur, pour s'acomoder à la portée du foible Esprit de ses Disciples, leur ait dit, *Voïés, tatés, un Esprit n'a ni Chair ni Os, come vous voïés que j'ai*; Je crois qu'on peut avancer sans se contredire, que ce Corps de
J. C.

J. Ch. n'étoit plus le même Corps matériel (à prendre ce terme dans le sens
étroit & métaphisique) qu'il lui plût de
révêtir dans les flancs de sa bien heureuse Mére , & qui fût mis en Croix ;
mais un Corps spirituel, glorieux, digne
de sa Divinité. Je fonde cette présom-
ption sur ce Passage : *Et quand le soir de*
ce jour là fut venu , qui étoit le prémier de
la semaine , & que les Portes du lieu où les
Disciples étoient assemblés , furent fermées, à
cause de la crainte qu'ils avoient des Juifs ;
Jesus vint & il fut là au milieu d'eux , &
leur dit, Paix vous soit *, & sur cet autre : *Et il arriva come il étoit à Table avec*
eux , qu'il prit le Pain, & rendit graces ,
puis l'aïant rompû , il le leur distribua. A-
lors leurs yeux furent ouverts , & ils le re-
conurent ; mais il disparut de devant eux †.
N. S. en leur disant donc : *Un Esprit n'a*
ni Chair ni Os , come vous voïés que j'ai,
n'a voulû leur insinuer autre chose, si
non ; qu'il étoit la même Persone Divine , qui les avoit reçus à son service,
qui les avoit enseignés, & qui avoit con-
versé avec eux avant qu'il fut crucifié ;
qu'il n'étoit pas un Esprit, un Spectre,
une Aparition, come par des préventions
vulgaires ils auroient pû se l'imaginer,
ou en juger ainsi par son Aparition mi-

ra-

* S. Jean.
Ch. XX.
v. 39.

† S. Luc.
Ch. XXIV.
v. 30. 31.

raculeuſe ; & qu'il n'y avoit pas un changement total en lui par raport à ſa Nature corporelle ; mais uniquement une
Perfection Divine que ſon Corps n'avoit
pas lors qu'il fût mis en Croix.

Ce que je veux inferer de ce que je
préſume ici, eſt, qu'il ſert de preuve à
la diſtinction que j'ai établie, entre les
Etres viſibles & palpables, & les inviſibles & impalpables à nos ſens groſſiers,
ou au moins qu'il ſert à l'éclaircir. Si
je dis, qu'il y a des Etres inviſibles &
impalpables, avec cette limitation qu'ils
ſont tels à nos ſens groſſiers ; je ne ſupoſe pas, qu'ils ſont inviſibles & impalpables ou non-étendus abſolument. Les
diférentes Aparitions de J. C. à ſes Apôtres & à ſes Diſciples de l'un & de l'autre ſexe après ſa Reſſurrection, prouvent la Vérité de ma diſtinction & de
ma limitation.

Le Corps ſpirituel & glorieux de J. C.
après cette Epoque, n'étoit & n'eſt pas
inviſible & impalpable abſolument ; car
s'il étoit tel, ſes Diſciples n'auroient pû
ni le voir, ni le tâter. Mais il faut convenir auſſi, que ce n'eſt pas par leurs ſens
groſſiers uniquement & ſimplement & à
la maniére ordinaire, qu'ils ont pû le
voir & le tâter. C'eſt par un Miracle,

par

par une opération immédiate de leur
Maitre Divin, que leurs yeux furent ouverts, que leurs sens furent rendus capables d'apercevoir & de toucher ce Corps
spirituel glorieux *.

Le Texte cité de S. Luc & ce qui le
précede, prouve évidemment cette Vérité. C'est par un Miracle que J. C. cacha ce Corps spirituel sous une forme
extérieure, étrangére aux deux Disciples
d'Emaus, en les joignant ; *Mais leurs yeux
étoient retenus, afin qu'ils ne le reconussent
point* † Sans ce Miracle, & si J. C. eut
été révétu de ce même Corps qu'il avoit
avant sa Mort, ces Disciples n'auroient
pû s'y méprendre. Par un semblable Miracle il leur dessilla les yeux, en rompant
le

† *v. 16.*

* *On pourra m'objecter ici, que ce Mira-*
cle de J. C. consistoit uniquement à cacher à
ses Disciples la véritable forme de son Corps
sous une autre qui leur étoit étrangére. Je
repons, qu'il faloit un Miracle pour se cacher
à ses Disciples, & qu'il en faloit ensuite un
autre pour leur faire apercevoir la véritable
forme de ce Corps glorieux, qui sans ce Mira-
cle auroit été imperceptible à leurs sens gros-
siers ; les deux Passages cités servent de preu-
ve à ce que je dis à cet égard.

le Pain , & en rendant graces ; c'eſt à dire , il leur dona la capacité d'apercevoir ce Corps glorieux ſpirituel, qui avoit conſervé la même figure extérieure qu'il avoit à ſa Mort. Par un autre Miracle il diſparut de devant aux. C'eſt par un ſemblable Miracle que J. C. ſe cacha au comencement à Marie-Madeleine ; & qu'il parût au milieu de ſes Diſciples, quoique les Portes fuſſent fermées ; & qu'il ſe fit conoitre à eux * &c.

Il réſulte donc de tout ce que je viens de dire, que les Etres que j'ai diſtingués de ceux, qui ſont viſibles & palpables à nos ſens groſſiers, ne ſont pas inviſibles & impalpables à ces ſens groſſiers abſolument, & par conſéquent, qu'on ne ſauroit leur atribuer une non étendüe abſolue ; que cette inviſibilité & impalpabilité n'eſt rélative qu'à la foibleſſe & à l'imperfection de nos ſens groſſiers ; que Dieu peut ôter ce defaut à nos ſens ; & que dans cet état nous pouvons apercevoir

ces

---

* C'eſt par un pareil Miracle que Moiſe pouvoit voir Dieu face à face , & lui parler come on parle à ſon Ami ; & que Dieu ouvrit les yeux à Balaam pour lui faire apercevoir l'Ange qui ſe tenoit dans ſon Chemin.

ces Etres : D'où il s'enfuit donc qu'ils ne
font pas invifibles ou non étendus abfolument ; & c'eft ce qu'il s'agiffoit de prouver. Si cela n'étoit pas ainfi, coment
l'Ecriture Sainte pourroit elle dire, *que
nous verrons Dieu face à face dans la Vie a
venir ?*

Ce que je viens de raporter de ce Corps
fpirituel glorieux de J. C. & qui peut
avoir fon aplication à toutes les autres
Natures fpirituelles au deffus de la nôtre,
facilitera beaucoup l'Intelligence de ce
que j'ai déja dit, & de ce qu'il me reftera à dire touchant la nature de nôtre
Ame.

Si ces Corps fpirituels réellement étendus dans leur excellente maniére d'exifter, ne font pas pour cela invifibles &
impalpables abfolument ; s'ils ne le font
que relativement à l'imperfection & à la
foibleffe de nos fens groffiers ; je ne vois
plus aucune dificulté, qui puiffe empêcher
d'admettre, que nos Ames font dans ce
fens de même nature de celle de ces
Etres fpirituels au deffus de nous ; d'autant que l'Immaterialité de ces Ames eft
en tout fens inconcevable & contradictoire. Au moins, après les preuves que
je viens de doner concernant la nature
de ces Etres fupérieurs à la nôtre, on
ne

ne sera plus reçû à nous alléguer l'invisibilité & l'impalpabilité de nos Ames, pour en tirer la Conséquence de leur pretendüe Immaterialité.

QUATRIEME REMARQUE.

„ Dieu peut créer ou faire exister, „ dit Mr. Locke, une substance immateri- „ elle, qui sans doute ne perdra pas son „ Etre de Substance, quoique Dieu ne lui „ done que cette simple existence, sans „ lui comuniquer aucune activité. Je n'ai garde de vouloir limiter la Toute Puissance de Dieu. Mais quant à moi, j'avoue franchement ma stupidité ou mon ignorance : Je ne saurois concevoir, coment Dieu pourroit créer une substance immatérielle, & encore moins coment il pourroit créer quelle substance sensible que ce soit, sans activité. La baze de toute substance destituée de sentiment réellement existante, qui selon, tous nos Philosophes suposé la mobilité, est l'Etendue *; celle de toute substance doüée

Marginal notes: Idée de Mr. Loke sur la Création de la substance immatérielle. Dificulmentés sur cette Idée.

***

* Le terme Etendue, come le terme Esprit, est susceptible de plus d'un sens. Il n'est pas nécessaire de dire dans quel sens j'atribue ici l'E-

üée de Sentiment eſt la *Puiſſance* ; qui
ſupoſe la *Motivité* ; je veux dire la
faculté d'apercevoir , de penſer, d'agir,
de ſe modifier de ſon propre chef. J'eſtime qu'une ſubſtance immatérielle ou
abſolument non-étendue , une ſubſtance
ſans puiſſance & ſans activité, eſt un
Etre dont on ne ſauroit ſe former aucune idée diſtincte ; que c'eſt une Penſée ,
un Etre de raiſon , un Son, qui n'a rien
de réel que le nom qu'on lui doneroit
arbitrairement.

Idée ſur la diférence entre la ſubſtance non-éten-düe & le Vuide.
Je demande , quelle diférence y a-t'il
entre une Subſtance non-étendue & inactive , & le Vuide ? S'il y en a , c'eſt
que nous avons de certaines idées du
Vuide qu'on ne ſauroit nier *. Nous
avons

*l'Etendue à la ſubſtance dont je parle. Cela
ſera expliqué dans un autre ocaſion. Voïés
T. III. ma ſeconde Lettre à M. l'A. F.*

** Deſcartes étoit autant dans l'Erreur en
niant le vuide, & en établiſſant le plein, qu'il
l'etoit, d'atribuer la Non-étendue abſolüe à nôtre Ame. Il y a quelques Années que je de-
mandai à un Savant du prémier ordre de
mes Amis à Paris , ſon Sentiment ſur le vuide : Il me répondit en propres termes : „ L'Hi-
„ pothèſe du plein en phiſique m'a toûjours
pa-*

avons l'idée de son éxistence, de son immensité autant qu'il dénote l'Expansion ou l'Espace pur, &c. Le vuide a la capacité de contenir les Corps : Il est la Cause *sine quâ non* du Mouvement, du Mouvement des Etres corporels. La plus saine partie des Philosophes estime que c'est un Etre incréé.

Si ce n'est pas comme le célèbre D. *Samuel Clarcke* l'a crû, une proprieté de la substance immense, une des suites de l'Existence d'un Etre infini & éternel; on peut dire, que c'est une Apartenance, un Domaine éternel de la Divinité ; que cet Espace pur étant incréé, il est naturellement & originairement à l'égard de Dieu, ce qu'un Domaine, qui fait partie d'un Etat, est à l'égard d'un Monarque. Dans ce sens le Vuide est quelque chose de réel ou de positif, quoiqu'on ne puisse pas définir sa nature autrement que je fais. Nous ne saurions concevoir que Dieu ait crée ce Vuide, ou que le Vuide soit créable, ni coment Dieu pourroit le détruire. Nous concevons

„ *paru absurde, & le Dogme du plein en*
„ Metaphisique, *impie. Vous fentés les*
„ *Cmsequences auffi bien que moi, ainfi je ne*
„ *les tirerai pas.*

vons bien que Dieu en a rempli une partie par la Création de l'Univers : Nous supofons que Dieu le remplit, ou qu'il peut le remplir, par fon Immenfité réelle, quoique d'une manière tout à fait impénétrable à nôtre Entendement borné, & imparfait. Le Vuide eft donc quelque chofe ; & s'il eft quelque chofe, il a plus de réalité que n'en auroit une Subftance non-étendüe & inactive. Je demande quelle idée peut on avoir d'un Etre ou d'une Subftance qui feroit moins que le Vuide ? Encore un coup, ce ne feroit qu'un Etre de raifon, un nom fans aucune fignification. Enfin je crois, qu'on peut trancher le mot, & dire, que l'Immaterialité ou la Non étendue abfolue ne convient proprement qu'au Néant.

Reflexions à l'ocafion du Vuide. Je viens de dire que le Vuide eft Caufe *fine qua non* du Mouvement, de celui des Etres corporels. Je crois que cette propofition eft inconteftable. Qu'il me foit permis de faire à cette ocafion une Remarque au fujet de l'Objection qu'on a faite à Mr. *Locke* & qu'on me fera auffi fans doute, qu'il atribue & que j'atribue la faculté de penfer à la Matiére : Objection dont j'ai déja fait voir le peu de folidité. Je me fuis expliqué en difant, que je regarde la Machine humaine

co-

come la Cause *sine qua non* de la pensée, & de ce qui en dépend, & j'ai doné la preuve de cette assertion. Or, je demande, si je dis que le Vuide est la *Cause sine qua non du Mouvement*, seroit on fondé à m'objecter, que j'atribue le Mouvement au Vuide? Je ne le crois pas, & j'en conclus, qu'il ne seroit pas plus raisonable, de m'imputer que j'atribue la faculté de penser à la Matiere, (que je n'atache dans le fond qu'à l'Etre individuel & entier doüé d'etendue & de puissance,) par la Raison que je soutiens que la Machine humaine est la Cause *sine quâ non de la pensée*; qu'il le seroit de m'acuser, que j'atribue le Mouvement au Vuide, par ce que je dis qu'il est la Cause *sine quâ non* du Mouvement. Cela me paroit de la derniere Evidence.

CINQUIEME REMARQUE.

JE sens bien qu'on peut suposer, que dans une substance immatérielle, il peut y avoir des choses que nous ne conoissons pas. C'est ce que l'Antagoniste de Mr. *Locke* lui a objecté en éfet*. Sur quoi ce dernier se contente de dire avec sa modestie ordinaire, qu'il en tombe d'acord, mais qu'il peut y en a-

Objection: Dans une substance immatérielle, il peut y avoir

Tom. II.　　　　N

* *Pag. 83.*

des choses
que nous
ne conoiſ-
ſons pas.

voir auſſi dans une ſubſtance matérielle.
On peut faire cette ſupoſition de l'Antagoniſte de nôtre célébre Philoſophe,
ſi on la fonde ſur cette Raiſon, que
nous ne ſavons pas ce qui eſt poſſible
ou ce qui n'eſt pas poſſible à Dieu, &
que nos yeux ne ſont pas aſſes clair-vo-
ïans pour apercevoir toutes les propriétés de certains Etres, ou tout ce qui eſt
contenu dans leur nature. Mais je demande, qu'eſt ce qu'on veut prouver en
vertu de cette ſupoſition? Seroit-on en
droit pour cela d'imaginer des Hipothé-
ſes, ſur la nature de ces Etres, en leur
atribuant des fonctions, dont ils ſont abſolument incapables en vertu de cette
nature même, qu'on leur atribue; & cela ſur cet unique fondement que ces
Etres tels qu'on ſe plait de les ſupoſer,
peuvent exiſter, qu'ils peuvent avoir des
propriétés que nous ne conoiſſons point,
que Dieu peut leur doner cette Exiſtence & ces propriétés? Quant à moi, j'eſtime, que ſi l'on n'a pas par devers ſoi
de meilleures raiſons, pour doner de la
couleur & de la vrai-ſemblance à une
Hipothéſe chimérique, on pourroit fort
bien ſe diſpenſer de la peine d'en imaginer, & d'en embaraſſer le Monde.

Remar-
ques ſur
cette Ob-
jection.

Autre

Je ſens bien que ceux qui pourront

de-

deviendront mes Antagonistes, retorqueront *Objection*
cet Argument contre moi. Ils diront *& repon-*
que Mr. Locke, & moi qui suis son Sin- *se.*
ge, ne faisons autre chose, que fonder la
possibilité de nos Hipothèses sur la Puissance Divine. Mais qu'ils me permettent
de leur répondre, qu'il y a une grande
diference entre leurs Hipothèses, telles
que je viens de les depeindre, & la
mienne. Les leurs ne sont que des fruits
d'une imagination échaufée, des efets du
préjugé, peut être du respect qu'on a
pour l'Autorité humaine. Ce que je soutiens de mon côté, est tiré de ce que
nous voïons & sentons, pour peu que
nous voulions y être atentifs, je prouve & prouverai, que ce que j'établis,
ne sauroit être envisagé autrement.
Pouvez vous dire à vôtre tour, que
ce vous avancés concernant la nature
de vôtre Ame & sa pretendue non extension absolue, à l'examiner par l'Experience & par le Témoignage de nos sens,
ou par le raisonement, qui resulte de
cette Expérience & de ce Témoignage,
pouvés vous dire, qu'il ne sauroit être
envisagé autrement? je crois que vous
seriés bien embarrassés.

J'estime que quand je m'explique, en
disant que ce que je soutiens ne sauroit

N 2 *être*

être conçû autrement; on comprendra
peine, que je prétens infinuer, que
doit paſſer pour vrai autant que n
Raiſon, fondée ſur l'Expérience &
les Obſervations en peut juger. Je d
′′′ d'aller plus loin en traitant les ſuj
dont il eſt queſtion ici. 2°. Je defie
me je viens de dire, ceux qui adopt
l'Hipothéſe de la Non étendüe abſo
de nôtre Ame, d'emploier l'Argume
Ad Ignorantiam de Mr. *Locke* ſans qu'
s'en moquer.

Queſ-
tions &
Remar-
ques ſur
la nature
de l'Ame.

Supoſons pour un moment que Di
peut créer une ſubſtance immatérielle a
tive. Je demande cette activité eſt u
ſubſtance ou accident? Quelle diféren
y a-t-il entre cette activité & la Puiſſa
ce motrice ou le Mouvement? Nôtre A
me n'eſt elle qu'activité, ou eſt elle
ſujet d'inhérence de cette activité?
Si dans cette ſubſtance ſupoſée imm
térielle, on ne peut apercevoir autr
choſe que cette activité, elle m'a bien
mine de n'être pas ſubſtance elle même
mais un attribut d'un autre Etre, d'u
Etre réel. Si vous dites donc, que nô
tre Ame, que vous ſupoſés une Subſtan
ce, n'eſt qu'activité; il eſt certain qu'e
confondant l'atribut avec le ſujet, vou
renverſes tout ce qu'il y a de plus eſſen
tiel-

tiellement établi dans la Philosophie; qui n'a jamais regardé l'activité, que come Mode ou come Atribut.

Si au contraire vous convenés que l'activité est un Mode, un Atribut de vôtre Ame, sans en être l'Essence; je vous demande, 1°. Coment vous concevés, qu'un Etre Non-etendu & sans parties peut être le contenant ou le sujet d'inhérence de quelque Mode que ce soit? Je vous demande 2o. Les Modifications de l'Activité, suposant un changement de lieu, de situation, de figure ou d'atitude; (car il est bien évident qu'un Etre ne sauroit se mouvoir & agir, & rester cependant absolument dans la même situation, où il se trouvoit étant dans un parfait repos,) un Etre absolument non etendu, sans parties, semblable au Point Mathématique, qui ne sauroit ocuper aucun lieu; coment peut il changer d'atitude, coment peut il devenir autre qu'il n'étoit l'instant d'auparavant, coment peut il changer de lieu? Je vous demande 3°. La pensée est elle autre chose, qu'un langage de l'Etre avec soi même ou avec les autres? Tout langage imperceptibl e tant qu'il vous plaira, supose nécessairement un son & un mouvement phisique: Le langage intérieur supose come l'Ex-

N 3   té-

térieur ; la capacité active de se mouvoir
& de former ce son : Il supose la capacité passive d'entendre ce son, ce lan-
gages & d'y être sensible. Coment pouvés vous concevoir toutes ces capacités
intérieures dans un Etre absolument Non
étendu & sans parties, & qui par conséquent ne peut avoir ni extérieur ni intérieur ? Croïés moi, vous trouverés
plûtôt la Quadrature du Cercle & le Mouvement perpétuel, que la solution de
toutes ces dificultés.

L'Ame prétendue absolument Non-étendüe en pensant, se modifie, come fait
une Roüe qui tourne, ou elle se modifie autrement. Dans le premier cas on
ne sauroit concevoir la diversité de ses
pensées ou de ses modifications ; dans le
second, on ne sauroit concevoir qu'un
Etre d'une Non-étendüe ou d'une simplicité absolue puisse se diversifier, ou qu'il
puisse diversifier ses pensées & ses modifications.

La substance qui a le principe du Mouvement en elle pense ; & celle qui ne
l'a point, ne pense pas.

Il s'agit de savoir si ce principe du
Mouvement exige l'Etendüe ou la Non-
étendüe ? Ce que je m'en vais dire dans
l'instant sur ce sujet, décidera cette question   La

La suite, le fil des pensées, ou le passage d'une pensée à une autre, coment peut il être conçû sans Mouvement?

Si l'Ame est quelque fois sans penser, elle est en repos. Si elle récomence à penser, elle sort de ce repos. Coment peut elle en sortir sans Mouvement? Et le Mouvement n'est il pas de l'aveu même de tous ceux à qui j'ai à faire, une propriété des Corps ou des Etres réellement étendus?

SIXIEME REMARQUE.

„Tout ce qu'on peut me dire, continue *Mr. Locke* *, se réduit à ceci. „On qu'on ne sauroit concevoir, coment la „substance solide peut jamais être capa- „ble de se mouvoir elle même. A quoi „je repons, qu'ils ne conçoivent pas „mieux coment une substance crée non „solide peut se mouvoir.

Mr. *Locke* étoit trop modeste : Il pouvoit trancher le mot : Il pouvoit dire, par les raisons que je viens de raporter, qu'il est impossible & de toute impossi-bilité, qu'une substance Non-étendue se

Objec-tion. On ne sauroit concevoir coment la substance solide peut être capable de se mou-voir elle même.

N 4 mieu-

* Pag. 83.

meuve ni activement ni paffivement *; au lieu qu'il eft très poffible qu'une fubftance étendue fe meuve : Dieu peut lui doner cette capacité, come en éfet il l'a donée à la fubftance humaine, à cette partie fupérieure de nous mêmes. Et il eft évident que ce Sentiment ne renferme rien d'abfurde ou de contradictoire, en quelque fens qu'on le tourne.

Coment une fubftance folide peut fe mouvoir.

Se mouvoir, c'eft changer de fituation ou de lieu. Changer de fituation ou d'atitude eft, quand je lève mes deux bras en haut, que je tenois apuïés fur mes genoux. C'eft changer d'atitude fans changer de place. Ce changement eft impoffible dans un Etre Non-étendu & qui n'a point de parties. Si fe mouvoir, eft changer de lieu; un Etre qui n'ocupe aucun lieu †, coment peut il fe mouvoir

† *Spiritualia non funt in loço; Anima non eft in loço fed ubi, nous dit on gravement: Cela ne fait*

* *Je fais bien que parmi ceux qui font dans le Sifteme de la Non-étendue il y en a, & particuliérement les Nullibiftes, qui conviennent eux mêmes de ce que je dis ici, & qui atribuent l'immobilité à nôtre Ame. J'aurai ocafion de raifoner fur ce Sentiment dans un autre Endroit. Ce fera come j'ai déja dit dans mes Remarques fur l'Ecrit d'un de ces Nullibiftes, qui a paru il n'y a pas long tems.*

voir ou être mû pour changer de pla- *il pas*
ce ? Cet Etre Non-étendu de *Descartes* pitié?
eſt donc incapable de Mouvement en
tout ſens *. Il n'en eſt pas de même
de la ſubſtance étenduë. Il eſt certain
au moins, qu'elle eſt capable du mouvement paſſif. Outre que l'Expérience &
nos ſens nous en convainquent ; on peut
dire qu'elle a tout ce qui lui eſt néceſſaire pour être ſuſceptible de ce Mouvement paſſif. Elle ocupe un lieu ; elle eſt
douée de la *mobilité* ; Donc étant pouſſée
par quelque choſe de plus fort qu'elle,
elle peut changer de lieu, ou paſſer d'un
lieu dans un autre.

Mais il y a plus : On peut dire, que
ce qui rend cette ſubſtance étenduë,
ſuſceptible du *Mouvement paſſif*, eſt ce qui
la rend capable auſſi du *Mouvement actif*.
Les

* *Un Cartéſien* (Mr. d'Armenſon, dans la
Bête transformée en Machine p. 36. *nous
dit,*) que ce qui penſe en nous n'eſt ni en
mouvement ni en repos. *Cela convient
parfaitement d'un Etre prétendu immatériel ;
Mais il en réſulte auſſi, que ce je ne ſais quoi,
qui n'eſt ni en mouvement ni en repos, ne peut
être regardé que pour ce qu'il eſt ; pour un
Etre de raiſon.*

Les mêmes proprietés requises pour être susceptibles du Mouvement passif, sont nécessaires aussi & causes *sine quâ non*, du Mouvement actif.

La *Cause active* agit sur elle même ou sur autrui. Cette activité que supose-t'elle? Elle supose, qu'il me soit permis de le répéter, les répétitions sont excusables lorsqu'il s'agit d'éclaircir une Matiére, que les préjugés & l'entêtement ont rendüe aussi embarassée que l'est celle que je traite ici; elle supose, dis je, nécessairement, un changement de situation ou d'atitude. Aucun Etre ne sauroit agir & rester dans la même situation ou dans la même atitude où il étoit avant que de comencer son action : Prendre la chose autrement, ce seroit suposer, qu'un Etre peut en même tems agir & être en repos; suposition évidemment absurde. Or, il est clair, qu'il n'apartient qu'à un Etre composé & censé avoir des parties, de changer d'atitude & de situation, come il n'apartient qu'à cet Etre, qui ocupe réellement une place, de changer de lieu & d'en prendre un autre *.

Su-

---

* *Je sens bien que la prémiere Idée qui à la Vüe de cet Endroit, viendra dans l'Esprit*
du

Supofons que cet Etre doüé de l'activité, agifle fur un autre Etre, il ne le peut faire que par impulfion ou par le contact. L'Etre étendu a encore tout ce qu'il lui faut pour cela; Reellement étendu & Corps come il eft, il peut toucher & afeéter un autre Corps, come il en peut être touché & aféété.

Supofons que cet Etre étendu agifle fur lui même *extérieurement*, nous comprenons aifément, qu'étant un Etre étendu, un compofé de parties, il peut emploier fa Main droite par exemple, pour couper non feulement les Ongles de fa Main gauche, mais pour fe couper cette Main même, s'il étoit affes fou que de l'entreprendre.

Supofons qu'il agifle *intérieurement* fur lui même, come étendu & compofé de parties, il n'eft pas contradictoire, qu'il y ait des refforts en lui, qu'il peut remüer

du Lecteur, & fur tout de celui qui eft prévenu d'une opinion contraire à la mienne, eft de me dire, que je fupofe que notre Ame eft un compofé, un compofé de Parties; qu'aparemment je ne penfe pas aux conféquences d'une pareille fupofition. Je répondrai dans l'inftant à cette objection.

remüer, & exciter par là ce mouvement,
ce son par exemple, sans lequel la pensée, cette parole, ce langage intérieur
ne sauroit être formé ni entendu; ce son,
sans lequel ce langage intérieur ne sauroit être conçû. Nous comprenons facilement, que cet Etre étant un composé de parties, il peut se parler, & se
faire entendre à soi même, ce qui est
tout ce, en quoi l'Action phisique intérieure consiste.

Un grand Philosophe * a fort bien dit,
que tout *Acte de l'Esprit ou de l'Entendement,*
est réflexif sur soi même. Pour peu qu'on
médite là dessus, & qu'on soit en état
de comprendre ces sortes de raisonemens
abstraits, on conviendra, que ce que ce
Philosophe a dit, est un Axiome. Il y
a donc un *réflechissant* & un *réflechi,* ou
pour mieux m'expliquer, il y a de *l'actif*
& du *passif* dans cet Esprit, ce qui ne
sauroit être conçû, sans suposer, que
cet Esprit est un Etre composé dans sa
manière d'être, & de fait, s'il n'étoit
pas tel, coment seroit il capable de ce
Mouvement, requis pour former des
sons, pour articuler ces sons, pour parler à soi même, pour être entendu de
soi même, pour être actif & passif à soi
même? Je voudrois bien savoir, coment
tou-

** C'est
M. Loke,
si je ne
me trom-
pe, & il
n'est pas
le seul
qui le dit*

toute cette opération pourroit être conçüe sans Mouvement, ou come ce Mouvement peut être conçu autre part que
dans un Etre étendu, & composé dans
sa maniére d'être ?

Aristote & *Plutarque*, cités par *Baïle* à
l'Article de *Leucippe*, *avoient fait consister
les principales proprietés de l'Ame dans la force de se mouvoir ; c'etoit par cet atribut qu'ils
l'avoient caractérisée & definie.* Ils étoient
sans doute mieux fondés que nos Modernes. Ils ne pouvoient regarder l'Ame
sous cette idée, come un Etre absolument
non étendu.

Les Sentimens de plaisir & de douleur
& leurs diférentes modifications, sont
des Mouvemens ou des agitations intérieures de nôtre Ame : Qu'on m'apren-
ne coment ces agitations peuvent être
conçues dans un Etre, qui n'a point de
parties, qui n'a ni extérieur ni intérieur,
& qui par la nature qu'on lui atribue,
est incapable du Mouvement actif & passif ?

N'est il pas vrai, que par les réflexions
que l'Ame fait en elle même independamment des sens extérieurs & du Corps
grossier, sur le passé, le présent & l'avenir, d'un état de parfaite tranquilité
& d'indiference, peut tomber tout à
coup

*Les agi-
tations
interieu-
res de
l'Ame su-
posent son
Etendue
réelle.*

coup dans les plus grandes agitations &
dans une espece de desespoir, ou dans
des Mouvemens de joie & de plaisir
des plus vifs. Coment peut on comprendre un changement si soudain & si
sensible dans un Etre absolument non
etendu? Si cette Ame est un composé
d'etendue & de puissance, on en peut
aisément concevoir la possibilité, quoique
nous ne soions pas en etat de nous
former des idées distinctes, de cette nature, parce que les sens extérieurs ne
peuvent pas y ateindre. Si au contraire c'est un Etre absolument non etendu,
ce changement ne peut arriver que par
un Miracle, par une Operation immediate de la Cause premiere; Sentiment
qui dans le fond ne seroit qu'un Spino-
zisme caché. Encore ne pourroit on concevoir la possibilité de ce Miracle, dans
un sujet, dans lequel nous ne saurions
imaginer, pas même la capacité passive.

Quant à moi, je ne sais coment on
peut atribuer toutes ces facultés d'apercevoir, de sentir, d'imaginer, de rete-
nir & retrouver les idées, de raisoner;
ces Mouvemens, qui operent la determination & l'action; ces combats eter-
nels entre l'Entendement & la Volonté,
entre la Raison & l'Inclination; ces ré-

volutions soudaines de joie & de tristesse, de crainte & d'esperance; ces efets de tant d'autres afections & de passions; je ne sais, dis-je, coment on peut atribuer toutes ces capacités & toutes ces Modifications au Point Mathematique.

--------- *Credat Judæus Apella*
   Non ego.

Qu'on ne m'objecte pas ici, que les *Objection* mêmes dificultés, que je forme contre *contre* l'Existence d'un Etre non étendu, se pre- *l'Hipo-* sentent dans mon Hipothése d'un Etre *thèse de* organisé ou étendu, *invisible & impalpable l'Auteur.* à nos sens grossiers, à ce que je pretens, & par consequent semblable au Point Mathematique, & que par cette Raison je ne saurois dire même, où il est placé dans le Corps exterieur. Je répon- *Réponse.* drai 1°. Qu'il y a une diference du tout au Tout, entre le Point Mathematique, & cet Etre étendu quelque mince que vous le suposies. Il y a la même diference qui est entre le Jour & la Nuit, entre l'Existence & la Non-existence; cela n'a pas besoin d'autre preuve. Je demande 2°. S'il n'est pas vrai qu'il y a une infinité d'Etres réels, qu'on n'a pû apercevoir que par le Microscope; & si l'on ne

ne

ne peut pas supofer qu'il y en a d'autres, qu'on ne fauroit découvrir pas même par ce moïen? Au moins, il n'eſt pas contradictoire d'établir, que la Toute Puiſſance Divine a pû créer de tels Etres? N'eſt il pas vrai que ces Etres ſe nourriſſent & font leurs évacuations & autres fonctions come les Animaux viſibles & palpables, & par conſéquent, qu'ils ſont compoſés, en petit, de toutes les mêmes parties, qu'on voit en gros dans un Eléphant ou dans une Baleine? Or ſi des Etres compoſés de tant de parties diférentes & ſi minces, qui ne ſauroient être aperçuës par le Microſcope même, peuvent exiſter; quelle dificulté y a-t'il d'admettre, qu'un Corps ſpirituel & compoſé, capable de toutes les modifications actives & paſſives que nous atribuons à nôtre Ame, puiſſe exiſter, par un éfet de la Volonté & de la Toute Puiſſance Divine, quoi qu'il ne ſauroit être aperçû par nos ſens extérieurs & groſſiers? Quelle dificulté y a-t'il de l'admettre, puis qu'au moïen de tant de raiſons qui ont déja été raportées, j'oſe dire avec confiance, que la choſe ne ſauroit être regardée autrement? Je conviens 3°. Que je ne ſaurois aſſigner préciſément le lieu, où cet Etre que je ſupoſe, eſt placé dans nôtre

nôtre Corps groſſier. Mais n'êtes vous
pas dans le même cas ? Il eſt vrai que
vous dites, que vôtre Etre non étendu
n'ocupe aucun lieu ; que cet Etre *non eſt*
in loco, *ſed ubi* : Je dois donc me taire.
Mais je vous demande, quelle néceſſité
y a-t'il, que nous ſachions préciſément
en quel Endroit de nôtre Corps il a plû
au Créateur de placer cet Etre ? Peut on
conclure à la non éxiſtence de cet Etre,
parce que nous ne ſaurions déterminer
l'Endroit où il exiſte ? Ne ſufit il pas que
nous ſentions, que cet Etre, quel qu'il
ſoit dans le fond, éxiſte réellement, &
que par le même Sentiment nous puiſſions ſupoſer, qu'il exiſte dans nôtre Cerveau, plûtôt, que dans le Ventre ou dans
les Talons.

Je voudrois bien ſavoir en vertu de *La Pen-*
quoi on pourroit me conteſter que la *ſée eſt*
penſée ne ſoit pas un Langage intérieur ? *réelle-*
Outre que l'Expérience & le Sentiment *ment un*
intérieur nous convainquent de la Véri- *langage*
té de cette propoſition, il me ſeroit aiſé *intérieur.*
au moins de prouver par nombre d'Au-
torités, que je ne ſuis pas le ſeul de ce
Sentiment. Je me contenterai de raporter un paſſage d'un Auteur grave qui dit *, * Mr.
„ Les paroles de même que les penſées *Eſprit,*
„ ſont des images des choſes, & la penſée *de la*

Tom. II. Q *eſt*

fausseté des vertus humaines T. II. Ch. VI.

† Voïés le célèbre Mr. Tho- masius Essai sur l'Es- sence de l'Esprit.

„ est la parole intérieure & le Langage se-
„ cret, avec lequel nous nous entretenons.
„ *Nous parlons* dit Platon , *aux autres par*
„ *la parole, & à nous mêmes par la pensée* †.
Si la pensée est donc un Langage intérieur , je voudrois bien savoir si un semblable langage peut être conçû sans un
son ; si un son peut être conçu sans
quelque mouvement ?

Je conviens que les Articulations ou
les Modifications de ce son, de ce langage intérieur font indiscernables ; mais
de ce que ces Actes de l'Etre intérieur
font imperceptibles à nos sens grossiers,
il ne s'ensuit pas qu'ils soient des modifications d'un Etre non étendu. Cette
transpiration que nous apellons *imperceptible*, ne se forme-t-elle pas par un certain Mecanisme dans nôtre Corps étendu
& grossier ? D'où il s'ensuit donc que
l'imperceptibilité des modifications du
Mouvement n'est pas une preuve ou un
signe d'un Etre absolument non-étendu ;
cette transpiration imperceptible du Corps
prouve au contraire la possibilité du Mouvement , du Mouvement indiscernable,
que j'atribue à nôtre pensée, à nôtre
langage intérieur.

J'ai dit, que ce qui distingue principalement l'Etre raisonable de la Bête
bru-

brute, est la faculté qu'a ce prémier de former des idées abstraites distinctes par le nom qu'il leur done, & que Mr. Locke apelle *des Essences nominales*. Or, je voudrois bien savoir, coment cette Ame prétendue non étendue peut former ces idées sans articulation, sans mouvement, sans un son, imperceptible tant qu'il vous plaira, qui les rende intelligibles à elle même ? Je sens bien que Descartes ou ses Sectateurs s'ecrieront ici, come ce Philosophe a fait autre fois à l'égard du célébre *Gassendi*, o *Chair*, o Etre grossier, trop enfoncé dans la Matiére, qui ne faites qu'imaginer, *sachés que ce n'est pas par l'imagination, mais par l'intellect pur, que doit être conçu ce qui vous paroit si incomprehensible.* Mais ne nous impatientons pas. J'espère de vous faire voir en tems & lieu par vos propres principes mêmes, que vôtre distinction entre l'imagination & l'intellect pur, n'est qu'une pure Chimére.

Voici en atendant, en quoi consiste à mon avis cette pretendue diférence entre l'imagination & l'intellect pur. L'Esprit s'ocupe tantôt des Idées qui lui viennent, ou qui lui sont venues par les sens extérieurs, & qui font le sujet de ses meditations ; & tantôt il s'exerce sur des

Explica-tion de la prétendue diférence entre l'i-magina-tion &

O 2   idées

l'*Intellect* idées purement abſtraites. Si l'on veut
pur. qualifier *d'imagination* l'une de ces opérations, & atribuer l'autre à l'Intellect pur,
je ne m'y opoſe pas. Mais je demande
ſi ce n'eſt pas le même Etre tout entier
ſans aucune exception, qui ſe done car-
riere ſur ces diférentes Idées ? Et ſi ces
modifications & leurs reſultats ne ſont
pas parfaitement de même nature ? S'il y
a en cela une diférence, je ſerois bien
curieux d'aprendre en quoi elle conſiſte.

Objection Je paſſe maintenant à l'objection qu'on
contre pourra me faire & dont j'ai fait mention,
l'*Hipo-* concernant le compoſé que j'atribue à
théſe, que l'Etendue de nôtre Ame. Je ſens bien
le *Corps* que ce compoſé choquera les oreilles dé-
ſp r ... el licates de ceux qui ſont d'un Sentiment
de l'Ame contraire au mien, ou pour mieux dire de
eſt un ceux qui ſont dans les anciens préjugés.
compoſé. Coment ! *s'ecrieront ils,* On veut nous faire croire, que nôtre Ame eſt un Etre
compoſé ! La compoſition ſupoſe la dé-
compoſition. Cette Ame eſt donc matérielle ou ſemblable à la Matiére que
nous conoiſſons ; elle eſt donc diviſible;
deſtructible, periſſable, mortelle en un
mot. Quelle impieté ! N'eſt ce pas ren-
verſer tous les Principes de la Religion
& de la Morale ?

Reponſe. Je repons, qu'à l'Endroit où j'ai dit,
                                                qu'il

qu'il eſt clair, qu'il n'apartient qu'à un Etre qui etant compoſé & cenſé avoir des Parties, de changer d'atitude & de ſituation &c. Je n'ai raiſoné que ſur la Nature de la ſubſtance corporelle étendue à nous conue, pour faire comprendre qu'il y a quelque choſe d'analogique entre cette étendue & celle que j'atribue à notre Ame, qui la rend capable des fonctions actives & paſſives qu'elle éxerce.

Mais convenons, ſans nous en défendre, que le Corps ſpirituel de nôtre Ame eſt originairement un Compoſé. Cela reſulte de l'Hipothéſe de Mr. de *Leibnitz* dont j'ai fait mention, & dont dans un ſens je ne ſuis pas éloigné. Ce grand Philoſophe ſupoſe que nôtre Ame eſt doüée d'un Corps organiſé, qui l'acompagne toûjours, même avant la Conception, & ne la quite point après la Mort. † Si cela eſt, je croi quant à moi, fondé ſur les Obſervations microſcopiques de Mr. *Lovvenhock* allegué par ce Philoſophe, que ce Corps organiſé de l'Ame eſt formé dans les Vaiſſeaux ſpermatiques de l'Ame, & cela par un Mecaniſme établi par le Créateur dès l'Origine des choſes, qui nous eſt entiérement inconu. * Si cet

† *Lettre à M. l'Abé Conti, Recueil de div. piéces par Mrs. de Leibnitz, Clarke &c. T. II,* te *p. 337.*

O 3

---

* *La diference qu'il y a entre l'Hipotheſe de*

te formation se fait par des particules
élementaires, expressement destinés pour
cet éfet par le Créateur, & diférentes
de celles dont les Corps visibles & palpables font composés, ou si c'est par des
particules de même nature ; c'est ce que
nous

M. de Leibnitz *& la mienne consiste* 1°. *en
ceci, que ce Philosophe supose que le Corps
organisé qu'il atribue à l'Ame, & cette Ame
elle même, sont deux substançes distinctés, &
que l'Ame peut être conçue come existante independamment de ce Corps, que je regarde come
cause instrumentale &* sine qua non *de la
faculté de sentir & de penser; au lieu que j'é-
tablis dans mon Sistème, que le Corps spirituel est animé par ce soufle divin qui done
la vie & le mouvement à tous les Etres sensibles & insensibles existans, & que dans ce sens
ce soufle ne peut être pris pour l'Ame même,
ou pour un Etre existant, par lui même & independamment de la Puissance dont il émane,
ou independamment de ce Corps Spirituel, à
qui il done la Puissance active & passive ; mais
que ce soufle divin joint à ce Corps spirituel
forme cet Invidu, ce* Supot *que nous apellons
Ame. J'aurai ocasion dans un autre tems de
raisoner très amplement sur cette Hipothese de*
Mr. de Leibnitz.

                       Cette

nous ne pouvons qu'ignorer encore : il ne nous eſt pas permis de pénétrer ſi avant dans ces ſortes de miſtères de l'œconomie Divine. Cependant ſi le raiſonement de Mr. l'Abé *Pluche* * ſur les particules élementaires eſt fondé , come il y a tou-te

Hiſt. du Ciel T. II. p. 178-179.

Cette diférence conſiſte 2°. en ce que ce Philoſophe ſupoſe , que les Corps organiſés des Ames qui ſeront un jour humaines , ont déja exiſtés tout formés dans les Semences des Ancétres juſqu'à Adam, & par conſéquent depuis le comencement des choſes ; au lieu que je crois qu'il y a beaucoup moins de dificulté de ſupoſer come je fais , & come j'ai dit , qu'ils ſont formés dans les Vaiſſeaux ſpermatiques de chaque Individu, par un Mecaniſme qui n'eſt conu qu'au ſeul Orateur.

Je dis , que Dieu de cette maniére a prediſpoſé la Création de ces Corps organiſés Spirituels , pour, au moïen du ſoufle Divin, qui en vertu de cette même prédiſpoſition les anime immédiatement après leur premiére formation , leur doner la capacité de devenir un Jour des Etres penſans , & celle d'exercer la Puiſſance active & paſſive. Je demande , ſi ce que je ſupoſe ici , eſt inconcevable & s'il implique contradiction ? Je crois qu'on aura de la peine à me le prouver. Dieu s'étant propoſé une fin

dans

te aparence, je dois adherer au premier
fentiment plûtôt qu'au fecond. Mais quoi
qu'il en foit, ce Corps fpirituel organifé de l'Ame eft donc un Etre compofé : j'en conviens. Mais que s'enfuit-il ?
On me dira que la compofition fupofe la
décompofition. Je demande, la fupofe-
t'elle néceffairement & abfolument. Cette propofition eft-elle un Axiome ? Quant
à moi je ne le crois pas. Qui, quel Etre, quel
Ange, quelle Puiffance eft-ce qui décompo-
fera ce Corps fpirituel, organifé, compofé ?
Ou cet Etre, par une défaillance de fa Nature, fe decompofera-t'il de lui-même, fi
Dieu ne le veut pas ? Or Dieu eft fi éloigné
de

dans la Création de cet Etre, qui étoit fans
doute celle de le rendre un Etre capable de
fentiment, d'intelligence & de loi ; capable de
recompenfe ou de punition, de bonheur ou de
mifere ; pouvons nous concevoir, fi tant eft que
nous voulions, que ce que nous penfons & que
nous établiffons à cet égard, ait un fens ; que
Dieu n'ait pas emploié le moïen le plus convenable pour operer cette fin. Or, l'unique moïen
pour y parvenir, étoit, au moins dans nôtre
façon de concevoir la chofe, d'en faire un Etre
penfant. J'ai fait voir que nous ne faurions
concevoir cette capacité que dans un Etre réellement étendu,

de décompofer cet Etre, ou de permettre qu'il foit décompofé par autrui, qu'il n'y a rien de fi clair, de fi exprès, ni de fi fouvent répété dans l'Ecriture Sainte du Nouveau Teftament, que cette Volonté de Dieu, cette Déclaration qui fait le fondement de la Religion, & celui de nôtre efperance, qu'il confervera éternellement cet Etre dans l'état qu'il lui a doné. Il me femble qu'il faut être bien dificile à contenter en preuves, fi cette Declaration tant de fois réiterée, la Veracité & la Toute-Puiffance de celui qui a créé cet Etre, ne fufifent pas. Mais non : Une certaine curiofité préfomptueufe * de nos Philofophes de ces derniers fiécles a voulu aller au deffus. *Defcartes* a entrepris de nous prouver, que cet Etre eft immortel par fa propre nature. Pour cet éfet il établit, que c'eft un Etre abfolument non étendu ou immatériel, fimple, fans parties, n'ocupant aucun lieu ; en

un

* *On defigne cette curiofité en Allemand par le terme* Nafvveisheit, *qui eft d'une Energie qu'on ne fauroit rendre en aucune Langue par un autre mot équivalent, & qui exprime à merveille ce que je veux dire ici. Il fignifie également & trop de curiofité & trop de préfomption ; & les tourne en ridicule.*

un mot, que c'eſt le Point Mathematique. J'ai doné les raiſons, qui font voir,
que c'étoit détruire d'une main, ce qu'on
s'étoit éforcé d'élever de l'autre. Mais
n'y touchons pas d'avantage. Ce Point
Mathematique eſt donc indeſtructible : Il
eſt prouvé par ſa nature, qu'aucun Etre,
aucune Créature ne ſauroit doner ateinte à l'eſſentiel de ſa nature, à ſon immortalité. Voilà qui va le mieux du monde. Mais je vous demande, Dieu pourroit-il le detruire ? Vous héſités ... .. * Je
vous dirai donc, que ſi Dieu peut le
détruire, come vous n'oſeriés en diſcon-
venir, il n'eſt donc pas vrai, il n'eſt
donc pas prouvé, que cet Etre eſt immortel, qu'il eſt abſolument immortel par
ſa propre nature. Ne ſentés vous pas,
que

* *M.* Baile *dit fort bien. Oeuv. div. T. IV p.*
461-462. *que* l'annihilation n'eſt pas moins
l'ouvrage d'une Puiſſance & d'une Vertu
infinie que la Creation, & qu'ainſi aucune
Vertu crée ne peut anéantir quelque
choſe. Il *dit ailleurs en propres termes*,
que l'Ame n'eſt pas immortelle à tout
égard ; que Dieu peut l'anéantir à tout
moment, & que lui ſeul eſt immortel &
abſolu.

que cette proposition, *nôtre Ame est ab-*
solument immortelle par sa propre nature *,
prouveroit trop, puis qu'elle prouveroit
que Dieu même ne pourroit la détruire:
Il s'enfuivroit, que cette Ame est exiftante par elle même, & independamment
de Dieu: Car être immortel par sa propre nature, & exister par soi même font
deux idées, ne vous en deplaise, dont
l'une ne sauroit être separée de l'autre : Ce
font deux atributs qui n'apartiennent qu'à
l'Etre suprème, exclusivement à tout autre Etre †. Et si vôtre Ame n'est immortelle que dans un sens limité ; vous
ne prouvés rien du tout, vous ne prouvés pas ce que vous avés entrepris de
prouver ; ou au moins vous n'allés pas
plus loin que je vais de mon côté *.
J'ai dit, que nôtre Ame étendue & composée dans sa maniére d'être, telle que
je la supose, est immortelle par la Volonté expresse & par la Toute Puissance
de celui qui l'a crée. Cela posé pour
principe ; il est aussi évident dans mon
Sistème, qu'il l'est dans le vôtre ; qu'aucun Etre quel qu'il soit ne sauroit doner
la moindre ateinte à cette immortalité.
Vôtre derniére ressource, vôtre dernier
refuge est donc le mien. Vous m'avés
avoué tacitement, que Dieu pourroit detruire

*L'Hipo-
thèse de
Descar-
tes, que
nôtre A-
me est
immor-
telle par
sa propre
nature,
prouve-
roit trop.

† Voïés
ce que j'ai
dit sur ce
même su-
jet. T. 1.
p. 286.

* L'Im-
mortalité
de nôtre
Ame n'est
pas moins
certaine
dans le
Sistème
de l'Au-

teur, que dans les autres.　truire vôtre Ame, telle que vous la fu= posés dans vôtre Siftème ; mais qu'il ne la detruira pas, parce qu'il ne veut pas la detruire, & qu'il veut la conferver. Au moins vous n'oferies penfer ni par- ler autrement. Si c'eft là vôtre dernier mot ; fi l'immortalité de nôtre Ame, dans vôtre Siftème come dans le mien, n'eft fondée, que fur la Volonté & la Toute Puiffance de fon Créateur, come abfolu- ment elle ne fauroit avoir d'autre fon- dement ; permettés moi de vous dire, que ce n'etoit pas la peine pour confta- ter cette immortalité par d'autres preu- ves, d'imaginer un Siftème infoutenable, contradictoire, & dans lequel aucune de ces operations que nous atribuons tous à nôtre Ame, & encore moins l'influence reciproque de l'Ame fur le Corps & du Corps fur l'Ame, à prendre ces termes dans le fens qu'on leur done comune- ment, ne fauroit être conçue ; ce n'étoit pas la peine, dis je, pour fauver l'incom- prehenfibilité de l'action de l'Ame fur le Corps & du Corps fur l'Ame, fondée dans le Siftème de l'Influence phifique tel qu'on nous l'a doné ci devant, fur l'immaterialité de l'Ame, come dans le vôtre ; d'imaginer d'un côté le Siftème des *Caufes ocafionelles* perfectioné par le cé-

célèbre Pére *Malebranche*, & celui de
l'Harmonie préetablie d'un autre, qui tous
les deux, malgré toutes les Explications,
toutes les diftinctions, toutes les modifications, & tous les adouciffemens qu'on
y aporte, (Je veux que ce foit contre
l'intention de leurs Auteurs) font Dieu,
au moins dans un fens, Auteur du Péché,
& ôtent toute liberté à l'Etre raifonable.

La durée éternelle de Dieu eft de fait *L'Immu-*
& de droit, s'il eft permis de s'expliquer *tabilité*
ainfi : Elle eft de fait, nous en convenons *phifique*
tous : Elle eft de droit, par ce que l'E- *de Dieu*
tre qui exifte par lui même, exiftera tou- *eft de*
jours, côme il a toujours exifté, par fa *droit &*
propre Puiffance & par fa propre Volon- *de fait.*
té, qui font l'unique règle qui établit ce
Droit, & cela fans qu'aucun autre Etre
puiffe alterer cette durée. On peut dire
que Dieu lui même, par l'heureufe perfection de fa nature, ne pourroit y doner ateinte.

L'immortalité de nôtre Ame, fembla- *L'Indivi-*
ble à l'indivifibilité des Atomes ou des *fibilité de*
Particules Elementaires, n'eft qu'une im- *nôtre A-*
mortalité de fait, & par la Volonté d'au- *me eft de*
trui. Ces Atomes exiftans font indivifi- *fait &*
bles de fait, Dieu pourroit les divifer *femblable*
d'avantage s'il vouloit (je ne dirai pas *à celle des*
s'il peut ou s'il ne veut pas les divifer *Atomes.*

à

à l'infini ; c'eſt une queſtion qui ſera agitée dans une autre ocaſion ;) Mais il n'y
a pas aparence qu'il le veuille ou qu'il
le faſſe. Dieu pourroit détruire nos Ames;
mais il déclaré, qu'il ne le fera pas, &
ſa Véracité nous tient lieu à cet égard
de la plus grande certitude que nous
puiſſions avoir. Voilà tout ce qui ſe
peut dire de plus certain & de mieux
fondé ſur cette Matiére, quelque Siſtème
que l'on adopte d'ailleurs, ſur la nature
de nôtre Ame. Mais je crois, que c'eſt
un point tout décidé, que parmi les diférens Siſtèmes qu'on peut imaginer ſur
ce ſujet, il convient de ſe tenir à celui
qui eſt le moins ſujet à contradiction.
Le tems fera voir, s'il plait à Dieu, ſi
celui qui eſt mon objet, merite cette préférence ou non.

Je ne ſaurois m'empêcher de raporter
ici un Endroit d'un Ouvrage qui a parû
depuis peu, & qui eſt fort eſtimé, dans
lequel ſon Judicieux Auteur, avec une
circonſpection bien diférente de celle de
ceux qui ont entrepris de prouver dé-
monſtrativement, ouvre ſon Sentiment
ſur la nature de nôtre Ame. Le Lecteur y verra une certaine conformité entre ſa façon de penſer & la mienne ſur
un ſujet ſi ténébreux, dont j'ai lieu de
m'a-

m'aplaudir. „ Nôtre Ame, dit il*, eſt
„ un Soufle, & une emanation de la Di-
„ vinité, qui, auſſi peu palpable, auſſi
„ peu ſenſible que la Divinité même d'où
„ elle émane, agit ſur nous & au dedans
„ de nous, qui nous conduit, qui nous
„ conſeille, qui nous determine ſur l'a-
„ venir, qui nous reproche le mal & qui
„ ſatisfait nôtre interieur, pour prix du
„ bien que nous operons. *Cette partie in-*
„ *definiſſable de nous* †, eſt auſſi active, auſ-
„ ſi entiére que nous, dès le prémier
„ moment de nôtre Exiſtence, qu'elle
„ l'eſt dans la ſuite. Et ſes operations
„ ſe demontrent ſeulement moins ſenſi-
„ blement, *juſqu'à ce que les organes foi-*
„ *bles dans les comencemens, aïent pris une*
„ *certaine conſiſtence, & juſqu'à ce qu'aïant*
„ *aquis tout le reſſort qu'ils doivent avoir, ils*
„ *puiſſent ſeconder paſſivement d'abord, puis*
„ *activement, les impulſions de ce je ne*
„ *ſais quoi, que je ne comprens point,* par
„ ce qu'il eſt tout Divin, & qu'il ne
„ tombe ſous aucun des ſens; mais dont
„ j'eprouve ſenſiblement l'action. C'eſt
„ de là qu'émane cette faculté d'aperce-
„ voir les idees, d'en former des juge-
„ mens en les combinant, de raiſoner,
„ d'agir ſenſément en conſéquence, de
„ reſuſter à tout ce qui nous ſeroit propoſé,

* *Senti-*
ment de
l'Auteur
des pen-
ſées di-
verſes
ſur l'Ho
me, con-
cernant
la nature
de nôtre
Ame.

† *Je dis*
auſſi que
nôtre A-
me eſt un
tiſſu in-
definiſ-
ſable
d'eten-
due &
de puiſ-
ſance.

„ poſé, qui ne feroit pas raiſonable.

Refle-
xions de
l'Auteur
ſurcePaſ-
ſage.

Il eſt évident que l'Anonime eſtimable que je viens de citer, ſupoſe come je fais de mon côté, que la Matiére, ou les organes corporels, ſont la Cauſe ſine qua non des modifications qu'il atribue, à ce qu'il apelle avec raiſon, Soufle Divin. Il eſt vrai qu'à cet égard il ne paroit avoir en vüe que les organes du Corps groſſier excluſivement. Mais dans ce ſens, ſon Sentiment ne laiſſeroit pas d'être ſujet à pluſieurs dificultés. 10. Coment pourroit-on concevoir le raport, qui doit ſe trouver de toute neceſſité entre ces organes & ce Soufle Divin, pour operer l'action & la reaction de l'une de ces deux parties ſur l'autre, que nôtre Anonime établit en termes non équivoques, ſupoſé que ce Soufle fût purement ſoufle, c'eſt à dire, un je ne ſais quoi, pour me ſervir de ſes termes, ou un Etre purement immateriel? 2°. Coment pourroit-on concevoir cette action ou reaction, ou la puiſſance active & paſſive, dans un Soufle, dans un Etre purement immateriel? 3°. Ce Soufle, qu'il apelle une *Emanation* (immediate) *de la Divinité*, un je *ne ſais quoi tout Divin*, coment pourroit il être ſuſceptible du peché & de la corruption? 4°. Coment

ment pourroit on concevoir, que le Sentiment, la mémoire, le souvenir de son Exiſtence en ce Monde, & celui de ſes actions paſſées; Conditions ſans leſquelles l'Ame ne pourroit etre ſuſceptible d'un Jugement dans un autre Monde, ni de recompenſe ou de punition, de bonheur ou de miſère; coment pourroit on ſupoſer, dis je, que ces proprietés puiſſent ſe trouver dans un Soufle, dans un je ne ſais quoi purement immatériel?

Pour écarter toutes ces dificultés, il faut donc neceſſairement admettre un raport immediat entre ces deux parties, fondé ſur une propriete qui leur ſoit comune, & qui conſtate la poſſibilité de l'action & de la reaction de l'une ſur l'autre; propriete qui ne peut conſiſter que dans l'Etendue réelle de l'une & de l'autre de ces deux parties. On eſt d'autant plus obligé d'établir ce raport fondé ſur cette propriete comune qui eſt l'Etendue, ou d'en convenir, qu'il eſt évident, come je l'ai dit plus haut, qu'on ne peut chercher, l'origine de toutes nos conoiſſances que dans les impreſſions que les obiets hors de nous font ſur nôtre extérieur. Cette Propoſition qu'on ne ſauroit nier, ſans contredire à l'Expérience & au Sentiment intérieur, ſupoſe

Maniére de concevoir le raport qu'il y a entre l'Ame & le Corps groſſier.

Tom. II. P ab

abſolument ce raport, non ſeulement
entre ces objets hors de nous & nos ſens
extérieurs, ou nos *ſenſoires* qui ſont des
organes du Corps groſſier; mais encore
entré ces organes, & nôtre Corps ſpirituel.

Supoſons come je fais, que ce Soufle
Divin, anime principalement en nous,
un Etre intérieur étendu, organiſé, ſpirituel, c'eſt à dire, inviſible, impalpable à nos ſens groſſiers, indiviſible &c.:
Le raport immediat entre le Corps groſſier extérieur ou ſes organes & ce Corps
ſpirituel, l'Action reciproque de l'un ſur
l'autre; le Principe, que tant les organes
de ce Corps groſſier que ceux du Corps
ſpirituel ſont les Cauſes *ſine quâ non* des
modifications de ce *tiſſu indefiiſſable d'E-
tendue & de Mouvement*, ſeront parfaitement établis: On y concevra aiſément
la poſſibilité des modifications actives &
paſſives de cet Etre ſpirituel: On y concevra toutes ces proprietés qui le rendent capable d'un jugement dans un autre Monde & de ce qui en dépend. On
ſentira aiſément la poſſibilité du changement ou de la Corruption de ce tiſſu
d'Etendüe & de Puiſſance, puis qu'on
peut l'enviſager come une ſuite ou come un foible ataché, en vertu des Décrets

crets impénétrables de l'Etre fuprème, à la nature de cet Etre, autant qu'elle eft étendüe & fufceptible de changement & de corruption *. Ainfi toutes les dificultés dont je viens de faire mention s'évanouïront.

On m'a objecté ici : „ Que dans le Paf-
„ fage tiré de l'Auteur des penfées di-
„ verfes fur l'Ame, le Soufle Divin eft
„ l'Ame elle même, & qu'ainfi, en aprou-
„ vant ce Paffage avec une modification
„ qui ne tombe pas fur cet Article, je
„ done lieu de m'acufer de variation.

Objection contre le Sentiment de l'Auteur.

Réponfe.

Je repons, que je ne fais pas quelle eft proprement l'Idée que nôtre Auteur a de la nature de ce Soufle ; il ne s'eft pas affes clairement expliqué là deffus. Mais qu'il me foit permis de repeter fes Termes. *Nôtre Ame eft un Soufle,* dit il, *& une Emanation de la Divinité, qui auffi peu palpable, auffi peu fenfible que la Divinité même d'où elle émane, agit fur nous & au dedans de nous, qui nous conduit &c.*

P 2 Sur

---

* *Le terme de corruption n'eft pris ici que dans un fens Moral, & ne dénote que les impreffions que les Objets extérieurs peuvent faire fur cet Etre fpiritüel, confidéré come un Tiffu d'Etendüe & de Puiffance, & qui font contraires au devoir.*

Sur quoi je remarquerai 1°. Que si ce Sou
fle est un Soufle, une Emanation de la Divinité, ce n'est donc pas un Etre crée, une
Substance qui existe par elle même : En
cette qualité d'emanation, on ne peut
pas envisager ce Soufle non plus come
quelque chose de distinct ou de separé
du Principe dont il est l'émanation, puis
que c'est un Principe incontestable, que
la Nature Divine est indivisible, & que
par conséquent tout ce qui émane immediatement de cette Nature, ne peut
être envisagé come réellement distinct
ou séparé d'elle. Ce Soufle entant qu'é-
manation immédiate de la Divinité ne
peut donc être consideré que come une
Vertu, un Principe de vie qui, par un
éfet de la Volonté & de la Toute Puissance Divine, anime un Etre réel, & le
rend capable des proprietés & des fonctions dont nôtre Auteur parle. Mais
quel est cet Etre réel ? Voïons ce qu'il
est, en examinant 2°. Ce que c'est que
ce Nous, dont nôtre Auteur parle, &
duquel il dit, que ce Soufle agit
sur ce *nous* & au dedans de ce *nous*, qu'il
conduit ce *nous* *&c.* ; un *nous* qu'il distingue par conséquent de ce Soufle. Ce
nous ne peut être le Corps grossier ou le
Corps grossier seul : Ce Corps grossier
n'est

n'eſt pas le véritable *nous*, ou le véritable *moi*, cela eſt évident. Ce *nous* ne peut donc être que le Corps ſpirituel que j'atribue à nôtre Ame : Il eſt vrai que ce Corps ſpirituel de l'Ame n'eſt pas tout ſeul, le véritable *nous* non plus. On peut donc dire, que le *nous* eſt d'un côté le Corps ſpirituel que j'atribue à nôtre Ame, & le Corps groſſier, l'un & l'autre reſpectivement, Cauſe inſtrumentale & *ſine quâ non* des fonctions & operations du véritable nous; & que c'eſt d'un autre, ce Soufle Divin qui animant ces deux Parties, forme le véritable *nous* entier, individuel & complet; que c'eſt donc ce nous, qui conſiſte principalement dans ce Corps intérieur ſpirituel & dans ce Soufle Divin, qui conſideré entant *qu'actif*, conduit, conſeille determine &c; ce nous, nôtre Etre complet, conſideré entant que *ſenſitif & paſſif*.

J'eſpere que nôtre Auteur conviendra d'autant plus de ce ſens que je done à ſes Termes, que judicieux come il eſt, il ſentira lui même, d'un côté, que l'activité ne ſauroit être atribuée à ce Soufle ſeul, qui n'eſt dans le fond, ainſi que j'ai dit, qu'un Mode, une Modification une Emanation de la Toute Puiſſance divine; & que d'un autre côté, il atribue

bue

bue aux organes de ce *nous* , la faculté
de feconder paſſivement, activement même, les impulſions, de *ce je ne ſais quoi*
come il l'apelle, auquel il atribue proprement l'activité ; par où il ſupoſe tout
au moins que ces organes ſont des cauſes inſtrumentales. & *ſine quâ non* de ce
nous individuel, de quelque façon que nous
le difiniſſions. Je crois avoir déja fait
conoitre que l'on doit ſupoſer deux ſortes d'organes dans l'Etre individuel ou
complet ; les organes du Corps groſſier,
& principalement ceux qui conſtituent
les cinq ſens extérieurs ; & de certains
organes dans le Corps ſpirituel de l'A-
me, au moien desquels on peut concevoir ſon Activité en général , & en particulier l'influence reciproque entre elle
& le Corps groſſier.

Il ſuit donc naturellement de ce dont
nôtre Auteur convient lui même, que
nôtre Ame, ou l'Etre doué de la Puiſſance active & paſſive , ne peut être enviſagée come abſolument non étendue ou
immaterielle.

Si dans tout ce que je viens de dire,
je ſuis fondé, come je le crois, on ne
peut donc pas m'acuſer, que je varie
dans mon Siſtème, ou dans ma façon
de penſer ſur ce ſujet.

SEP-

SEPTIEME REMARQUE.

Les Bêtes penſent. C'eſt aujourd'hui un Sentiment généralement admis de tous les bons Philoſophes, d'autant qu'il eſt fondé ſur ce que nous apercevons trés évidement en elles. Tout le Monde ſiſie aujourd'hui l'Hipothèſe de Deſcartes, que les Bêtes ſont de pures Machines. Il y a plus : Des gens trés ſenſez penſent que Deſcartes avoit ſes raiſons pour débiter ce Paradoxe, dont il n'étoit peut être pas plus perſuadé dans le fond de ſon Ame, que le ſont ceux qui adoptent l'opinion contraire. C'eſt le Sentiment d'un Savant du prémier ordre auſſi reſpectable par ſa vaſte Erudition que par le poſte éminent qu'il ocupe. Voici ce qu'après avoir fait conoitre qu'il panche pour un Siſtème qui aproche beaucoup plus du mien, que de celui de Deſcartes, il en dit dans une de ſes Lettres à un Philoſophe de mes Amis qui me l'a comuniquée*, Il eſt aiſé de ſentir quelle étoit la vüe ſecrete des Deſcartes en établiſſant ſon Hipothèſe, par laquelle il ſoutient que les Bêtes ſont de pures Machines. N'oſant encore la publier pour l'Ame de l'Home (dans un ſens s'entend qui ne combat

Les Bêtes penſent. P. 86

Reflexion d'un ſavant ſur l'Hipothèſe de Deſcartes

pas

pas son immortalité) *il l'a proposée por*
celle des Bêtes, quoi qu'en leur refusant le
Don de penser & de sentir, de peur d'éfarou-
cher les Theologiens de son tems ; qui n'étoient
déja que trop acharnés contre lui. Il a jetté
en avant ce Sistème pour doner à penser aux
Homes, & laisser à ceux qui suivroient, à
achever cette besogne.

Qu'il me soit permis de faire une réflexion sur cet Endroit. C'est qu'à ce
que je crois, aucun des Panegiristes de
Descartes n'a jamais rien dit, qui fasse
tant d'honeur au bon sens de ce Celebre
Philosophe, que ce que ce Savant en
pense.*

* *Conse-*
quences
qui resul-
tent de ce
Principe,
que les
Bêtes
pensent.

Or, si les Bêtes pensent, il s'ensuit de
deux choses l'une, ou que Dieu peut joindre à la Matiére la faculté de penser,
ou que les Bêtes ont des Ames. Si les
Bêtes n'ont point d'Ame, Dieu peut donc
douer la Matiére de la faculté de penser, ce
qui done en tout sens gain de cause à l'illustre M. *Locke.* Si au contraire les Bêtes ont
une Ame, elle est mortelle ou immortelle
Or je demande, qui est ce qui oseroit dire qu'il y a des Ames mortelles qui éxis-
tent ? Et si ces Ames sont immortelles, un
Ciron a donc une Ame immortelle. Dieu
qui ne fait rien que de digne de sa sagesse souveraine joint donc des Ames
im-

immortelles à ces petits Etres ou à d'autres
semblables, qui au dire des Naturaliftes
ne vivent pas vingt quatre heures. Mais
ces Ames immortelles, que devienent elles
après avoir quité les petits Corps qu'elles
habitoient ? Sont elles refervées pour un
jugement, afin de recevoir recompenfe
ou punition ? Sont elles enfevelies dans
un Eternel fomeil ? Etabliffés vous la
tranfmigration, la transformation ? Une
Ame fortie de ces petits Corps où eft elle
depofée, en atendant qu'elle foit placée
dans un autre Corps ; ou ce Corps eft il
tout prêt à la recevoir en fortant de celui
qu'elle ocupoit ? Le Corps d'un Ele-
phant ou d'une Baleine, en quel autre
Corps eft il transformé ?

Les plus habiles & les plus modeftes
d'entre ceux dont je combats le Siftème*, *Monta-*
a vouent qu'il n'en favent rien, ni moi *gne cité.*
non plus. Voilà où conduifent des Siftèmes mal digerés.

Qu'il me foit permis de raporter ici *T. II.*
un paffage de *Montagne* fur cette preten- *Ch. XII.*
due tranfmigration, qui fera fans doute *p. 488.*
plaifir au Lecteur. *de l'Ed. in*

  ,, Je ne veux pas oublier, *dit-il*, l'ob- *12. de M.*
,, jection que font les Epicuriens à cette *Cofte.*
                         ,, trans-

---

* *Voïés M. Ditton la Religion prouvée par la*
Refurection. T. II. p. 491.

,, tranfmigration de Corps en autre : Elle
,, eſt plaiſante. Ils demandent qꞌel ordre
,, il y auroit , fi la preſſe des Mourans
,, venoit à étre plus grande que des Naiſ-
,, ſans. Car les Ames delogées de leur
,, gite, feroient à ſe fouler à qui pren-
,, droit place la premiere dans çe nou-
,, veau Etui ; Et demandant auſſi , à quoi
,, elles paſſeroient leur tems, cependant
,, qu'elles atendroient qu'un Logis leur
,, fût apreté : ou au rebours, s'il naiſ-
,, ſoit plus d'Animaux qu'il en mourroit,
,, ils difent, que les Corps feroient en
,, mauvais parti , en atendant l'infuſion
,, de leur Ame , & en adviendroit, qu'au-
,, cuns d'iceux ſe mouroient avant que
,, d'avoir été vivans. Il çite enſuite *Lu-*
,, *crece.*

Denique Connubia ad Veneris, partus que
    ferarum.
Eſſe animas præſto, deridiculum eſſe videtur :
Et ſpeĉtare immortales mortalia membra

* L. III. *Innumero numero , certareque præproperan-*
v. 781,   *ter*
à785. *Interſe, quæ prima, potiſſimaque inſinue-*
    tur. *

  ,, Il femble enfin , qu'il eſt ridicule
,, d'imaginer qu'à point nommé les Ames
                             aſſiſ-

„ affiftent à l'acouplement des Animaux,
„ & leur naiffance, & que ces natures
„ immortelles foient continuellement au
„ guet, en nombre innombrable pour en-
„ trer dans des Corps mortels, chacune
„ prête à difputer l'avantage d'être in-
„ troduite la premiere.

„ Il fe peut averer par là, *continue* * p. 490.
„ *Montagne*, * les mifteres de la Philofo-
„ phie avoir beaucoup d'étrangetés co-
„ munes avec celle de la Poëfie: L'En-
„ tendement humain fe perdant à vouloir
„ fonder & controler toutes chofes juf-
„ qu'au bout: tout ainfi come laffés &
„ travaillés de la longue Courfe de nô-
„ tre Vie, nous retombons en Enfantil-
„ lage. Voilà les belles & certaines inf-
„ tructions que nous tirons de la Scien-
„ ce humaine fur le Sujet de nôtre * *Refle-*
„ Ame. Il n'y a point moins de temeri- *xion fur*
„ té en ce qu'elle nous aprend des par- *l'Hypo-*
„ ties corporelles &c. * *thefe de*
 la trans-
Je n'aurois pas cité ce paffage un peu *formaton*
long, n'étoit, que de nos Jours l'Hi- *des Infec-*
pothefe de la transformation, qui eft une *tes.*
efpèce de tranfmigration, à été imaginée
ou renouvelée: Il eft vrai que *transforma-*
tion n'eft pas proprement *transmigration*.
Mais l'une de ces Hypothefes n'eft pas
fujete à moins de dificultés que l'autre.

Ou-

Outre celles que j'ai déja alleguées, il
est évident que la transformation des Insectes, qui, peut être, n'est que developement, ou depouillement de certaines parties inutiles à l'Insecte dans son
nouvel état, n'est point aplicable aux
Animaux *Ovipares* & *Vivipares*.

Je demande, ces Insectes auxquels
on atribue cette transformation, pro-
créent ils leurs Espèces? S'ils le font, ainsi
qu'il n'y a pas lieu d'en douter, coment
l'acorder avec cette Hipothése de la transformation, ou quelle est l'Epoque de la
transformation, à laquelle arrive l'extinc-
tion de toute une Espèce, & la formation d'une autre? Il y auroit une infinité
de pareilles questions à faire là dessus,
les unes peut-être plus insolubles que les
autres.

Mais quel est enfin le sort de toutes
ces Ames des Bêtes en general? J'ose me
flater que mon Siftème nouveau tel que
je l'ai developé dans le premier Volume
de mon Ouvrage, done une Solution
tellement claire & évidente à toutes ces
dificultés ou à toutes ces objections, que
le moindre Ecolier sera en état de la
sentir aussi vivement que le plus pénétrant des Philosophes.

HUI-

HUITIEME REMARQUE.

ON avoit demandé à Mr. Locke* ce qu'il y avoit dans la Matiére qui pût répondre au fentiment intérieur, que nous avons de nos actions! La folution eft toute fimple. Il y avoit, ou il y a *Capacité*. Expliquons nous. Cette capacité n'étoit pas dans la Matiére entant que folide, étendue & fans forme. Mais elle dependoit de l'Arrangement, que le Divin Maitre lui a doné. N'eft il pas vrai, qu'une Montre ou une Pendule non montée & telle qu'elle fort des Mains d'un bon Ouvrier, a la Capacité d'indiquer les heures; capacité qu'en qualité d'un Etre entiérement paffif & infenfible elle ne tient pas d'elle même, mais de l'invention & de l'induftrie du Maitre qui l'a faite? Sans cette capacité, inutilement la monteroit on pour lui doner ce Mouvement néceffaire, qui doit operer la fin, qui étoit dans l'Efprit de l'Ouvrier. Figurés vous, qu'il en eft tout de même de la prémiere Machine humaine crée. Dieu en l'organifant come il lui a plû de le faire, l'a rendue *capable* * du Sentiment intérieur de fes actions

Objection: Qu'ya til dans la Matiére, qui pût repondre au fentiment intérieur ?
* P. 86.
Reponfe.

_____

Dans l'exacte verité, cette capacité du Corps

tions & de ce qui en depend, au moïen
du Soufle † dont il l'a animée, qui la fait
cheminer à fa maniére, come la Pendule chemine à la sienne. Il faut bien
que cette organization ou cet arrangement ait été néceffaire ; qu'il ait même
été le meilleur & le plus propre pour
operer

organifé, ou de la Matiére dont il eft com-
pofé n'eft que paffive. La capacité active du
fentiment &c. n'apartient qu'à l'Etre complet
doüé d'Etendue & du Soufle Divin qui l'anime
fauf les prerogatives de l'Ame ; dont nous
convenons tous.

† Si l'on me demande, coment le foufle pu-
rement foufle a pû ou peut operer dans la Ma-
chine humaine, la perception, le fentiment ;
la capacité de penfer &c. Je repondrai come
j'ai déja fait, que cela eft aifé à concevoir ;
puifque c'eft une Production de la volonté de
Dieu, qui étant acompagnée d'une Puiffance
fans bornes, opère toujours fur le champ &
immédiatement fon plein & entier effet. Et
il n'y a pas lieu de douter, qu'à l'égard de
ce qui eft en queftion ; telle n'ait été ou ne
foit la volonté de Dieu. Voïés ce que j'ai dit
fur ce fujet T. I. P. I. p. 302. & fuiv. &
Partie II. p. 125. & fuiv. Je m'expliquerai
en-

operer cette capacité, puis que cet Etre
suprème dans son Entendement Divin l'a
preferé aux autres arrangemens possibles.
Cet arrangement étoit donc la Cause *sine quâ non* de cette capacité (passive) comme
le Soufle Divin est celle de la Puissance
active & passive & de ce qui en depend.
Il me semble même qu'il n'y a rien de
si simple ni de si naturel, que d'envisager ce Chef d'oeuvre de la Sagesse & de
la Toute Puissance sur ce pied là. Si
vous ne comprenés pas le *coment*, demandés le à ce Divin Ouvrier : Il vous
l'aprendra.

En suposant avoir à faire à quelqu'un
qui seroit dans le Sentiment du D. *Stillingfléet*, je lui dirai : Vous croïés avoir
de bones raisons pour soûtenir que la Matiére douée d'Etendue & de toutes les
autres Proprietés que vous lui atribuez ;
est incapable de la pensée ; & moi je
crois en avoir de meilleures, pour ne
pas vous acorder, que cet Etre, que vous
dites

*Refle-
xions sur
la Natu-
re de nô-
tre Ame.*

encore d'avantage dans la suite, en donant les
Eclaircissemens qui m'ont été demandés sur ce
sujet par l'Ami avec lequel j'eus la Conversa-
tion raportée dans cette seconde Partie, & qui,
à ce que j'espère, développeront tout ce qui se
peut dire sur cette Matiére.

dites avoir la capacité de penſer & ce qui en depend, ſoit un Etre abſolument non étendu. Il reſulte naturellement de ceci cette queſtion, ſavoir, ſi Dieu, pour former nôtre Ame, n'a pû créer, *aliquid tertii*, come on parle dans les E- coles, quelque choſe qui ne ſoit ni l'un ni l'autre de ces deux, ſur les atributs desquels nous ne ſaurions nous acor- der; ou un Etre qui ſoit un compoſé de ces deux choſes : Un Etre qui renferme en ſoi tout ce que nous afirmons & que nous nions reſpectivement dans ces deux cho- ſes, enviſagées ſeparément. En vertu de quoi ſoutiendrez vous, que cela eſt impoſſible à Dieu, ou que cette Propo- ſition eſt contradictoire?

Or, je ſoutiens que cette choſe, nô- tre Ame, cette Partie de nous mêmes qui doit exiſter éternellement ; ſoit que vous la regardiéz come une ſubſtance diférente de ce que vous apellés *Matiére & Eſprit* ; ou come un compoſé de ces deux choſes, a toutes les proprietés qui lui ſont néceſſaires, de cette Matiére à laquelle vous refuſés la faculté de pen- ſer ; & qu'elle a d'un autre, toutes cel- les que vous atribués à cet Etre, dans lequel je ne ſaurois concevoir la Non-é- tendue abſolue.

Ce

Ce que j'avance ici, est un point de Sentiment & de fait, qui ne sauroit être contesté. Et il me semble même, qu'il est inutile de se casser la Tête pour éplucher, si cette *Unité*, cette Ame telle que je la supose, par raport à son Essence, est de nature diférente de celle, de ce que nous apellons *Matière & Esprit*, selon les idées que nous atachons à ces deux Termes; ou si c'est un composé de ces deux choses: Car, quand même nous pourrions parvenir à une conoissance distincte de ce que nous recherchetions à cet égard; le fait tel que je le supose & sa certitude n'en seroient pas mieux établis pour cela.

Je soutiens ce que je viens de dire 1°. Parce que cette Proposition ne renferme rien de contradictoire, par raport à la Raison, & à la saine Philosophie, ni par raport à la Religion & aux grandes fins qu'elle nous a révélées: Elle n'est pas contraire non plus à aucune de ces Idées que nous avons & que nous devons avoir de toutes les perfections de l'Etre suprême.

2°. Parce qu'on ne sauroit envisager la chose autrement, sans démentir l'Expérience, ou sans tomber dans des contradictions manifestes. J'en ai déja doné

Tom. II.   Q

la preuve, & j'en donerai d'autres encore
plus fortes, qui ne pouront pas manquer
de convaincre tout Lecteur non prevenu,
& capable de juger de ces fortes de matiéres.

Si je m'en tenois à ces hautes Idées que
nous devons avoir de la Sageſſe & de la
Toute Puiſſance de l'Etre Suprème, je
dirois que l'Eſſence de cette Ame eſt
quelque choſe qui n'eſt ni Màtiére ni
Eſprit, dans le ſens que nous donons à
ces deux Termes; je dirois, qu'elle
tient quelque choſe de l'Eſſence, ou de
la Natuie de l'Etendue & de la ſpiritua-
lité réelle de Dieu lui même, ou de celle
des Anges & des autres Etres au deſſus
de l'humanité; & je me fonderois en
cela ſur le Témoignage de S. Paul, * qui
convient que nous ſomes de la Race de
Dieu (ce qui ne peut être entendu que
de nôtre Partie intérieure) & que la Divinité ou cette Race n'eſt pas ſemblable
à l'Or, à l'Argent ou à la Pierre taillée;
c'eſt à dire, à la Matiére à nous conue.
Je dirois, que cette Ame, dans ce ſens,
eſt un Tiſſu indefiniſſable & *indiviſible*
d'Etendue & de Puiſſance, crée par un
unique & ſimple acte de la Volonté &
de la Toute Puiſſance de Dieu, qui par
une Continuation de cette même Volonté,

* *Actes*
XVII. v.
28. 29.

té , la confervera éternellement telle
qu'elle eft. Mais puifqu'il ne faut pas
s'éloigner de l'Ecriture Sainte , & que
d'ailleurs j'ai déja fait conoitre , que j'ad-
here en quelque maniére à l'Hipothefe de M. de *Leibnitz* concernant la
propagation du corps fpirituel de l'A-
me dans la Poftérité d'*Adam* ; je me
tiendrai , come j'ai déja fait , aux Termes de *Moyfe* , qui nous a fait conoitre,
que Dieu a crée premiérement la Machine Humaine , que dans mon Siftème
je fupofe double , & qu'enfuite Dieu lui
a doné la vie , le mouvement , la capacité de penfer & ce qui en dépend , au
moïen de ce foufle dont *Moyfe* parle ,
& en vertu du quel Dieu a animé cette
Machine. Ici je ne dirai pas , que dans
ce foufle étoit ou eft renfermée la capacité de penfer &c. parce que , outre que
nós fens font trop groffiers , & que nôtre Entendement eft trop borné , pour
penetrer dans un Miftère de cette Nature ; je ne vois aucune néceffité de foûtenir le pour ou le contre , par raport à
ce qu'on pouroit mettre en queftion à
cet égard : mais je dis , que ce foufle
aïant été joint à cette Machine , par un
fimple acte de la volonté & de la toute puiffance de Dieu , il a operé & ope-

Q 2   re

re dans cette Machine , dans le tout maintenant indivifible , la capacité de penfer, de fentir & ce qui en dépend; quoique le coment , ou la maniére de cette operation foit impénétrable à nos yeux grofliers & imparfaits. Je vous demande , ce feul Acte de la Volonté & de la Toute Puiffance de Dieu étoit-il fufifiant ou non , pour doner cette vertu à ce foufle joint à cette Machine , fupofé qu'il ne l'ait pas en lui même, ou pour la doner à ce tout joint enfemble? En vertu de quoi me foutiendrés vous la négative? Ou quel inconvénient y trouvés vous à me voir foûtenir l'afirmative?

L'Indivifibilité ou l'immortalité de l'Ame , dont il eft uniquement queftion, eft plus évidente dans le Siftème de l'Auteur, que dans les autres.

Dans le fond il ne s'agit entre mes Antagoniftes paffés , préfens & futurs & moi, que de l'indivifibilité & de l'immortalité de cet Etre, que nous cherchons également les uns & les autres à établir, quoique par des voïes diferentes. S'il ne s'agiffoit que de fimples Hipothefes , de preuves de pure Invention humaine, tirées de nôtre Raifon, ou fi l'on veut, des Principes de la Philofophie; je demanderois à tout Lecteur intelligent; laquelle de ces deux Hipothèfes eft la plus probable; ou de celle qui fonde cette indivifibilité & cette immortalité

talité fur la Nature d'un Etre, qui tel
qu'on nous le définit dans l'ancien Siftème de l'Influence Phifique & dans ceux
des *Caufes ocafionelles* & de l'*Harmonie préetablie*, non feulement eft incapable d'aucune de ces fonctions que nous atribuons tous à notre Ame; mais dont la
pretendue exiftence même eft inconcevable & contradictoire; ou de celle, qui
feroit énoncée, en difant, que cet Etre
immortel a été crée tel qu'il eft, par
un feul Acte de la Volonté & de la
Toute Puiffance Divine, come un Tiffu fimple indéfiniffable & *indivifible* d'E-
tendue & de Puiffance, capable par
conféquent de la fin pour laquelle
il eft deftiné, & de toutes les fonctions que nous apercevons en lui, ou
de tout ce qu'elles demandent, pour le
rendre propre d'aller à cette fin? Je demande, l'indivifibilité, & par conféquent
l'immortalité de cet Etre, fondée fur la
Raifon que je viens d'en doner, ne fe-
roit-elle auffi folidement établie par cette derniere Hipothefe, qu'elle le feroit
dans les Siftèmes de Meffieurs *Defcartes*
& de *Leibnitz*, qui fondent ces proprietés fur la Nature de l'Ame elle même? Ou
cette indivifibilité refulteroit elle moins
de cette Hypothefe en la prenant dans le

Q 3   fens

fens de *Moïfe* , & en difant , que Dieu
à joint infeparablement à cette Machine
humaine (je ne parle ici que de la Partie intérieure) crée auparavant , ce Principe de vie , dont dépend la faculté de
fentir & de penfer ; & que par ce même Acte de cette Volonté , par lequel
Dieu a fait cette operation merveilleufe,
il entend & veut qu'elle éxifte éternellement dans cet état ? Quoique je fupofe que la propagation du Corps fpirituel des Ames dans la poftérité d'*Adam*
fe fait par une efpèce de Mecanifme , &
que dans ce fens , ce Corps fpirituel eft
un Etre compofé , auquel Dieu a joint
ce Souffle de vie qui l'anime , dès que
cette Machine eft parvenue à fon état
de perfection ; il ne fuit pas moins pour
cela , que cette Création peut être atribuée a un feul & fimple Acte de la Volonté & de la Toute Puiffance Divine,
puisque Dieu feul eft la Caufe immédiate de toute cette operation ou de cette
Création , quoique fa manière d'operer
nous foit entiérement inconue. Je ferois bien curieux de voir en vertu de
quoi on me prouveroit que l'indivifibilité & l'immortalité de nôtre Ame eft moins
certaine dans cette Hipothèfe expliquée
en deux maniéres diférentes , qu'elle ne
l'eft

l'eſt dans les Siſtèmes des deux Philoſophes, dont je viens de faire mention,
en laiſſant même à part toutes les dificultés inſurmontables, auxquelles ces deux
Siſtème ſont ſujets.

Ce que j'ai dit au comencement * de
cet Article, s'acorde en quelque façon
avec le Sentiment d'un ſavant Anglois,
& avec celui de Mr. Locke que cet Auteur cité, raportés dans la Bibliothèque
Britaniqie †. Voici come les compila-
teurs de cette Bibliotèque le font parler. ,, Si l'Ame, *dit-il*, reçoit l'impreſ-
,, ſion des objets extérieurs par le moïen
,, de la Matiére dont nos Corps ſont
,, compoſés, c'eſt une preuve, ce ſem-
,, ble, qu'elle n'eſt pas d'une nature en-
,, tiérement diférente de la Matiére, &
,, ſi elle agit ſur le Corps par une for-
,, ce inhérente, come une conſtante Ex-
,, perience le fait voir; cela decouvre un
,, Pouvoir, que nous ne pouvons guère
,, mieux comprendre, que celui, qui a
,, doné le Mouvement aux plus grands
,, Corps de l'Univers. Je dis que l'Ame
,, humaine ne peut être, ce ſemble, d'u-
,, ne nature entiérement diférente de la
,, Matiére, puis qu'elle eſt paſſive auſſi
,, bien qu'active. Car come Mr. *Locke*
,, le remarque*, *l'Eſprit pur*, *c'eſt à di-*

Q 4   ,, *re,*

** Le Sen-
timent de
l'Auteur
ſur la na-
ture de
l'Ame eſt
conforme
à celui de
Mr. Col-
liber ſa-
vant An-
glois.*

Mr. Col-
liber
T. IV.
P. 2.
P. 282.

* L. II.
C. XXIII]

„ re, Dieu, étant feulement actif, & la
„ pure Matiére feulement paffive, on peut
„ croire, que ces autres Etres, qui font actifs
„ & paffifs tout enfemble, participent de l'un
„ & de l'autre. C'eft au moins l'opinion
„ la plus naturelle, qui s'éleve contre
„ certains Philofophes, qui en dépouil-
„ lant l'Ame de tout ce qui apartient à
„ la Matiére, en ont fait un *fimple Acte*
„ fans aucun Agent convenable, ou un
„ fimple affemblage de Puiffances actives,
„ fans aucun fujet qui les renferme.

Reflexion
des Au-
teurs de
la Biblio-
tèque
Brit. fur
ce Senti-
ment de
Mr. Col-
liber.

Les Journaliftes font cette Réflexion
fur ce Paffage : „ Il nous paroit, *difent ils,*
„ qu'il eft tout auffi dificile de concevoir
„ une fubftance fimple & fans compofi-
„ tion, qui tienne de l'Efprit & du Corps,
„ que de comprendre coment l'Efprit &
„ le Corps agiffent réciproquement l'un
„ fur l'autre : Nous n'avons pas même
„ l'idée de cette efpèce de fubftance.

Remar-
ques de
l'Auteur.

Mais il me femble qu'il n'y a que le
Préjugé qui puiffe empêcher de voir clair
à cet égard. La queftion fe réduit toujours à ceci, favoir, s'il eft poffible à
Dieu ou contradictoire, qu'il crée une
fubftance fimple & indivifible qui tienne de l'Efprit & du Corps? Je ne vois
pas en vertu de quoi on prouveroit cette impoffibilité. Je dis donc, que fi la
Pro-

Proposition n'est pas contradictoire, come elle ne l'est pas à l'egard d'un Etre Tout Puissant, ce n'est pas une raison pour nous, de combatre cette possibilité, parce que nous ne saurions la concevoir, & c'est ce que j'ai déja sufisamment remarqué. Ce qui fait que cette Question est une Question, c'est le terme *simple* que les Journalistes emploïent, & qui est équivoque ici. Je conviens que ce qui tient de l'Esprit & du Corps n'est pas *simple absolument*, ce terme pris à toute rigueur. Mais si par un Etre simple, on entend, un Etre come nôtre Ame, fait par un Ouvrier come Dieu, qui n'avoit pas besoin de ramasser des matériaux, pour en faire ce que cet Etre est; un Etre qui d'ailleurs est indécomposable ou indivisible; rien n'empéche à ce que je crois, d'avoir cette Idée d'une pareille substance, je veux dire celle de l'envisager come un Etre *simple*. Mais dans le fond, il ne s'agit pas de cette Hipothèse. Je m'en tiens, quant à moi, ainsi que je m'en suis déja expliqué, au récit de *Moïse*, & dans ce sens nôtre Etre est à la Vérité un composé, puis qu'il l'est d'une étendue réelle, & de ce Soufle que Dieu y a joint, & qui done la Vie à l'Individu; mais un composé

mammaintenant indivifible, par la Volonté, & la Toute Puiffance du Créateur.

Objection contre l'Auteur fur le Sentiment de Mr. Colliber.   Un Philofophe de mes Amis, aïant vû cet Endroit, me fit cette objection : ,, Ce que vous raportés de Mr. *Colliber* ,, fait contre vous. Si l'Ame n'eft qu'une ,, particule élémentaire, elle eft incapa- ,, ble de cette varieté d'impreffion con- ,, ftatée par l'Expérience. Si elle eft ,, compofée de plufieurs particules, l'u- ,, ne recevra une impreffion, & l'autre, ,, une autre : chacune ne conoitra & ne ,, fentira que fon impreffion. Il ne re- ,, fultera donc pas un Sentiment & une ,, conoiffance indivifible de toutes ces di- ,, férentes impreffions : Il ne pourra y ,, avoir ni comparaifon, ni jugement, ,, ni préférence.

Voici quelle fut ma Réponfe.

Réponfe.   Il faut diftinguer entre le *Point Mathématique ou le Point Métaphifique*, idée fous laquelle vous & ceux à qui j'ai à faire, vous réprefentés nôtre Ame, & le *Point Phifique.*

Le Point Mathématique ou Métaphifique, qui felon vous n'a ni étendüe, ni figure, ni localité, eft certainement incapable de varieté d'impreffions quelconques ; c'eft un pur Etre de raifon.

Supofé que nôtre Ame foit ce que nous apel-

apellons *Point Phifique*, qu'elle foit un Atome; il eft bien certain que vous ne fauriés déterminer l'Etendue de cet Atome; donc vous ne fauriés nier, que cet Atome tel qu'il eft, ne foit pas capable d'une infinité de variations, vous feriés encore moins reçû qu'un autre à nier cette infinité de variations: Vous, qui foutenés *la divifibilité de la Matiére à l'infini*. Si la Matiére eft divifible à l'infini, la moindre parcelle de la Matiére que vous puiffiés imaginer, eft donc fufceptible de divifibilité à l'infini. Or fi cette parcelle eft divifible à l'infini, fi par fupofition, nôtre Ame étoit cette parcelle, il fuivroit donc que cette Ame pourroit être fufceptible auffi d'une varieté d'impreffions à l'infini: Je crois que vous ne fauriés me nier cette conféquence. Cet Argument a la même force auffi contre ceux qui font dans le Siftème de *Mr. de Leibnitz*: *Je crois*, dit ce Philofophe *, *qu'il n'y a aucune Partie de la Matiére, qui ne foit, je ne dis pas divifible, jamais actuellement divifée, & par conféquent la moindre parcelle, doit être confiderée, come un Monde plein de Créatutes diférentes.*

* *Journal des favans, Juin.* 1695.

J'eftime, que fi je difois, que nôtre Ame eft un Point Phifique, un Atome, & que dans cet état elle eft capable d'une
ne

ne varieté inconcevable d'impreffions, on n'auroit rien à me répondre là def- fus : Car c'eft un point de fait, que nô- tre Ame telle qu'elle eft, eft capable d'une infinité de ces variations, & ni vous ni les Partifans de Mr. *de Leibnitz* ne fauriés me nier ma prémiere Propofition, fans contre dire à vos propres Principes ; mais ce n'eft pas de quoi il eft queftion. J'ai dit que le Corps fpirituel de nôtre Ame eft formé en vertu de la Volonté & de la Toute Puif- fance Divine, par un certain mecanif- me. Dans ce fens elle eft cenfée com- pofée de parties, mais indécompofable & indivifible de fait. Vous m'objectés: Une de ces particules recevra une Im- preffion, l'autre, une autre &c. Je nie la conféquence, & vous répons, que c'eft pure pétition de Principe ; & je perfifterai à nier, jufqu'à ce que vous m'aiés prouvé non par des pétitions de Principe, mais par des argumens incon- teftables, la contradiction & l'impoffibilité de ma Propofition, *Que dans un Etre indivifi- ble de fait, tous les Sentimens & toutes les modi- fications actives & paffives, font indivifibles auffi.* Je penfe bien que j'aurai lieu de perfifter dans cette négative jufqu'à ma Mort. Inutilement tirerés vous vos preuves de la Matiére vifible & palpable à nous co- nuë.

ñüe. J'ai deja établi la diférence réelle qu'il y a entre la nature de l'Etendüe du Corps ſpirituel de nôtre Ame & cette Matiére à nous conüe, en diſant que la prémiére eſt indiviſible de fait. C'eſt une Propoſition qui ne ſauroit être niée, à moins qu'on ne nie l'Etendüe réelle de l'Ame : Négative qui ſeroit encore plus dificile à prouver que celle dont il s'agit. On ne ſauroit donc argumenter du blanc au noir, ni du diviſible à l'indiviſible.

C'eſt tout ce que j'avois à dire ſur ce que le Philoſophe mon Ami avoit mis en queſtion.

NEUVIEME REMARQUE.

Le D. Stillingfléet * avoue, *qu'il ne met point de bornes à la Toute Puiſſance de Dieu, qui peut changer un Corps en une ſubſtance immaterielle.* C'eſt par l'avantage que Mr. *Locke* a ſû tirer de cet aveu, qu'il a fait conoître en cet Endroit plus qu'en toute autre, la ſuperiorité de ſon genie & ſa profonde pénétration. Ainſi je n'ai que peu ou rien à y ajouter. Je me contenterai donc d'admirer la force inſurmontable des préjugés, qui ſupoſe ce principe come certain, qu'il
n'y

Aveu du D. Stillingfléet.
* P. 87.

n'y a que la Subftance immaterielle, qui foit capable de la penfée, & fi vous en demandés la preuve ; fi vous demandés coment on peut concevoir que cette fubftance immaterielle foit capable de la penfée ; on eft obligé de demeurer court, parce que c'eft abfolument la chofe du Monde, dont on foit le moins en état de rendre raifon.

Refle- Je demande, fi Dieu ôtoit à un Corps *xion de* tout ce qui le diftingue d'un Etre pré- *l'Auteur* tendu immateriel ; qu'en refteroit il ? Ou je fuis fort trompé, ou rien ne refteroit. Or, fi rien ne reftoit, & que Dieu après avoir ôté de ce Corps tout ce qui le diftinguoit d'un Etre immatériel, en fit neanmoins un Etre penfant ; il en refulteroit, come Mr. *Locke* l'a remarqué fi judicieufement, que ce ne féroit pas changer un Corps en un Etre penfant, mais détruire ce Corps, & créer un Etre penfant à fa Place. Or, fi l'on établiffoit que cet Etre créé ou mis à la place de ce Corps feroit néanmoins un Etre réel, & que par cette denotation on entendit un Etre immatériel ; ce feroit toûjours petition de principe, que fupofer une chofe, dont, come je viens de le remarquer, on ne fauroit prouver la poffibilité. Supofons maintenant qu'il

refte

refte quelque chofe de ce Corps, qui puiffe fervir de baze à une Metamorpho-fe, coment pouroit on concevoir le *Je ne fais quoi* qui refteroit? Tout ce qu'on peut dire de vraifemblable là deffus eft, que Dieu changeroit l'arrangement de ce Corps, qui en faifoit un Etre infen-fible, & lui en doneroit un autre, qui le rendroit capable de la penfée, au moïen de ce Soufle dont il l'animeroit, come il en avoit animé la Machine du premier Home. C'eft paffif, donc le fujet de cette capacité de penfer, l'Etendue réelle de ce Corps qui refteroit, & par conféquent, ce changement ne prouveroit rien en fa-veur du fentiment du *D. Stillingfléet*, qui fupofe qu'il n'y a que la fubftance im-matérielle qui foit capable de la penfée & de ce qui qui en dépend.

Mais voici le fort de l'objection con-tre le *D. Stillingfléet*. Supofons avec ce Docteur, ou avec M. *Locke*; fupofons une chofe inconcevable, pour ne pas dire im-poffible; fupofons que Dieu, après avoir ôté de ce Corps, tout ce qui le diftin-guoit de la fubftance prétendue immaté-rielle, lui ait doné la faculté de penfer; M. *Locke* demande, Dieu ne pouroit il pas lui redoner la folidité, fans lui ôter cette faculté de penfer? Je ne dirai pas

Autre Réflexion ou Objec-tion con-tre le Sen-timent du D. Stil-lingfléet.

qu'il

qu'il feroit abfurde de foutenir la négative, quelque fens qu'on lui donât, & de borner la Toute Puiffance de Dieu ; Mais je dirai, qu'on ne fauroit nier ici, qu'en prouvant que l'Etendue & la folidité font incompatibles avec cette faculté de penfer. M. *Locke* ne croit pas qu'on puiffe nous montrer qu'il y a de la contradiction à fupofer cette compatibilité qu'on voudroit nier. * Et moi je crois avoir prouvé, qu'il eft impoffible de concevoir la faculté de penfer autrement, qu'acompagnée de l'étendue & de la folidité, organifée d'une certaine façon, come *Caufe fine quâ non*; étant impoffible en éfet de comprendre qu'un Etre abfolument non étendu, que le Point Mathematique, foit capable d'aucune des fonctions qu'on atribue à nôtre Ame. C'eft ici qu'il s'agit de nous faire voir, par des Raifons plus fortes & plus convaincantes que ne le font les miennes, que je fuis dans l'Erreur, fans quoi la difpute eft finie; Mais je croi qu'il fera bien dificile de nous doner ces Raifons ou ces preuves.

*P. 85.

DI-

DIXIEME REMARQUE.

M. *Locke* avoit grande raiſon de dire, * *que s'il eſt d'une dangereuſe conſéquence de ne pas admettre come une vérité inconteſtable, l'imaterialité de l'Ame, ſon Antagoniſte devoit l'établir ſur de bones preuves &c.* L'a-t-il fait; l'a-t-il pû faire? S'il ne l'a pas fait; S'il ne l'a pû faire, come j'oſe avancer hardiment que la choſe eſt impoſſible en elle même; on peut dire, 1°. que c'eſt manquer au reſpect que nous devons à l'Etre Suprême; que c'eſt revoquer en doute ſa véracité, ſur les aſſûrances poſitives & tant de fois reiterées, de cette immortalité de l'Ame qu'il a donées dans la Revelation, que de ne vouloit pas l'admettre, ſans avoir examiné auparavant ſi elle eſt fondée dans la nature de cette Ame ou non.

On peut dire 2°. qu'il eſt † infiniment moins dangereux de conteſter la prétendue immaterialité de l'Amé, que d'entreprendre de l'établir; puiſqu'il eſt évident, que quelques éforts que l'on faſſe, l'on ne ſauroit doner la moindre vraiſemblance à cette Hipotheſe; d'où il reſulte donc néceſſairement, que l'immortalité de nôtre Ame étant apuïée ſur un fondement auſſi foible & auſſi vacillant qu'elle

* P. 89. Obɟection de M. Locke: S'il eſt dangereux de ne pas admettre l'immatérialité de l'Ame, il falloit mieux la prouver qu'on n'a fait.

† Il eſt moins dangereux de combatre l'Immatérialité. de l'Ame que de la l'eſt ſoutenir.

l'eſt dans cette Hipotheſe ; C'eſt faire
beau jeu aux Eſprits forts ; c'eſt doner
ocaſion tant aux Libertins qu'aux Incredules de bone foi, de ſe confirmer dans
leurs Erreurs, de nier non ſeulement
cette immortalité de nôtre Ame, mais
de paſſer de là à revoquer en doute tout
ce que la Religion a enſeigné d'ailleurs
de plus clair & de plus inconteſtable ;
que c'eſt par conſéquent ſe rendre reſ-
ponſable de la perte des Ames, que cette Hipothèſe a cauſée & qu'elle peut
cauſer.   Malheureuſe ſuite ! qui doit en-
gager tous ceux qui ont à Cœur l'interêt
de la Religion & le ſalut des autres Homes, de montrer au moins l'inſoutena-
bilité de cette Hipothèſe, come j'ai taché de faire ; ſi independamment des preuves qui reſultent de la Volonté, de
la Toute Puiſſance & de la Véracité de
Dieu, on ne pouvoit pas apuïer cette
immortalité de nôtre Ame ſur un meilleur fondement, ce que je ne crois cependant rien moins qu'impoſſible.

Certains　　On peut dire encore, que par raport
Siſtèmes aux Pirrhoniens & aux Eſprits forts, cer-
ſur la na- tains Siſtèmes humains des Philoſophes
ture de & des Théologiens, ſur la nature de
l'Ame l'Ame & ſur celle de l'Etre ſpirituel en
ont fait général, ont fait & font plus de mal
　　　　　　　　　　　　　　　　　que

que n'a fait & fait le libertinage lui *plus de* même , & que par conféquent les Au- *mal que* teurs de ces Siftemes font refponfables *n'a fait* de l'égarement des uns & des autres ; *le liber-* mais infiniment plus à l'égard de ceux *tinage.* qui doutent de bone foi , que des Libertins de profeffion. Ils fourniffent aux prémiers des doutes ou des nouveaux doutes , qui les jettent dans une incrédulité abfolüe , & fouvent dans un libertinage , pour lequel ils n'ont naturellement point de penchant ; & quant aux autres ils leur fournillent des prétextes , pour s'endormir dans leur train de Vie licentieufe , par une incrédulité qui fouvent n'eft qu'implicite. Le doute caufe le libertinage dans les uns , & le nourrit dans les autres.

Je renvoïe ici ceux qui font fi fort entêtés de leurs Siftèmes humains , à un Endroit de l'Ouvrage de Mr. *Gordon* ** *Tra-* qui a fait grand bruit , & où il recher- *duction* che les raifons , pourquoi l'Evangile mal- *des Oeu-* gré toute fon excellence & fes avanta- *vres de* ges ineftimables , a fi peu contribue à *Tacite* corriger le Monde , & jufqu'à quel point *avec des* on peut s'en prendre à fes Prédicateurs ? *Difcours* Selon cet Auteur judicieux , ils font en *Polit.* partie eux mêmes Caufes du mal , *par ce T.11.Dif-*

R 2   *qu'ils cours 12.*

qu'ils ont rendu la Religion trop speculative, trop subtile & trop litigieuse.

Et qu'est ce qui a doné ce mauvais Ton à la Religion, sinon les *Scholastiques* avec leurs idées Platoniciennes trop rafinées & trop outrées, tant sur la nature de Dieu, que sur celle de nôtre Ame, & qui, adoptés ensuite par ceux qui sont venus après eux, sans trop les éxaminer, ont enfanté ces Siftèmes, que la droite Raison condamne, & que j'ai entrepris de combatre, pour rémédier autant qu'il m'est possible, aux tristes éfets, qu'ils ont produits, & qu'ils produifent tous les jours, come je l'ai dit?

ONSIEME REMARQUE.

Avant Descartes on n'a point révoqué en doute; que Dieu peut joindre la faculté de penser à la Matiére.

MR. Locke a raison encore de conclure *, ,, Que tant s'en faut qu'il y ,, ait de la contradiction à dire, *que Dieu* ,, *peut doner, s'il veut, à certains Amas de* ,, *Matiére difpofés come il le trouve à pro-* ,, *pos, la faculté d'apercevoir & de penfer;* ,, *que Perfone n'a prétendu y trouver aucune con-* ,, *tradiction avant Defcartes.* Mais ce célebre Philofophe coment a-t'il prouvé fon Siftème nouveau? On peut dire qu'après avoir raifoné en Génie fupérieur tel qu'il étoit en éfet, dans les

* P. 92.   trois

trois prémiéres Parties de la *Méthode*, il eſt tombé come dans une eſpéce de délire à la *quatriéme Partie*, qui contient en abrègé ſes idées ſur la nature de nôtre Ame. J'ai raporté cet abrègé dans ma Lettre à un illuſtre Théologien T. 1. p. 317. où le Lecteur pourra ſe le rapeller.

Je crois pouvoir dire ſans bleſſer perſone, que la Matiére dont il eſt queſtion dans l'Abrègé de *Deſcartes*, n'eſt que de la competence des Eſprits d'un certain ordre ; de celle des Eſprits non prévenus & capables par leurs lumiéres d'en bien juger. Ces ſortes d'Eſprits apercevront aiſément, que dans ce racourci de Siſtème, ou dans la maniére de prouver, il n'y a rien moins que de la ſolidité, pour ne pas dire autre choſe. Ainſi il eſt inutile que je m'y arrête d'avantage.

Je ne dirai rien non plus d'un autre célebre Philoſophe, qui étant dans les

R 3

mê

---

* *Deſcartes & ceux qui le ſuivent ſont plaiſants. Ils prétendent que l'Etendüe eſt l'Eſſence des Corps, & la Non-Etendue celle des Eſprits. Coment acorder ce contraſte dans deux Etres auſſi étroitement unis que le ſont le Corps & l'Ame ?*

mêmes idées de *Defcartes* fur la nature de nôtre Ame , a crû devoir aller par un autre chemin , pour fauver les dificultés & les contradictions qui fe rencontrent dans cette Hipothêfe. Je crois être difpenfé de m'etendre beaucoup fur fon fujet, d'autant plus, qu'on peut dire, que le Siftème de *l'Harmonie préetablie* n'eft guère gouté aujourd'hui en *Angleterre* , ni en *France* , ni par tout ailleurs où il y a le plus de lumiére & de conoiffance , & qu'il n'eft fuivi que par quelques uns des Difciples de la même Nation de ce Philofophe , trés eftimable d'ailleurs par fon Génie tranfcendant & par fa vafte Erudition.

Mais je ne faurois m'empêcher de raporter ici, ce qui m'eft arrivé à l'égard du Traité du *P. Malebranche* , par lequel, come tout le Monde le fait, ce favant entreprit de perfectioner le Siftème des *Caufes ocafionelles*. M'étant avifé il y a quelques Années , pendant le féjour que je fis en France, de faire quelques Remarques fur les prémiers Eclairciffemens de ce Philofophe , que je pourrai rendre publiques un jour , dans lefquels il s'eft éforcé de fe purger de l'aculation, *qu'il fait Dieu Auteur du Péché* , portée contre lui par fes Antagoniftes ; je montrai

mes

mes prémiers Cahiers à un Eclefiaftique de mes Amis, Home de grand fens, & qui par raport aux préjugés, ne reffemble en rien à ceux qui portent la même Robe, pour lui demander s'il valoit la peine ou non, d'achever ce que j'avois comencé : Il me répondit froidement : *Entreprendre de réfuter le P. Malebranche, fur ce fujet; c'eft vouloir forcer une Porte ouverte :* Je me le tins pour dit, & laiffai là mon Ouvrage.

DOUZIEME REMARQUE.

MR. Locke * a entrepris de prouver en cet endroit contre fon Antagonifte par des Paffages tirés de *Virgile* & de *Ciceron*, que l'ufage qu'il faifoit du mot *Efprit*, en le prenant pour une fubftance penfante, fans en exclure la Matérialité, n'étoit pas nouveau. Il ne tenoit qu'à ce grand Philofophe d'aller plus loin, & de montrer, que tout ce qu'il y avoit de plus fenfé parmi les Anciens Péres & Philofophes Chrétiens, atachoit précifement une certaine étendüe réelle ou une Corporeïté au terme *Efprit*. L'Illuftre Mr. de *Beaufobre* y a fupléé. Il nous a fait voir dans fon excellente *Hiftoire du Manicheifme*, que l'Idée que nous atachons à

L'Etendue atribuée aux Efprits, felon Mr. Locke, n'eft pas une idée nouvelle.

* P. 91.

R 4   pré-

préfent au mot *Efprit*, n'eft pas celle que
ce terme répréfente dans la Langue
Grèque, ni celle qu'en avoient les Auteurs
Ecléfiaftiques qui parloient cette Langue.
„ Les Anciens, *dit-il*, n'ont jamais crû que
„ *l'incorporalité* fût une proprieté de l'Ef-
„ prit, puis qu'ils ont été perfuadés que
„ les Efprits étoient corporels. *L'Idée*
de *l'Efprit* chez les Anciens, *n'eft autre*
chofe que celle d'un Etre invifible, vivant,
penfatn, libre, immortel, qui a en lui mé-
me, le principe de fes actions & de fes
mouvemens. Il y a plus : Les Anciens
ont crû que Dieu lui même n'eft pas un
Efprit pur, à prendre ce terme dans la
fignification qu'on lui done aujourd'hui.
„ Les paffages de l'Ecriture Sainte, *dit*
Mr. de Beaufobre dans un autre endroit, qui
„ témoignent que Dieu eft Efprit, bien
„ loin de prouver, que l'Effence Divine
„ eft abfolument incorporelle, feroient
„ une preuve du contraire. Cela eft fi
„ vrai, que les Docteurs Chrétiens, qui
„ croïoient Dieu corporel, alléguoient
„ en faveur de leur opinion cette Paro-
* S. Jean „ le, *Dieu eft Efprit* *. *Scio*, dit Origene,
Ch. IV. „ *quoniam conabuntur quidam & fecundum*
24. „ *fcripturas noftras, DEUM Corpus afferere;*
„ *cum inveniunt fcriptum effe in Evangelio*
„ *fecundum Joanem, DEUS Spiritus eft. De*
„ *Princ. L. 1. Ch. 1.*   IJe

Je renvoïe le Lecteur qui voudra de plus grands Eclaircissemens sur cette Matiére, au Ch. I. II. III. IV. du Liv. III. de ce bel Ouvrage : Il y trouvera amplement de quoi se satisfaire.

Au dire des Savans * les termes *Esprit*, *Ame*, dans toutes les Langues anciennes, Hébraïque, Grèque, & Latine, ne signifioient que Soufle ou Vent, de sorte que les termes être *animé & respirer*, ceux d'*Ame*, *Esprit*, *Vie*, *Respiration*, l'*Air* que nous respirons, qui est censé Principe de Vie, *Vent*, *Soufle*, étoient parfaitement Sinonimes.

* Dans les Anciennes Langues, les Termes Esprit, Ame, Vent, Soufle, étoient Sinonimes.

En *Hebreu*, dans le sens naturel, le mot R u a g h signifioit *Vent*. Les Auteurs Sacrès n'avoient point d'autre terme dans cette Langue pour signifier l'*Esprit de Dieu*, que celui là, & ils s'en servoient pour exprimer le Vent & le Soufle. Il est vrai que dans la suite on prit ce terme tant à l'égard de Dieu, que des autres Etres, dans un sens figuré, & d'une infinité de maniéres, come on le peut voir dans l'Ecriture Sainte.

En *Grec* les mots P s u k e & P n e u m a, dont on s'est depuis servi pour désigner l'Ame & l'Esprit, ne veulent dire autre chose, que la *Respiration* & le *Soufle*.

Et en *Latin* ceux de *Spiritus*, *Animus*, *Anima*

Anima ne fignifient autre chofe que *Soufle & vent. Alii Ventum , Unde Animus vel
Anima nomen accepit, quod Græcè* ANEMOS
dicitur , dit *Lactance*, De op: Dei, Ch. 17.

Je raporte d'autant plus volontiers le
Sens qu'on a doné dans ces Langues
anciennes , à ces termes *Ame* & *Efprit*,
qn'il s'acorde parfaitement avec ce que
MOISE nous aprend , de la maniére ,
dont Dieu a animé la prémiere Machine humaine ; Idée qui fans doute a paffé
par *tradition* dans ces diférentes Langues.

On peut inferer naturellement de ces
idées , que dans ces Langues on a ataché aux termes *Ame* , *Efprit* , que ce *Soufle* , ce *Vent* ne fauroit être conçû que
dans un Etre capable de le recevoir &
le refpirer, & par conféquent, que l'on
doit envifager cet Etre come étendu dans
fa maniére d'exifter.

RAISONEMENS
Sur le Siftème de l'Influence Phifique entre le Corps & l'Ame.

Le but de
l'Auteur
eft de
rectifier
le Sifté-

JE ne doute pas , que le Lecteur, pour
peu qu'il foit verfé dans la Matiére que
je traite, n'aperçoive aifément, que le but
où je tens dans mon Entreprife, n'eft
autre que de retablir ou de rectifier & de
per-

perfectioner le Sistême de l'*Influence phi-* *me de* *sique*, qui étoit celui des Anciens, lesquels *l'Influen-* avoient les yeux pour le moins auffi bons *ce Phisi-* que nous. Mon but est tel en efet & je *que, fon-* crois m'être déja assés expliqué là des- *dé sur la* fus dans le premier Tome de mon Ou- *Nature* vrage, d'autant que ce Sistême bien *de la chô-* entendu, est fondé sur la Nature de *se.* la chose, & sur l'Expérience la plus certaine & la plus incontestable, qui nous prouve avec la derniére évidence, cette Influence, ou l'opération réciproque de l'Ame sur le Corps, & celle du Corps sur l'Ame.

Ceux qui se sont avisés d'établir la non *Les Au-* etenduë absolue de nôtre Ame, l'ont *teurs des* bien senti eux mêmes, C'est pourquoi, *Sistêmes* pour parer les dificultés insurmontables, *des Cau-* qui se présentent en foule contre cette *ses ocasio-* Hipothese, les uns ont imaginé le Sistê- *nelles &* me des *Causes ocasionelles*, & les autres ce- *de l'Har-* lui de l'*Harmonie préétablie*, sans aperce- *monie* voir, peut-être, que l'un & l'autre sont *prééta-* sujets à des objections infiniment moins *blie, ont* solubles, & à des conséquences tout au- *senti la* trement redoutables par raport à la Re- *nécessité* ligion, que ne sont celles qu'on fait *de recti-* résulter du Sistême de l'Influence Phisi- *fier* que, & qui se réduisent dans le fond à ce *l'Ancien* seul point, *que si nôtre Ame étoit etenduë,* *Sistême.*

cor-

corporelle ou matérielle ; il s'enfuivroit , qu'elle
feroit mortelle & périffable ; tout come s'il
étoit impoffible à la Toute Puiffance Divine , ou qu'il impliquât contradiction ,
que cet Etre Suprême pùt doner l'Immortalité à un Etre étendu & corporel dans
fa manière d'éxifter ; ainfi, qu'à ce que
ces Philofophes prétendent , il l'a donée
à cet Etre imaginaire qu'ils qualifient
d'abfolument immatériel.

L'Apôtre ne dit-il pas expreffément ,
„ Qu'au dernier Jour , nous reffufciterons
„ tous avec nos propres Corps ; qu'il nous
„ faut tous comparoitre devant le Tribu-
„ nal de Chrift, afin que chacun rem-
„ porte en fon *propre Corps* , felon qu'il
„ aura fait , foit bien ou mal ; que JESUS-
„ CHRIST *transformera nôtre Corps vil* ,
„ afin qu'il foit rendu conforme à fon
„ Corps glorieux ; que nous qui vivrons
„ & qui refterons, ferons enlevés enfem-
„ ble avec eux dans les Nuées au devant
„ du SEIGNEUR en l'Air ; & que nous
„ ne dormirons pas tous ; mais que nous
ferons tranfmüés. Car il faut que le corruptible revête l'incorruptibilité ? Voïés
II. Cor. V. 10. Phil. III. 21. I. Teff. IV. 17.
I. Cor. XV. 52. 53.

Toutes ces Expreffions ne dénotent
elles pas clairement qu'au dernier Jour,
nos

nos Corps corruptibles & périffables en ce Monde, feront révêtus de l'Immortalité? Or, fi Dieu peut doner l'Immortalité à ces Corps groffiers; en vertu dequoi veut on borner la Toute Puiffance de Dieu, en niant, que dès la Création, Dieu ait pû doner l'incorruptibilité ou l'indivifibilité à ce Corps Spirituel que je fupofe, en lui donant en même tems la puiffance active, & paffive, la faculté de penfer & de fentir indivifiblement?

Il eft vrai que ceux qui font dans le fentiment contraire, ont fait d'autres objections contre ce Siftème, & telles, que s'il faloit examiner & réfuter tout ce que chacun d'entre eux a dit & écrit fur ce fujet, on n'auroit jamais fini.

Cependant pour doner quelque lumiére à ceux qui fouhaiteroient d'être mieux inftruit fur cette Matiére, je me contenterai de raporter pour le préfent celles qui ont été alléguées par le Philofophe que j'ai déja cité, * Home Sage, éclairé & impartial autant qu'il fe peut; Objections qu'il a regardées aparemment come ce qu'on peut opofer de plus fort à ce Siftème.

„ L'Expérience, *dit ce Philofophe* *, eft l'u-
„ nique fondement de cette opinion.

„ Iº. Les Partifans du Sentiment con-
„ traire

* *M.*
Sgrave-
fande.

* *Ch.*
XVII. §.
219. *&*
fuiv.

„ traire nient cette expérience, & opo-
„ sent à leurs Adversaires plusieurs Argu-
„ mens, qui sont principalement fondés,
„ sur ce que nous n'apercevons rien de
„ comun entre la pensée & aucune des
„ proprietés conües des Corps.

„ II. Ils nient, *dis je*, qu'il soit prou-
„ vé par l'Expérience, que l'Ame ait
„ quelque empire immédiat sur le Corps.
„ Je veux mouvoir mon bras, & mon
„ bras se meut. Cela, *disent ils*, ne prou-
„ ve pas, que l'Ame comunique, un
„ certain mouvement au Corps; mais seu-
„ lement que la Volonté de mouvoir &
„ le mouvement concourent ensemble;
„ & on n'en doit nullement conclure,
„ que la Volonté est la Cause proprement
„ dite de ce mouvement; mais que ces
„ deux choses sont dirigées ou du moins
„ une d'elles, de maniere, qu'elles con-
„ courrent nécessairement ensemble.

„ C'est là, *disent ils*, tout ce qu'on
„ peut conclure de l'Expérience, l'In-
„ fluence étant impossible; ce qu'ils s'é-
„ forcent de démontrer par les Argumens
„ suivans.

„ III. L'Air agité comunique du Mou-
„ vement à un Nerf particulier, & la
„ sensation du son est dans le moment
„ même comuniquée a l'Ame. Les Raisons
„ du

„ du Soleil en pénétrant dans l'Oeil, co-
„ muniquent du Mouvement à un autre
„ Nerf, & mon Ame voit la lumiére.
„ Si le Nerf agit par son Mouvement
„ sur l'Ame, ou s'il ne le perd pas, il
„ doit y avoir quelque chose, qui par sa
„ résistance l'empêche d'en perdre, c'est
„ a dire qui retablisse son Mouvement,
„ pendant qu'il se perd : Dans l'un &
„ dans l'autre cas, il faut de la résistan-
„ ce ; car qui peut concevoir un Corps,
„ agissant par son Mouvement, sans quel-
„ que chose qui lui resiste ?

„ IV. Ainsi donc l'Ame résiste, pour
„ détruire ou diminüer le mouvement du
„ Nerf, ou du moins, en cas qu'elle ne
„ le diminüe point, pour supléer à la
„ diminution, qui est une suite néces-
„ saire de l'Action du Corps. Mais ce
„ qui n'est point matériel, peut-il resister
„ au Corps ? Qui oseroit avancer une
„ pareille proposition ?

„ V. De même si l'Ame meut le Corps,
„ ce dernier résiste ; c'est à dire, agit
„ sur cette Ame qui le meut ; mais côme
„ l'idée de la résistance ne sauroit être
„ séparée de celle d'Action, il s'ensuit
„ encore que l'Ame doit résister, ce qui
„ repugne à la spiritualité de sa nature.

„ VI. A ces Argumens on en ajou-
„ te

„ te un autre tiré des mouvemens qu'on
„ remarque dans l'Univers, ou du moins
„ dans nôtre Siftème Planètaire; lesquels
„ étant dirigés fuivant des Loix déter-
„ minées, font caufes, que les Corps
„ obfervent conftamment entre eux un
„ certain ordre, qui feroit troublé à cha-
„ que moment, fi des Etres fpirituels a-
„ voient la faculté de changer les mou-
„ vemens des Corps.

„ Ceux dont nous raportons l'opinion
„ conclüent de ces diferens Argumens,
„ qu'il faut rejeter *l'Influence* de l'Ame fur
„ le Corps, & du Corps fur l'Ame.

Il me femble qu'il n'eft pas bien dificile de répondre à ces objections.

Reponfe de l'Auteur à la prémiere Objection

Quant à la *prémiére*, fondée fur ce
que nous n'apercevons rien de comun
entre la penfée & aucune des proprietés conües des Corps; je crois que ce
que Mr. *Locke* a allégué fur ce fujet dans
les défenfes raportées contre le D. *Stillingfléet*, & ce que j'en ai dit dans mes
Remarques, peut fufire, pour fatisfaire
pleinement à cette dificulté; pour y fatisfaire au moins dans l'Efprit de tout
Juge éclairé & impartial; ainfi je ne m'y
arrêterai pas.

Et à la feconde.

On nie 2°. Qu'il foit prouvé par l'Expérience, que l'Ame ait quelque empire
im-

quelque Empire immédiat fur le Corps. *Je veux mouvoir mon bras , & mon bras se meut : Mais ce n'est pas mon Ame qui le meut , parce que la Volonté n'est pas la Cause proprement dite de ce Mouvement ; mais ces deux choses sont dirigées , ou du moins l'une d'elles , de manière , qu'elles concourrent nécessairement ensemble.* Quoi qu'il me paroîse que ce Langage auroit besoin d'être un péu mieux dévelopé , pour concevoir plus clairement ce qu'on veut nous insinuer ; il me semble cependant qu'il est assés intelligible , pour y entrevoir , qu'on supose , dans le Sisteme des *Causes ocasionelles* d'une manière , & dans celui de l'*Harmonie préetablie* d'une autre , que Dieu est la seule Cause immédiate du Mouvement phisique , dans l'ocasion dont il s'agit ; ce qui veut dire , qu'il est celle ausi de tout autre semblable mouvement.

Or je ne dirai pas que cette suposition est pure pétition de Principe ; je ne dirai pas , que quand ce qu'on supose seroit vrai , il s'ensuivroit , que Dieu seroit la Cause *phisique immédiate* , la Cause *sine quâ non* du Mal moral ; consideré au moins dans les éfets que l'Intention du Pecheur ocasione ; je ne demanderai pas , coment cette Hipothese pourroit

Qui n'est que pétition de Principe.

Tom. II.   S   être

être acordée avec la sainteté de l'Etre suprème, d'un côté, & avec la liberté de l'Home, d'un autre. Le tems viendra, s'il plait à Dieu, que toutes les dificultés qui réfultent de cette fupofition, feront amplement examinées. Je me réduirai maintenant à faire ici une feule queftion, qui a un raport direct avec celle dont il s'agit, réiativement au Sistème

Queftion sur les Volitions de l'Ame. de l'*Influence phifique.* Je demanderai uniquement : Toutes les prémiéres velléïtés, les prémieres Volitions, qui font la Caufe, ou l'ocafion, fi vous voulés, des modifications déterminées de l'Ame quelles qu'elles foïent, dépendent-elles abfolument & uniquement de cette Ame, de forte que ce pouvoir, que vous atribués à Dieu feul d'operer le mouvement phifique, n'y intervienne point ; ou ce pouvoir y intervient-il ?

Je demanderai en fecond lieu, quelle idée avés vous de ces volitions ? Que font elles ? Sont elles des Etres moraux ou phifiques ? Coment ces volitions fe forment elles dans l'Ame ?

Défini-tion de ces Vo-litions. Je raporterai ici la definition de Mr. *Locke* de ce terme *Volition,* pour mieux mettre le Lecteur en état de fentir ce qu'il faut entendre par ce terme. *La Volition,* dit-il, *eft vifiblement un Acte de l'Ef-*

l'Efprit, exerçant avec conoiffance, l'Empire qu'il fupofe avoir (fur foi même) & fur quelque partie de l'Home pour l'apliquer à quelque action particuliére, ou pour l'en détourner. Je crois qu'on peut y ajouter, que la Volition eft une modification de ce qu'on apelle Volonté dans l'Home, & que la Volonté eft une des facultés de nôtre Efprit. C'eft ce que Mr. *Locke* dit auffi, en y ajoutant, *Et qu'eft ce que la Volonté finon une faculté de produire cette Action, cette Volition?* Voïés L. II. Ch. XXI. §. 15.

Vous n'oferiés dire, à ce que je crois, que Dieu eft la Caufe immédiate & phifique de ces volitions ; il en réfulteroit trop ouvertement, que dans ce cas, l'Ame ou l'Home ne feroit qu'une pure Machine, & il ne faudroit plus demander après cela, fi Dieu eft l'Auteur du Mal moral ou non ; cette queftion feroit toute décidée.

Cette Volition eft donc l'Ouvrage de l'Ame elle feule & independamment de Dieu : Diftinguons-la du mouvement phifique ou de l'Acte qu'elle produit, dont elle eft la Caufe, ou felon vous, l'ocafion. Diftinguons ces deux chofes malgré le peu d'intervale qu'il y a de l'une à l'autre, ou malgré cette rapidité,

avec

avec laquelle l'Ame paſſe de cette Volition à l'Acte qui produit ce mouvement
phiſique, & qui pourroit faire confondre
l'un avec l'autre. Il eſt évident que
l'un n'eſt pas l'autre, dans vôtre propre
Siſtème, puiſque vous atribués le prémier au propre pouvoir de l'Ame, &
l'autre au concours phiſique de Dieu.

Cette Volition qu'eſt elle donc dans
le fond ? On ne ſauroit l'enviſager come un Etre moral, car ce qu'on apelle
moral n'eſt pas la Volition ou l'Acte même de cette Volition ; ce moral n'eſt
pas dans l'Acte ou dans la modification
de l'Ame ; mais c'eſt une idée, un jugement de l'Eſprit par raport au motif &
au but, au mérite ou au démérite d'u-
ne Volition ou de l'Acte même.

C'eſt donc une autre operation de
l'Eſprit diférente de ce que vous pour-
riés regarder come moral dans l'Acte de
la Volition. En un mot, l'Acte même
de la Volition eſt *phiſique*, puiſque c'eſt
un Mouvement, ou qu'au moins il ne
peut être conçû ſans un Mouvement ;
mais la valeur de l'Acte, s'il eſt permis
de ſe ſervir de ce Terme, eſt *morale* ou
indiférente. Elle eſt *morale*, quand cette
Volition tend à un bien ou à un mal ;
indiférente, quand par exemple, elle renferme

ferme cette Idée : *Je veux lever mon bras*.

Je vous demande, si vous écartés d'un acte de volition , ce qu'il peut renfermer de moral, dans le sens que je viens de doner à ce terme ; qu'y restera-il encore que vous puissiés apeler moral ? Je crains fort que rien n'y restât. Si cela étoit autrement , je serois charmé que vous m'en donassiés la preuve. Mais je crois que vous auriés peine à me la doner. Il n'y a donc rien dans l'Acte même de la volition qu'on puisse qualifier de moral. Or si cela est ; S'il n'y a rien de moral dans le fond ou dans le Mecanisme même de cet acte de volition , s'il est permis de se servir de cette expression, on ne peut regarder cette opération que come Phisique. * En quoi consiste-t-elle proprement ? C'est dans l'idée que l'Ame se forme de ce qu'elle veut. Et cette Idée n'est autre chose qu'un Langage , un entretien intérieur de l'Ame avec elle même. Dans l'Exemple cité , ce Langage consiste en ceci, *Je veux lever mon Bras*. Il faut nécessairement que cette Volition précède l'Acte , par lequel je lève efectivement mon bras. Or si cette Volition consiste dans l'Idée qui se présente à l'Ame , ou qu'elle se forme , réprésentée

* *La Volition est un Acte Phisique de l'Ame un Langage qui supose le mouvement.*

S 3   par

par ces termes, *Je veux lever mon bras* ;
je dirai, que ce Langage, quelque im-
imperceptible qu'il foit, & quelque rapi-
de que foit le paſſage de cette Volition
à l'acte, (rapidité qui eſt ſans doute la
cauſe du peu de perceptibilité diſtincte
de ce que renferme cette Volition :) eſt
ſemblable à tout autre Langage, qui,
come je l'ai déja remarqué ailleurs, ne
ſauroit être conçû ſans articulation, ſans
mouvement, ſans un Son, ſans le ſentiment actif & paſſif ; d'où il ſuit donc

Pluſieurs 1°. Que cette volition eſt une opération
confe- Phiſique dans ſa maniére d'être, qui ne
quences peut convenir à un Etre abſolument non
tirées de étendu & ſans parties, & qu'on ne peut
cette dé- donc atribuer qu'à un Etre doüé d'une
finition. certaine maniére, d'une étendüe, qui lui
done la capacité phiſique du Mouvement
actif ; celle de former un Langage, un
ſon articulé, & celle du ſentiment ré-
fléchi, ou du ſentiment actif & paſſif. Il
s'enſuit 2° Que ſi cet Etre, cette Ame
eſt doüée de cette Etendüe, & par conféquent de la puiſſance de produire par
elle même & indépendamment du concours dë Dieu, cette Volition, qui eſt
un Acte Phiſique, come on ne ſauroit
le ſupoſer autrement ; il n'y a plus aucune dificulté d'établir ou d'admettre, qu'elle

a

à la puissance phisique de produire aussi cet acte qui est l'éfet de cette Volition, en vertu duquel mon bras se meut; Il s'ensuit 3° Que l'Ame a donc un Empire immédiat ou une Influence phisique & réelle sur le Corps; Il s'ensuit 4°. que si l'Ame a cette Influence Phisique sur le Corps, il n'y a aucune dificulté non plus d'établir l'Influence réciproque, c'est à dire, celle du Corps sur l'Ame, come celle de l'Ame sur le Corps.

Or, si toutes ces Conséquences résultent, come il n'y a pas lieu d'en douter, de la nature de cette premiere Volition de l'Ame, ainsi que je viens de la definir, & come à ce que je crois, on ne sauroit l'envisager autrement; il est évident que cette objection contre le Sistême de l'Influence, tombe totalement, & que la Verité ou l'Evidence de ce Sistême de l'Influence réciproque, est plus que jamais établie. *Qui font tomber la seconde Objection*

En un mot: Il y a du mouvement dans les prémieres Volitions de l'Ame & dans toutes ses autres modifications, ou il n'y en a point. Ce dernier est inconcevable, & il ne seroit admissible que dans le cas qu'il fût fondé sur une Révélation Divine expresse, ce qui n'est point. Et s'il y a du mouvement; il suit *Et qui prouvent l'Etendue réelle de l'Ame.*

S 4   de

de deux chofes l'une, ou que Dieu eft le
feul Agent & la Caufe immediate de toutes les modifications, ou de tous ces mouvemens de l'Ame, de fes Volitions mêmes & par conféquent celle auffi du
mal moral, & que l'Ame n'eft qu'un Etre
paffif & une pure Machine; ce que perfone, à ce que je crois, n'ofera afirmer;
ou que l'Ame eft un Etre étendu dans
fa maniére d'exifter, puisque la Capacité du Mouvement actif & paffif ne fauroit être conçûe que dans un Etre réellement étendu.

Si l'on ne veut pas admettre la nature de
cette Volition ou cette opération de l'Ame,
telle que je viens de l'expliquer, je voudrois
bien favoir au moins, de quelle autre
maniére on peut la concevoir; ou de
quelle maniére on peut concevoir le
mouvement & la mecanique de cette
modification & de toute autre, dans un
Etre prétendu abfolument non étendu,
fans parties & qui n'ocupe aucun lieu!
Je voudrois bien favoir fi l'on peut concevoir cette opération fans mouvement
ou fans modification réelle quelconque
de l'Ame; fe l'imaginer fur ce pied là,
ne feroit ce pas faire une fupofition des
plus inconcevables en tout fens? Car il
eft certain qu'il n'y a aucune opération
réelle

réelle quelle qu'elle foit, ou dans quel Etre que ce foit, qui puiffe être conçüe fans mouvement, ou fans une efpèce de mécanifme. Je ferois curieux de favoir coment une femblable operation réelle peut être conçüe autrement.

Inutilement viendra-t'on nous dire, que la nature de cet Etre, celle de nôtre Ame, ne nous eft pas affés conüe, pour pouvoir pénétrer fi avant. On ne fera jamais reçû à fonder des Hipothèfes fur fon ignorance, pendant que d'un autre côté, on eft en état de doner des raifons plaufibles des faits, come je crois en avoir doné, que tout Efprit éclairé, équitable & impartial ne fauroit refufer d'admettre, en atendant que quelqu'autre vienne, qui renverfe ces raifons, & qui en mette d'autres plus folides à leur place; mais fi je ne me trompe, ce moment tardera peut être plus long tems à venir qu'on ne penfe.

Si, come je viens de dire, & come je crois le fait inconteftable, aucune modification ou aucune opération quelconque ne fauroit être conçüe fans mouvement; il s'enfuit néceffairement & felon les propres principes de ceux qui j'ai à faire, que l'Etre capable de modification, nôtre Ame, n'eft qu'un

Selon les propres principes mémes des Immaterialiftes.

Etre

Etre corporel , un Etre étendu dans sa manière d'éxister, puisque ces Mrs. conviennent eux mêmes, que le Mouvement est un mode de l'Etre corporel. Voici come un des plus subtils Défenseurs du Cartesianisme s'explique là dessus. *Sequitur inde, dit-il *, primo, motus naturam talem esse, ut sine aliis corporibus non possit esse. Deinde cum motus non sit Corpus ipsum neque Spiritus, erit necessario modus Corporis. Si modus Corporis; non difert realiter ab ipso Corpore; sed modaliter tantum.* ,,La na- ,,ture du mouvement est telle qu'on ne ,,sauroit l'envisager sans aucun Corps. ,,Or, le mouvement n'étant pas le Corps ,,lui même, ni un Etre spirituel; il s'en- ,,fuit nécessairement, que c'est un mo- ,,de du Corps; & si c'est un mode du ,,Corps; il ne difére donc que modale- ,,ment & non pas réellement de ce Corps.

Tous ceux à qui j'ai à faire en géné-ral, conviennent unanimément que l'*Ac*-*tivité* est la marque caractéristique de nôtre Ame. Or, il est de la dernière évidence que l'activité supose un mouvement phisique, & qu'une activité sans mouvement seroit un feu sans chaleur. Le mouvement selon ces Mrs. ainsi que je viens de le faire voir, est un mode de l'Etendüe corporelle. Donc selon leurs

* Differt. de finito & infini-to, impri-mée, chés les Elz-virs en 1651. p. 13.

L'Acti-vité, atri-but ca-ractéristi-que de l'Ame, qui ne peut être conçüe sans mou-

leurs propres principes , nôtre Ame ne *vement,* peut être une subftance non-étendüe ou *prouve* immatérielle. *encore*

Je voudrois bien favoir , coment le l'*Etendüe* mouvement que l'air agité comunique à *de l'Ame.* la portion molle du nerf auditif , qui eft fait pour porter l'impreffion du fon im- médiatement à l'Ame , peut operer cet éfet fur elle , fans un choc ou un ébran- lement , qui caufe une réfiftance dans l'Ame , & qui excite le Sentiment de ce fon en elle ; ou fans que le Nerf au- ditif comunique à l'Ame autant de mou- vement qu'il en perd ; ce qui produiroit la même Impreffion ? Je fens bien qu'on me dira , que le mouvement ne peut être comuniqué à l'Ame, ni par l'une, ni par l'autre de ces deux maniéres , ni par aucun mécanifme , parce que l'Ame eft non étendüe & immatérielle. Mais c'eft là précifément la pétition de principe , que je viens de remarquer. Je demande en un mot , cet Organe auditif , qui eft cenfé avoir une comunication immédia- té avec l'Ame, & ces Machines fi artifte- ment conftruites , que nous apellons O- reilles , font elles néceffaires , pour porter comé Caufe *fine quâ non* , l'impreffion du fon à l'Ame , ou ne le font elles pas ? Si elles ne le font pas ; Dieu a donc joint

un

un hors d'oeuvre à la Machine humaine, ce qui n'eſt pas à préſumer de ſa Sageſ- ſe. Et ſi cet Organe auditif eſt néceſ- ſaire, il ne peut produire ſur l'Ame l'éfet qui eſt de ſa compétence, que par une eſpéce de contact. Cette Partie du Corps agit donc réellement ſur l'Ame; & ſi le Corps peut agir ſur l'Ame, il n'y a plus de dificulté d'établir, que l'Ame peut agir à ſon tour ſur le Corps, & que par conſéquent, il y a inflüence récipro- que entre l'un & l'autre. Je crois qu'on ne ſauroit concevoir la choſe autrement.

Sans répéter ici la ſeconde objection, contre le Siſtème de l'Inflüence, qu'il me ſoit permis d'y revenir.

Autres   Il faut que la Cauſe de ces Mrs. ſoit
réflexions deſeſpérée, pour les obliger à la défen-
de l'Au- dre par des moïens auſſi pitoïables que
teur con- le ſont ceux qu'ils emploïent, ou pour
tre la ſe- mieux dire, par un Jargon, auquel on
conde ob- ne ſauroit doner aucun ſens raiſonable.
jection. Je n'ai garde de rien imputer à cet é-
gard à Mr. *Sgravesande*: Je reſpecte trop
la Perſone & ſon mérite: Il doit bien
ſavoir d'où il a tiré ce qu'il vient de
nous dire.

Il eſt bien certain que le bras ne peut être levé ſans un mouvement. La Vo- lonté, nous dit on, n'eſt pas propre-

ment

ment la Caufe de ce Mouvement. Mais
déquoi eft elle donc Caufe ? Peut elle
produire ici autre chofe que le mouvement ? Si la Volonté ne produit pas elle
même ce mouvement, qu'eft ce donc,
qui le produit ? On me dira dans le Siftème Cartefien, que Dieu qui conoit cette Volonté, le produit *. Mais je demande encore coment Dieu conoit il
cette Volonté ? Il n'y a que deux voïes de concevoir la chofe. Ou Dieu conoit cette Volonté à un figne qu'en done l'Ame ; ou il la conoit, foit en vertu de la férie de toutes les chofes paffées,
actuelles & futures, toûjours prefente à
fon Entendement divin, ou en vertu de
quelque Caufe particuliére antécédente,
qui ocafione cette Volonté. Il eft certain, au moins dans nôtre façon de
penfer, que Dieu ne fauroit la conoitre autrement.

Dans le premier cas, ce figne déno-
teroit un changement dans l'Ame, lequel ne peut être conçû fans mouvement.

H

* Les raifons qu'on nous done dans le Siftème de l'Harmonie préetablie ne font pas
plus folides. Je ne les raporterai ni ne les ré-
futerai pas ici, pour éviter la prolixité.

Il y auroit donc un Principe de motivité en elle. Or, si par ce Principe, elle peut doner des signes de sa volonté,
elle peut en vertu du même principe se
mouvoir aussi pour agir sur le Corps, &
l'intervention de Dieu n'est pas nécessaire. Dans le second cas, il est évident
que la volonté de l'Ame seroit nécessaire, & que par conséquent l'Ame ne seroit
nullement libre.

Dieu n'est donc point la cause de ce
mouvement requis, pour que je leve mon
bras ; mais si cela est, coment peut on nous
dire, que la volonté de mouvoir & le mouvement concourent ensemble, & que ces
deux choses sont dirigées, ou du moins
une d'elles d'une maniére qu'elles concourent nécessairement ensemble? Je demande si la volonté n'est pas la cause
de ce mouvement & que Dieu ne l'opère
pas non plus ; quelle est donc cette cause
motrice & directrice? On dira sans doute ici, que ce mouvement est produit
par de certaines Loix établies par le
Créateur. Mais où est la preuve de cette
assertion? Est elle fondée sur la Révélation ou sur la nature de la chose? Ces Loix
sont elles des causes secondes, qui opèrent
nécessairement? Je vous demanderai encore quelle Idée avés vous de ces causes

ſes & de ce Mécaniſme? Ou entendés
vous par ces Loix une operation immédiate de Dieu? Dans ce cas les dificultés
dont je viens de faire mention reviennent encore. Cette aſſertion ſeroit bone,
ſi ce qu'on veut prouver par elle, étoit
évident d'ailleurs & fondé dans la nature de la choſe, enſorte qu'on pût
dire, qu'elle ne ſauroit être enviſagée
autrement. Mais au contraire on n'y voit
qu'obſcurité, embaras & contradiction.
Convenés que nôtre Ame eſt étendüe,
& l'Action reciproque entre elle & le
Corps, conſtatée par l'expérience, étant
auſſi évidente qu'elle l'eſt, toutes les dificultés s'évanouiront. C'eſt ici qu'on peut
dire avec raiſon & fondement, que la
choſe ne ſauroit être enviſagée autrement.

Après ce que je viens d'expoſer pour *Les Ob-*
combatre le ſecond Argument dont il eſt *jeſtions*
queſtion, il eſt très inutile de m'arrêter *N. 3. 4. 5.*
aux autres ſous les *N. 3. 4. 5.* d'autant qu'ils *pétitions*
ne ſont fondés que ſur l'Hipotheſe que *de Prin-*
nôtre Ame eſt un Etre abſolument non *cipe, ne*
étendu, ce qui n'eſt que pure petition *deman-*
de principe. *dent pas*

Je n'ai rien à remarquer non plus ſur le *de repon-*
Sixiéme Argument raporté par Mr. Sgrá- *ſes ;*
veſande.

vefande. Car il ne porte que contre l'Hipothèfe de la fpiritualité pure de nôtre Ame adoptée dans le Siftème de l'Influence Phifique, & qui eft commune à ceux qui emploïent cet Argument pour combatre ce Siftème.

Nos Geomètres Modernes ont découvert ces deux importantes Vérités concernant le mouvement, favoir: 1°. Qu'il y a toûjours dans l'Univers la même quantité de ce qu'ils apellent *Force*; 2°. Que la direction de cette Force ou du Mouvement eft toûjours la même dans tous les Corps enfemble, qu'on fupofe agir les uns fur les autres, de quelque manière qu'ils fe choquent. Les Partifans du Siftème des *Caufes ocafionelles* & de l'*Harmonie préétablie* emploïent le premier de ces deux Principes, contre ceux qui font dans le Siftème de l'*Influence Phifique*; en leur faifant fentir qu'ils ne fauroient établir l'Influence de l'Ame fur le Corps, fans lui atribuer une force, qui feroit une augmentation de celle, que les Ataquans fupofent de leur côté dans le total des Corps, incompatible avec cette vérité fur laquelle ils fondent leur Argument, & qu'ils prétendent avoir prouvée. Je ne vois pas ce que les Défenfeurs de l'Ancien Siftème de l'*Influence*, qui fupofent

la

la non étendüe abfolüe de l'Ame, peuvent répondre à cette Inftance; mais il eft évident qu'elle ne peut pas porter fur le mien, par la raifon, que je m'en vais dire tout à l'heure:

M. *de Leibnitz* * fait ufage du fecond Principe contre *Defcartes*: „ qui en adoptant le premier a crû, *ce font les propres termes du Philofophe Allemand*; que l'Ame „ pourroit pourtant avoir le pouvoir de „ changer la direction des mouvemens „ qui fe font dans les Corps, à peu près „ côme un Cavalier, quoi qu'il ne done „ point de force au Cheval qu'il monte, „ ne laiffe pas de le gouverner; en diri- „ geant cette force du côté que bon lui „ femble. Mais côme cela fe fait par le „ moïen du frein, du mors, des éperons „ & d'autres aides materiels, on conçoit „ coment cela fe peut. Mais il n'y a „ point d'inftrument, dont l'Ame puiffe „ fe fervir pour cet éfet; rien enfin dans „ l'Ame ni dans le Corps; c'eft-à-dire, ni „ dans la Penfée, ni dans la Maffe, qui „ puiffe fervir à expliquer ce changement „ de l'un par l'autre.

* *Theodicée* P. 1. §. 60.

Cette raifon de M. de *Leibnitz* contre *Defcartes* eft victorieufe. Il n'avoit qu'à dire en un mot, que l'Ame dans l'Hipothèfe qui eft comune à ces deux Phi-

lofophes, n'aïant que fa volonté qui n'é-
tant pas un Etre réel, ne peut produire aucun efet phifique hors d'elle, ni médiatement ni immédiatement.

Mr. de *Leibnitz* conclut, que foit que
,, l'Ame change la quantité de la force,
,, ou qu'elle change la ligne de la direc-
,, tion, ce font deux chofes également
,, inexplicables. Ce qu'il dit à cet égard
eft vrai dans l'Hipothéfe de la fpiritualité pure de l'Ame. Mais cela eft bien
diférent dans mon Siftème, où j'établis
que l'Ame eft un Etre doüé *d'Etendre &*
de Puiffance. Je n'ai qu'à fupofer, come
je fais, que l'Ame en fa qualité d'un
Etre étendu, a fa quote part de cette
force, qui fait le total de celle qui eft
dans tous les Corps dont l'Univers eft
compofé; Propofition qui ne renferme
rien de contradictoire en elle même, &
je n'avancerai rien fur ce fujet, qui com-
bate cette prémiere Vérité découverte
par nos Géomètres.

On peut dire avec fondement, que la
Puiffance que Dieu a doné à l'Home ou
à l'Ame, qu'on peut apeller *Force* ou
Volonté, n'augmente point la quantité,
ni ne change pas la direction du mouvement total, qui fe trouve dans l'Univers, fuivant le prémier Plan du Créateur :

teur : La raison en est , que Dieu est
ordinairement la Cause lui même ou le
Dispensateur de ce mouvement, & que
rien ne se peut faire contre les Loix générales quelles qu'elles soient, qu'il a é-
tablies à cet égard. Le mouvement ou
la force considerée dans son total a deux
Parties. L'une est ce mouvement qui
vient immédiatement de Dieu & qui
meut tous ces Corps insensibles qui agissent les uns sur les autres ; le second est
cette Puissance phisique , que Dieu a dé-
partie à l'Home , & à laquelle il a doné
des bornes, tant à l'égard de la quantité
que de la direction, que l'Home ne
peut outrepasser. Il suit de ceci évidemment que la quantité & la direction
du mouvement sont toûjours les mêmes ;
c'est à dire que l'une & l'autre sont ce
que Dieu veut qu'elles soient , sans que
la seconde Vérité découverte par nos
Géomètres , savoir , *que la direction du mou-*
vement ne peut être changée , done ateinte
à la liberté de l'Ame, qui relativement
à son but n'est faite que pour produire
des éfets moraux.

Il paroit par ce que je viens de dire,
que mon Sisteme fournit un moïen plus
simple, que ne l'est, peut être, celui
de nos Géomètres ; pour rendre sensibles

ces deux Vérités qu'ils ont découvertes.
Dieu étant, dans mon Siſtème, la Cauſe immédiate, productrice & conſervatri-
ce de toute la Force phiſique qu'il y a
dans l'Univers, il eſt évident, qu'aïant
les idées de la Sageſſe & de la Toute
Puiſſance du Créateur que nous en devons avoir, il n'y a pas lieu de ſupoſer,
que cette Force puiſſe ni ne doive diminuer ou augmenter, ou qu'aucune
Créature puiſſe changer la direction du
mouvement, qui réſulte de cette Force
établie par les Loix générales, dont je
viens de faire mention. Je qualifie cette
Force de phiſique, pour ne rien avancer qui ſoit contraire à la Liberté, faculté morale de l'Ame, que je laiſſe dans
ſon entier.

C'eſt au Lecteur judicieux à decider,
ſi la Raiſon morale que je doné dans
mon Siſtème, de ces deux Vérités concernant la Force & ſa Direction, doit
ſervir de preuve à la découverte faite
par nos Géomètres; ou ſi je puis emploier leur découverte, pour en tirer une
nouvelle preuve de la Vérité ou de l'é-
vidence de mon Siſtème.

En revenant à la queſtion principale,
je ſuis obligé de convenir ici que j'ai

dit

Mr.
Sgrave-

dit dans un autre Endroit, * que de la maniere dont M. *Sgravefande* défend une Partie du Siftême des *Caufes ocafionelles*, on diroit qu'il incline plûtôt de ce coté là, que de celui de l'Influence. *fande tout bien confideré, panche du côté du Siftême de l'Influence.*

Je crois en éfet, qu'on pourroit penfer come j'ai fait, en refléchiffant fur les expreffions dont il fe fert :

„ Nous concluons (de ce qui précede) „ *dit - il*, ⁊ que c'eft fans fondement „ qu'on ⁊⁊ objecte aux Defenfeurs des „ *Caufes ocafionelles*, que leur Siftème eft „ injurieux à la Sageffe Divine.
Come dans ce Siftème, tout l'Univers „ eft gouverné par des Loix fixes, ce „ qu'on dit, que l'Union de l'Ame & du „ Corps exigeroit une fuite continuelle de „ Miracles, tombe de lui même. *⁊⁊ Les Leibni tiens.*

*T. I. P. II. p. 83. ⁊ §.266, 267.

Il eft vrai que nôtre Philofophe ne fait ces raifonemens, que pour faire voir, qu'il n'eft nullement néceffaire d'avoir recours à l'*Harmonie préétablie.* † Il eft vrai encore que M. *Sgravefande* parôit fort in-déterminé. Mais tout ce qu'il dit ail-leurs étant bien confideré, il faut reve-nir au fentiment, que fon véritable pen-chant le porte du côté du Siftème de l'Influence. *†§. 268.*

„Je ne conçois pas, *dit-il*, †† la manié-re dont l'Ame peut agir fur le Corps : *††244.*

T 3   „Je

„ Je ne vois pas non plus, coment une
„ perception peut-être l'éfet du mouve-
„ ment d'un nerf : Mais il ne me paroit
„ pas, qu'il s'enſuive de là, que toute
„ *Influence* doive être rejetée.

§. 248. „ Il eſt invinciblement démontré, que
„ l'Ame n'agit pas ſur le Corps, ni ce
„ dernier ſur l'Ame, come un Corps agit ſur
„ un autre Corps ; mais il ne me ſemble
„ pas, qu'on puiſſe conclure de là que toute
„ Influence eſt impoſſible.

„ Il eſt aſſûrément dificile de nier l'In-
**§. 249. „ fluence ; ** quand on voit coment les
250. „ moindres perceptions dans l'Ame ont
„ un raport avec des mouvemens dé-
„ terminés dans le Corps ; & coment d'un
„ autre côté, les mouvemens du Corps
„ conviennent avec ces déterminations
„ de l'Ame. Je porte ici ma penſée ſur ce
„ que les Médecins & les Anatomiſtes
„ nous enſeignent ſur cette Matiére.

„ Je ne détermine donc, rien ſur le
„ prémier Siſtème (de l'Influence) ſi ce
„ n'eſt, que l'impoſſibilité ne m'en paroit
„ pas encore aſſés clairement démon-
„ trée.

„ Nôtre Philoſophe dit dans un autre
† §. 269. „ Endroit.† Les deux autres Siſtèmes (ceux
„ de l'Influence & des Cauſes ocaſionelles)
„ ſatisfont également bien à la queſtion
„ pro-

„ proposée ; (par les Partisans du Sistè-
„ me de l'Harmonie préétablie) & tant que
„ l'impossibilité du premier ne sera pas
„ clairement démontrée, il n'y a guère
„ moïen de savoir, pour lequel des deux
„ il faut se déterminer.

L'impossibilité ou la possibilité du Sistème de l'Influence dépend uniquement de
la question qui concerne la nature de
nôtre Ame : Si elle est absolument immatérielle, absolument non étendüe, l'Influence reciproque entre l'Ame & le
Corps est inconcevable, impossible, même. Si au contraire nôtre Ame est réellement étendüe dans sa maniére d'exister,
come je crois qu'on ne sauroit l'envisager
autrement, l'Influence est évidente & n'a
pas besoin d'autre preuve.

Ce qui a tenu & tient l'Esprit de ce
celèbre Philosophe en suspens ; c'est que
d'un côté, il est persuadé par les Raisons
qu'il raporte lui même, que l'Influence
ne sauroit étre niée ; mais come d'un autre, il est encore dans la prévention,
que nôtre Ame est un Etre absolument
immateriel, il n'est pas surprenant qu'il
ait de la peine à acorder cette idée avec
l'Influence, quelque convaincu qu'il soit
de cette derniére par l'expérience sensible. En éfet il faudroit se créver les yeux

T 4   &

& être d'une opiniatreté invincible; ou
enfoncé jufqu'au col dans les préjugés,
pour ne pas voir à l'égard de cette influence, ce que ce Philofophe pénétrant
& tant d'autres y aperçoivent.

Ici je ne faurois m'empêcher de raporter un Argument de ce célèbre Philofophe, qui lui a paru très fimple, pour
demontrer *que la faculté de penfer ne fauroit
être l'atribut d'aucun Etre étendu*; & d'y joindre quelques remarques. J'efpère que pour
peu qu'il daigne réflechir de fon côté
plus murement & fans prevention fur ce
fujet, il trouvera par lui même de quoi
convertir en certitude un doute qui fied
fi bien à de grands Homes come lui.

„ Tout ce qui a de l'étendüe, *dit-il*, a
„ des parties, & on ne peut rien atribüer
„ à cette étendüe, qui ne convienne en
„ même tems à fes parties. Supofons, à
„ préfent qu'un Etre étendu penfe; ou la
„ penfée fera entiére dans chacun des points
„ de cette étendue, ce qui eft abfurde;
„ ou elle fera répandüe dans toute l'Eten-
„ düe, & par cela même divifible avec
„ elle; ce qui eft opofé à la nature des
„ perceptions.

Cet Argument, come chacun le peut
voir, n'eft fondé que fur ce Principe,
que tout Etre étendu & qui par conféquent

Margin notes:

* *Argu-
ment de
M. Sgra-
vefande
contre
l'Etendüe
de l'Ame.*

*§. 182.

Réflé-
xions de
l'Auteur*

quent a des Parties, eſt néceſſairement *ſur cet* divisible. C'eſt le ſophiſme qu'on apelle *Argu-* dans l'Ecole *à dicto ſecundum quid*, *ad dic-* *ment.* *tum ſimpliciter.* Je dirai après Mr. Nico-le *, *que cette maniére de raiſoner eſt ſem-* * *Art de* *blable à la penſée d'un Païſan, qui n'aïant* *penſer* *jamais vû que des Maiſons couvertes de chau-* III. Par-*me, & aïant ouï dire, qu'il n'y a point dans* *tie Ch.* *les Villes de toits de Chaume, en concluroit,* XIX. §. 7. *qu'il n'y a point de Maiſons dans les Villes,* *& que ceux qui y habitent ſont bien malheu-* *reux, étant expoſés à toutes les injures de* *l'Air.*

L'Etendüe réelle, la Matiére ou les Corps viſibles & palpables à nous conus ont des Parties & ſont diviſibles; donc toute Etendue réelle, tout Etre qui a des Parties eſt diviſible.

Je demande, cet Argument peut il être apliqué au Corps ſpirituel que j'a-tribüe à nôtre Ame, en le ſupoſant mê-me compoſé de Parties, de ces Parties qui lui ſont abſolument néceſſaires, pour contribuer en qualité de *Cauſe ſine quâ non,* à la Capacité que poſſéde l'Etre entier doüé de ce Corps ſpirituel, d'exercer la Puiſſance active & paſſive? Je demande, *dis-je*, peut on apliquer cet Argument à cet Etre, après que Dieu lui même a déclaré le contraire, en nous aſſurant

dans

dans la Révélation , & par le témoignage de nôtre propre Sentiment & de nôtre Confcience , de la maniére du monde la plus expreffe & la plus folemnelle, que cet Etre eft immortel , & qu'il
doit éxifter éternellement : Déclaration
qui fupofe evidemment l'indivifibilité de
cet Etre , qui eft donc indivifible de fait,
de forte qu'on peut dire , que fon indivifibilité eft atachée à fa nature , puisqu'il eft ce qu'il eft en vertu de la Volonté immuable & de la Toute Puiffance Divine ? Il eft donc évident , que
pour combatre avec fuccés l'Etendue réelle que j'atribue à nôtre Ame , il faut
nous doner de meilleures raifons que
ne font celles que l'on tire de la divifibilité de la Matiére vifible & palpable à
nous conüe.

Objection
fi l'Ame
eft indi-
vifible de
fait, elle
eft au
moins di-
vifible de
droit.

On m'objectera , peut-être , ici , que
fi nôtre Ame eft indivifible de *fait* , on
ne fauroit nier au moins , qu'elle eft divifible de *droit* , ou par fa nature, puisque de mon propre aveu elle a des Parties.

Mais je nie cette conféquence par la
raifon que j'ai déja donée , & j'ajouterai qu'il ne s'agit entre ceux , qui me
pourroient faire cette objection , & moi,
que de cette divifibilité qui pourroit avoir
lieu

lieu par le fait des caufes fecondes, ou des Etres créés. Or, il fufit, qu'on ne fauroit nier, que contre la Volonté de Dieu, aucune Caufe feconde ni aucun Etre crée, ne peut divifer ou detruire un Etre auquel Dieu a deftiné l'indivifi-bilité ou l'immortalité même, avant la Création ; foit qu'il ait des Parties ou non ; pour en tirer cette conféquence, que cet Etre eft donc indivifible de fait & de droit ; ce droit étant fondé fur la Volonté de Dieu : Il ne peut avoir d'au-tre fondement.

Au refte fi l'on veut, que l'Atribut de divifibilité, dont il eft queftion, apar-tienne de droit à nôtre Ame, en la fu-pofant étendüe, foit parce que felon les notions comunes & généralement reçües, on croit le reconoitre dans l'Ame en cette qualité ; ou parce qu'il eft infépa-rable de toutes les autres fubftances, auxquelles on eftime que cette Ame autant qu'étendue, reffemble par fa na-ture ; je ne m'y opoferai pas, parce que je n'aime pas à difputer, & que d'ail-leurs l'afirmative peut avoir lieu ici fans préjudice de l'immortalité de cette mê-me Ame.

Je fens bien, qu'on pourra me de- *Autre* mander, fi Dieu peut divifer cette Ame ? *Objection*

Je

& Quef-
tion:
Dieu
peut-il
divifer
l'Ame é-
tendüe ?

Rép. &
Queft. de
l'Auteur:
Dieu
peut il di-
vifer l'A-
me abfo-
lument
non éten-
düe.

Je répons que j'en fuis déja convenu ; donc elle n'eft pas indivifible de droit, me dira-t-on. Soit. Mais cette Inftance me done lieu d'en faire une autre à mon tour, à ceux qui prétendent m'emba- raffer. Je leur demande, Dieu peut il divifer ou non, vôtre Ame telle que vous la definiffés dans vôtre Siftème ? S'il peut la divifer ; vous vous donés le dementi : Car il fuivra dans ce cas, que cette Ame eft étendue ; & fi vous dites, que telle que vous la fupofés, Dieu ne peut pas la divifer ; vous dites plus vrai que vous ne penfés. Dieu ne peut la divi- fer : Elle eft indivifible, parce qu'elle eft le Point Mathématique ou Métaphifique; un Etre de raifon, & que telle que vous la définiffés, elle n'exifte que dans vô- tre imagination. Quelle preuve nous donerés vous, qui ne foit pas pétition de Principe, que cette Ame eft d'une nature, que Dieu lui même ne pourroit pas la divifer ?

Nôtre Ame, eft indivifible, dites vous, parce qu'elle eft non étendue ; parce qu'elle eft un Point indivifibe ; qu'elle eft le Point Mathématique ou le Point Metaphifique. Je vous demande 1°. Co- ment prouverés vous cette propofition fans tomber dans le Cercle vicieux ! Je

vous

vous demande 2°. Ce moïen que vous
emploïés, est il le seul, l'unique pour
prouver l'indivisibilité ou l'immortalité
de l'Ame ? N'est il pas plus naturel de
l'atribüer à la Volonté & à la Toute
Puissance du Créateur, sauf à éxaminer
ensuite par les proprietés & par les fonctions que nous atribuons tous à l'Ame,
si l'étendüe ou la non-étendue, convient mieux à cet Etre ?

On peut dire, qu'il y a des Etres trés *L'Uni-*
compofés de Parties, & qui font néan- *vers, être*
moins indivifibles à nôtre égard. Tel *compofé,*
est ce Tout que nous apellons *Univers.* *est indi-*
Il est évident, que ses Parties intérieu- *vifible*
res, vifibles & palpables, font divifibles. *come le*
Mais il s'agit de la divifibilité extrinse- *Corps fpi-*
que du Tout ; de celle du dehors. Or, *rituel de*
elle n'est possible qu'à Dieu seul. L'U- *l'Ame.*
nivers est donc à cet égard dans le même cas, où est nôtre Ame : On peut dire la même chose de tous les Globes
célestes : Ils font indivifibles de fait come l'Ame par raport aux Etres crées,
avec cette diférence, que Dieu détruira
ou renouvellera un jour l'Univers ; &
qu'il conservera l'Ame éternellement.

Mais fupófé même, que nôtre Ame
étendue & aïant des Parties, fût divifible à raison de cette nature ; qu'y gag-
ne-

neroient ceux, qui me feroient cette objection? Je crois, que c'eſt aſſés d'avoir
prouvé, que nôtre Ame, compoſée ou
non de Parties, eſt indiviſible de fait,
puis qu'elle l'eſt en vertu de la Volonté
& de la Toute Puiſſance de Dieu; pour
qu'il y ait lieu de préferer l'Hipothèſe de
l'Etendue, à celle de la Non-étendue,
en tout ſens inſoûtenable.

La Ca-
pacité de
penſer de
l'Etre
doué de
cette fa-
culté eſt
diférente
des pro-
prietés,
come la
grandeur,
la figure
&c. que
nous a-
percevons
dans la
Matiére.

On ne peut rien atribüer à cette étendüe
(au Corps étendu aparemment) qui ne convienne en même tems à ſes parties, nous dit
on. Si ce Corps étendu penſe, la penſée ſera
dans châcun des Points de ſon étendüe. Je
dirai 1º. Que ce raiſonement ſeroit bon
ſi la capacité de penſer étoit une proprieté naturelle du Corps ſpirituel, que
j'atribue à l'Ame, come la grandeur &
la figure ſont des proprietés naturelles
de la matiére à nous conue. Vous ne
ſauriés ôter la moindre parcelle d'un
Corps de cette nature, ſans qu'il arrive
un changement à ſa grandeur ou à ſa
figure; ce qui fait voir que chaque parcelle de ce Corps contribue pour ſa quote part à la grandeur & à la figure du tout,
tel qu'il eſt; & que par conſéquent cette Grandeur & cette Figure ſont diviſibles come le ſont les particules réelles
dont ce Corps eſt compoſé. Mais il
n'en

n'en est pas demême de la faculté de penser & des autres capacités que nous envisageons dans ce tout doué d'un Corps spirituel que nous apellons Ame. C'est *Preuve* par addition que Dieu a joint ces facul-*de cette* tés au Corps spirituel, pour en former *Proposi-* cet Etre pensant : Il peut séparer ces fa-*tion.* cultés de ce Corps, & dans ce cas, ce Corps restera tout ce qu'il étoit auparavant ; pour preuve évidente que ces capacités ne sont pas à ce Corps, ce que la Grandeur & la Figure sont à la Matiére visible & palpable à nous conue ; & que par conséquent il n'est pas permis d'argumenter de cette Matiére au Corps spirituel de l'Ame ; par où il est donc évident que le raisonement de nôtre Philosophe ne prouve rien contre l'Etendue réelle que j'atribue à nôtre Ame.

Mais il y a plus : Pour faire voir que *Certaines* certaines propriétés ou capacités ne sont *proprie-* pas à la Matiére composée même ce que *tés ne* lui sont la grandeur & la figure, je deman-*sont pas* derai 2°. Le Mouvement d'une Montre *à la Ma-* montée, est il dans chaque point de son é-*tiére com* tendüe, ou dans chacune des parties dont *posée mé-* elle est composée ? Vous n'avés qu'à l'ouvrir, *me, ce* & la regarder en dedans & en déhors pour *que lui* voir *sont la*

gran-
deur, la
figure
&c.

voir que cela n'eſt pas. Par où il eſt donc
évident, que le mouvement ne peut être
atribué à cette Montre, entant qu'elle eſt
matiére étendue ; Mais entant ſeulement
que c'eſt une Machine compoſée par l'invention, par l'adreſſe & par les Mains
de l'Ouvrier, & arrangée d'une manière, pour que, au moïen de ce Mouvement qu'il lui donne, elle puiſſe répondre au but, pour lequel il l'a faite, qui
eſt d'indiquer réguliérement les heures.
Or, il eſt évident qu'on ne ſeroit pas
reçu à dire, *qu'il eſt impoſſible qu'une*
Montre puiſſe ſe mouvoir & indiquer les
heures, parce qu'il s'enſuivroit, que le
mouvement ſeroit dans chaque partie de l'E-
tendue de cette Montre, & diviſible avec elle ;
conſéquence qu'on traiteroit d'abſurde & avec
raiſon. Otés d'une Montre montée ce
qui n'y eſt pas actuellement en mouvement ; ce ne ſera plus une Montre : Le
mouvement ceſſera, & vous n'y verrés
plus les diférentes piéces dont elle étoit
compoſée, que come ſimplement étendües, & diverſement figurées. Pour faire
une Montre qui ait la capacité d'indiquer
réguliérement les heures, au moïen du
Mouvement que l'Ouvrier lui done, il
faut donc qu'elle ſoit compoſée de piéces actuellement en mouvement, & d'autres

tres qui ne le font pas, mais qui font néceffaires pour foutenir celles qui fe meuvent, ou qui le font d'ailleurs pour l'arrangement requis, fans lequel cette Montre ne pourroit être propre pour la fin qui étoit dans l'Efprit de l'Ouvrier. Si cela eft ainfi, comme on n'en peut pas douter, il en réfulte donc, qu'on feroit très mal fondé à argumenter contre la poffibilité du Mouvement dans une Montre, en difant, *que fi cette poffibilité avoit lieu, il s'enfuivroit que le Mouvement feroit tout entier dans chaque partie de cette Montre, ou qu'il feroit répandu dans toute l'Etendue de cette Montre, & divifible avec elle ;* Conféquence qu'avec raifon on taxe d'abfurde ; puifque d'un côté un tout ne peut pas fe trouver tout entier dans diferentes parties, & que d'un autre, un Etre, come le Mouvement, qui eft un & fimple, ne peut être divifé. Je m'explique : La force peut être divifée ; Mais non pas le mouvement actuel, qui eft fon éfet. Le mouvement peut être divifé intellectuellement, mais non pas phifiquement. Vous pouvez accelerer, retarder, ou arrêter tout à fait le mouvement dans une Montre par éxemple ; mais je ne conçois pas coment on peut le divifer phifiquement. Au moins je ne

fuis pas le feul de ce Sentiment. Le P.
Daniel dans fa judicieufe differtation

Oeu- *fur la nature du Mouvement* * nous dit en
vres di- ces propres termes, *que toutes les queſtions &*
verſes in *les raiſonemens que les anciens Philoſophes fai-*
4°. *T.* 1. *ſoient ſur la diviſibilité du mouvement, étoient*
p. 288. *chimeriques.*

Diſtinc-   Je dois avertir ici que je ne raporte
tion à re- pas cette Comparaiſon de la Montre,
marquer pour en conclure, que come il y a
ici. dans une Montre des Parties qui font
en mouvement & d'autres qui n'y font
pas, il y a auſſi dans le Corps ſpiritüel
de l'Ame des Parties penſantes & d'autres non-penſantes : J'ai déja remarqué
ailleurs, qu'il ne faut pas doner trop
d'étendue aux comparaiſons. Pour penfer fur cette queſtion d'une maniére qui
ne puiſſe être critiquée, il faut dire, que
nous ne ſaurions rien afirmer, ni nier
fur ce ſujet, parce qu'il ne nous eſt pas
permis de conoitre la nature de ce Corps
ſpirituel de l'Ame par *intuition.* Mais on
peut bien dire, que come la Sageſſe Divine ne fait rien d'inutile, il ſuit que
ſelon le Plan de cet Etre ſuprème, ce
Corps ſpirituel, tout entier tel qu'il eſt,
étoit néceſſaire, pour ſervir à l'Ame qui
en en eſt révétue, indiviſiblement come
cauſe inſtrumentale & *fine quâ non* de la
Puiſ-

Puiſſance active & paſſive, qu'elle exerce indiviſiblement auſſi. Je ne vois au
moins rien dans ce Sentiment, qui ne
puiſſe être conçû aiſement; rien que l'on
puiſſe conteſter avec raiſon.

Il eſt aiſé d'apliquer à nôtre Etre, à
l'Etre humain, ce que je viens de dire
de cette petite Machine artificielle. Mr.
Locke qui m'a montré le Chemin, ne dit
pas, non plus que moi, que la capacité
de penſer eſt dans la Machine humaine
que Dieu a crée, entant qu'elle eſt é-
tendue : Nous ne diſons pas que l'Etendue penſe; mais que cette capacité telle qu'elle eſt, réſulte de ſa conſtruction
merveilleuſe, en vertu de la Volonté,
de la Sageſſe & de la Toute Puiſſance
du Divin Ouvrier. De mon côté je dis
ſeulement, que cette Machine eſt la Cauſe *ſine quâ non* de la penſée & de ce qui
en dépend; ce qui eſt une propoſition
fondée ſur l'Expérience, & qu'aucun de
tous ceux qui ont des yeux, & qui ſavent enviſager la choſe ſans prévention,
ne niera pas. Or, à ce que je crois,
il ne ſuit pas de ce que je dis à cet
égard, que la penſée ou la capacité de
penſer, ſoit dans chaque partie de cette
Machine. Outre qu'il n'y a aucune
raiſon d'enviſager la choſe ſur ce pie là,

V 2 on

on peut dire 1°. Que le Principe de la
penſée ou du mouvement, la Puiſſance
active , eſt toute entiére & indiviſiblement dans le tout de cette partie intérieure de nous même, que je ſupoſe être
un Corps ſpirituel organiſé, inviſible,
impalpable, ſimple & par conſéquent indiviſible de fait. Je n'entreprendrai cependant pas pour cela, d'examiner, ſi
lorſque cet Etre ſe modifie pour éxer-
cer cette Puiſſance , toutes les parties
dont il eſt compoſé, ſont en mouvement
ou non, ni d'expliquer le mécaniſme
de ces operations, ou coment cet Etre
agit ſur ſoi même & ſur le Corps groſſier ; c'eſt un Miſtère , dont le Divin
Ouvrier s'eſt reſervé la conoiſſance à lui
ſeul.

Mais quand je ſupoſerois, que la faculté de penſer, ou la penſée n'eſt pas
dans chacune des Parties de nôtre Etre
intérieur, ou que cette faculté de penſer, ne met pas toutes les parties de
cet Etre en mouvement à la fois, tout
come les diférentes parties d'une Montre montée ne ſont pas en mouvement
non plus; je crois que je n'avancerois
rien qui fut inconcevable , ou qui pût
être contredit avec raiſon & fondement. Inutilement m'objecteroit-on ici,

que

que sur ce pié là il y auroit des parties pen-
santes & des parties non pensantes dans l'A-
me : Suposition absurde. J'ai deja asses dit,
que la capacité de penser n'apartient pas
au Corps spirituel de l'Ame entant que
tel ; mais au Supôt, à la Persone, à l'E-
tre entier doué d'etendue & de puissance, qui en qualité d'un Etre complet
exerce tout entier cette puissance, & qui
l'exerce indivisiblement. Je ne vois rien
d'inconcevable ou de contradictoire dans
cette Proposition.

On peut dire 2°. dans la suposition
que je viens de faire ; sans cependant
rien afirmer à cet égard, que ces parties
de nôtre tout, dans lesquelles le principe de la puissance ne réside point, &
qu'on peut apeller *parties integrantes*, &
les parties du Corps grossier, soit qu'elles soient mobiles, ou douées de la puissance passive ou non, sont à ce Principe, à cet Etre intérieur, à ce Tout qu'on
apelle Home, ce que les parties d'une
Montre qui ne se meuvent pas, sont
au tout de cette Machine artificielle ;
qu'elles sont des causes *sine quâ non de*
l'exercice de cette puissance, sans lesquelles il ne pourroit avoir lieu : Il est évident par exemple, que sans nos sens
extérieurs & organisés, le principe actif

tif intérieur ne sauroit avoir aucune perception distincte, aucun sujet sur lequel il pût exercer sa faculté de penser, de réfléchir, de former de nouvelles idées, se determiner, faire agir le total de la Machine &c.

L'Argument de M. Sgravesande ne prouve rien :
1°. Parce que le Corps spirituel de l'Ame est indivisible de fait.

Je n'insisterai pas à faire voir, que de tout ce que je viens d'exposer, & qui ne renferme rien d'incomprehensible ou de contradictoire, il s'ensuit nécessairement que cet Etre doué de ce principe actif, doit être un Etre étendu dans sa maniére d'exister, j'en ai, à ce que je crois, déja doné d'assés bones preuves dans mes Remarques précédentes. Je me contenterai uniquement d'en conclure, que l'objection que Mr. *Sgravesande* fait contre cette étendue réelle que j'établis & dont il s'agit ici, ne prouve rien. J'ai fait voir, que de ce que je dis que cet Etre, ce Corps spirituel, est étendu, il ne s'ensuit pas, que la pensée dont il est capable par la Volonté & par la Toute Puissance de Dieu, soit toute entiére ou divisée dans chacun des points de son étendue.

J'ajouterai ici, que quand même il seroit vrai, come Mr. *Sgravesande* le supose, que la capacité de penser, ou la pensée est répandue dans toute l'Etendue.

due de cette Etre, il ne s'ensuivroit
pas pour cela, qu'elle seroit divisible
avec cette étendue. Car il est évident
que cette supposition n'est fondée que
sur le faux principe que cet Etre
est divisible. Or, j'ai dit, que cet
Etre est indivisible de fait par la Volonté de Dieu, d'où il s'ensuit naturellement que la Capacité de penser
ou la pensée est indivisible en elle aussi,
ou que c'est un de ses atributs indivisiblement. Je crois que cette conséquence
est évidente par elle même, & qu'elle
ne sauroit être contredite.

La nature de la chose même l'indique assés, sans qu'il soit besoin d'autre
preuve. La capacité de penser ou la
pensée est un atribut, un mode, une
idée abstraite, une idée simple, qui au
dire de Mr. *Locke*, come je l'ai déja remarqué, est indefinissable, ce qui en supose l'indivisibilité en même tems. Peut
on suposer qu'un atribut est réellement
divisible? Je sens bien, que c'est ce que
Mr. *Sgravesande* veut dire, que ce seroit
une absurdité de le suposer. Mais je
ne compréns pas, que quelque inconcevable que fût une Hipothèse sur la
nature de nôtre Ame qu'on voudroit
combatre, coment on pourroit s'imagi-

2°. Parce que la capacité de penser n'étant qu'un mode, elle est indivisible aussi.

V 4   ner

ner qu'une pareille conféquence en réfulteroit. Aucun Home fenfé aparemment ne s'avifera jamais de doner une
Hipothefe, fujette en éfet à cette dificulté ou à cette objection.

Mais il y a plus : fupofons pour un
moment & contre toutes les preuves que
j'ai donèes du contraire, que nôtre Ame
entant qu'étendue, eft divifible ; il ne
s'enfuivra pas pour cela, que la penfée
foit repandue dans toute cette étendue
de l'Ame, & par conféquent divifible
avec elle. On peut dire, fans rien a-
avancer contre la raifon ou contre la
vraifemblance, qu'à l'égard de la capacité de penfer, & de la penfée actuelle, le cas de l'Ame eft parfaitement le
même, que celui de la Montre, avec
laquelle je l'ai déja comparée. Il eft é-
vident que la capacité d'indiquer les heures, & l'indication actuelle n'eft pas repandue dans toute l'étendue de cette
Montre, de forte que chacune des Parties dont elle eft compofée, en ait fa
quote part * ; mais que cette capacité &
cette Indication actuelle font des éfets
indivifibles, qui par l'intention & l'a-
dreffe de l'Ouvrier, refultent d'un certain arrangement du total, au moïen
du mouvement qu'il lui done, fans que

la -

* L'Indi-
vifibilité
de la ca-
pacité
d'indi-
quer les

la divisiblité de ce Tout y soit un obstacle. Il en est de même du Corps spirituel de nôtre Ame: C'est une Machine
construite par la Sagesse & par la Toute Puissance du Divin Ouvrier, pour que
dans son état de perfection que l'Ame
a aquis par ce Soufle dont Dieu l'a animée, elle soit la Cause *sine quâ non*, de
la capacité de penser & de ce qui en
dépend, come les diférentes Parties dont
la Montre est composée, le sont de celle d'indiquer les heures. Or, il est incontestable, que dans cet état de perfection, la capacité de penser & la pensée actuelle resultent indivisiblement de
la totalité de cette Ame, come celle
d'indiquer les heures resulte de tout le
composé de la Montre pris ensemble, &
qu'on ne sauroit l'envisager come parta-
gée entre ses diférentes Parties. Il est
donc inutile de nous dire, *que si ce qui*
pense étoit étendu; ou la pensée seroit entière
dans chaque point de son Etendue; ou elle se-
roit repandue dans toute cette Etendue & par
consequent divisible avec elle. Il est donc
évident aussi, que quand même l'Etendue de l'Ame seroit divisible, come elle
ne l'est pas, cette divisibilité ne seroit
pas un obstacle à sa capacité de penser
& à la pensée actuelle, come elle ne
l'est

heures, &
celle de la
capacité
de penser,
outre
qu'elle est
fondée
dans la
nature de
la chose,
resulte de
l'inten-
tion des
Ouvriers
respectifs.

l'eſt pas dans la Montre, à la capacité d'indiquer les heures.

J'eſtime qu'il ne ſera pas deſagréable au Lecteur, qui cherche à s'inſtruire, & qui n'a pas vû les Mémoires ſecrets de la Republique des Lettres de Mr. *d'Argens*, que je raporte ici les reflexions que cet Auteur ſpirituel fait ſur ces mêmes Paſſages de Mr. *Sgraveſande* ſur lesquels je viens de raiſoner.

Sentiment de Mr. d'Argens ſur l'Argument de M. Sgraveſande.
* T. IV. Lett. XII. P. 77.

„ Mr. Sgraveſande, *dit-il* *, a traité „ la queſtion de l'immaterialité de l'Ame „ avec une brieveté qui ne contente pas „ les Savans; & qui n'inſtruit guere les „ Ecoliers. Je trouve pluſieurs choſes à „ reprendre dans ce Paſſage, indépen- „ damment de l'extrème brieveté. C'eſt „ qu'en propoſant le Sentiment de ceux, „ qui ont crû, qu'il n'étoit pas impoſſi- „ ble que Dieu pût comuniquer la pen- „ ſée à la Matiére, on ne fait aucune „ mention des raiſons tres fortes & tres „ embaraſſantes, ſur leſquelles ils fon- „ dent leur opinion. Or, ces raiſons „ previennent en quelque maniére, & „ diminuent beaucoup la force de l'Ar- „ gument que Mr. *Sgraveſande*, conſidere „ come une demonſtration ſi évidente, qu'a- „ près l'avoir propoſée de la maniére la plus „ ſimple, il paſſe à une autre queſtion;

&

", & regarde celle là come entiérement ", éclaircie. Qu'il me foit permis de fai- ", re fentir une foule d'objections, qu'on ", peut faire contre cette pretendue De- ", monftration.

„ Vous pretendés, eft on en droit de „ dire, à Mr. *Sgravefande*, que la penfée „ ne fauroit être le mode d'une fubftan- „ ce étendue, parce que, ou elle fera „ entiére dans chaque point de l'Eten- „ due, ce qui eft abfurde; ou elle fera „ repandue dans toute l'Etendue & par „ confequent divifible avec elle, ce qui „ eft opofé à la nature des Perceptions. „ Qui vous affure que la Matiére eft di- „ vifible à l'infini phifiquement? Je vous „ le nie, apuïé de l'Autorité de Mr. „ *Nevvton* vôtre Maitre. Il eft felon lui, *dès* „ *Particules, qui ont été crées indivifibles &* „ *inalterables par leur nature* *. Dieu peut „ avoir acordé la penfée à ces particu- „ les, & par confequent, la penfée re- „ pandue dans leur Etendue, ne fauroit „ ja-

* * Independamment de cette Prop. de Mr.* Nevvton, *dont la Vérité ne fauroit être con- teftée, je donerai dans la fuite de cet Ouvrage des preuves demonftratives contre cette pretendue divifibilité* phifique *de la Matiére à l'infini.*

„ jamais être divisée. Tout ce que vous
„ ajoutés, est inutile, & ne fert qu'à
„ refuter une reponfe que vous faites
„ faire à vôtre fantaifie : Car loin de pré-
„ tendre que les Idées font divifibles, on
„ vous foûtient que la fubftance étendue,
„ à laquelle la penfée eft atachée, ne
„ fauroit jamais être divifée.

„ Voïons encore une autre objection,
„ qui fe préfente naturellement contre le
„ fentiment de M. *Sgravefande.* Nous ne
„ conoiffons que très imparfaitemenr la
„ Matiére : Nous ignorons une partie de fes
„ atributs. Un Philofophe moderne vient
„ d'en découvrir un, qui lui eft auffi effen-
„ tiel que l'Etendue ; c'eft l'*atraction*, ver-
„ tu dont M. *Sgravefande* convient, qui eft
„ atachée non feulement à la Matiére en
„ general, mais à chaque partie de la
„ matiére. Or, y ayant des Proprietés ef-
„ fentielles dans la matiére, qui peuvent
„ nous être inconues, coment pouvons
„ nous favoir fi celle d'être fufceptible,
„ par le pouvoir Divin, de la penfée,
„ n'en eft pas une ? L'atraction n'eft point
„ divifible. Plufieurs autres proprietés
„ de la Matiére ne le font point, come
„ le mouvement, la vie, électricité, la
„ vegetation &c ; donc la penfée en peut
„ être une fans qu'elle foit fujete à divi-
„ fion.

„ Les Bêtes n'ont point d'Ames fpiri-
„ rituelles : M. *Sgravefande* en convient.
„ Jufqu'à préfent Perfone, excepté M.
„ *Boullier*, n'a foutenu une Objection auffi
„ héteroclite. Cependant elles penfent;
„ l'Expérience, la Raifon, l'Evidence
„ nous en convainquent; donc la penfée
„ n'eft pas incompatible avec la matiére;
„ donc elle eft même le mode d'une
„ fubftance étendue. Je ne pouferai pas
„ plus loin cette foule d'Argumens qu'on
peut opofer à M. *Sgravefande.*

„ Au refte je crois devoir avertir,
„ que la dificulté que fait M. *Sgra-*
„ *vefande*, *fur l'impoffibilité que la penfée*
„ *foit entiére dans chacun des points d'une E-*
„ *tendue*, ne peut qu'embaraffer un Protef-
„ tant. Car, dans l'état où eft la queftion,
„ un Catholique ne feroit point en droit
„ de la propofer. Il s'agit de favoir, fi
„ Dieu, qui a le pouvoir de fe rendre
„ en cent mille lieux diférens tout entier
„ corporellement, de même enfin que
„ lors qu'il étoit Home, & cela dans le
„ même tems, n'eft pas le Maître de fai-
„ re le même Miracle, lorsqu'il s'agit de
„ mettre *la penfée entiére dans chacun des*
„ *points de l'Etendue*? Dès qu'on convient,
„ que Dieu peut changer l'Effence des
„ chofes, come il faut le foûtenir, quand

,, on admet la *Tranſubſtanciation*, on ne doit
,, plus fonder la rejection d'une opinion
,, ſur la contrarieté qu'on aperçoit avec
,, la Nature des choſes, lors qu'il eſt
,, queſtion du Pouvoir Divin qui ne trou-
,, ve aucune borne. † Je m'étonne que
,, nos Theologiens Catholiques, qui ſe
,, ſont recriés aſſés mal à propos contre
,, le ſentiment de M. *Locke*; n'aïent pas
,, fait cette réflexion. Car, il ne s'agit
,, point de ſavoir ſi l'Ame eſt matérielle
,, ou ſpirituelle, * puiſque la Religion
,, nous l'a apris; mais on demande, ſi elle
,, n'auroit pas pû être matérielle, ſi Dieu
,, l'avoit voulu? Or, ſoûtenir le contraire
,, chés les Catholiques, c'eſt détruire le
,, plus ſacré & le plus auguſte de nos
,, Sacremens: Chés les Proteſtans; c'eſt
,, borner mal à propos la Puiſſance de
,, Dieu; & chés les Philoſophes de toutes
,, les Sectes, c'eſt raiſoner mal, & ſupoſer
,, pour certain ce dont on diſpute.

En

marginal note:
* J'ai aſ-
ſés expli-
qué, dans
quel ſens
on peut
dire, que
nôtre
Amé eſt
ſpirituel-
le, ſans
préjudice
de ſon
Etendue
réelle.

---

† *Si M. d'Argens raiſone juſte ici, come je
le crois, voilà déja plus de la moitié des Theologiens & des Philoſophes Chretiens reduits au
ſilence par raport aû ſentiment de M. Locke
& au mien, concernant la queſtion, dont-il
s'agit dans le fond.*

En voila aſſés ſur cet Argument de Mr. *Sgraveſande* & peut être trop ; mais cette Matiére étant extremement abſtraite, il étoit eſſentiel de s'expliquer là deſſus avec toute la netteté & toute la clarté dont on eſt capable, ce qui ne ſe pouvoit faire ſans tomber dans la prolixité ou dans des répétitions mêmes *.

Je ne ſaurois cependant m'empêcher de faire encore une remarque qui me paroit trés importante. Elle a pour objet cette inſtance, que font ceux qui ſont contre l'Hipothèſe qui atribue la faculté de penſer à un Etre étendu, & qui eſt, que ſelon eux, *l'Etendue & la faculté de penſer, ſont incompatibles dans un même ſujet.* C'eſt leur grand Cheval de bataille. Je demande, qu'entendes vous par ce terme *Etendue* ? Supoſé que ce ſoit un Etre organiſé & arrangé d'une certaine façon, tel qu'eſt cette Ma-

Refléxions ſur cette inſtance que l'Etendue & la faculté de penſer ſont incompatibles dans un même ſujet.

----

* *Je ferai, s'il plait à Dieu, voir entiérement clair ſur cette Matiére dans mes remarques ſur un Argument de Mr. Nicole de même nature que celui de Mr. Sgraveſande, que je donerai dans le* 4me. *Volume de mon Ouvrage, dont j'ai fait, mention à p.* 40. *de mon Diſcours préliminaire.*

Machine humaine formée par la Sageffe & la Toute Puiffance Divine ; j'ai fait
voir *ad naufeam ufque*, que fi la capacité
de penfer ne peut pas lui être atribuée
immédiatement ou dans un fens abfolu ;
ce qui eft organifé ou étendu en lui
eft au moins la caufe *finé qua non* de la
penfée & de ce qui en dépend. Si vous
entendés par ce terme, la Matiére premiére, ces particules Elémentaires, qui
compofent la maffe de cette matiére telles
qu'elles font, ou la matiére brute & infenfible, les Corps compofés tels qu'ils
paroiffent à nos fens exterieurs ; Je conviens qu'ils font incapables de la penfée;
& fi vous entendés par le terme étendu,
ce à quoi vous n'atribués que les trois
dimenfions ; je vous dirai, que ce que
vous apellés étendu, n'eft qu'un Etre de
raifon, une idée abftraite, & dans ce
fens on vous acorde encore, que l'idée
de la penfée ne fauroit être contenue
dans celle de cette étendue. Mr. *Locke*
nous dit, * „ L'Efprit a la puiffance *d'ab-*
„*ftraire* fes idées, qui par là deviennent
„ autant d'effences générales par où les
„ chofes font diftinguées en Efpèces. Or,
„ chaque idée abftraite étant diftincte, en
„ forte que de deux, l'une ne peut ja-
„ mais être l'autre, l'Efprit doit aperce-
„ voir par fa conoiffance *intuitive* la di-

„férence qu'il y a entre elles ; & par
„conséquent dans des propofitions, deux
„de ces idées, ne peuvent jamais être
„afirmées l'une de l'autre. C'eft ce que
„nous voïons dans l'ufage ordinaire des
„Langues, *qui ne permet pas que deux ter-*
„*mes, ou deux noms d'idées abftraites foient*
„*afirmés l'un de l'autre.* Car quelle afini-
„té qu'il paroifle y avoir entre eux, &
„quelque certain qu'il foit par éxemple,
„qu'un Home eft un Animal, qu'il eft
„raifonable, qu'il eft blanc &c. Cepen-
„dant chacun voit d'abord la fauffeté de
„ces propofitions, *l'humanité eft animalité,*
„*ou raifonabilité ou blancheur.* Cela eft
„d'une auffi grande évidence qu'aucune
„des Maximes les plus généralement re-
„çues.

Sur ce pied là il eft très vrai, que *L'Abus* *d'iden-* l'Etendue n'eft pas faculté de penfer, & *tifier les* que cette faculté n'eft pas étendue : Il eft *idées ab-* vrai que de ces deux Idées, l'une ne peut *ftraites a* pas être afirmée de l'autre, ou que ces *caufé* deux idées ne peuvent être renfermées *une gran-* dans une feule idée. Mais cela que prou- *de confu-* veroit-il en faveur de ceux qui combatent *fion dans* l'Hipothéfe, qui atribue la faculté de pen- *la Philo-* fer à un Etre réellement étendu ? Le mal *fophie.* eft ici, & c'eft ce qu'il s'agit de remarquer principalement, qu'on s'eft avifé dans ces

Tom. II.   X   der-

derniers Siécles , de perfonifier ou d'iden-
tifier les idées abftraites , d'en faire des
fubftances , & de leur atribuer ce qui
ne convient qu'au *Concret* , à l'Etre réel.
Ainfi on dit , l'*Entendement aperçoit*, *l'ima-*
gination fepare & combine les idées, *la vo-*
lonté veut & décide &c. Facultés qui dans
le fond ne conviennent qu'à l'Etre réel,
à l'Ame même, autant qu'elle fe modifie
fucceffivement felon fes diférens pouvoirs,
qui font en elles ; & Dieu fait le défordre
infini que cette façon de prendre les chofes a introduit dans la Philofophie, &
la quantité immenfe de Volumes qu'elle
a fait éclore , fans que de part & d'autre
on veuille ou que l'on puiffe s'entendre.
Ainfi de l'Etendue abftraite , quoi qu'on
ne la confidére que come renfermant les
trois dimenfions, on a fait une fubftance , & de là on a paffé à dire , que la faculté de penfer ne fauroit être conçüe
dans cette fubftance. Ce qui , encore un
coup , eft très vrai ; mais qui ne prouve autre chofe , finon l'embaras & les
tenèbres qu'on a répandues fur les Matiéres dont il eft queftion. *

* *Je dois prevenir ici le Lecteur , que ce qui*
fe peut dire fur cette queftion touchant la com-
patibilité ou l'incompatibilité de l'Etendue avec
la faculté de penfer , fera entiérement épuifé

Je ne faurois m'empêcher de * remarquer ici, qu'aïant difcuté cette matiere
avec quelques uns des plus zélés Defenfeurs de la non étendue abfolue de nôtre Ame, ils font convenus, les uns come
les autres, que fi une fois il étoit prouvé
que l'étendue réelle eft originairement un
des atributs effentiels de cette Ame, tout
iroit de plein pied, & que tous les Phenoménes par raport à l'Ame & au Corps
groffier, ces deux Parties confiderées ou
féparément ou conjointement, pourroient
être expliquées d'une maniére naturelle
& qui ne fouffiroit point de contradiction. Mais de quoi s'agit-il dans le fond?
Il n'eft queftion uniquement que de l'im-

X 2   mor-

dans le quatriéme Volume de mon Ouvrage,
où j'aurai à répondre aux objections qui m'ont
été faites par le Philofophe dont j'ai fait
mention à p. 40. de mon Difcours préliminaire; & en donant dans une Lettre des Eclairciffemens fur ce fujet, qui m'ont été demandés
par l'Ami avec lequel j'eus la Converfation
raportée T. I. P. II.

* De l'aveu de ceux qui font dans des Siftèmes
contraires à celui de l'Auteur, les Phenoménes
peuvent mieux être expliqués dans l'Hipothefe de
l'étendue de l'Ame, que dans celle de la non étendue.

Dans le fond il ne s'agit que de l'immortalité de l'Ame.

mortalité de cette Ame : * Ces Messieurs supposent qu'on ne sauroit mieux l'établir que sur sa non étendue absolue. Mais come il est évident, que cette Hipothèse ne sauroit être prouvée ni par le sentiment, ni par l'Expérience, ou par le raisonement qui resulteroit de cette Expérience, ni par la bone Philosophie, & encore moins par la Révélation ; que d'un autre côté, dans l'Hipothèse de l'Etendue, l'immortalité de l'Ame, ainsi que je crois l'avoir demontré, est fondée tant sur les preuves les plus respectables, que sur toutes celles qu'il est humainement possible de doner sur un sujet de cette nature, & qu'enfin on est en état de satisfaire pleinement aux yeux de tout Juge éclairé & impartial, à toutes les objections qu'on pouroit former contre elle ; je ne saurois concevoir, coment on peut hésiter de préferer cette derniere Hipothèse à la premiere, à moins qu'on ne supose, que les préjugés de l'Education, le respect pour l'Autorité humaine, les passions & les autres foiblesses atachées à nôtre Nature, font des obstacles insurmontables.

Il est impossible de doner une bone Dé-

Je crois que si l'on demandoit à ces Messieurs, qui afirment que nôtre Ame est *immatériéle*, si on leur demandoit, dis-je,

je, la définition de ce terme, ils feroient *finition du*
bien embaraſſés. Ils ſavent qu'on dit dans *terme im-*
les Ecoles *deſſinitio debet eſſe affirmans ;* c'eſt *matériel*
à dire que la définition doit montrer par
des termes poſitifs & afirmatifs, ce qu'eſt
la choſe qu'on veut définir, parce qu'il
eſt évident qu'une définition négative. *Les dé-*
n'explique pas ce qu'une choſe eſt, mais *finitions*
ce qu'elle n'eſt pas. Or il eſt bien clair *negatives*
que le terme immatériel eſt négatif, *des n'expli-*
plus negatifs même, & que par conſé- *quent*
quent il ne nous aprend rien de poſitif *rien.*
ſur la nature de notre Ame.

Ce terme eſt il ce qu'en Logique on *Ce terme*
apelle *diférence*, par laquelle on diſtin- *n'eſt pas*
gue une Eſpèce de l'autre come Animal *ce qu'en*
raiſonable, Animal, ou Bête brute ? Ce *Logique*
ne peut être cela. Car atribuer l'imma- *on apelle*
térialité comme *diférence* à ce qui par le *diférence.*
genre participe à l'*Animalité*, ce ſeroit
joindre l'idée de tenèbre à celle de lu-
mière.

Ce terme immatériel, eſt il ce qu'on *Ni pro-*
apelle *propre* ? Le propre eſt, *pour me ſer-* *pre*
ſervir des termos d'un excellent Logicien, * * *Art*
„ quand l'objet eſt un atribut qui apar- *de penſer.*
„ tient en éfet à l'éſſence de la choſe ; *L. I. Ch.*
„ Mais qui n'eſt pas le prémier que l'on *VII.*
„ conſidére dans cette eſſence, mais ſeu-

X 3 „ le-

„ lement une dépendance de ce premier,
„ come *divifible*, *immortel*, *docile* ?

Qu'eft-ce qu'on peut confiderer le prémier dans l'Effence de l'Ame ? Si nous
voulons nous en raporter au même Auteur, *c'eft le principe de la penfée.* „ Pour
„ éviter toute confufion qui nait dans nos
„ Difcours de la confufion des mots, je
„ regarderai le mot d'Ame, *dit le même*
„ *Auteur*, come fi c'étoit un Son, qui n'eût
„ point encore de fens, & je l'aplique-
„ rai uniquement à ce qui eft en nous
„ le principe de la penfée en difant : *J'a-*
„ *pelle Ame ce qui eft en nous le principe de*
„ *la penfée.*

Or j'ai fait voir, que la penfée (con-
crete) eft un Langage, foit extérieur ou
intérieur, qui fupofe un mouvement, un
fon, le fentiment actif & paffif; Ce qui
prouve que l'Etre penfant ou le Principe penfant, doit être un Etre étendu
dans fa maniére d'exifter, doué de la
puiffance active & paffive. Cela étant,
l'atribut d'*immatériel* eft donc incompatible avec la nature de l'Ame, felon cette
véritable définition de cet Etre. Il n'eft
donc pas un *propre* non plus de cet
Etre.

Ni acci-   Le terme immatériel ne peut denoter
dent.   *accident*, qui eft felon nôtre Auteur „ quand
„ fon

,, ſon objet eſt un vrai mode , qui peut
,, être ſeparé , au moins par l'Eſprit , de la
,, choſe dont il eſt dit accident , ſans que
,, l'idée de cette choſe ſoit détruite dans
,, nôtre Eſprit , come *rond* , *dur* , *juſte* ,
prudent. Le terme *immatériel* ne ſauroit denoter *accident* , dis-je , puiſque dans l'Hipothèſe on prétend , que ce je ne ſais
quoi qu'on apelle immatériel , eſt inſé-
parable de la choſe , à laquelle on l'a-
tribue.

Mais ſi ce qu'on apelle *immatériel* , n'eſt *Il ne peut*
ni *diférence* , ni *propre* , ni *accident* , qu'eſt-il *pas de-*
donc? On ne ſauroit le regarder que co- *noter*
me l'eſſence ſubſtancielle de l'Ame , come *non plus*
ce qu'on apelle *ſubſtance* , *ſubſtratum* , le *l'Eſſence*
ſoûtien de ce qu'on peut apercevoir dans *ſubſtan-*
l'Ame. Mais cela eſt encore plus incon- *tielle de*
cevable. Un Etre purement immatériel *l'Ame.*
ou abſolument non étendu , ne ſauroit
être le ſoûtien ou le contenant de quelque mode , proprieté ou atribut que ce
ſoit , ni avoir la capacité d'aucune modification quelconque. Atribuer donc dans
ce ſens l'immatérialité à l'Ame , ce ſeroit l'anéantir ou la détruire. Car il eſt
évident , que nous ne ſaurions jamais
avoir une idée , une idée diſtincte d'un
Etre qui ſeroit purement immatériel.

Je demande encore un coup , qu'on
nous

nous definiſſe ce terme *immatériel*. Définir, dit Mr. Locke *, *n'eſt autre choſe que
faire conoitre le ſens d'un mót par le moïen
de pluſieurs autres mots, qui ne ſoïent pas ſi-
nonimes.* Cette definition du terme *definir* ne peut être conteſtée. Or, voici
la diférence qu'il y a entre ce terme
immatériel & les autres negatifs. C'eſt
que preſque tous ces derniers, ou tous
en général, peuvent être expliqués ou
définis ſelon cette definition de Mr.
Locke, au lieu que celui *d'immateriel* ne
ſauroit l'être. On peut dire par éxemple, ce qui eſt *indiviſible* eſt d'une nature
ſi ſupérieure, qu'aucun Etre ne ſauroit
y doner atéinte: Telle eſt la Nature Divine de l'Etre ſuprème. Tels ſont les
Atomes, dans un autre ſens, ou les Particules Elémentaires; puis qu'ils ſont indiviſibles de fait par la Volonté du Créateur. On peut dire encore que Dieu &
les Anges ſont des Etres *inviſibles*; Mais
qu'ils ne ſont pas tels abſolument: Ils ne
le ſont que relativement à nos ſens extérieurs, imparfaits & groſſiers &c. Ex-
pliquerés vous le terme *immatériel* en diſant que l'Ame eſt immatérielle par la
Volonté de Dieu? On vous en demandera la preuve: Vous n'êtes pas en état
de la doner. Dirés vous qu'elle l'eſt

* L. III.
Ch. IV.
§ 6

† *Ce ter-
me ne
ſauroit
être defi-
ni en au-
cun ſens.*

par

par ſa propre nature ? On vous objectera & avec raiſon, que c'eſt petition de
principe. Vous retrancherés vous à dire, *que l'Ame eſt immatérielle, parce qu'elle n'eſt pas matérielle* ? On vous répondra,
que c'eſt définir *idem per idem*, que c'eſt
mettre un mot ſinonime à la place
d'un autre, ce qui n'eſt pas définir dans
le ſens de Mr. Locke. Si l'Ame n'eſt
pas matérielle, ou étendue, dans le ſens
que j'ai expliqué, s'entend; on vous demandera qu'eſt elle donc ? Que répon-
drés vous ?

Le terme immatériel eſt donc *indefiniſſa-*
ble. Et s'il l'eſt, ce n'eſt donc qu'une
idée ſimple, une idée factice, une notion de l'Eſprit, une idée abſtraite, come ſont les termes *noir, blanc, rond,*
quarré, qui come Mr. *Locke* l'inſinue *
ſont tous indefiniſſables, avec cette diférence, que le terme immatériel n'étant
point ce que ſignifie *diférence, propre,*
accident, eſſence ſubſtancielle, ainſi que je
viens de le faire voir; il en reſulte,
qu'il ne peut avoir aucune aplication à
rien, ſi ce n'eſt au vuide, dans un ſens,
ou plutôt au néant, & que par conſéquent ce qu'on veut faire entendre par
ce terme, ſoit qu'on le prenne in *abſtrac-*
to ou dans le concret n'eſt qu'un pur ê-
tre

Imma-
tériel
& néant
ſont des
termes
ſinoni-
mes.
* *Au mê-*
me Ch.
§. 4.

tre de raison , ou un Etre imaginaire·
Je ne sais si en tout cela je raisone juste ou non , mais je m'en raporte au jugement de mon Lecteur éclairé & non
prévenu.

Je sens bien que ceux à qui j'ai à faire , pourront m'objecter ici , qu'au lieu
d'emploïer le terme *immatériel* , il n'y a
qu'à dire , que nôtre Ame est un *Etre*
simple , & que cette simplicité exclut absolument l'étendue. Mais qu'ils me permettent d'observer , qu'outre que le terme *simple* pourroit bien ne signifier que
ce qui est sans composition & sans me-
lange , ce qui n'exclut pas l'Etendue ;
ils ne pensent pas , qu'en excluant l'E-
tendue dans l'Ame de ce qu'ils entendent par le terme *simple* , ils en excluent
aussi , come je l'ai déja fait voir , la capacité de toutes les fonctions que nous
lui atribuons , & que par conséquent ils
la reduisent au pur néant.

J'ai fait voir , que nôtre Etre intérieur
réel , auquel on done comunément le
nom d'Ame , n'est dans le fond *qu'un tis-*
su indefinissable d'étendue & de puissance , &
qu'on ne sauroit l'envisager autrement ,
sans tomber dans un Labirinthe de dificultés , d'où il n'y a aucune issue. La
puissance étant donc un mode de cet
Etre

Etre, il eſt libre de dire qu'elle eſt immatérielle, puiſque tous les modes le font : Mais il eſt évident, que tant qu'on ſeparera cette puiſſance de l'Etre réel dont il eſt un mode, ou tant qu'on la ſeparera de l'étendue, avec laquelle elle compoſe indiviſiblement cet Etre, ce tiſſu d'étendue & de puiſſance; tant qu'on conſiderera cette puiſſance come une ſubſtance, come quelque choſe d'éxiſtant par ſoi même, on ne ſauroit jamais ſe former une idée raiſonable & diſtincte de cet Etre, de cet Individu, qu'on voudroit nous déſigner par ce ſeul atribut, ou en avoir une idée, à laquelle le bon ſens puiſſe aquieſcer.

Dire que l'Ame eſt une ſubſtance immatérielle, ou qu'il y a des ſubſtances, dont l'atribut eſt d'être immatérielles; c'eſt pure petition de principe. Je vous demande, qu'eſt ce que c'eſt qu'une ſubſtance conſiderée in *abſtracto*? C'eſt un nom apellatif, par lequel on déſigne le genre des eſpèces qui ſe reſſemblent, come Home, Ange &c. Si vous me demandés ce que c'eſt qu'un Home, je vous répondrai que c'eſt un *Animal raiſonable*, ou je dirai come *Platon*, que c'eſt *un Animal ſans plume, à deux pieds, avec de larges ongles.* Expliqués moi maintenant à vôtre tour, ce que

Dire que l'Ame eſt une ſubſtance immatérielle, eſt petition de principe.

que

que c'eſt qu'une ſubſtance, come je vous explique ce que c'eſt qu'un Home. Vous ne ſauriés.

Me dirés vous que le Corps étendu, & l'Eſprit immatériel ſont les deux eſpèces de la ſubſtance; je vous demanderai, avés vous une idée auſſi diſtincte & qui ne ſoit pas contradictoire, d'un Eſprit immatériel, qui ait la capacité de ſe mouvoir & d'être mû, d'afecter un Corps & d'en être afecté, d'être actif & paſſif à ſoi même, de former des ſons articulés &c. come j'en ai de *Pierre*, de *Jean* & de *Jaques*, que nous déſignons par le terme génerique *Home*? Je n'en crois rien, & crois avoir prouvé au contraire que cela eſt impoſſible. Il eſt donc vrai, qu'il faut avoir des idées diſtinctes d'une eſpèce avant que d'entreprendre d'en ranger la totalité ſous un genre, & de doner à ce genre un nom, qui dans le fond n'eſt qu'un ſon, come ce qu'on apèlle genre n'eſt qu'une idée abſtraite. Il faut nous prouver qu'il y a des Etres immatériels qui exiſtent, doués des capacités & propriétes actives & paſſives, dont je viens de faire mention, *& c'eſt ce qu'on ne nous prouvera jamais par la Raiſon, & encore moins par une Autorité, à laquelle nous devons une ſoumiſſion aveugle.*

Pour doner une Idée nette du genre, il faut avoir une Idée diſtincte de l'Eſpèce.

Ce

Ce qui est, est. C'est, si je ne me trompe, un principe d'*Ariſtote*, que dans les Ecoles on apelle *principium individuationis*. On peut dire après ce Philoſophe, que l'Etre créé eſt ce qu'il eſt; qu'il eſt ce qu'il eſt, par la Volonté & par la Toute Puiſſance de Dieu; qu'à nôtre égard il eſt ce qu'il eſt, par les proprietés que nous voïons en lui, au moïen de nos ſens extérieurs & par les ſuites ou les éfets de ces proprietés, que nôtre Raiſon y aperçoit, & qui réſultent naturellement de ces découvertes faites par nos ſens extérieurs. C'eſt, ſi je ne ſuis pas dans l'Erreur, la meilleure définition qu'on puiſſe nous doner du terme *ſubſtance*. Je ſerois bien aiſe, que ſur ce pied là on pût nous démontrer, que nôtre Ame eſt un Etre immatériel, ou abſolument non étendu.

Il y a un moïen au reſte de paſſer ce terme d'immatériel à ces Meſſieurs, lorsqu'ils voudront bien enviſager l'Ame come une ſimple *puiſſance*. Dans ce ſens l'atribut d'*immatériel* ſeroit aſſorti à celui de *puiſſance*. Mais il eſt aiſé de s'imaginer, qu'elle en ſeroit dans ce cas la conſéquence.

En quel ſens on peut paſſer le terme immatériel à ceux qui s'en ſervent.

Puiſque je ſuis en train de raiſoner ſur les Hipotheſes Cartéſiennes, qu'il me ſoit permis de faire encore quelques

Remarques fur ce fujet. Sentir, felon M. *Descartes* même eft un des atributs de nôtre Ame. *On peut fentir fans le Corps,* dit ce Philofophe. *Une chofe qui penfe eft une chofe qui fent. Il me femble que je vois de la lumiére, que j'ois du bruit, & que je fens de la chaleur; Cela ne peut être faux: & c'eft proprement ce qui en moi s'apelle fentir; Et cela précifément n'eft rien autre chofe que penfer, d'où je commence à conoitre quel je fuis, avec un peu plus de clarté & de diftinction que ci devant.* *

Or fi fentir eft penfer, & fi penfer eft fentir, & qu'on ne puiffe fentir fans le Corps, je voudrois bien favoir, foit dit en paffant, furquoi *Descartes* peut fonder fa diftinction entre l'imagination & l'intellect pur ?

Le fentiment eft infeparable de toutes les modifications actives & paffives de l'Etre fenfible. On peut difcerner ce fentiment en *confus* & en *diftinct.* On me met une piéce monoïée entre les mains, en me la fermant. Je fens bien par le poids que c'eft une Piece d'Or : Mais je ne fais pas encore fi c'eft une Guinée ou un Louis d'or : C'eft le *fentiment confus & paffif.* J'ouvre la main, & vois que c'eft une Guinée : C'eft le *fentiment diftinct* & actif, qui eft l'efet du jugement ou de la reflexion.

Réflexions fur ce Principe de Descartes, que fentir eft un des Atributs de nôtre Ame.
* *Med. II. §. 7. ib. §. 9.*

Diftinction entre le fentiment confus & diftinct paffif & actif.

Dans nos perceptions de ce qui nous vient hors de nous, nous fomes paffifs. * L'acte de perception eft fentiment. Le fentiment eft l'efet de l'atouchement. Le fon, l'odorat font des atouchemens. Il en eft de même de la vifion, puifque felon tous nos Philofophes modernes en general la Lumiére eft Corps.

Rien de fi certain que cet Axiome.

>   *Tangere enim & tangi, nifi corpus nulla poteft res.*

Nôtre Ame, capable du fentiment paffif, eft donc quelque chofe de corporel.

Paffons au fentiment actif.

Ce qui nous diftingué des Bêtes, c'eft come je l'ai déja remarqué, la formation des idées abftraites & diftinctes.

Ces idées abftraites font nominales.

La formation de ces noms ne fe peut faire fans mouvement ou fans articulation.

La formation d'un fon, celle d'un nom, le mouvement, font des chofes dont un Etre non étendu eft incapable.

Donc l'Ame eft quelque chofe d'étendu.

Toutes nos idées en general, & en particulier celles qui nous viennent par les fens extérieurs, & dans la réception defquelles nôtre Efprit eft paffif, ont quelque

Marginal notes:
L'Efprit eft paffif à l'égard de fes perceptions ou de fes fentimens confus.

Voyés M. Locke L. II. Ch. 1. §. 25. Preuves de l'Etendue reelle de l'Ame.

que chofe de corporel. Cette propofition fera prouvée démonftrativement dans
fon tems.

Ce qu'en fongeant nous voïons de figuré & de coloré dans ces idées qui
nous viennent par les fens, en eft une
preuve des plus certaines.

Nôtre Ame ou nôtre Mémoire eft le
Magazin de toutes ces idées.

Une chofe non étendue comment pouroit elle être le contenant de tant de mil-
lions de ces petits Etres étendus. Donc &c.

Un Etre non étendu ne peut avoir
des idées en aucun fens.

Un Home né aveu- gle, fourd & muet ne fauroit avoir au- cune Idée morale. Un Homme qui feroit né aveugle, fourd
& muet, & la chofe n'eft pas fans é-
xemple, ne fauroit avoir aucune idée,
ou au moins aucune idée diftincte de
Dieu, aucune idée morale. Et un
Homme qui n'auroit aucune idée de Dieu,
aucune idée morale, comment feroit il
une perfonne? Tant il eft vrai, come
on l'a deja dit, que nôtre Ame ne fauroit avoir des idées, des idées diftinctes
(& une idée qui n'eft pas diftincte, n'eft
pas proprement une idée,) fans les fens
extérieurs, & que ces idées qui nous vienent par les fens, font le fondement de
toutes nos conoiffances diftinctes.

J'ai lû autre fois dans les Anales du Nord,
qu'un

qu'un Gentilhome Polonois nommé M. *Conor*, racontoit avoir, du tems du Roi *Sobieski* pris une espéce de Sauvage sur les frontiéres & dans le Bois de la Lithuanie ou de la Russie, qui marchoit sur les quatre Pates comme une Bête, & velu comme un Ours, agé d'environ dix ans. Ce Sauvage apres qu'on lui eut apris à parler, convint, qu'il ne se souvenoit absolument point de ce qu'il avoit fait, ou comme il avoit vecu dans ce bois. C'etoit sans doute faute d'idées distinctes.

Fait qui prouve cette proposition.

Mais voici un autre semblable Phénomene, * beaucoup plus décisif en faveur de ce que je viens d'avancer, raporté par M. *Baile*, Ecoutons ce Philosophe même.

* Autre fait plus décisif.

„ Un nombre infini de Gens, *dit-il*, se „ persuadent, qu'un Enfant qu'on eleve„ roit exprès sans lui enseigner aucune „ chose, ou qui aïant été exposé dans un „ lieu desert, y seroit nouri par une bête „ jusqu'à ce qu'il fut en etat de cher„ cher ses Alimens, parviendroit de lui „ même à conoître Dieu, lorsque sa „ Raison se feroit dévelopée. On supose „ qu'il ne pouroit pas contempler le Ciel, „ ou réflechir sur ses propres expériences, „ sans se dire qu'il faut, qu'un Etre Tout „ Puissant & d'une Sagesse infinie ait pro„ duit

Reponses aux questions d'un Provincial. T. III. Ch. 16.

„ duit le Monde & le gouverne. C'eſt
„ en parler fort à ſon aiſe, lorſqu'on a
„ eu le ſecours continuel des Livres &
„ des inſtructions verbales. On peut apli-
„ buer ici ce Vers de Térence.

   Facile omnes, cum valemus, recta conſilia
      ægrotis damus.

   Lorſqu'on eſt en bonne ſanté, l'on donne
    facilement de bons conſeils aux Malades.

„ Mais, doit on croire, que ce qui
„ devient facile par ce moien là, l'eſt
„ auſſi à ceux qui n'ont jamais eu ces
„ aides? L'Expérience qui a été vue de-
„ puis peu, combat cette Prétention.
„ Voici le fait.

   En 1703. à Chartres, un jeune Home de
23. à 24. Ans, ſourd & muet de naiſſance,
coménce tout d'un coup à parler. Trois ou
quatre Mois auparavant il avoit entendu le
ſon des Cloches, ainſi qu'on le ſût de lui,
& avoit été extremement ſurpris de cette ſenſation nouvelle & inconue. Enſuite il lui étoit
ſorti de l'Oreille gauche une eſpèce d'eau, &
il avoit entendu parfaitement des deux oreilles.
Il fut ces trois ou quatre Mois à écouter ſans
rien dire, s'accoutumant à répéter tout bas les
paroles, qu'il entendoit, & s'afermiſſant dans
la prononciation & dans les Idées atachées aux
mots. Enfin, il ſe crût en état de rompre le
ſilence, & il parla, quoi que ce ne fût encore
                     qu'im-

qu'imparfaitement. Auſſi-tôt des Théologiens habiles, l'interrogèrent ſur ſon état paſſé : Leurs queſtions principales roulèrent ſur Dieu, ſur l'Ame, ſur la bonté, ſur la malice morale des actions. Il ne parût pas avoir pouſſé ſes Idées juſques là. Quoiqu'il fût né de Parens Catholiques, qu'il aſſiſtât à la Meſſe, qu'il fût inſtruit à faire le ſigne de la Croix, & à ſe mettre à genoux dans la contenance d'un home qui prie ; il n'avoit jamais joint à tout cela aucune intention, ni compris celle que les autres y joignoient. Il ne ſavoit pas bien diſtinctement ce que c'étoit que la Mort, & il n'y penſoit jamais. Il menoit une Vie purement Animale, tout ocupé des objets ſenſibles & préſens, & du peu d'idées qu'il recevoit par les yeux : Il ne tiroit pas même de la comparaiſon de ces Idées tout ce qu'il en auroit pû tirer. Ce n'eſt pas qu'il n'eût naturellement de l'Eſprit ; mais l'Eſprit d'un Home privé du Comerce des autres Homes, eſt ſi peu exercé & ſi peu cultivé, qu'il ne penſe qu'autant qu'il y eſt indiſpenſablement forcé par les objets extérieurs. * J'ignore, continue M. Bayle, ſi tout le monde ſaura gré à M. de Fontenelle d'avoir inſbré ce fait, dans l'Hiſtoire de l'Academie Royale des Sciences.

Peut être, ne ferois-je pas mieux ma Cour à certaines gens, & ſur tout à ceux qui ſe ſont déclarés pour les Idées innées,

* Extrait de l'Académie Royale des Sciences Année 1709. Tiré du

Y 2

Journal des Savans 30. *Novemb.* 1705.

innées, en le raportant ici; mais il prouve au moins parfaitement bien la nécessité du concours de nos sens extérieurs, au moins come cause *sine quâ non*, pour aquerir même nos Idées morales : Car sans yeux & sans oreilles, coment pourroient elles être formées en nous ? Ou sans ce secours, coment auroit-on pû nous instruire, ou nous doner des Idées de ce que la Revelation nous enseigne.

Il faut établir un raport entre nôtre Exterieur & l'intérieur, pour concevoir les operations de l'Ame.

Or, si nôtre Ame, nôtre Etre intérieur ne sauroit avoir des idées distinctes, ni être en état de s'en former de son Chef, à moins que les sens extérieurs ne lui en fournissent l'Etofe, s'il est permis de se servir de cette expression ; il faut de toute nécessité qu'il y ait un raport, une voie de comunication par laquelle nôtre intérieur puisse recevoir & sentir ces impressions qui lui viennent des sens extérieurs. Coment concevoir ce raport entre des Etres matériels come sont les organes, nos sens ; & un Etre tel qu'est cette prétendue Ame immatérielle ? Cela est tout à fait impossible. On a beau tourner & virer, on a beau imaginer des Sistèmes pour chercher une Issue de ce Labirinthe ; on ne fait que se jetter dans dans des plus grands embaras. Les objections insolubles qui se présentent en foule

foule contre les Siſtèmes des *Cauſes ocaſionelles & de l'Harmonie préétablie*, en ſont une bone preuve.

Supoſons pour un moment que nos ſens extérieurs ne ſoient que de ſimples Canaux, par lesquels, les impreſſions des objets extérieurs paſſent immédiatement à l'Ame ; la même dificulté reſte. Quel raport y a-t-il entre ces objets extérieurs, qui excitent leurs idées, des Idées matérielles en nous, & l'Ame prétendue immatérielle, en vertu duquel ces impreſſions puiſſent être operées ? Cette dificulté ne ſauroit être levée, qu'en atribuant une Etendue réelle, la capacité de l'atouchement paſſif à cet Etre intérieur, quoique le Mécaniſme, par lequel cette operation ſe fait, ſoit un Miſtère, dont le Créateur de tous les Etres s'eſt reſervé la conoiſſance à lui ſeul. Il n'y a au moins rien de contradictoire dans ce ſentiment.

La Vie conſiderée même par raport à nôtre intérieur n'eſt qu'un Mouvement perpétüel. Cette conſtante Succeſſion involontaire des Idées dans nôtre Eſprit pendant que nous veillons, remarquée par *Mr. Locke*,* & qui eſt ſans doute la même pendant que nous dormons, quoique nous ne l'apercevions pas toûjours,

La ſucceſſion involontaire des Idées dans nôtre Eſprit en remarquée par

Y 3

* *L. II. Ch. XIV. §. 3.*

M. Locke, prouve l'Etendue réelle de l'Ame, en est une preuve évidente, come elle l'est en même tems de cette Vérité, que cette Succeſſion des idées ne ſauroit être conçüe dans un Etre abſolument non étendu & Immatériel.

RAISONEMENT.

De l'Auteur ſur l'Immortalité de l'Ame, & ſur la maniére de la prouver.

JE ne douté pas, que mon ſentiment, en explication de celui qu'on atribue à M. *Locke* ſur la nature de nôtre Ame & de ce qui en dépend, ne ſoit combatu de tout coté, par ceux qui ſont dans les anciens préjugés, & qui par conſéquent ont une opinion contraire à la mienne ſur ce ſujet. Je crois donc qu'il ne ſera pas inutile de faire voir ici encore mieux que je ne puis avoir fait, où gît le nœud de la dificulté, afin que tant le Lecteur judicieux & impartial, que mes Antagoniſtes ne s'y trompent pas. Dans le fond il s'agit uniquement de l'immortalité de nôtre Ame: Dogme dont nous convenons tous, & que nous ſomes prêts les uns & les autres à défendre contre tout venant, au péril de nos vies mêmes. Ceux à qui je pourrai avoir à faire, ont

cru,

crû, sans doute dans les meilleures intentions du Monde, qu'il étoit essentiel de
prouver cette immortalité de l'Ame, à
priori, par les principes de la Raison &
de la Philosophie. Il resulte de ceci,
cette *première question*, s'il étoit ou s'il est Pre-
nécessaire en efet, de defendre ce Dogme miére
par cette voïe en faveur de la Religion? ques-
Or, il me semble, que l'Home le plus tion :
simple, qui auroit tant soit peu de bon *Est-il es-*
sens & de notion de ce qui est conte- *sentiel de*
nu dans la Révélation, est capable de la *prouver*
décider. Ce Dogme est fondé sur cette *l'immor-*
Parole revelée même : Il ne sauroit avoir *té de l'A-*
d'autre fondement, ni avoir un fonde- *me par la*
ment plus solide. Dieu lui même nous *Raison ?*
l'a annoncé dans une infinité d'Endroits
de l'Ecriture Sainte du Nouveau Testament, de la maniére du Monde la plus
claire & la plus expresse. Il est donc
de la derniére évidence, que ne se pas
contenter du témoignage respectable de
celui qui est le Créateur & le Conservateur de cette Ame ; c'est revoquer en
doute la Véracité de cet Etre Suprème,
ou vouloir aller plus loin, que Dieu n'est
allé lui même. C'étoit le sentiment de M.
Locke, qui s'est encore mieux expliqué
dans un Endroit cité par M. *Bayle* à
l'Article de *Perrot d'Ablancourt*, qu'il ne

Y 4   l'a

a fait dans l'Extrait de fes Défenfes con-
re les Objections du D. Stillingfleet donées par M. Cofte ; Explication que par
conféquent je ne faurois m'empêcher de
raporter ici.

Senti-
ment de
M. Locke
fur cette
queftion.

,, L'acufation que vous me faites, *dit. M.*
,, *Locke au Prélat Anglican*, de rendre moins
,, croïable l'Immortalité de l'Ame & la
,, Refurrection du Corps, eft fondée fur
,, cette Propofition, que j'ai avancée, *Que*
,, *l'Immatérialité de l'Ame ne peut pas être de-*
,, *montrée par la Raifon.* Ainfi le fond de
,, vôtre raifonement revient à ceci ; que
,, la Revelation Divine devient moins
,, croïable dans tous les articles qu'elle
,, propofe, à proportion que la Raifon
,, humaine eft moins en état de la foû-
,, tenir. Selon vous, Dieu promet il quel-
,, que chofe au Genre humain qu'il veut
,, que l'on croïe ? Sa promeffe devient
,, croïable, fi la Raifon peut demontrer
,, qu'elle eft vraïe, indépendamment de
,, l'Autorité de celui qui la propofe. Mais
,, fi la Raifon ne le peut pas demontrer,
,, cette propofition devient moins croïa-
,, ble. Cela veut dire que la fidélité de
,, Dieu n'eft pas un fondement affés ferme
,, & affés fur pour s'y repofer, fans le
,, concours du témoignage de la raifon, &
,, que Dieu n'eft pas croïable fur fa Pa-
,, role ;

„ role, (ce qui foit dit fans blasphême)
„ à moins que ce qu'il a revelé, ne foit
„ en foi même fi croïable, qu'on en puiffe
„ être perfuadé fans Révélation. Je n'au-
„ rois pas crû pouvoir trouver cela dàns
„ un Livre fait pour défendre le Miftère
„ de la Sainte Trinité. Vous dites, que
„ vous ne doutés pas que Dieu ne puiffe
„ doner l'Immortalité à une fubftance ma-
„ térielle: Mais vous croïés que l'éviden-
„ ce de l'Immortalité diminue beaucoup,
„ lorfqu'on la fait dépendre entiérement
„ de la Volonté de Dieu, qui rend immor-
„ telle une fubftance, qui ne l'eft pas d'elle
„ même. Je repons à cela, qu'encore
„ qu'on ne puiffe pas montrer que l'Ame
„ eft immatérielle, cela ne diminue nulle-
„ ment l'évidence de fon immortalité, fi
„ Dieu l'a révélée, parce que la fidèlité
„ de Dieu eft une demonftration de la
„ Vérité de tout ce qu'il révéle; & que
„ le manquement d'une autre demonftra-
„ tion ne rend pas douteufe une propo-
„ fition demontrée. Car où il y a une
„ demonftration claire, il y a autant d'é-
„ vidence qu'une Vérité, qui n'eft pas é-
„ vidente d'elle même, en peut avoir.
„ Ceux qui reçoivent la Revelation Di-
„ vine, peuvent-ils juger cette propofi-
„ tion moins croïable, que les Corps des
„ Ho-

„ Homes vivront éternellement après la
„ Resurrection, que la même proposition
„ apliquée à l'Ame? Si cela est, il faudra
„ consulter la Raison, pour savoir jus-
„ qu'où l'on en doit croire Dieu; & son
„ témoignage tirera toute sa force de
„ l'évidence de la Raison; ce qui est dé-
„ clarer que la Révélation n'est point
„ croïable, dans les Vérités surnaturel-
„ les, où l'évidence de la Raison lui
„ manque.

Qui est celui de Pompo-nace, de Perrot d'Ab-lancourt & de Mr. Baïle. Je ne sais si ce raisonement de Mr. Locke est juste & concluant, ou non; j'en laisse décider le Lecteur éclairé & non prévenu. Mais Mr. *Locke* n'étoit pas le seul de son Sentiment. Outre que c'étoit celui du célèbre *Pomponace**, qu'on

* Un Ami à qui je montrai mon Manu-scrit, m'aïant averti, que ma citation en cet Endroit, de Pomponace *suspect d'Atheis-me, ne me feroit pas honeur dans l'Esprit de certains Lecteurs; je ne dois donc pas me dis-penser de dire ici, que quand même la ré-putation de cét Ecrivain par raport à sa Re-ligion ne seroit pas entiére d'ailleurs; j'ai né-anmoins crû pouvoir faire mention de lui dans cette Partie, où il raisone en bon Philo-sophe & en Chrétien. Voici ce que le célèbre Mr.* Buddeus *en pense.* „ Pom-

qu'on peut voir dans fes Ouvrages , &
de quelle maniére il l'a établi & défendu contre fes Adverfaires , c'étoit encore
celui de Mr. *Perrot d'Ablancourt*, fondé fur
les raifons & les preuves les plus fortes,
contenues dans fa Lettre à fon Ami Mr.
Patru, inferée dans les Ouvrages de ce
dernier , & dont Mr. *Baïle* nous a doné
un

,, ponace , *dit-il, declare ouvertement dans*
,, *fon Livre de l'Immortalité de l'Ame, qu'il*
,, *croit fermement que l'Ame eft immortelle ,*
,, *parce que l'Ecriture nous l'enfeigne : Il nie*
,, *feulement qu'on le puiffe demontrer par les*
,, *Principes de la Philofophie d'*Ariftote , *ce*
,, *qui le juftifie de l'Atheifme.* (Traité de
,, l'Atheifme & de la fuperftition p. 57.)
Ce favant Théologien ajoute : ,, *Autrement l'on*
,, *pourroit former la méme acufation contre plu-*
,, *fieurs Théologiens, qui ont pareillement affuré*
,, *que l'Immortalité de l'Ame ne pouvoit être*
,, *démontrée par la Raifon. Il en eft demé-*
,, *me dès Mifteres , dont la Vérité eft établie*
,, *par l'Ecriture ; & ce ne feroit pas les revo-*
,, *quer en doute, que de nier, qu'on les puiffe*
,, *prouver par la Raifon. Il ne nous apartient*
,, *pas de fonder les replis du Cœur humain, ni*
,, *de nous-en établir les Juges. Le Sentiment de ce*
Théologien judicieux & raifonable , foit dit
en paffant, eft une leçon pour bien des Gens, qui en
ont befoin & qui en pourront profiter, s'ils veulent.

un Extrait à l'Article de Mr. *Perrot.* C'é-
toit le Sentiment de Mr. *Baïle* lui même.
„ *Quoi* ? s'ecrie-t'il *, l'Ecriture Sainte re-
„ çue une fois fermement, n'eft elle pas
„ auffi capable qu'une Démonftration Geo-
„ metrique, de nous perfuader de l'Im-
„ mortalité de l'Ame ? Je remarque, *dit*
„ *il,* dans un autre Endroit, qu'il n'y a
„ point de conduite plus indigne d'un
„ Théologien, que d'acufer d'impieté un
„ Philofophe, qui déclare, que pour
„ délivrer nôtre Efprit des incertitudes,
„ où la Raifon naturelle le feroit floter,
„ il faut le conduire à la Parole de Dieu,
„ & lui doner là le fondement vérita-
„ hle & les preuves trés certaines de
„ l'immortalité de nôtre Etre. C'eft ce
„ qu'a fait *Pomponace*, & pour l'avoir fait
„ il s'eft vû perfécuté par la Moinerie.
„ Que cela eft beau ! On ne peut rien
„ voir, *dit il encore*, de plus fenfé ni de
„ plus folide que les Réflexions de Mr.
„ *D'Ablancourt* fur la nature de la Foi;
„ & fur le bon ufage qu'il faut faire
„ des incertitudes de la Raifon : La cer-
„ titude de la Foi Divine furpaffe celle
„ de la Science. On feroit donc trés
„ injufte fi l'on prétendoit, qu'un fidele a
„ befoin d'être affuré par des preuves
„ philofophiques, que fon Ame ne mour-

ra

* à l'Ar-
ticle de
Pompo-
nace.

„ ra pas. N'eſt ce pas aſſés qu'il en ſoit
„ certain par ſa ſoumiſſion à l'Autorité
„ de Dieu, & par la ferme perſuaſion
„ où il eſt, qu'il n'y a point de fonde-
„ ment auſſi immuable & auſſi inebran-
„ lable, que la parole de Dieu? Et ne
„ faut il pas qu'un Chrétien, s'il veut
„ agir en Chretien, croïe l'immortalité
„ de l'Ame, à cauſe que Dieu nous pro-
„ met la félicité éternelle? S'il croïoit
„ l'immortalité de l'Ame, à cauſe des
„ raiſons philoſophiques, il ne feroit point
„ un Acte de Foi ; & c'eſt pourtant ce
„ qu'il doit faire, s'il veut remplir les
„ devoirs de la Religion, & être agrea-
„ ble à Dieu. Dans un Acte de Foi, on
„ n'a nul égard aux lumiéres de la natu-
„ re: On les met à part, & l'on ne ſe
„ fonde que ſur la Véracité de Dieu.
„ Voïés ce que diſent les Scholaſtiques
„ dans la Diſpute, ſi l'Opinion, la Scien-
„ ce & la Foi, peuvent être en même
„ tems dans nôtre Eſprit par raport au
„ même objet.

Je ne ſaurois m'empêcher de raporter
ici, ce qu'un autre Auteur judicieux
penſe ſur cette Matiére * : „ Quant à la
„ queſtion, *dit-il*, où il s'agit d'une par-
„ faite certitude ſur l'Immortalité de l'A-
„ me, nôtre Raiſon ne ſauroit la decider

* *Celui
de Mr.*
Boullier
Eſſai phi-

lofophi- „ der, par ce qu'elle ne fournit point de
que fur „ preuves qui établiffent cette certitude
l'Ame des „ parfaite qu'on demande. La Raifon
bêtes. pr. „ nous aprend que nôtre Ame a un co-
Ed. „ mencement de fon exiftence ; & qu'une
p. 228. „ Caufe Toute Puiffante & fouveraine-
„ ment libre ; l'aïant une fois tirée du
„ néant, la tient toûjours fous fa de-
„ pendance, & la peut faire ceffer d'être
„ dès qu'elle voudra, come elle l'a fait
„ comencer dès qu'elle a voulu. Je ne
„ puis m'affûrer que mon Ame fubfifte-
„ ra après la Mort, & qu'elle fubfiftera
* Evang. „ toûjours, à moins que je ne fache ce
felon St. „ que le Créateur a réfolu fur fa defti-
Jean XI. „ née. C'eft uniquement fa Volonté
25. *Jefus* „ qu'il faut confulter, & l'on ne peut
Chrift, ou „ conoitre fa Volonté, s'il ne l'a révélée.
come pro- „ Les feules promeffes d'une Révélation
mis, ou „ peuvent donc doner une pleine affu-
come ve- „ rance fur ce fujet. Et nous n'en dou-
nu, a tou- „ terons pas, fi nous voulons en croire
jours été „ le Souverain Docteur des Homes. Co-
le fonde- „ me il eft le feul qui ait pû leur pro-
ment de „ mettre l'Immortalité*, il déclare qu'il
l'Immor- „ eft le feul qui ait mis ce Dogme dans
talité. „ une pleine évidence, & qui l'ait con-
„ duit à la certitude.

Celui de Ce Sentiment de Mr. Boullier eft ce-
Mr. Col- lui d'un autre Auteur, qui merite d'ê-
tre

tre raporté, & qui fait voir coment tous *liber &*
les Gens fensés penfent fur cette Matié- *de l'Au-*
re. C'eſt l'Auteur de la nouvelle Biblio- *teur de la*
tèque Britanique , qui en nous donant *Bibliote-*
un Extrait de l'Ouvrage de Mr. Colli- *que Bri-*
ber, intitulé *Penfées libres fur l'Ame* , fait *tanique.*
dire à ce Philofophe †, raifonant fur la *T.* ɪv.
nature de l'Ame , & repondant à une *P.* 2.
dificulté qui s'ofre naturellement à l'Ef- *p.* 290.
prit, & qui eſt, que quoique l'Ame ne
depende pas du Corps , & qu'elle puiſ-
fe vivre fans lui , il ne s'enfuit pas
qu'elle fubfiſte après la Mort: „ Que la
„ même Puiſſance qui l'a créé, peut la de-
„ pouiller de ſes facultés , & que nous ne
„ favons pas, que cela n'arrivera point.
„ Nous le favons, par le defir & l'Efpe-
„ rance de l'immortalité , qui fe trouvent
„ fi profondement gravées dans nos A-
„ mes ; & fur tout par la confideration
„ de la parfaite Juſtice de l'Auteur de la
„ Nature, qui demande que la Vertu foit
„ recompenfée , & le Vice puni dans un
„ autre Monde. D'ailleurs n'eſt-il pas
„ naturel de croire , que puisque les Par-
„ ticules mêmes de la Matiére dont nos
„ Corps font compofés , confervent &
„ leurs propriétés & leur exiſtence après
„ la mort, & qu'on ne fauroit prouver
                                        qu'au-

„ qu'aucune d'elles doive jamais être
„ aneantie ; à beaucoup plus forte rai-
„ fon nôtre Ame fubfiftera t-elle éternel-
„ lement avec toutes fes facultés.

Surquoi l'Auteur de la Bibliotèque
fait cette judicieufe reflexion „ Mr. Col-
„ liber auroit bien dû ajouter à ces preu-
„ ves, celle que la Revelation nous four-
„ nit, quoiqu'il ne parle ici qu'en Phi-
„ lofophe. Car il eft certain que tous
„ les raifonemens du Monde ne fauroient
„ nous doner une pleine certitude de
„ l'immortalité de nos Ames, s'ils ne
„ font foûtenus d'une declaration formel-
„ le de la Volonté de Dieu à cet égard;
„ & cette Declaration, l'Evangile nous
„ la done presqu'à chaque page.

Autre Re-
marque
de Mr.
Baïle fur
ce fujet.

Voici une autre Remarque de Mr.
Baïle, que je prie le Lecteur de ne pas
perdre de vue.

„ Les Cartéfiens font perfuadés, *dit-il,*
„ que leurs preuves de l'Immortalité de
„ l'Ame font demonftratives : Ils trouve-
„ roient donc mauvais, que Mr. *D'Ablan-*
„ *court* ait crû que les Lumieres naturel-
„ les ne fourniffent point de bones preu-
„ ves de cette Immortalité; mais tout
„ cela n'iroit qu'à le regarder come He-
„ terodoxe en Philofophie : Ils avoue-
„ roient d'ailleurs, qu'en qualité de Chrétien

„ tien il avoit la plenitude de l'Orthodo-
„ xie. Mr. Baïle cite enfuite au même
„ Article plufieurs Scholaftiques qui ont
„ foûtenu que les raifons naturelles de
„ l'immortalité de l'Ame ne font pas con-
„ vaincantes : Je crois pouvoir y ajouter,
„ que le nombre de ceux qui l'ont pen-
„ fé, & qui le penfent fans le dire, eft
„ infiniment plus grand, que celui de
„ ceux qui font d'une opinion contraire.

Je demande d'ailleurs, fi à confiderer *Eft il*
cette queftion en général, il eft plus *plus aifé*
aifé de prouver le Dogme de l'immorta- *de prou-*
lité de nôtre Ame par la Révélation, *ver le*
ou par la Raifon naturelle? Je crois que *Dogme*
ceux qui intérieurement voudroient fe *de l'Im-*
déclarer pour cette derniere voïe, n'ofe- *mortalité*
roient le faire ouvertement : Les témoi- *de l'Ame*
gnages de l'Ecriture Sainte, fondés fur la *par la*
Véracité de l'Etre fuprème, qui prouvent *Révéla-*
cette Vérité, font trop clairs, trop pré- *tion, ou*
cis & en trop grand nombre, pour laif- *par la*
fer à cet égard le moindre doute dans *Raifon?*
l'Efprit de ceux au moins, qui admettent la Révélation. Or, fi cela eft,
qu'avons nous à faire du fecours de la
Raifon, d'autant, que fuivant que l'Expérience le demontre, elle ne fert, au
moins de la maniére dont on l'a emploïée jufqu'à prefent, qu'à embaraffer

Tom. II.   Z   cette

cette importante Matiére, au lieu de l'éclaircir, & ne produit par conſequent que des éfets diametralement contraires à ceux, qu'on pourroit avoir en vüe| en faiſant uſage de ce trop foible inſtrument.

Tous ceux qui avant Deſcartes ont entrepris de le prouver par la Raiſon, ont été ſoupçones de ne pas le croire eux mêmes.

Je crois au ſurplus ne devoir pas aprendre à ceux qui ſont tant ſoit peu verſés dans l'Hiſtoire des Savants & dans celle de leurs Ouvrages, que la dificulté de prouver l'Immortalité de nôtre Ame, par la Raiſon naturelle, eſt tellement inſurmontable, que tous ceux qui avant *Deſcartes* ont tenté cette entrepriſe, ont été ſoupçonés de ne pas la croire eux mêmes, vû la foibleſſe de leurs preuves qui ſe manifeſte de tout côté dans leurs Ecrits.

Seconde queſtion : Deſcartes & ceux qui ſont devenus après lui

Mais ſupoſons pour un moment que la Veracité & la fidélité de Dieu, & les témoignages de la Révélation, ne ſoient pas d'aſſés bons garants, pour nous rendre tranquiles dans l'Eſperance de cette Immortalité de nôtre Ame, à moins que nôtre Raiſon n'y ſuplée par des preuves tirées de la Philoſophie ; il en reſultera *cette ſeconde queſtion*, ſi Deſcartes & ceux qui après lui ont entrepris de nous doner ces preuves ; des

-preu-

preuves qui mettent deformais ce Dogme à l'abri de tout doute & de toute objection, y ont reüffi ; s'ils ont rempli leur engagement à cet égard ou non. J'eftime que l'on peut penfer fur ce fujet, conformément à ce que j'ai deja remarqué fur la dificulté confiderée in *abftracto* de prouver ce Dogme par la Raifon, favoir: Que fi l'on pouvoit decouvrir tous ceux qui font encore ici pour la négative, & qui ont des raifons par devers eux pour ne pas s'en expliquer ouvertement; il fe trouveroit de ce côté là, tant par la dignité & le mérite des Perfones, que par le nombre, une grande fuperiorité fur ceux qui foûtiennent l'afirmative.

ont ils bien prouvé ce Dogme par la Raifon?

Les prémiers à la Vérité ont pour eux, ceux, qui à la place de Dieu prétendent être les feuls Juges competens & infaillibles de ces fortes de queftions.

Ici je ne faurois cependant affés admirer l'éfet des prejugés de l'Education & de l'Autorité. Je ne faurois affés admirer, qu'un auffi habile Home que l'étoit Mr. *Arnaud* (dans le paffage cité par Mr. *Baïle* au même Article de *Pamponace*) ait pû s'avifer de reprocher à la Cour de Rome, de n'avoir pas affés menagé les interêts de la Religion, lors-

Reflexions .e l'Auteur fur les reproches que Mr. Arnaud a fait à la Cour de

qu'elle

Rome touchant les Ouvrages de Descartes & de Gassendi.

qu'elle a fait mettre dans l'Index les *Méditations de Descartes*, & ses autres Ouvrages, où il établit, par des raisons prétendues naturelles, ses preuves de l'immortalité de l'Ame, sans y faire mettre ceux de *Gassendi*, où ce dernier a travaillé à détruire ces preuves; je ne saurois assés admirer, dis je, coment Mr. *Arnaud* a pû toucher à une corde en tout sens aussi délicate à son égard, sans réfléchir sur les motifs qui pouvoient avoir porté les Censeurs de ces Ouvrages à se conduire come ils ont fait; motifs qui auroient pû facilement lui faire apercevoir son Erreur & celle du Maitre qu'il a suivi.

Il est de la dernière évidence, que l'interêt de la Religion en général, & en plus d'un sens celui de l'Eglise Romaine en particulier, demandent que ce Dogme de l'immortalité de l'Ame soit établi & soutenu. D'où vient donc que le Chef de cette Eglise proscrit les Ouvrages d'un Auteur où il entreprend de doner des preuves de ce Dogme, sans toucher à ceux d'un autre, qui s'eforce d'invalider ces preuves? C'est sans doute parce que le prémier a mal prouvé & que les Censeurs de ces Livres ont bien senti, que mal prouver, quand il

s'agit

s'agit d'inftruire, d'etablir un Sentiment
ou de combatre celui d'un autre ; caufe
le même defordre, qu'une Mine, qui,
fi par la faute des Mineurs elle ne produit pas fon éfet du côté de l'Ennemi,
les acable eux mêmes, & détruit leurs
autres Ouvrages, qui en font proches.

Pour peu qu'on réflechiffe, on conviendra qu'il n'eft pas néceffaire de doner de certaines preuves de ce Dogme
au comun des Homes ; à ces bones A-
mes qui font perfuadées de la Vérité de
tout ce que la Religion & l'Eglife leur,
enfeignent. On fait bien que la Foi implicite eft dificile à ébranler. Mais je
demande, fera-t'on bien avancé auprès
de ces gens, dont Mr. *Arnaud* parle, &
en faveur desquels fon Maitre a écrit,
qui ne veulent recevoir que ce qui fe peut
conoitre par la lumiére de la Raifon, & qui
ont un extrème éloignement de comencer par
croire, que de leur prouver ce Dogme,
par un Siftème, come, l'eft celui dont
il s'agit & dont le vuide ou le foible
faute aux yeux des moins clair voians ?
C'eft ce que les Cenfeurs de *Rome* n'ont
pû manquer d'apercevoir, & c'eft ce qui
les a porté auffi, à fe déterminer en
cette ocafion come ils ont fait : en quoi
ils ont agi fans doute conformément à

la Raifon & à l'interêt de l'Eglife, confidéré en général & en particulier ; fans qu'on puiffe dire pour cela, come fait Mr. *Arnauld*, qu'ils ont permis d'avaler le poifon, en empêchant qu'on ne prenne l'Antidote ; affertion qui dans le fond, n'eft que pure pétition de principe.

La con-
duite de
la Cour
de Rome
en cette
ocafion,
eft une
des plus
fortes
preuves
contre le
Siftème
de Def-
cartes.

Reflexion
de l'Au-
teur fur
Mr. Baï-
le à l'o-
cafion du
Paffage
de Mr.

Cette conduite de la Cour de Rome dans l'ocafion dont il s'agit ici, eft donc un des plus forts préjugés contre ce Siftème de Defcartes, fans faire mention des objections que les plus grands Génies de *l'Europe* y ont opofés du vivant de ce Philofophe, & dont, come on le peut voir dans les diférens Ecrits où cette controverfe eft traitée, il s'eft trés mal tiré, ainfi que je l'ai remarqué dans mon Difcours préliminaire p. 13.

Je ne ferai pas mention ici de tous ceux qui depuis la mort de *Defcartes* ont combatu, tant fon Siftème que les autres qui font dans le même goût, & par lesquels leurs Auteurs ont prétendu fonder l'immortalité de l'Ame, fur fa non-étendue abfolue : Je ne répéterai rien non plus de ce que j'ai dit fur ce fujet dans mes Remarques précédentes ; mais je dirai, que je m'étonerois que Mr. *Baïle* fi prêt à prendre la balle au bond, à faifir le faux & le ridicule, par tout où

il le trouve, & tout ce qui pouvoit fa- *Arnauld*
voriser ce qu'il entreprenoit de com- *cité par*
batre ou de soûtenir; lui qui s'est récrié *ce Philo-*
au même Endroit contre ceux qui mal- *sophe.*
traitent les Philosophes, qui prétendent
que le Dogme de l'Immortalité de nôtre
Ame ne peut être prouvé que par la Révélation; je m'étonerois, *dit-je*, de ce
qu'il n'a pas aperçû & relevé ce faux
pas de Mr. *Arnauld*; s'il n'étoit pas évident, qu'il s'est embourbé lui même dans
le Sistème adopté par ce Docteur, jusqu'à soûtenir les Hipothéses de *Descartes*
qui établissent le plein; qui prétendent
que l'Etendue est l'Essence de la Matiére *, que l'Ame n'est qu'une pensée,
qu'elle pense toûjours; & ce ridicule
Sentiment des Scholastiques, que l'Ame
n'ocupe aucun lieu, cóme on le peut
voir parmi les *Oeuvres diverses*, dans son
Sistème de Philosophie, qui est peut-être

* *Descartes & ceux qui le suivent sont*
plaisans. Ils prétendent que l'Etendue est
l'Essence des Corps, & la Non-étendue,
célle des Esprits. Coment acorder ce con-
traste dans deux Etres de nature si oposée,
& cependant aussi étroitement unis que le sont
le Corps & l'Ame.

de tous fes Ouvrages celui qui lui fait le moins d'honeur, à le confiderer au moins du côté de fes Raifonemens fur la Phifique-Metaphifique. Coment Mr. Baïle peut il afirmer que l'Ame penfe toûjours, pendant qu'il eft obligé de convenir *. „ Que s'il n'eft pas douteux „ que l'Effence de Dieu ne foit de pen-„ fer actuellement; la chofe eft beaucoup „ moins certaine à l'égard de nôtre Ame, „ à caufe de l'état du Fœtus dans la „ Matrice, & de celui des Gens qui dor-„ ment, ou qui ont le Mal Caduc? En vertu de quoi nous prouvera-t'il que la Vie ne peut confifter dans une fimple puiffance non réduite à l'Acte, pour en conclure que tout Efprit penfe actuellement †? Je le défie, & tous ceux qui voudront prendre fon Parti, de nous dôner cette preuve. Il n'eft pas mieux fondé dans tout le refte.

On pourra dire ici, que fi la Vie ne confifte que dans une fimple Puiffance non réduite en Acte, on n'en peut nullement conclure, que tout Efprit penfe actuellement; parce qu'il eft évident qu'il n'y a nul raport, nulle liaifon naturelle entre ces deux Propofitions: L'une n'eft pas une fuite ou une conféquence néceffaire de l'autre: Il eft aifé de concevoir

* Oeuvres diverfes T. IV. p. 513.

† Ibidem

voir que l'Esprit peut ou ne peut pas faire usage de cette puissance : L'Expérience même fait voir que nôtre Esprit se sert en éfet de la liberté qu'il a à cet égard, & que *Machinalement* ou *Volontairement*, il ne pense pas toûjours.

Mais on peut tirer une autre conséquence beaucoup plus naturelle de cette prémiere Proposition de Mr. *Baïle* ; c'est que par elle, ce Philosophe sans y penser, établit mon Sistème. Si la Vie, le Principe de la Vie, n'est autre chose qu'une simple Puissance non réduite en Acte, come il le dit, & come la chose ne sauroit être conçüe autrement ; ce Principe n'est donc pas une Substance, un Etre, qui existe par lui même ; il n'est donc qu'un mode ou un atribut d'un Etre réel, qui en est le sujet d'inhérence. Or, j'ai déja sufisamment prouvé, que ce sujet d'inhérence ne peut être un Etre absolument non étendu ; donc ce sujet est le Corps spirituel que j'atribüe à nôtre Ame ; & ce Principe de vie n'est autre chose que ce *Soufle Divin* dont M o ï s e parle, en vertu duquel Dieu a animé cet Etre réel, en lui donant la capacité du mouvement ou de la Puissance active & passive. Je crois avoir déja remarqué ailleurs, que les Esprits
d'un

d'un certain ordre reviennent toûjours au vrai, & font obligés de l'établir imperceptiblement, & fur tout dans les momens où ils ne penfent pas à leurs opinions particulieres contraires à ce vrai.

Si la chofe pouvoit faire plaifir au Public, & qu'il fût poffible d'éviter de certaines répétitions, qui font toûjours défagréables, j'entreprendrois de réfuter pié à pié, ce qu'il dit T. iv. p. 459. à *l'Article des chofes qui conviennent à l'Home, entant qu'il a une Ame raifonable,* & p. 509. *de l'Etre fpirituel,* & qui n'eft qu'un tiffu d'Erreurs, de fophifmes & de contradictions; je crois au moins que cela répandroit un grand jour fur cette Matiére; d'ailleurs cette maniére de la traiter, come elle eft la moins gênante, feroit la plus comode pour moi.

Mr. Baïle eft meilleur Critique què Philofophe éxact.

Qu'il me foit permis de dire en cette ocafion, qu'il me paroit que cet Auteur eft beaucoup meilleur Critique, à prendre ce terme dans le fens étroit, & ainfi qu'on l'atribue aux *Scaligers*, aux *Cafaubons,* aux *Saumaifes* & autres, qu'il n'eft bon & éxact Philofophe; & que fes Ouvrages en général qui ont tant enrichi les Libraires font, come un de mes judicieux Compatriotes l'a fort bien remarqué *, beaucoup moins faits pour inftrui-

* Mr. de Muralt.

truire ceux qui chercheroient de la folide nourriture ou un veritable favoir, que pour amufer ceux qui veulent bien être amufés. Il faudroit trop de tems, pour mettre au jour, tout ce que faute d'être atentif aux véritables principes, cet Efprit qui fe faifoit un jeu de foûtenir également le pour & le contre, & qui ne s'apercevoit plus lui même de tous fes Tours fophiftiques pour s'y être trop habitué; il faudroit trop de tems, dis je, pour mettre au jour tout ce qu'il a avancé dans fes Ouvrages, contraire & préjudiciable à la bone Philofophie, fans parler même de ce qui influe fur la Religion & les Mœurs. Mais il eft certain, qu'entreprendre une fi pénible tâche, ce feroit rendre un fervice important au Genre humain, féduit par les charmes du ftile, & par la maniére éblouïffante dont cet Écrivain dangereux traite les Matiéres.

Paffons enfin à une troifiéme & dernière queftion, en fupofant que le Dogme de l'Immortalité de nôtre Ame peut être prouvé par la Raifon naturelle, au moins d'une certaine maniére, ou jufqu'à un certain point. Cette queftion confifte à favoir, fi ceux qui ont entre-

Troifiéme Queftion.

*Le Dogme de l'Immor*tre-

talité de trepris d'établir ce Dogme par les Siftè-
l'Ame eft. mes des *Caufes ocafionelles* & de l'*Harmonie*
il mieux *préétablie*, en le fondant fur l'Immatériali-
prouvé té de l'Ame, ont mieux réüffi à prou-
dans le ver, que je n'ai fait de mon côté dans
Siftème tout ce que j'ai expofé jufques ici, en
de l'Au- atendant que je m'explique mieux enco-
teur que re dans la fuite de mon Ouvrage, à me-
que dans fure que les Matiéres, que j'y traiterai,
les autres? m'en fourniront l'ocafion.

Ce Dog-   De quoi s'agit-il entre nous à tout pren-
me, indé- dre? Où eft le fondement le plus folide
pendam- & le plus inconteftable, fur lequel on
ment de peut établir cette Immortalité de nôtre
la Révé- Ame par la lumiére naturelle? Tous ceux
lation, ne à qui j'ai à faire, nous aprennent, una-
peut être nimément, que c'eft fon *indivifibilité*. En
mieux conféquence des Siftèmes adoptés, on
établi que a taché par toutes fortes de voïes & de
fur l'indi- raifons, de prouver cette Hipothèfe. M.
vifibilité l'Abé *de Dangeau* entr'autres, dans fes
de l'Ame. Dialogues imprimés en 1684. chés *Mar-*
bre Croifi à *Paris*, l'a fait par un Argument, en vertu duquel il a entrepris de
démontrer que nôtre Ame eft un Etre
fimple, indivifible & par conféquent immortel; Argument, qui au jugement de
M. *Baile* * eft une Démonftration auffi
affûrée que celle des Géomêtres. Voici
en quoi confifte cet Argument.

* *Nouv. de la Rép. des Lett. Aouft* 1684.

Quand vous échaufés la Main, *fait on dire à M. l'Abbé Dangeau*, il est sûr que „ vous sentés une sorte de plaisir. Si „ dans le même tems on aproche de vô-„ tre Nez une odeur agreable, vous sen-„ tés un autre espèce de plaisir. Si je „ vous demande lequel de ces deux plai-„ sirs vous plait d'avantage, vous me ré-„ pondés, c'est celui-ci ou celui-là. Vous „ comparés donc ensemble ces deux plai-„ sirs, & vous jugés d'eux en même-„ tems. Si après que vous êtes échaufé, & „ que vous avés senti l'odeur, je vous „ fais voir un beau Tableau du Poussin; „ si je vous fais entendre Mademoiselle „ *Rochouas*; si je vous fais manger un Po-„ tage de *Tulbot*, n'est-il pas vrai, que „ vous pouvés dire lequel de tous ces „ plaisirs à été le plus grand? Il faut donc „ que ce qui juge en vous ait ressenti „ tout cela. Ce même vous qui juge, „ conoit, si un plaisir des sens est plus agréa-„ qu'une speculation, & choisit entre ces „ deux choses. Donc le même principe „ qui sent les plaisirs sensuels, sent aussi „ les spirituels, & juge & veut. C'est „ une preuve manifeste, que vôtre Nez „ ne sent point l'odeur, & que vôtre Main „ ne sent point la chaleur &c. Car come „ la Main & le Nez sont deux choses ab-„ so-

„ folument diftinctes l'une de l'autre ; il
„ eft auffi impoffible, que l'une fente ce
„ que l'autre fent, qu'il eft impoffible, que
„ nous fentions dans cette Chambre, le
„ plaifir que fentent prefentement ceux
„ qui font à l'*Opera*. Il faut donc non
„ feulement, que ce vous, qui fent l'O-
„ deur & la Chaleur tout à la fois, ne foit
„ point le Nez ou la Main ; Mais auffi
„ que ce foit une chofe où il n'y ait point
„ plufieurs parties ; parce que s'il y avoit
„ plufieurs parties, l'une fentiroit la Cha-
„ leur, pendant que l'autre fentiroit l'O-
„ deur, & l'on n'y trouveroit rien qui
„ fentit tout enfemble l'Odeur & la Cha-
„ leur, qui les comparât enfemble, &
„ qui jugeât que l'une eft plus agréable
„ que l'autre. Il faut donc conclure de
„ toute néceffité, que vôtre Ame, qui eft
„ le principe de vos fentimens, eft un
„ *Etre fimple*. Si elle eft fimple, elle eft
„ indivifible, & fi elle eft indivifible, elle
„ eft immortelle, parce qu'il ne fe fait
„ point de deftruction naturellement, que
„ par la feparation des parties, qui com-
„ pofent un tout. Ne me dites pas que
„ chaque partie de l'Ame reçoit ce que
„ toutes les autres reçoivent : Car, fi
„ dans cette fupofition vôtre Ame avoit
„ deux parties, il y auroit en vous deux
                              „ chofes

,, chofes qui fentiroient, qui jugeroient
,, & qui voudroient, fans qu'il vous en
,, arrivât plus d'avantage que s'il n'y en
,, avoit qu'une ; d'où il s'enfuit que l'une
,, d'elles feroit entiérement inutile. Outre
,, qu'un Etre qui peut réunir enfemble
,, deux plaifirs, ou un plaifir & une dou-
,, leur, deux jugemens, & deux volon-
,, tés, doit être néceffairement indivi-
,, fible.

La prémiére chofe que j'ai à remar- *Selon M.*
quer fur cet Argument eft que felon Mr. *Baïle, cet*
Baïle il paroit prouver auffi l'Immortali- *Argu-*
té de l'Ame des Bêtes. ,, Mais on peut *ment*
,, répondre, *dit ce Philofophe,* que lorfqu'un *prouve*
,, principe eft certain, il faut s'y tenir, *auffi l'Im-*
,, quoique l'on ne puiffe pas developer *mortalité*
,, quelques conféquences, fi elles ne font *des Bêtes.*
,, pas certaines. Or, il n'eft pas d'une
,, entiére certitude, que les Bêtes fentent
,, tout à la fois le plaifir de l'Odeur &
,, celui de la Chaleur &c. On peut donc
,, nier que l'Immortalité de l'Ame des
,, Bêtes fuive de la demonftration que
,, cet Auteur a emploïée.

Il me femble cependant que la Rai- *Reflexion*
fon que Mr. *Baïle* nous done pour le- *de l'Au-*
ver la dificulté qu'il opofe à cet Argu- *teur fur*
ment de Mr. Dangeau, ne prouve rien; *ce Senti-*
puifqu'il n'y a aucune aparence, que les *ment de*
Bêtes *Mr. Ba*ᵗ

Bêtes étant douées comunément de cinq
fens come nous, & de la fenfation ; les
impreffious des objets extérieurs fe faf-
fent autrement fur elles qu'elles fe font
fur nous ; d'autant que les plus fenfés
de nos Philofophes d'aujourd'hui ne re-
fufent pas aux Bêtes la faculté de penfer, ni par conféquent, celle de difcerner leurs fenfations. La mortalité de
l'Ame des Bêtes ne s'enfuit donc pas de
cette diférence prétendue par Mr. Baïle,
entre les fenfations de l'Ame humaine
& celle des Bêtes. L'Inimortalité de l'une
& la Mortalité de l'autre ne fauroit donc
être prouvée que par la Volonté de Dieu,
confiderée indépendamment de la nature de ces Etres, qui veut conferver le
principe de vie qui anime nôtre Etre intérieur, après fa feparation du Corps
groffier au lieu que le fentiment dans la
Bête, la Mort arrivant, reftera entiérement éteint.

Remar-
ques fur
l'Argu-
ment de
M. l'Abé
Dangeau.
Mais quand même cette objeƈtion de
M. *Bayle* n'énerveroit pas la force de cèt
Argument de M. *l'Abé Dangeau*, come elle
fait ; il ne feroit pas prouvé pour cela,
que de l'idée que cet Auteur fe forme
des fenfations de l'Ame, refulte fa fimplicité phifique, ou fa non étendue abfolue.

Je

Je conviens que Mr. l'Abé Dangeau a parfaitement bien prouvé que nôtre Ame est *une*, ou qu'elle est une *Unité*. Il est entiérement évident, que ce n'est pas l'Oeil qui voit le Tableau du *Pouſſin*, que ce n'est pas l'Oreille qui entend la Muſique, que ce n'est pas le Nez qui ſent l'odorat d'une Roſe ; ni la Main, qui ſent l'atouchement d'une choſe molle ou dure; mais que c'est l'Ame, cette *Unité*, capable de ces diférentes ſenſations, qui les compare & qui en juge. Mais à éxaminer tout cela à rigueur métaphiſique, il me ſemble que, come je viens de dire, il ne s'enſuit pas que cette *Unité*, ſoit un Etre ſimple dans le ſens de nôtre Auteur, & que par conſequent, il ne reſulte pas de cette preuve, que c'est un Etre indiviſible & immortel. Je prie mon Lecteur de bien remarquer, qu'il ne s'agit pas ici de ce que cette *Unité* est par la Volonté & par la Toute Puiſſance de l'Etre ſuprème; mais de ce qu'elle est, ou de ce qu'on peut dire qu'elle est, par ſa propre nature.

Il ne s'enſuit pas, dis je, que cette unité ſoit un Etre ſimple dans le ſens de l'Auteur. Dans ce ſens un Etre ſimple ne peut être qu'un Etre abſolument *Un Etre absolument non étendu ne peut avoir plu-fieurs fen-fations à la fois.*

Exemple qui écla-ircit cet-te Propo-fition.

non étendu , & par conféquent imma-teriel , quoique l'Auteur par un fage fcrupule ou par une précaution bien en-tendue, n'ait pas jugé à propos d'emploïer ce terme. Je demande , coment peut on concevoir , qu'un Etre fimple dans ce fens, *puiffe fentir en même tems & les difé-rens plaifirs fenfuels, & les plaifirs fpirituels.*

On m'a fait un Conte d'un Home de ma conoiffance à Paris que je n'ai gar-de de nommer , trés bel Efprit, Efprit fort, Ame voluptueufe, qui fe propofa un jour de goûter les plaifirs des cinq fens tout à la fois. Pour cet éfet il fe fit mettre devant les yeux, un Tableau d'un des plus fameux Peintres, & un Bouquet de fleurs d'une odeur des plus douces : Il fit chanter devant lui une perfone qui avoit une voix des plus charmantes : Et il goûtoit des Confitures délicieufes, pendant qu'il jouiffoit de fa Maitreffe. Il fe délectoit fans doute à comparer ces diférens plaifirs entre eux, & à juger lequel meritoit la préference dans fon Ame Epicurienne. Toutes ces fcenes capricieufes fe font donc paffées tout à la fois, dans cette Ame corrom-pue , que nôtre Auteur apelle un Etre fimple, ou une *Unité.* Mais je deman-de encore un coup, coment peuvent
elles

elles être conçues dans un Etre fans
parties ou abfolument non étendu ? Ne
faut il pas, come je l'ai déja remarqué,
qu'il y ait un raport ou une liaifon phifique entre ces objets extérieurs, entre
les organes que ces objets ont frapé, &
cet Etre, auxquels les impreffions de
ces objets font parvenues, & en qui elles ont caufé ces diférentes fenfations,
qui ont chatouillé cette Ame voluptueufe ? Diférences qui fupofent l'Etendue réelle de cet Etre, & la capacité d'étre
frapé par ces diverfes fenfations tout à
la fois. Peut on imaginer la chofe autrement ? S'avanceroit on trop fi l'on
difoit, que le Théatre où ces fcenes ont
été reprefentées, étoit femblable à un
Inftrument de Mufique à plufieurs cordes, desquelles, étant touchées come
cela fe pratique, un habile main tire
diferens fons tout à la fois. On peut
regarder cet Inftrument, autant qu'il eft
capable de rendre des fons harmonieux,
come une *Unité* dans fon efpèce ; fans
qu'il s'enfuive pour cela, que ce foit
une *Unité* dans le fens étroit, une Unité indivifible. Et qu'on ne m'objecte
pa que par cette comparaifon je fupofe
l'Ame de celui dont je parle divifible,
come l'eft cet Inftrument de Mufique.

A a 2 L'In-

L'Indivifibilité de cette Ame n'eſt pas
une queſtion: A la Vérité, elle n'eſt pas
fondée ſur des *preuves phiſiques*; mais
elle l'eſt ſur quelque choſe de plus fort;
ſur une *preuve morale*; ſur la Volonté immuable du Créateur.

Digref-   Qu'il me ſoit permis avant que d'aller
ſion ou   plus loin de faire ici une Remarque, qui
reflexions me paroît importante.
ſur les   Je demande coment peut on acorder
Siſlèmes cette Scene dont je viens de faire la
du P.   Peinture avec la Sainteté & les autres
Malle-   perfections adorables de l'Etre ſuprème,
branche dans le Siſtème du P. Mallebranche?
& de Mr.   „ Dieu fait, *dit - il* *, tout ce qu'il y a
de Leib- „ de réel dans le mouvement de l'Eſ-
nitz.   „ prit & dans les déterminations de ces
* *Recher-* „ mouvemens.
ches de la   „ Il fait tout ce qu'il y a de réel
VéritéEd. „ dans le Sentiment de la concupiſcen-
de Paris „ ce †.
in 4to. T.   „ Dieu eſt le premier ou plûtôt l'u-
11. *p.*187. „ nique Moteur ‡.

† *Ib.*   „ Dieu en un ſens porte le Pecheur
‡ *p.* 189. „ à l'objet de ce péché, ſi cet objet pa-
        „ roît un bien au Pécheur. Car come
        „ diſent preſque tous les Théologiens,
        „ tout ce qu'il y a de phiſique, d'acte
        „ & de mouvement dans le péché, vient
* *p.* 190. „ de Dieu *.

                                  „ Dieu

„ Dieu produit & conferve en nous,
„ tout ce qu'il y a de réel & de pofitif
„ dans les determinations particulieres des
„ mouvemens de nôtre Ame, favoir nos
„ idées & nos fentimens *.   *p. 191.

Dieu, le Dieu trés faint, le Dieu trés
pur, auroit donc été la Caufe immédiate phifique, la Caufe *fine quâ non*, qui
auroit non feulement excité ces idées
fales dans l'Ame de ce Voluptueux;
mais encore cette fcene fcandaleufe dont
je viens de parler? Quelle horreur! Peut
on y penfer fans frémir!

Et qu'on ne nous étourdiffe pas, en
fupofant come on fait *. „ Que Dieu en   * *Baïle*
„ établiffant des Loix pour le gouverne-   *Oeuvres*
„ ment du Monde, a établi, que les   *melées.*
„ Subftances penfantes auroient tels &
„ tels Sentimens, dès qu'une certaine por-
„ tion de la Matiere auroit tel ou tel
„ mouvement, & que cette portion de la
„ Matiere auroit tel ou tel mouvement, dès
„ que la fubftance penfante auroit telle
„ ou telle perception ou volition. Car
outre, que ce principe dans le fond &
dans fon aplication conduit aux mêmes
conféquences; outre que ce principe général qui eft originairement celui de
Defcartes, a été dementi par le P. *Malle-*
branche, qui entre dans le détail *, &   * *Il eft*

clair que tous détail incompatible avec un principe général supposé, detruit ce principe.

qui done Dieu lui même en toute ocation particuliere pour la Cause immédiate phisique de tous ces mouvemens particuliers & déterminés ; il est évident, que ce principe général, de *Descartes*, dont on ne sauroit nous doner aucune idée distincte *, n'a pas pû être imaginé pour prouver la Vérité ; mais uniquement pour étaïer un Sistème illusoire & destitué d'un fondement solide. Je ferai voir dans un autre tems, car la discussion en feroit trop longue ici, que l'Hipothèse de ces Loix générales prétendues, dans le sens de ces Philosophes n'est qu'une chimère, si ce n'est pas quelque chose de pire encore. Et il ne me fera pas mal aisé de prouver qu'entre le Sistème des Causes ocasionelles, fondé sur cette Hipothèse, & celui de l'Harmonie préétablie, par raport aux conséquences, il n'y a presque point d'autre diference que celle des noms.

Voici come Mr. de *Leibnitz* raisone de son côté.

I.

---

* *Le fait que j'avance ici concernant le Sentiment de cet Auteur est aisé à éclaircir sur les diférentes pieces, dans lesquelles ce Philosophe a dévélopé son Sistème.*

1. Dieu a prévû les déterminations de toutes les Ames paſſées, préſentes & avenir, & il a prédiſpoſé les Corps à les éxécuter.

„ L'Ame eſt conſtruite (pour ce qui
„ concerne la production des ſenſations)
„ ſelon que Dieu a prevû, que le Corps
„ auroit ſa ſituation ſucceſſive dans le
„ Monde, & qu'il ſeroit frapé par les
„ objets matériels qui l'environent. Et
„ la conſtruction du Corps eſt faite en-
„ ſorte, qu'il puiſſe produire de ſoi mê-
„ me toutes les Actions extérieures, que
„ Dieu a prevû que l'Ame ſelon ſon li-
„ bre arbitre déſireroit ſucceſſivement. *

3. „ De la part de Dieu, il n'a été be-
„ ſoin d'autre choſe que de mettre d'a-
„ bord en harmonie les ſenſations de

Aa 4   l'Ame

* Coment Dieu peut-il prévoir les déterminations qui ſont l'éfet d'un libre arbitre proprement & abſolument tel, & agir en conſéquence ? On développera dans ſon tems, mieux,
peut-être, que n'a fait ce Philoſophe, en quel
ſens cette Préviſion Divine peut être enviſagée, & en quoi conſiſte préciſement ce libre
arbitre, pour acorder l'un & l'autre avec la
Raiſon, la Révélation, & toutes la Perfections de l'Etre Suprème.

„ l'Ame avec les changemens extérieurs,
„ qui arrivent dans le Monde, pour que
„ cette harmonie continüe ensuite sans
„ alteration.

4. „ La diférente situation, dans laquelle
„ l'Ame se trouve par raport à l'Univers,
„ & les diférentes sensations que ces si-
„ tuations doivent causer dans l'Ame,
„ sont la cause de cette série de sensa-
„ tions que Dieu a mises dans l'Ame, &
„ qui se dévelopent à mesure que cette
„ situation change.

5. „ Les Actions extérieures du Corps
„ sont faites en conséquence du désir &
„ d'un libre décret de l'Ame, & elles
„ auroient été tout autres, si Dieu avoit
„ prévû, que l'Ame desireroit d'autres
„ actions de son Corps, car en ce cas
„ Dieu auroit construit le Corps de ma-
„ niére, qu'il pût les éxecuter.

6. „ On doit par conséquent atribuer à
„ Dieu toutes les Actions corporelles du
„ Corps dans le même sens que l'Ecri-
„ ture dit, *Dieu fait pleuvoir &c.* *

Le Corps & l'Ame sont donc préde-
terminés sur une combinaison de circonstances

* *Cet Extrait est tiré d'un Traité de Mr.*
Rheinbeck; intitulé; Examen du Sistème de
l'Harmonie pré-établie.

tances qui fe rencontrent abfolument hors
d'eux. Cette conféquence réfulte naturellement des Prop. 2. & 4. Coment l'a-
corder avec la liberté, avec ce libre
arbitre, que ce Philofophe atribue à l'A-
me ? *

Dieu a donc prévû les circonftances
du Corps & de l'Efprit dans lefquelles le
Libertin, dont j'ai parlé, fe rrouveroit,
& les idées qu'elles exciteroient dans fon
Efprit ; pour fe doner la fatisfaction
voluptüeufe qu'il s'eft procuré. Dieu qui
eft la pureté même, s'eft donc plû à
prédifpofer toutes ces circonftances, pour
que cet Epicurien pût contenter fon
apétit défordoné.

Dieu, qui a prevû, qu'en vertu des
circonftances dans lesquelles un Scéle-
rat fe trouve, volera, affaffinera, trahi-
ra fa Patrie, blafphêmera le Nom de
Dieu, ou en abufera contre cette Ma-
jefté Suprème, même de la maniére du
Monde la plus outrageante; Dieu, dis-je,
qui a prévû ce défordre, a prédifpofé
le

* On peut dire que M. de Leibnitz s'eft
fort mal tiré des objections qui lui ont été faites, & en particulier de celles du R. P.
Lami, qui font les plus importantes par raport
à la Religion & à la Liberté de l'Home.

le Corps de cet infame, à éxécuter les Volontés de son Ame ; Dieu est la cause d'une prédisposition sans laquelle le supôt n'auroit pû remplir son mauvais dessein ?

L'Ame libre dans l'Hipothèse de nôtre Philosophe, est coupable pour avoir désiré un Meurtre, & Dieu non content de l'avoir placée dans des circonstances qui ont excité ce désir en elle, se prête encore à son éxécution, en disposant le Corps à agir conformément au désir de cette Ame. Dieu ne seroit-il pas l'Auteur de ce Crime ? Ne seroit-il pas plus coupable encore que ne l'est cette Ame ? Quelle horreur !

J'aurai ocasion de raisoner plus amplement sur ce Sistème dans mes Remarques sur la Dissertation du *R. P. Daniel* concernant la nature du mouvement, dont j'ai fait mention p. 42. de mon Discours préliminaire.

Exemple raporté d'un Automaté, qui prouve, que de l'unité de dieux, Mais revenons à M. l'Abé *Dangeau*. Tout le monde a entendu parler de ce merveilleux Automate qu'on a fait paroitre à *Paris*, il y a un ou deux Ans, de cette Machine qui réprésentoit un Joüeur de flute, & qu'on faisoit joüer come de lui même plusieurs Airs des plus mélodieux, avec la derniére exactitude & avec tou-

toutes les mêmes atitudes qu'on voit dans *l'Action,* un Home naturel.

Mais par là même, que cette Machi- *on ne peut* ne réprésente au naturel une Action & *pas argu-* des Mouvemens semblabes à ceux d'un *menter à* Home qui joüeroit ces Airs sur sa Flute; *la simpli-* on peut dire, qu'il y a dans son fait non *cité ou à* seulement la même unité d'action, qu'il *la non* y auroit dans celle d'un Home, qui joue- *Etendue* roit naturellement, ou dans ces autres *absolue de* modifications, que nôtre Auteur atribue *l'Agent.* à l'Ame, & desquelles il prétend faire résulter sa simplicité ; mais encore que le principe, qui est la Cause du Jeu qu'on peut voir dans cette Machine, est aussi simple, que l'est celui qui done la Vie à l'Ame humaine ; puisque ce n'est qu'une faculté motrice. Or, come il est évident que de la simplicité du Principe qui done le mouvement à cette Machine ou de celle de ce mouvement éfet, on ne peut pas conclure à la simplicité absolue de cet Automate ; je crois être fondé à dire, qu'il en est demême de nôtre Etre intérieur, & que quoique cette Cause, ce Soufle Divin qui l'anime, soit un Principe réputé simple ; il ne s'enfuit pas pour cela, que le Tout, cet Etre entier, soit une unité phifique, ou un Etre simple dans le sens de nôtre Auteur. Je crois

en

en avoir doné fufifamment la preuve
dans mes Remarques précédentes : Ainfi il n'eft pas néceffaire que j'y revienne,

Toute la diférence qu'il y a entre ces
deux Machines, c'eft, que l'une eft l'Ouvrage artificiel de l'induftrie & de l'adreffe
d'un Home , qui l'a fait aller *mécaniquement*
& *paffivement* à la faveur des Loix du mouvement qui font conues ; & que l'autre
eft le Chef d'oeuvre de la Volonté & de
la Toute Puiffance Divine, qui l'a révé-
tüe de la faculté de fe modifier de fon
chef *volontairement* & *fciemment.* Quant
à la fimplicité de la faculté motrice, à
l'étendue réelle, ou à une certaine compofition ; on peut dire, que dans un
fens la nature de l'une eft femblable à
celle de l'autre, à la réferve , que la
prémiére eft fujete aux accidens & à la
deftructibilité , & que l'autre eft indivifible & incorruptible par la Volonté de
celui qui lui a doné l'Etre.

L'Unité des Actes de l'Ame dans le fens de Mr. l'Abé Dangeau, Il refulte donc évidemment de tout
ce que je viens de dire, que ce que
nôtre Auteur apelle *unité* ou *fimplicité*
dans les Actes de l'Ame dont il parle,
ne fupofe pas une unité phifique, une
fimplicité fans parties, une non étendüe
ou immatérialité abfolüe de fa nature,
qui feroit contradictoire avec ces actes
mê-

mêmes ; mais que ce qu'il apelle simpli- *n'eſt qu'u-*
cite & unité d'action , n'eſt qu'une *uni-* *nité mo-*
té morale , une idée abſtraite , une ma- *rale.*
niére d'enviſager & de qualifier ces actions de l'Ame. Car il eſt évident, que
quoique le Voluptüeux, dont j'ai parlé,
ait ſenti en même tems les impreſſions
agréables de ces objets extérieurs qui
l'ont chatouillé , elles ſupoſent néanmoins
cinq atouchemens diférens , & par
conſéquent , & à rigueur métaphiſique,
on ne ſauroit les enviſager come une
ſeule modification paſſive de ſon Ame.
Il y a plus : De cela même , que cet
Ame a pû ſentir ces diférens atouchemens dans un même tems , il s'enſuit
néceſſairement qu'elle eſt un Etre étendu dans ſa maniére d'exiſter. De ſorte
que je crois, qu'il n'eſt pas bien décidé,
come Mr. l'Abé *Dangeau* le prétend,
qu'un Etre , qui peut réunir enſemble
deux plaiſirs ou un plaiſir & une douleur , deux jugemens & deux Volontés,
doit être néceſſairement indiviſible ; ſi ,
come on le doit ſupoſer , il fonde cette
indiviſibilité ſur l'Unité priſe dans le
ſens phiſique ou ſur la non étendue de
cet Etre.

J'avoüe mon ignorance ou ma ſtupi- *L'Unité*
dité, je ne ſaurois concevoir, coment *de deux*

uu

sensations un Etre semblable au Point Mathémati-
oposées ne que pourroit avoir dans un même inf-
peut être tant indivisible , deux Sentimens aussi
conçue contraires l'un à l'autre, que le sont
dans un ceux du plaisir & de la douleur, &
Etre sem- s'en former néanmoins des idées distinctes:
blable au Je n'en saurois comprendre la possibilité
Point ni dans le sens phisique, ni dans le sens
Mathé- moral ou intellectüel. Je ne saurois
matique, concevoir coment deux objets extérieurs
ni dans le quels qu'ils soïent, pourroient fraper dans
sens phi- le même moment un Etre , qui n'auroit
sique ni pas plus d'étendue qu'en a le Point Ma-
dans le thématique.
sens mo-   Nôtre vüe phisique ne peut porter au
ral. delà de nôtre Horizon ; au de là d'une
     certaine étendue, qui seroit bornée de
Non dans tous côtés par des Montagnes. Il est
le sens vrai que dans cette étendue, elle peut
phisique. embrasser une infinité d'objets tout à la
     fois. Pourquoi ? Parce que nôtre Oeïl
     à une étendue phisique, sur laquelle la
     capacité ou l'étendue de cette vüe est
     fondée. Elle ne peut pas tout aperce-
     voir à la fois. Pourquoi? Parce qu'elle
     est bornée elle même. Or, on peut di-
     re , que par la même raison , qui fait que
     nôtre vüe phisique, quelqu'étendue & fine
     qu'elle soit, ne peut pas tout embrasser ,
     il s'ensuit , qu'une Vüe semblable au
                   Point

Point Mathématique, si tant est qu'elle
puisse apercevoir, ne pourroit voir qu'un
seul objet à la fois. Il me semble que
cette conséquence en résulte incontesta-
blément.

Et quant à l'Entendement ou à la
Vûe intellectuelle, je crois que s'il étoit
possible, que deux perceptions contraires pussent fraper cet Etre en même
tems, elles n'y pourroient exciter, qu'un
certain mélange de Sentiment, une idée
confuse de plaisir & de tristesse, à laquelle on seroit bien embarassé de trouver un nom, ou de s'en former une notion distincte, bien loin de suposer qu'il
en pût avoir des impressions distinctes
& claires.

Je comprens bien que s'il étoit possible qu'un Etre semblable au Point Mathématique existât, il pourroit être frapé de ces deux Sentimens l'un après
l'autre, avec une rapidité qui seroit indiscernable, ou qui pourroit faire juger,
que cet Etre en a été touché dans ce
même instant indivisible. Mais ce n'est
pas le cas dont il s'agit. Mr. l'Abé supose, que l'Ame peut être frapée de ces
deux Sentimens oposés dans un même
moment indivisible, & en avoir des
idées distinctes. Mais qu'il me permet-
te

Non dans le sens moral ou intellectuel.

te qu'en lui acordant ce qu'il fupofe, j'en tire un conféquence toute contraire à la fienne, & qui eſt celle ci : Que ſi cet Etre peut être frapé en même tems de deux Sentimens, de deux Sentimens opoſés l'un à l'autre, il faut néceſſairement qu'il ſoit quelqu'autre choſe que le Point Mathématique, & qu'il ait une certaine étendue phiſique, qui lui done la capacité paſſive de ſentir ces diférentes impreſſions dans le même inſtant ; qu'il faut qu'il y ait quelque raport de conformité entre cet Etre, & l'Inſtrument de Muſique à pluſieurs cordes qui peuvent être touchées à la fois, duquel j'ai fait mention : Au moins je ne ſaurois imaginer la choſe autrement.

Objection : Coment concevoir deux fenſations opoſées, tout à la fois dans l'Unité de l'Ame, quoique ſupoſée

On me demandera ici, coment je conçois que deux Sentimens opoſés peuvent, ſans ſe confondre fraper en même tems cette Ame, que j'enviſage come une *Unité* malgré l'Etendue que je lui atribue. La * Réponſe eſt toute ſimple: Ils peuvent la fraper & y cauſer des impreſſions diſtinctes, de la même maniére que les images de pluſieurs objets peuvent ſe peindre tout à la fois au fond de l'Oeil ſur la Rétine, ſans ſe brouiller. La raiſon en eſt, que cette Retine eſt aſſés étendue pour recevoir

voir un certain nombre de ces images, *étendue?*
sans qu'elles se mêlent ou se confondent
les unes avec les autres. On en peut
dire autant de la capacité de nôtre A-
me. Par là même qu'elle est étendue,
elle peut recevoir plusieurs impressions
& sensations à la fois ; & en avoir des
Idées distinctes, sans que l'Unité y soit
un obstacle : Car Unité ne denote ici
qu'indivisibilité *. On peut dire encore,
que par la Volonté & la Toute Puissance de Dieu, il faloit cette Unité à l'A-
me, pour exercer la faculté de penser,
& ce qui en depend, come il faut qu'il
y ait Unité dans une Montre pour indiquer les heures. Il faloit une multiplicité mais indivisible, ou un étendue réelle, come Cause *sine quâ non*, ainsi que je
l'ai deja dit tant de fois, pour doner à
l'Ame la capacité de recevoir plusieurs
impressions en même tems, sans qu'elles
se confondent, pour servir de reservoir
à ces impressions ou à toutes les Idées
formées & qui se forment en elle, &
pour s'aquiter de toutes les fonctions
de la Puissance active & passive. Je crois
que cela n'a pas besoin de plus grande
explication, & que la chose ne sauroit

Tome II.   B b   être

* L'Uni-
té *de l'A-
me dans
le Sistê-
me de
l'Auteur*
ne denote
qu'indi-
visibili-
té.

être envifagée autrement.

Après avoir dévelopé come j'ai fait
ci deffus mes fentimens fur la Matiére,
dont il eft queftion entre Mr. l'Abé de
Dangeau & moi; j'ai trouvé dans la
Bibliotèque Britanique T. IV. *Partie feconde*,
un Paffage tiré d'un Ouvrage de Mr.
Colliber, dont j'ai déja fait mention, qui
m'a entiérement confirmé dans mes Idées
fur ce fujet. Et come cet Auteur met
ce qui fe peut dire là deffus dans un
jour encore plus clair; je ne faurois
m'empêcher de raporter ici les propres
Termes, dans lesquels on fait parler cet
Auteur, qui combat la fupofition des
Matérialiftes (incredules) que nôtre A-
me eft une fimple Particule non effen-
tiellement diftinète du Corps.

Sentiment de D. r. Col-liber, qui confirme ce qu'a dit l'Auteur.

„ Cette Propofition, *fait on dire à cet*
„ *Auteur* *, paroitra évidemment fauffe,
„ fi l'on confidere, qu'une fimple Parti-
„ cule, c'eft à dire, une de ces plus pe-
„ tites parties dont les Corps font origi-
„ nairement compofés, eft incapable de
„ recevoir tout à la fois cette grande
„ varieté de fenfations, dont l'Ame eft
„ fufceptible. L'Impreffion des objets ex-
„ té-

* p. 277.

„ térieurs ne fauroit fe faire fur elle que
„ par le moïen d'autres particules des
„ Efprits animaux. Mais fi toutes les
„ particules primitives qui compofent ces
„ Efprits font d'une égale ou à peu près
„ égale groffeur, come je l'ai prouvé au
„ long ; il eft impoffible qu'aucune d'el-
„ les ait tout à la fois toutes les fenfa-
„ tions qui doivent naitre des diverfes
„ impreffions des autres particules. Quel-
„ que capable du Sentiment qu'on la fu-
„ pofe, elle ne fauroit jamais recevoir
„ qu'une feule impreffion en même tems,
„ n'y aïant qu'une feule particule qui
„ puiffe agir fur elle à la fois, & par
„ conféquent elle ne fauroit jamais é-
„ prouver cette Variété des fenfations
„ que nôtre Ame éprouve. Un Exem-
„ ple rendra la chofe plus fenfible. L'Oeil
„ peut recevoir tout à la fois l'Impref-
„ fion d'un grand nombre d'objets ex-
„ térieurs, parce que les particules des
„ Raïons de Lumiére font incomparable-
„ ment plus petites que la Prunelle, au
„ travers de laquelle ces particules paf-
„ fent ; Mais fi elles étoient toutes d'une
„ grandeur égale à celle de la Prunelle,
„ il eft certain que l'Oeil ne pourroit re-
„ cevoir qu'un feul raïon, & par con-
„ féquent, qu'une feule impreffion à la

fois

„ fois ; ce qui ne produiroit aucune va-
„ rieté de fenfation ou de perception des
„ Objets extérieurs. Il en eft de même
„ dans le Cas, dont il s'agit.

„ Supofons pour un moment, que les
„ Particules primitives dont les Corps
„ font compofés, foïent d'une inégale
„ groffeur; que celles qui ont plus de
„ Volume foïent capables de Sentiment
„ & de penfée, & que les autres leur
„ fervent fimplement d'organes; quel a-
„ vantage les Matérialiftes pourront ils
„ tirer de cette fupofition? Les particu-
„ les les plus groffes ne feroient elles
„ pas dans ce Cas pour l'effentiel la
„ même chofe que ce que nous apellons
„ Efprit? Auffi eft ce probablement ce
„ qui a engagé nos *Matérialiftes moder-*
„ *nes* à abandoner l'opinion que l'Ame
„ n'eft qu'une fimple particule indivifible,
„ & à foûtenir avec les anciens *Atomi-*
„ *ftes* qu'elle eft un compofé, ou du
„ moins le refultat d'un compofé de fem-
„ blables particules.

Ce qu'on fait dire ici à M. *Coliber*
met tout à fait en évidence, ce dont il
eft queftion. S'il eft vrai, come il n'y
a pas lieu d'en douter, qu'une Particule
matérielle, fupofé qu'elle fût capable
le fenfation, ne fauroit jamais recevoir
qu'une-

qu'une feule Impreffion à la fois; il eft
donc, par une conféquence néceffaire
vrai auffi, que fi nôtre Ame éprouve
plufieurs fenfations à la fois, ce qui eft
un fait fur lequel M. l'Abé *de Dangeau*
raifone & qu'on ne lui contefte point;
elle ne peut être d'une Nature abfolument non étendüe. Et ce que M. *Colliber* objecte aux Matérialiftes, favoir, *que
dans leur fupofition, les particules même
les plus groffes feroient dans le même Cas
pour l'Effence, que ce qu'on apelle Efprit, dont
ils combatent l'Exiftence;* eft tout à fait concluant. La fimplicité phyfique de l'une dans
l'une de ces fupofitions, & la non étendüe abfolüe dans l'autre, font entiérement
incompatibles avec la capacité de recevoir plufieurs fenfations à la fois; &
c'eft ce qu'il s'agiffoit de prouver
contre M. l'Abé *de Dangeau*, autant que
cette queftion le regarde. Et fi quelque
Immatérialifte entêté s'avifoit de m'objecter, que c'eft par là même que nôtre
Ame eft d'une nature diférente de l'E-
tendüe réelle, qu'elle eft capable de recevoir plufieurs fenfations à la fois; je
lui répondrois, que c'eft come fi l'on difoit, qu'un Vafe, par là même, qu'il eft
troüé par le haut & par le bas & de tous
cotés, eft plus propre de contenir une

Bb 3   li-

liqueur , que ne le font les Vaiſſeaux or-
dinaires. L'Ame, qu'on prétend abſolument
non étendüe eſt dans le Cas de ce Vaſe :
Elle n'eſt pas plus capable de recevoir
une ſeule Idée, que d'en recevoir pluſieurs à la fois.

M. *Colliber* continue à raiſoner contre
les *Matérialiſtes* dans le ſecond cas qu'ils
ſupoſent , *que nôtre Ame eſt un compoſé , ou
du moins le reſultat d'un compoſé de ſembla-
bles Parties.* Ce ſeroit donc ici le lieu de faire
voir, d'un côté, en quoi cette Hipothèſe des
Matérialiſtes eſt diférente de la mienne ;
& d'un autre , que les raiſons par leſquelles cet Auteur combat l'Hipothèſe de ces
Matérialiſtes , ne regardent pas la mienne , ni ne prouvent rien contre-elle ; mais
come cela m'engageroit dans une Diſcuſſion trop étendüe ; je la reſerve, ainſi
que tout ce que j'aurai à dire d'ailleurs,
ſur le Traité de cet Auteur , pour la
ſuite de cet Ouvrage , où j'éxaminerai encore fort amplement les raiſons que le
célèbre D. *Samuel Clarke* a emploïées pour
prouver l'Immatérialité de nôtre Ame
dans ſa *Diſpute contre M. Dodvvel* , come
T.XXVI. on le voit dans la Bibliothèque choiſie
de M. *le Clerc.* J'eſpére que la Lecture de
la Bibliothèque Britanique que j'ai comen-
cée, & où ſans doute les ſentimens d'autres

tres Auteurs d'une Nation, qui pense si
sensément, & si profondément, sur la
nature de nôtre Ame, sont raportés, doneront lieu à de nouvelles réflexions. Il
est certain que rien n'aide tant à parvenir à la conoissance éxacte de la vérité,
que ce moïen de peser les opinions de
ceux qui ont écrit pour ou contre les Matiéres que nous agitons, & sur tout quand
d'aussi habiles Gens que les Anglois s'en
mêlent. Mais malheureusement pour moi
ce secours me manque dans l'espèce de
solitude où je me trouve ; d'ailleurs
je ne possède pas assés la Langue An-
gloise pour être en état de puiser à la
source même. Je dois donc me contenter à cet égard de ce que les Journalistes nous en donent en leurs Langues,
& come ils le donent. Mais il faut convenir aussi, que la vie de l'Home est
trop courte pour lire, méditer & com-
poser tout ensemble, autant que les sujets
que l'on traite le demanderoient, & qu'un
célèbre Philosophe Anglois n'avoit peut-
être pas tort de dire, que s'il avoit autant lû, qu'ont fait & font certains Docteurs, il seroit aussi ignorant qu'eux.

Or, pour revenir à Mr. l'Abé Dan- *De l'Uni-*
geau, si de cette *unité d'action* de l'Ame, *té de*
sa *simplicité* dans le sens de nôtre Au- *l'Action*

teur

de l'Ame dans l'Hipothèse de Mr. l'Abé Dangeau, on ne peut conclure à son indivisibilité ni à son immortalité

* Diférence entre le Sentiment de M. L'Abé Dangeau & celui de l'Auteur.

teur, ne refulte pas, il eft tout prouvé; qu'on ne fauroit conclure de cette fimplicité non éxiftante, à fon indivifibilité, & par confequent á fon immortalité. Nous fommes tous d'acord quant au principe de l'Immortalité de cet Etre: Il * n'y a que cette diférence entre cet illuftre & refpectable Auteur & moi, qu'à ce qu'il paroit, il prétend la fonder fur fa propre nature independamment de la Révélation, & que quant à moi, je crois qu'elle ne peut être établie que fur la Volonté & la Toute Puiffance Divine, qui en faifant nôtre Ame, nôtre Etre intérieur ce qu'il eft, en a fait un *Compofé indivifible*, un *Tiffu indefiuiffable d'etendue & de puiffance*, & qui veut qu'après fa féparation du Corps groffier elle foit confervée dans cet état, pour fubir un jugement dans un autreMonde, & y recevoir recompenfe ou punition, felon fes mérites ou fes demerites.

Come il ne s'agit ici que d'une difcaffion philofophique, je ne dirai rien en cet Endroit fur les preuves que la Raifon nous fournit de l'Immortalité de l'Ame, independamment de celles que l'on prétend tirer de fa propre nature; je veux dire, les preuves morales, celles qui refultent des caufes fi-

finales, & qui font à portée de tout le Monde. J'en ferai mention avant que de finir.

Mais afin qu'on ne m'objecte pas que je ne fais que retorquer l'Argument de Mr. *L'Abé Dangeau*, & que je ne touche pas aux dificultés qu'il opofe au Sentiment contraire au fien; voïons en quoi confiftent ces dificultés. Repetons pour cet efet les Termes de ce Savant; la repetition eft inevitable ici.

Objection : L'Auteur ne fait que retorquer l'Argument de Mr. l'Abé Dangeau, fans toucher à la principale dificulté.

„ Le même Principe, *dit-il*, qui fent „ les plaifirs fenfuels, fent auffi les fpi- „ rituels, & juge & veut; c'eft une preu- „ ve manifefte, que vôtre Nez ne fent „ point l'odeur, & que vôtre Main ne „ fent point la Chaleur &c. Car come „ la Main & le Nez font deux chofes „ abfolument diftinctes l'une de l'autre; „ il eft auffi impoffible que l'une fente „ ce que l'autre fent, qu'il eft impoffible „ que nous fentions dans cette Chambre „ les plaifirs que fentent ceux qui font „ préfentement à *l'Opera*. Il faut donc „ non feulement que ce Vous qui fent „ l'Odeur & la Chaleur tout à la fois, „ ne foit point le Nez ou la Main; mais „ auffi que ce foit une chofe où il n'y „ ait point plufieurs parties; parce que „ s'il avoit plufieurs Parties, l'une fen-
„ tiroit

„tiroit la chaleur pendant que l'autre
„fentiroit l'odeur, & l'on n'y trouveroit
„rien qui fentit tout enfemble l'odeur
„& la chaleur; qui comparât enfemble
„& qui jugeât, que l'une eft plus agrea-
„ble que l'autre. Ne me dites pas que
„chaque partie de l'Ame reçoit ce que
„toutes les autres reçoivent : Car fi dans
„cette fupofition vôtre Ame avoit deux
„Parties, il y auroit en vous deux cho-
„fes qui fentiroient , qui jugeroient &
„qui voudroient, fans qu'il vous en ar-
„rivât plus d'avantage que s'il n'y en
„avoit qu'une ; d'où il s'enfuit que l'une
„d'elle feroit entiérement inutile.

L'Argu-
ment de
Mr. l'A-
bé Dan-
geau eft
fondé fur
une fauf-
fe fupofi-
tion.

Il ne faut pas tant fe peiner pour répondre à ces dificultés come je l'avois
crû d'abord. Elles font fondées fur ce
que Mr. l'Abé fupofe , ou qu'il atribue
à ceux qui fe font déclarés pour l'E-
tendue réelle de l'Ame , qu'ils fupofent,
que l'Effence de l'Ame n'eft qu'Etendue &
que dans ce fens la faculté de fentir eft à
cette Etendue, ce que la grandeur & la figure font au Corps. Coment pourroit
il dire fans cette fupofition , que fi l'A-
me étoit étendüe, elle auroit des parties,
& que dans ce cas là , il fuivroit de
deux chofes l'une ; ou que fes perceptions feroient divifées entre ces diférentes

tés Parties ; que l'une sentiroit la chaleur, pendant que l'autre sentiroit l'o-
deur &c. ; Ce qui seroit incompatible a-
vec l'unité & l'indivisibilité que nous
atribuons les uns & les autres à l'Ame ;
ou que si chaque Partie étoit capable
de toutes les perceptions & fonctions de
l'Ame, les autres seroient inutiles & des
hors d'oeuvre ; d'où il resulteroit une
autre absurdité ? Il n'y a qu'à lui nier
simplement ce qu'il supose tacitement,
& tout son raisonement tombera.

Voïons si c'est avec raison qu'on lui
nie cette supofition.

Je crois avoir déja prouvé, & j'ose *C'est avec*
dire, démontré même, que l'Hipothèse *raison que*
de la Non-étendüe absolüe de l'Ame est *l'Auteur*
absolument insoutenable. D'où il suit, que *n'admet*
l'idée d'une étendue réelle doit entrer *pas cette*
nécessairement dans les notions que nous *supofition*
devons nous former de la nature de l'A-
me *. Mais coment cette étendue y en-
tre-

_____

* *Si je dis que l'étendue entre dans la no-*
tion de l'Ame, je fais entrevoir assés claire-
ment que l'Ame est autre chose encore qu'é-
tendüe. D'où il suit donc que Mr. l'Abé
Dangeau *raisone sur une fausse supofition.*
J'ai déja assés dit & repeté ailleurs, que l'A-
me

tret-elle ? J'ai dit que c'eſt en qualité de
Cauſe *ſine quâ non*, en qualité de Cauſe
inſtrumentale, ſans laquelle les fonctions,
la Puiſſance active & paſſive, l'influence
reciproque entre elle & le Corps, conſtatée par l'Expérience, ne ſauroient
être conçûes ; & je crois avoir prouvé
cette Propoſition ou au moins, que l'in-
ſoutenabilité de l'Hipothéſe de la Non-
étendue abſolue de l'Ame une fois prouvée come elle l'eſt, la choſe ne ſauroit
être enviſagée autrement. Il ſuit de ceci, que cette étendue réelle eſt une Partie purement paſſive de l'Ame.

Or, ſi en ce que je viens d'établir,
je ſuis fondé come je le crois ; il eſt
trés inutile de nous dire 1°. Que ſi nôtre Ame étoit étendue, elle ſeroit compoſée de parties diviſibles : La déclaration expreſſe de l'Etre ſuprème, que
l'A-

me eſt un Supôt, un Tout, doüé d'étendüe
& de puiſſance, & que cette Puiſſance eſt un
atribut de ce Tout, & non pas de l'Etendue
réelle, autre atribut de ce Tout. J'ai donc
raiſon de dire, que ceux à qui j'ai à faire,
placent mal ces deux diférentes idées, & que
c'eſt mal à propos qu'ils confondent l'une avec
l'autre.

l'Ame, est immortelle, quelle qu'en soit la nature, s'opose formellement à cette objection ou à cette prétendue divisibilité. 2°. Si l'étendue réelle de l'Ame est passive, come je viens de le faire voir, il est très inutile de la suposer come active, soit qu'on l'envisage come un Tout ou come composée de parties : Il est très inutile de former sur cette suposition le Dilemme dont il est question, & d'en tirer les conséquences que Mr. l'Abé en tire, conséquences qui ne sauroient avoir lieu que dans cette suposition, come je l'ai déja remarqué, que les facultés de sentir, de voir, de flairer, de tâter &c. font diférentes Parties de cette étendue ; suposition qui est plus fausse encore, que ne l'est celle, que nôtre Ame n'est autre chose qu'étendue. Je conclus de tout ceci, que si l'on veut ataquer l'Hipothèse de l'étendue réelle de l'Ame, il ne faut pas le faire par des supositions chimériques *, mais qu'il faut ataquer

quer

* *On ne sauroit sentir, voir, ouïr, flairer &c. sans la conscience de soi même. Suposer que l'Oeil peut voir, que l'Oreille peut entendre &c. c'est atribuer cette conscience de soi même & l'activité, à des organes insen-*
si-

quer le fond ; que par des raisons tirées
de ce fond, il faut faire voir que mon
Hipothèse, en vertu de laquelle, j'atribue l'Etendue réelle, & la Puissance active & passive à nôtre Etre intellectuel ;
celle, que cette étendue est indivisible,
qu'elle est indivisiblement *Causa sine quâ
non* de cette Puissance que l'Ame exerce indivisiblement, sont fausses & con-
tradictoires, & c'est ce qu'on ne prouvera jamais. Le *je ne conçois pas*, ne
sufit pas ici : il faut nous prouver que
l'idée d'étendue & celle de sentir &
de penser, s'excluent mutuellement, come s'excluent celles du jour & de la
nuit, & celles du froid & du chaud ; &
coment le prouver contre l'Expérience
palpable même ?

On comprendra bien au reste que quant
au fond principal, je suis entièrement
d'acord avec Mr. l'Abé Dangeau. Je
conviens avec lui, qu'il faut de toute
necessité, que nôtre Ame, où est le Principe de nos Sentimens, soit un Etre simple ;

*fible ; conséquence qui ne resulte nullement
de l'Hipothèse de l'Etendue de l'Ame en quelque sens qu'on la prenne ; c'est donc ataquer
cette Hipothèse par un trés foible moien.*

ple ; que fi elle eft fimple, elle eft indivifible ; & que fi elle eft indivifible,
elle eft immortelle. La diférence entre
nous ne confifte qu'en ceci, que felon
les anciens préjugés, ce Savant fupofe
l'Ame non étendue, au lieu que je crois
être fondé à lui atribuer une étendue
réelle.

J'ai déja remarqué, que Mr. l'Âbé *Senti-*
Dangeau dans fa preuve, telle au moins *ment des*
qu'elle eft raportée par Mr. *Baïle*, n'em- *Schola-*
ploie pas le terme *immatériel*, ce qui no- *ftiques*
nobftant ce que je viens de dire, me fait *fur la na-*
croire qu'il fupofe malgré lui un je ne *ture de*
fais quoi qui répond à l'étendue de l'A- *l'Ame.*
me ; étendue qu'il juge compatible avec
fa fimplicité ou avec fon indivifibilité.
C'étoit au raport du même Mr. *Baïle* * * Oeu-
le Sentiment de quelques Scholaftiques, *vres mê-*
qui ont atribué de certaines parties in- *lées T.*
tégrantes à l'Ame, & qui par là ne fe font *iv. p. 509*
pas fort éloignés du vrai but.

Je ne fais fi *Hurtado*, come Mr. *Baïle* Objection
le prétend, a combatû ce Sentiment *de Hur-*
avec beaucoup de folidité † ; mais cela *tado con-*
ne me paroit pas ainfi, s'il eft vrai que *tre ce*
cet Auteur n'a fait autre chofe, que fupo- *Senti-*
fer, *que les Efprits feroient corruptibles par ment.*
léur nature, s'ils étoient compofés de Parties,
puifque par leur nature, elles pourroient être † *Ibid.*

fe-

féparées les unes des autres & qu'ainſi le tout
qui en réſulteroit, feroit corruptible par ſa nature; quand même on le fupoſeroit compoſé de
Parties que les Agens créés ne pourroient ſépa-
rer. Coment peut on dire, qu'un Etre par
la Volonté de Dieu créé incorruptible
& indiviſible, que Dieu ne veut diviſer,
& qu'aucun Agent créé ne peut diviſer,
eſt un Etre corruptible ou diviſible par
ſa nature ?

N'eſt il pas vrai, que la nature des
choſes, ou ce qu'on pourroit apeller le
droit de cette nature, dépend uniquement
de la Volonté du Créateur ? Or,
ſi Dieu veut, come il n'y a pas lieu de
douter qu'il ne le veuille, que les Eſprits
ou les Ames, quand même elles feroient
formées de Parties, foient indiviſibles ; il
eſt par là même de leur nature de droit
& de fait d'être incorruptibles. Si Hurtado a voulu inſinuer, que Dieu pourroit
diviſer ces Etres, fupoſé que ce fuſſent
des compoſés de Parties ; je n'en dis-
conviens pas : Dieu pourroit les détruire, quand même ils feroient parfaitement
ſimples & non compoſés. Mais ſi Hurtado n'a voulu dire que cela, il a agité
une queſtion fort inutile.

Autre
objection „ Pour moi, *continue Mr. Baïle*, je dis
„ contre cette fupoſition, (celle que
Hur-

„ *Hurtado* combat) que les Esprits ne de Mr.
„ pourroient être conservés que par Mi- *Baile.*
„ racle, s'ils étoient composés de Parties,
„ puisqu'elles seroient d'une extrême sub-
„ tilité, d'où il suit, qu'elles seroient
„ dans un mouvement perpétuel, & qu'il
„ seroit aisé de les chasser de leur pla-
„ ce, si contre toutes les Loix de la Na-
„ ture, Dieu n'empêchoit, que l'Action
„ des Corps tombans sur elles, ne sepa-
„ rât ces particules, qu'un rien peut di-
„ viser.

„ La distinction des parties intégran-
„ tes & des parties impénétrables est ab-
„ surde. La Matiére n'emprunte son im-
„ pénétrabilité que de son extension, &
„ son extension, que de la multiplicité
„ de ses parties. Donc de quelque nom
„ qu'on apelle les parties d'une substance,
„ elles sont impénétrables.

„ Donc si les Esprits avoient quelques
„ parties, ils seroient dans le lieu come
„ les Corps, c'est à dire d'une maniere
„ impénétrable, & ils seroient des Corps
„ dans un sens propre & véritable.

Je ne vois pas dans ce raisonement *Reflexion*
de nôtre Philosophe l'a Pénétration & *sur cette*
le jugement qu'il fait paroître en tant *objection.*
d'autres ocasions. *Ces Esprits subtils,* mua-
bles, divisibles tant qu'il vous plaira,

Tom. II.　　　 **C c**　　　　 ne

ne pourroient être confervés que par un Miracle ; j'en conviens, & c'est précifément ce que je foutiens de mon côté.

Ce qu'on Un Miracle eft il autre chofe qu'une
apelle Opération immédiate de la Volonté &
miracle, de la Toute Puiffance Divine ? Or, je
n'eft au- dis, ces Efprits font confervés dans leur
tre chofe indivifibilité, par une opération immé-
qu'une diate ou par un éfet de cette Volonté
operation Divine ; donc ils font confervés par un
immé- Miracle. Sur quoi je demande, quel in-
diate de convenient y a-t'il, d'établir come je
la Volon- fais, que ces Efprits font confervés par
té & de un Miracle, dans le fens que je viens
la Toute de doner à ce terme, dès que ce Sen-
Puiffance timent ne renferme rien, qui foit con-
de Dieu. traire à la Révélation, au bon fens ni
à la faine Philofophie, & dès que la chofe, come je l'ai fait voir, ne fauroit être
envifagée autrement.

Figurés vous les Parties, dont vous
fupofés que ces Efprits font compofés,
fubtiles tant qu'il vous plaira ; je ne vois
pas qu'on puiffe dire pour cela, qu'elles
tiennent moins les unes aux autres, &
que par conféquent elles fôient plus mobiles que ne le font ces Particules dont
les Corps groffiers font compofés. Il feroit aifé de les chaffer de leur Place, fi contre toutes les Loix de la Nature, Dieu n'em-
pê-

déchoit, que l'Action des Corps tombans sur
elles, ne séparât ces particules, qu'un rien
peut séparer. Je n'entens rien à ce Langage. 1. Si Dieu empêche que les Corps
n'agissent sur ces Esprits composés de
Parties si subtiles, pour les détruire, come
Mr. Baïle le supose, quelle dificulté y
a-t'il, que ces Esprits soient composés
dans l'Hipothèse que ce Philosophe a
entrepris de combatre? 2°. *Si contre tou-*
tes les Loix de la nature, Dieu n'empêchoit &c.
Je demande à Mr. Baïle s'il y a d'autres
Loix dans la Nature que la Volonté de
Dieu, ou les Loix qu'il a établies lui-
même; & si l'on peut suposer un con-
traste entre ces Loix, ou entre les Volontés de l'Etre suprême? 3°. Je ne conviens pas que les Parties de ces Esprits
censés composés, puissent être divisées
aussi aisément que Mr. Baïle pense, quand
même elles ne seroient pas conservées par
un Miracle, come ce Philosophe le supose. Quels sont des Corps qui pourroient tomber sur ces Esprits? Nôtre
Ame logée dans le Corps extérieur est
à couvert des ataques des Corps qui
nous environnent. Et quant aux Esprits
d'une Nature supérieure à la nôtre, il y
a beaucoup plus d'aparence qu'ils peuvent agir sur ces Corps qu'il n'y en a, que
les Corps peuvent agir sur eux.

Je conviens , que la diſtinction que font les Scholaſtiques des parties integrantes & des parties impénétrables eſt abſurde. Mais auſſi n'eſt elle pas néceſſaire pour prouver le Sentiment qu'on leur atribue.   Au contraire elle y contredit même ; à moins qu'on ne regarde ce qu'ils apellent parties intégrantes , come Cauſe *ſine quâ non* des modifications de l'Ame , ainſi que dans ce ſens on doit les atribuer en éfet à l'Ame, come je l'ai déja fait voir amplement. T'out le monde ſait qu'en Philoſophie on apelle *parties intégrantes* , celles ſans lesquelles un Etre peut éxiſter ; mais dont la privation fait, qu'il n'eſt plus tout ce qu'il doit être naturellement, come le ſont par éxemple , les Bras & les Jambes d'un Home. Mais ce que ces Scholaſtiques apellent ici parties intégrantes eſt quelque choſe de plus , vû que ſans elles, ſans une certaine étendüe que ces Parties ſupoſent , l'Ame ſeroit incapable d'aucune de ces fonctions qu'elle exerce, come à ce que je crois , je l'ai déja prouvé dans mes Remarques précédentes.

Je conviens encore avec Mr. *Baïle* , que quelque nom qu'on done aux parties d'une ſubſtance étendue , elles ſont impénétrables.   Mais

Mais si les Esprits avoient ces sortes de Parties, ils seroient dans le lieu come les Corps, & ils seroient des Corps dans un sens propre & véritable, dit Mr. Baïle.

La signification des termes étant arbitraire, quel inconvénient y a-t'il, de dire, que ces Esprits sont des Corps dans un sens propre & véritable? En sont ils moins indivisibles & indestructibles pour cela, dans l'Hipothèse que j'adopte? Quel inconvénient y a-t'il que ces Esprits come Corps, ocupent un lieu? Je n'y en vois aucun dans mon Hipothèse. Je sens bien qu'un Etre immatériel ne sauroit ocuper un lieu; cela résulte naturellement de l'Hipothèse de l'Immatérialité; mais c'est aussi ce qui en fait voir l'absurdité. Coment Mr. Baïle peut il nier, que l'Ame ocupe un lieu; ou coment peut il acorder ce Sentiment avec ce qu'il dit dans un autre Endroit (p. 463.) „que tandis *que l'Ame est dans* „*le Corps,* elle se sert des organes cor- „porels, & par conséquent, s'ils sont „foibles & dérangées, les opérations de „l'Ame sont foibles & dérangés de mê- „me? Pour qu'il y ait, (p. 465.) quelque „rélation ou dépendance entre le Corps „& l'Esprit, qui fasse que l'un recevant „certaine modification, l'autre ne man-

Mr. Baïle en niant que les Esprits ocupent un lieu, tombe en contra- diction avec lui même.

,, que jamais d'en recevoir une certaine
,, autre ; il faut que le mouvement du
,, Corps & les pensées de l'Ame se cor-
,, respondent, c'est à dire que le Corps
,, aquerant un certain mouvement, l'A-
,, me aquiére certaines pensées, & que
,, l'Ame aïant certaines pensées, le Corps
,, ait certains mouvemens. Ainsi *l'Union*
,, *de l'Ame & du Corps* consiste dans cet-
,, te correspondance ou liaison qu'il y a
,, entre les mouvemens du second, &
,, les pensées de la prémiére. Or, qu'il
,, y ait une telle correspondance, c'est
,, ce, dont chacun est convaincu par sa
,, propre expérience.

,, L'Ame (p. 466.) qu'elle veuille ou
,, qu'elle ne veuille pas, a une sensation
,, agréable, quand il entre du sucre dans
,, la bouche, & une sensation facheuse
,, quand le bras est trop près du feu,
,, *& elle ne peut ni abandoner son Corps, ni*
,, *entrer dans un autre ;*

,, Si *l'Ame unie au Corps* (p. 510.) dé-
,, pend des mouvemens du Cerveau &
,, des Esprits animaux, on peut assûrer
,, avec beaucoup de vrai semblance, que
,, ces mouvemens ne lui manquent ja-
,, mais, & qu'ainsi *l'Ame unie au Corps, a*
,, *toujours en main* les conditions requises
,, pour penser.

Co-

Coment peut on dire tout cela d'un
Etre qui n'occuperoit aucun lieu? *

Mais enfin, après toutes ces digressions ou ces discussions, qui ne deplairont, peut être, pas au Lecteur curieux,
il faut revenir à nôtre question principale, qui est celle de savoir, si, après
que nous avons les uns & les autres
fondé l'Immortalité de nôtre Ame sur son
indivisibilité; les preuves de ceux qui ont
tiré cette indivisibilité de la Non-étendue absolue de l'Ame, sont plus solides
que celles, sur lesquelles j'ai taché de l'é-
tablir selon mes principes, en la fondant uniquement sur la Volonté & la
Toute Puissance Divine. Je crois au
moins que quoique je soutienne, que
nôtre Ame est un tissu indéfinissable d'é-
tendue & de puissance, il n'y a rien
dans ce Sentiment, à l'envisager par la
Raison naturelle même, qui soit contraire à ce principe de son indivisibilité,
ni au Dogme de son Immortalité. Mais
enfin, c'est au Lecteur intelligent &
impartial à examiner les preuves raportées de part & d'autre & à prononcer
là dessus, ainsi je n'en dirai pas d'a-
vantage, au moins quant à présent.

Cc 4   Ceux

Marginal note: * C'est au Lecteur à juger des preu-ves que dans le Sistème de la non étendue absolue de l'Ame, d'un côté, & dans celui de l'Auteur d'un au-tre, on done de l'Immor-talité de l'Ame, fondée sur son inndivisi-bilité.

Instance contre ceux qui nient l'indivisibilité de certains Etres étendus.

Ceux à qui j'ai à faire, supofent en vertu de je ne fais quelle raifon ou prevention, qu'il eft impoffible qu'un Etre étendu, qui a fes Parties les unes hors des autres (& c'eft ainfi qu'ils définiffent l'étendue réelle) foit ou puiffe être un Etre indivifible. Supofons, que ce Corps fpirituel, que dans mon Siftème j'atribue à nôtre Etre intérieur, à nôtre Ame, foit un Corps étendu, felon la définition de ces Philofophes ; je leur demande, feroit-il poffible à Dieu, de doner au Verre la même dureté qu'a un Diamant, ou de le rendre tout à fait *infrangible*, s'il m'eft permis de me fervir de ce terme? Je crois qu'ils n'oferoient en douter. Or, fi Dieu peut doner cette Dureté, cette *infrangibilité* à ce Corps, naturellement fi fragile ; en vertu de quoi veut on, qu'il foit impoffible à Dieu, de doner la même trempe à ce Corps fpirituel, quelle que foit fon étendue réelle, & d'en faire par conféquent un Etre indivifible & immortel, après que j'ai prouvé, & à ce que je crois par des raifons fans replique, que le fait ne fauroit être conçu autrement, & que Dieu lui même en tant d'Endroits de l'Ecriture Sainte a declaré de la maniére du Monde la plus folemnelle qu'en

éfet

éfet il a doné cette trempe à cet Etre ?
Je ne vois pas quelles exceptions on
pourroit faire, pour perfister à nier que
cela foit poffible à Dieu, ou que la
chofe foit poffible en elle même.

A propos de l'Indivifibilité de nôtre *Raifone-*
Ame dont il eft queftion dans ce que je *ment de*
viens d'expofer, je ne faurois qu'admirer *Mr.*
une façon de penfer judicieufe & raifo- *Boulier*
nable fur ce fujet, d'un Auteur que *fur la*
j'ai déja cité, qui doit lui faire beaucoup *maniére*
d'honeur dans l'Efprit de toutes les per- *de prou-*
fones intelligentes & non prevenües. Et *ver l'Im-*
come rien ne peut mieux éclaircir cet- *mortali-*
te Matiére, je raporterai fes propres *té de nô-*
termes, quoique le Paffage foit un peu *tre Ame.*
long.

„ L'Aneantiffement des fubftances, *dit*
„ *il**, a toûjours paru un Dogme difi- **p.237.*
„ cile à digerer; & voilà pourquoi le
„ torrent des Philofophes admet cette
„ conféquence; l'Ame eft diftincte du
„ Corps, elle n'eft point une forme co-
„ me lui, mais une fubftance fimple &
„ indivifible; donc elle eft immortelle.
„ Cette maniére de raifoner n'eft pour-
„ tant pas d'une précifion philofophique.
„ L'Argument n'eft bon qu'à certains é-
„ gards, fi on le raporte à fon vérita-
„ ble ufage, & fi l'on ne le pouffe que
                                            juf-

» jusqu'à un certain point. Il prouve
» que l'Ame peut subsister après la Mort
» c'est tout ce qu'il doit prouver : Cet-
» te possibilité est le prémier pas que
» l'on doit faire dans l'Examen de nô-
» tre Question, & ce prémier pas est
» important. Il faloit aguerrir les Homes
» contre les dificultés qui les étonoient
» le plus : Il s'agissoit de les guérir de
» leur principale crainte. Acoutumés en
» vertu d'une pente, qui leur est natu-
» relle, à confondre l'Ame avec le Corps;
» voiant du moins, malgré leur distinc-
» tion, qu'il n'est pas possible, en réflé-
» chissant, de ne pas sentir combien le
» Corps a d'empire sur l'Ame, à quel
» point il influe sur son bonheur & sur
» sa misère, combien la dépendance mu-
» tuelle de ces deux substances est étroi-
» te ; on s'est facilement persuadé, qu'el-
» les étoient inséparables, & que, puis-
» que ce qui nuit au Corps, blesse l'A-
» me ; ce qui détruit le Corps doit aussi
» nécessairement la détruire. Pour nous
» munir contre ce préjugé, rien n'est plus
» éficace que le raisonement, fondé sur
» la diférence essentielle de ces deux E-
» tres, qui nous convainque que l'un
» peut subsister sans l'autre, & que la
» Machine du Corps peut être détruite,

sans

,, fans que l'Ame ceffe de penfer, de vou-
,, loir, de raifoner, & d'agir; fans que
,, par conféquent elle ceffe d'être, quoi-
,, qu'elle ceffe alors d'être afectée de la
,, même forte qu'elle l'etoit dans l'état
,, d'union. Nous ne craignions que les
,, Ennemis de ce Corps, que nous avions
,, pris pour nous mêmes & auquel nous
,, avions, en conféquence de cette er-
,, reur, tranfporté tout l'Amour que nous
,, nous portons. C'eft donc avoir fait
,, beaucoup, que de nous convaincre
,, que nôtre Ame eft hors de l'ateinte de
,, tous les coups qui peuvent doner la
,, Mort à nôtre Corps.

C'eft donc fuivant le Sentiment raifo- *Refle-*
nable de cet Auteur, qu'il eft effentiel *xions de*
de prouver aux Homes, que nôtre Etre *l'Auteur*
eft un compofé de deux Parties entié- *& motifs*
rement diftinctes, dont l'une peut exif- *qui doi-*
ter indépendamment de l'autre, de leur *vent por-*
prouver la poffibilité de ce Dogme an- *ter à*
noncé par la Révélation: que cette par- *prouver*
tie intérieure de nous même à laquelle *l'immor-*
nous donons le nom d'Ame, continue- *talité de*
ra à éxifter, après que par la Mort, el- *l'Ame.*
le aura été féparée du Corps extérieur &
groffier. Et pourquoi le leur prouver?
C'eft pour guérir les uns de leurs préjugés, & de leurs craintes, pour rani-

mer

mer leurs efpérances ; & pour garantir
les autres d'une fecurité fatale, dans laquelle le penchant au libertinage, qui tend
à méprifer ou à revoquer en doute ces
importantes Vérités, pourroit le faire
tomber. Et coment leur prouver ces

Maniére Vérités ? C'eft par des Argumens tirés
de la de la fupériorité de la nature de nôtre
prouver. Ame fur celles des autres Animaux, de
fes facultés & proprietés diftinctives, &
du raport que ces facultés ont avec laJufti-
ce, avec la Bonté & les autres Perfections de l'Etre fuprème ; en un mot par
des preuves, tirées des Caufes finales &
autres femblables, qui fe préfentent en
foule à tout Efprit qui veut éxaminer
come il doit, une Matiéré auffi interef-
fante.

Suite du   ,, Raffemblés, continüe cet Auteur
Paffage ,, judicieux *, les raifons prifes de la na-
de M: ,, ture de l'Ame humaine, de l'excellen-
Boullier ,, ce & du but de fes facultés, confide-
,, rées dans le raport qu'elles ont avec
* *p. 233.* ,, les Atributs Divins, prifes des princi-
,, pes de Vertu & de Religion qu'elle
,, renferme, de fes defirs & de fa capa-
,, cité pour un bonheur infini ; joignés
,, toutes ces raifons avec celles que nous
,, fournit l'état d'épreuve, où l'Home fe
,, trouve ici bas, la certitude & tout à
la

,, la fois, les obſcurités de la Providen-
,, ce ; vous conclurés ; que le Dogme de
,, l'Immortalité de l'Ame humaine eſt
,, fort au deſſus du ſimple probable.
,, L'Eſprit ne demeure point en ſuſpens ;
,, puisqu'ici tout nous engage à croire ;
,, & que rien ne nous follicite de dou-
,, ter. Plus nous méditons ſur ces preu-
,, ves, & plus elles nous paroiſſent ſoli-
,, des ; plus elles forment en nous une
,, conviction ; à laquelle il n'y a que les
,, ſeules promeſſes de la Révélation, qui
,, puiſſent ajouter quelque choſe.

Or en traitant ce ſujet ſi grave avec
cette méthode que nôtre Auteur indique, ou elle opere une entiére perſuaſion, ou non. Si elle la produit, come
elle la doit produire néceſſairement dans
tout Home, qui croiroit n'avoir aucun
interêt de s'y opoſer ; s'il ſuffit de prouver que l'Ame eſt diſtincte du Corps ; &
qu'elle peut exiſter éternellement ; come
à ces deux égards il n'y a qu'une voix
entre tous les Docteurs & Philoſophes
Chrétiens ; il eſt évident, que rien ne
ſeroit plus mal apropos, que de vouloir
fortifier ces raiſons & ces motifs de perſuaſion, par de certaines preuves tirées
de la Philoſophie, qui auſſi peu fondées,
qu'elles le ſont, ne pourroient que jetter
des

*La Me-
thode de
l'Au-
teur de
prouver
l'immor-
talité de
l'Ame eſt
prefera-
ble à celle
de Deſ-
cartes &
de Mr.
de Leib-
n tz.*

des fcrupules dans les Efprits, qui n'en
auroient point fans cela; & caufer un
éfet tout opofé à celui qu'on auroit en
vüe, en allant à l'apui de ces motifs.
Et fi ces motifs ne font pas fufifans
pour opérer cette perfuafion; qui feront
ceux qui refifteront ? Ce feront les Libertins; ceux qu'on apelle des *Efprits forts*
& les Pirrhoniens de bone foi; ceux
en un mot, dont j'ai parlé plus haut à
l'ocafion de Mr. *Arnaud*. Or, je demande, fi ces fortes d'Efprits ne veulent
pas fe rendre aux preuves qu'on leur donera, felon cette Méthode de nôtre Auteur; y a-t'il aparence, qu'ils foient plus
dociles à celles, par lefquelles Mrs. *Def-*
cartes & de *Leibnitz* & leurs Sectateurs,
ont entrepris de prouver l'indivifibilité &
l'immortalité de nôtre Ame ? J'en laiffe
juger le Lecteur intelligent & non prevenu ? On peut dire que ceux qui admettent la Révélation, n'ont pas befoin
des Siftèmes de ces deux Philofophes,
pour avoir une plus grande certitude
que celle que l'Ecriture Sainte donc concernant l'Immortalité de nôtre Ame; &
que ces Siftèmes ne peuvent qu'eloigner
d'avantage ceux qui n'admettent pas la
Révélation. Au furplus j'ai déja fait voir,
d'un côté, à quoi l'on s'expofe, à vouloir

voir ramener les Incredules par les preuves contenües dans les diférens Sistêmes
qui ont paru jusqu'à présent, & quels
sont les maux inévitables, que cette maniére de prouver a causé par le passé,
qu'elle cause pour le présent, & qu'elle
causera à l'avenir. Cet Ouvrage fait entrevoir d'un autre côté de Remède qu'il
conviendroit d'y apliquer.

Mais quoiqu'il en soit, le plus sûr est toujours de s'en raporter sur l'Immortalité de l'Ame & sur tout ce qui est Article de Foi en général, à la véracité de
l'Etre suprème, plûtôt que d'écouter nôtre Raison, ou les Raisonemens des Philosophes. C'étoit le Sentiment d'un célebre Auteur, grand Partisan du Sistême de *Descartes*.
„ Le temoignage d'un Etre infiniment
„ puissant, dit-il*, infiniment sage, in-   * *Art de*
„ finiment bon & infiniment véritable,   *penser*
„ doit avoir plus de force pour persua-   P. IV.
„ der nôtre Esprit, que les raisons les   *Ch.* vii.
„ plus convaincantes. Il faut toûjours
„ preferer ce qui est plus certain à ce
„ qui l'est moins. Or il est plus certain
„ que ce que Dieu dit est véritable, que
„ ce que nôtre Raison nous persuade,
„ parce que Dieu est plus incapable de
„ nous tromper que ne l'est nôtre Rai-
„ son.   Je

Je ne fais coment il m'eft arrivé, en raportant * les témoignages des Auteurs, qui ont eftimé, que l'Immortalité de l'Ame ne peut être prouvée que par la Révélation, d'oublier les célèbres *Puffendorff*, & *Chriftian Thomafius*, Génies du prémier ordre, qui étoient du même Sentiment, come on le peut voir dans leurs Ecrits.

p. 344. & fuiv.

L'Auteur juftifie fa prolixité & fes repetitions par deux Paffages qu'il raporte.

L'Auteur de la nouvelle Bibliothèque, en donant l'Extrait d'un Traité Anglois, intitulé, *Penfées fur diverfes matiéres fublimes & abftrufes,* le finit par une Remarque qui peut trouver fa place ici & fervir de conclufion à mon Ouvrage. ,, Il ,, paroit, par ce qu'on vient de lire, *dit* ,, *il **, que ce Traité contient plufieurs ,, chofes curieufes, mêlées cependant de ,, bien des conjectures. On réduiroit à ,, un petit Volume tout ce qu'il y a à ,, dire là deffus, fi l'on s'en tenoit uni- ,, quement à ce qui eft évident & cer- ,, tain. Quand on veut faire un Li- ,, vre d'une raifonable groffeur, il faut ,, néceffairement doner un peu de car- ,, riére à fon Efprit. Après tout il n'y ,, a rien de blamable en cela; moïen- ,, nant qu'on s'abftienne de prononcer ,, Magiftralement, & qu'on n'avance rien ,, de

* *Aouft* 1739. *p.* 529.

„ de contraire aux faines idées qu'il con-
„ vient d'avoir de Dieu, de la condui-
„ te & de la vraïe Religion. Ces re-
„ cherches ne peuvent que piquer la cu-
„ riofité, r'animer la Foi, & doner du
„ goût pour les chofes fpirituelles.

Il fe peut que fans y penfer, je fois
tombé dans cette prolixité, dont cet Auteur parle. Mais j'efpére, qu'on conviendra, que dans ce qu'on y pourra
trouver de trop, il y a moins de conjectures & de décifions, que de répetitions, que j'eftime pardonables, vû que
la Matiére abftraite & ténébreufe par
elle même que je viens de traiter, mérite bien d'être tournée de plufieurs façons,
pour en faciliter l'intelligence à ceux
qui veulent s'en inftruire, d'autant que
tous les Lecteurs n'ont pas la même capacité ni la même pénétration.

Qu'il me foit permis, pour juftifier
ces répetitions qu'on pourroit me reprocher, de raporter encore ici, ce qu'un
célèbre Auteur * que j'ai deja cité a
penfé fur le même fujet. „ Il eft vrai,
„ dit-il, qu'à l'égard de ceux qui ont beau-
„ coup de pénétration & d'Efprit & qui
„ entendent a demi mot, j'aurois pû être
„ bien plus court. Mais on écrit pour
„ toutes fortes de perfones, & il eft jufte

* Mr. Ar-
nauld:
Défenfe
contre la
Réponfe
au Livre
des vraies
& des
fauffe
idées.

„ te que les plus forts s'acomodent à la
„ portée des plus foibles, selon ce que
„ *St. Augustin* disoit à son Peuple, *Patian-*
„ *tur Aquilæ, dum pascuntur Columbæ.* J'ai
„ de plus ce défaut (car c'en est peut
„ être un) que j'ai trop d'atache à faire
„ ensorte, autant que j'en suis capable,
„ que ce que je crois vrai, soit expliqué
„ d'une maniére qu'il soit facile de le
„ bien comprendre & d'en être persua-
„ dé. C'est cela seul, ce me semble,
„ qui me fait être plus long, que je ne
„ voudrois.

Je me flate au moins, qu'on ne me pro-
chera pas les Airs Magistrals, qui assuré-
ment me conviendroient moins qu'à tout
autre. D'ailleurs je n'ai rien mis en a-
vant, qui ne soit conforme aux idées
que nous devons avoir de toutes les
Perfections de l'Etre suprême, à la Révelation, & aux principes de la droite
Raison & de la saine Philosophie.

En voilà assés sur la Défense de Mr.
Locke, en atendant que Dieu me done
assés de Vie, de santé & de loisir, pour,
dans un autre Ouvrage plus étendu &
plus méthodique, mettre dans un plus
grand jour, & prouver même, come je
m'en fais fort, par des raisons équivalentes à des Démonstrations Géométriques,

ce que je n'ai fait entrevoir que legérement dans cet Essai.

Je ne saurois cependant m'empêcher, pour faire voir que je ne suis pas le seul dans le Monde qui pense d'une certaine façon sur la nature de nôtre Etre, de raporter ici le Sentiment d'un Savant de Paris, du prémier ordre, contenû dans un Lettre qu'il écrivit il y a quelques Années à un Provincial de ses Amis, qui étant des miens, me la comuniqua, en me permettant d'en tirer une Copie.

Lettre d'un savant du prémier ordre raportée, qui a les mémes idées que l'Auteur, sur la nature de nôtre Ame

LETTRE

D'un Savant de Paris à un des Amis de l'Auteur.

J'ai vû, *dit ce Savant*, dans le Mercure de Suisse de xbre dernier, l'Ecrit de Mr. Roques contre l'Harmonie préétablie, & j'ai de l'impatience de voir, ce que le célèbre Philosophe, qui a entrepris de le defendre, y répondra. Car il me semble qu'il contient des objections, qui ne sont point meprisables. Une des choses qui me préviennent le plus contre ce Sistème, c'est, que si le Corps n'agit que suivant les Volontés de l'Ame,

* Ce Savant dont Mr. l'Auteur a l'honeur d'être co-u,a bien vûlu lui permettre de joindre cette Lettre à ce qu'il Traite.

il s'enfuit que l'Ame a des idées de tout
ce qu'elle fait faire au Corps. Et come
le Corps agit le plus souvent pour se
procurer les plaisirs des sens, il faut donc
que l'Ame en ait une idée. Or, coment nous persuaderat on, qu'une substance toute spirituelle ait une idée des
plaisirs corporels. D'ailleurs, si le Corps,
n'a aucune influence sur l'Ame, come
en convient Mr. de *Leibnitz,* il s'enfuit
qu'il ne contribue en rien aux idées de
l'Ame. Elles sont donc innées avec elle,
& par conséquent, elle fait tout d'un
coup tout ce qu'elle peut savoir; d'où
il suit, que dès qu'elle concourt avec
un Corps bien organisé, elle devroit le
faire raisoner sur toutes sortes de sciences avec une pleine conoissance. Or,
cela étant contre l'Expérience, qui nous
aprend que nous n'aquerons les conoissances que par un progrés successif; il
en faut conclure, que le principe est
faux. Il y auroit une infinité d'autres
choses à dire sur tout cela; mais ce seroit plûtôt la Matiére d'un Livre que
d'une Lettre. Le Philosophe qui refu-
tera Mrs. Roques & de Crousaz, ne man-
quera aparamment pas de répondre aussi
aux Objections de Mr. *Boullier,* qu'il a
proposées dans son Traité curieux de l'A-
me

me des Bêtes P. 11. §. 16. où il traite de
vrai songe *l'Harmonie préetablie*, & soutient qu'elle nous conduit au *fatalisme*.
Peut être pousset-il la chose trop loin
sur ce dernier point. Mais pour le reste, il faut avouer, qu'on a peine à digerer le Sistème des Monades.

A l'égard de la Matérialité de l'Ame,
si l'on écarte les préjugés, que je crois
très mal fondés, qu'elle est contraire à
la Religion; je ne vois pas ce qui peut
empêcher de l'admettre. Arrêtons nous
à celle des Bêtes, & prenés garde aux
principes de ceux qui tiennent le plus
fortement sa spiritualité, tels, par éxemple le Sieur Boullier. Il fait voir P. 11.
Ch. v. vi. que nous avons une entiére
certitude, qu'il y a en elles un principe
qui pense & qui sent. Il y avoue d'autre part, qu'il ne conçoit point de de-
monstration qui prouve, qu'il a été impossible à Dieu de construire des Machines purement corporelles, capables de
penser & de sentir. Après quoi il avoue
encore, que si Dieu a pû faire de telles
Machines, il en a pû former d'autres
encore plus parfaites, & qui imitent
parfaitement toutes les Actions des Homes. Car en ce dernier cas il n'y auroit, *dit-il*, qu'une plus grande depense
d'art

d'art à faire, une organisation plus fine, & une plus grande combinaison des resforts. Reste donc à éxaminer, si de la possibilité, on peut conclure à l'existence de la chose. Or, voici come on peut raisoner sur cela, ce me semble.

C'est un principe, dont tous les Philosophes conviennent, que la suprème intelligence agit toujours par les voïes les plus simples *frustra fit per plura, quod fieri potest per pauciora.* Or, nul doute, que la voïe de la Machine dont il s'agit, composée d'une seule substance, ne soit la plus simple de toutes. Pourquoi voulons nous donc que Dieu ait pris un autre route plus compliquée & plus embarassée ?

J'acorderai si l'on veut, que la substance consiste dans l'Unité. Mais je n'avouerai pas pour cela, que l'Ame soit une Unité; puisque je soutiens que c'est une Machine, composée de plusieurs unités combinées & modifiées.

Je ne conviendrai pas non plus, que la pensée soit un atribut de la Matiére, mais entant que combinée, il en est come de la faculté qu'a l'Aiguille de marquer l'heure, qui n'est pas un atribut de l'Aiguille, mais de l'organisation de la Montre.

Je

Je ne sais quelles peuvent être les raisons de *Mr. Leibnitz* pour croire que toute Matiére n'est pas Corps. Pour moi je n'en sens pas la diférence, & je tiens que tout ce qui est matériel, est corporel. Je m'imagine que ce Sentiment est ce qui a doné lieu à l'Apologiste de ce Philosophe de proposer entre autre cette question, *Si toutes les operations de l'Ame humaine sont spirituelles* ? Ne pourroit on pas lui répondre qu'elles sont corporelles, par ce raisonement assés simple?

L'Expérience nous aprend que toutes les idées, que nous nous formons des choses, naissent des Images, qui s'introduisent dans nos Corps par le Canal de nos sens. Cela est sensible par le détail qu'on en peut faire.

Or, rien ne passe par ce canal qui ne soit corporel, d'où il s'ensuit que l'impression de ces images sur nos organes, & la combinaison, que nos organes en peuvent faire, sont purement corporelles. Il en est donc de ces images, qui se tracent sur nôtre cerveau, come de celles qui sont représentées dans un Miroir, & qui sont sans doute corporelles, quoiqu'elles ne semblent pas l'être & qu'elles n'y laissent aucune tra-

J'a-

J'avoue que la compofition d'une Machine, telle que je la fupofe, eft dificile à comprendre. Mais qui auroit compris il y a quelques fiecles l'admirable conftruction de nos Montres & de nos Pendules? Qui auroit compris il y a 50. Ans la Fabrique de ces Tableaux mouvans, que nous admirons, & dont l'Art rafine tous les jours la compofition. Or, comparés la foible intelligence de nos Artiftes avec la Toute Puiffance de la Divinité: Une Machine telle que l'Home eft elle plus dificile, que la conftruction de l'Univers? Il me femble que fi Mr. *Leibnitz* avoit voulu foutenir un tel Siftème, il l'auroit mis dans une évidence, à laquelle on n'auroit pû réfifter.

Réflexions fur cette Lettre.

C'eft au Lecteur intelligent, après avoir comparé mes diférentes Hipothèfes avec le contenu en cette Lettre, à prendre fon Parti fur le fond des queftions dont il s'agit : Ainfi je n'en dirai pas d'avantage, & j'ajouterai feulement cette Reflexion, qu'il eft beaucoup plus aifé à des Efprits qui ont fû fe délivrer des préjugés de l'Education & de l'Autorité, de fe rencontrer dans le fentier etroit de la Vérité, qui n'eft qu'un, qu'il ne l'eft à ceux que l'Imagination égare, &

qui marchent sans guide, de trouver des Compagnons dans les routes de l'Erreur qui sont innombrables, à moins que ce ne soient de vils imitateurs, *servum Pecus*, come *Horace* les apelle.

Je ne saurois m'empêcher d'ajouter encore à tout ce que je viens de dire dans cet Ouvrage, dans lequel j'ai entrepris de combatre principalement l'Immatérialité absolue de nôtre Ame, & d'établir par contre son étendue réelle dans sa manière d'exister ; qu'aïant fondé ce Sentiment afirmatif entre autre sur ce Principe, *que les modifications réelles de l'Ame, ses Pensées actuelles sont un Langage soit extérieur ou intérieur ; Langage qui ne sauroit être conçû sans mouvement*, d'où il resulte que nôtre Ame est un Etre réellement étendu, puisque de l'aveu même de ceux qui à ce dernier égard sont dans un Sentiment contraire au mien, le mouvement est un mode de la Nature corporelle ; je ne dois laisser echaper aucune ocasion pour mieux prouver encore que je n'ai fait ce que j'ai avancé sur ce sujet.

Pour faire voir donc que ce Principe est fondé dans la nature de la chose. & que c'est pour ainsi dire un Sentiment inné dans l'Home qui reflechit & qui

Nouvelle preuve que l'Ame est un Etre étendu, tirée de l'aveu d'un célèbre Philosophe ; que le Langage distingue l'Etre raisonable des autres animaux.

raifone , même dans ceux qui ne fauroient l'acorder avec les opinions auxquelles ils adhérent d'ailleurs ; je raporterai ici ce que dit fur ce fujet un célèbre Philofophe , très conu dans la Republique des Lettres grand admirateur de
Mr. *de Leibnitz* , grand défenfeur du Siftème de *l'Harmonie préetablie* , & duquel
à cet égard on peut dire avec raifon,
Si Pergama dextra &c.

En raifonant fur l'Immortalité de l'A-
me dans un Manufcrit que ce Philofophe a deffein de rendre public , qu'un
Ami a bien voulu me comuniquer il n'y a
que peu de jours , & qui ne pourra que
faire beaucoup d'honneur à ce Philofophe, il
pofe pour Principe , *Que la Parole ou le Lan-*
gage eft ce qui diftingue l'Home, l'Etre raifonable
de tous les autres Animaux , fur quoi il dit
enfuite , *qu'il eft certain que l'Idée des de-*
terminations de la Voix humaine ou des Mots,
fe raporte tellement aux divers mouvemens
des organes qui fervent à former la parole ,
que ces articulations ou ces Mots ne peuvent
être conçus que dépendamment de l'Idée de
ces Mouvemens mêmes. Cela , fi je ne me
trompe , veut dire en d'autres Termes,
que la Parole ou le Langage , & par
conféquent la Penfée repréfentée par cette parole , ne peut être conçue fans arti-
cu-

culation , come l'articulation ne peut
être conçue fans un mouvement actuel;
c'eft ce que je foutiens auffi , & c'eft,
come je viens de dire , ce qui prouve
l'étendue réelle de l'Etre penfant, arti-
culant & parlant.

Mais come ce Philofophe eft dans le
Siftème de la Non-étendue abfolue de
l'Ame ; Siftème qui exclût l'articulation
& le mouvement actuel ; il ajoute ; *que*
c'eft l'Idée de ces mouvemens fimples & com-
binés , qui fert à l'Ame de vrai figne intelli-
gible de la Parole intérieure , à laquelle la
Parole extérieure répond précifement lorfque les
organes fe meuvent & déterminent come il
faut , la Voix qui l'acompagne.

Ce Philofophe convient 1º. Que c'eft
la Parole , le Langage articulé & diftinct
intelligible à lui même & aux autres qui
diftingue l'*Home* de tous les autres Animaux. Or il eft évident que par ce
Terme *Home* on ne peut entendre que
la Perfone & par conféquent l'Ame même.

Il convient 2º. Que dans cet Etre individuel & complet qu'il apelle *Home* ,
on peut concevoir un Langage extérieur
& un Langage intérieur , qu'il ne faut
donc pas confondre l'un avec l'autre.

Il eft évident que le Langage extérieur

rieur ne peut être atribué qu'au Corps grossier, ou au moins que ce Corps grossier n'est que la Cause instrumentale & *sine quâ non* de ce Langage.

Mais quelle est la Cause *instrumentale sine quâ non* du Langage intérieur, sans laquelle il ne sauroit être conçû? Ce ne peut être le Corps grossier. Est ce le Corps organisé que Mr. de *Leibnitz* atribue à l'Ame, qui selon ce Philosophe *asompagne toujours l'Ame même avant la conception & ne la quite point après la Mort* *? Soit: Il est donc établi dans le Sistème même de ce Philosophe, que nôtre Ame ne sauroit être conçue sans étendue réelle; & la question se reduit uniquement à ceci, savoir: Si l'Ame & ce Corps organisé font deux Parties distinctes qui forment cet Etre pensant, & qui peuvent exister independamment l'une de l'autre; ou si l'étendue, ce Corps spirituel & la faculté de penser font deux Parties essentielles ou deux atributs inséparables de l'Ame, sans laquelle elle ne pourroit être ce qu'elle est. Cette question sera examinée dans la suite de mon Ouvrage à l'ocasion de ce Passage de Mr. *de Leibnitz* raporté. Les Matériaux en font déja tout prêts. Mais acordons pour un moment, que le Corps organisé, & l'Ame font deux Etres ou deux Parties distinc-

Voïés sa Lettre a Mr. l'Abé Conti: Recueil de Mr. Desmaizeaux. T. 11. P. 340.

tes, & que ce Corps spirituel harmoni-
se avec l'Ame à l'instar du Corps grossier, il s'ensuivra, que l'Home au lieu
de deux est un composé de trois En-
tités diférentes & independantes l'une de
l'autre. Mais ce n'est pas de quoi il s'a-
git encore. Je demande seulement, ce
*que c'est que cette Idée de ces mouvemens
simples & combinés qui sert à l'Ame de vrai
signe de la Parole intérieure, à laquelle la Pa-
ro.e extérieure, répond précisément?* Me dira-t-on que c'est une faculté innée de
l'Ame que Dieu lui a donée, représen-
tative de tout ce qui se passe tant hors
d'elle qu'en elle même. Franchement,
je ne conçois rien à cette explication
ou à cette solution? Sur quoi cette Proposition est elle fondée; Sur la nature
de cette Ame. Mais en vertu de quoi
cet Etre absolument non étendu possè-
de-t'il cette faculté qui supose un certain *Sensorium* pour sentir ces represen-
tations? C'est en vertu de la Volonté
Divine. Mais ou en est la preuve? Su-
posons cependant pour un moment, que
l'Ame ait la faculté de se representer ce
qui se passe hors d'elle. On peut dire
qu'à cet égard elle est passive & active:
Passive autant qu'elle sent ce qui se passe hors d'elle; active autant qu'elle se
forme

*Reflexion
sur l'Hi-
pothése
de la fa-
culté re-
presenta-
tive de
l'Ame.*

forme une idée diſtincte de ce qu'elle
ſent : Conſéquences qui ne ſauroient ê-
tre acordées avec l'Hipothèſe de la Non-
étendue abſolue ; mais quoi qu'il en ſoit
de ces conſéquences, il n'en eſt pas de
même de la Penſée ou de la Parole intérieure. Le Principe ou la Cauſe du
Sentiment de l'Ame de ce qui ſe paſſe
extérieurement & hors d'elle, cette Cauſe eſt autre choſe qu'elle même ; au lieu
que l'Ame penſant dans l'obſcurité de la
Nuit eſt le Principe & la Cauſe elle même de ſa Penſée ou de la Parole intérieure, dont elle a le Sentiment : Elle
forme elle même le deſigné de ces mouvemens ſimples & combinés, dont, à
ce qu'on prétend, l'idée ſeit à l'Ame de
vrai ſigne de la Parole intérieure, à laquelle la Parole extérieure répond *préciſement*. Elle eſt active en penſant : Elle
eſt paſſive en ſentant ce qu'elle penſe :
Elle ſent diſtinctement ce qu'elle penſe,
par l'idée diſtincte qu'elle a des ſignes
dont elle eſt convenue avec elle même,
qui répréſentent ce qu'elle penſe. Mais
encore un coup, n'eſt ce pas elle même
qui forme ces ſignes des mouvemens ſimples & combinés dont elle a l'idée ? N'eſt
ce pas elle qui forme ces mouvemens
ſimples & combinés mêmes ? Ou ſi ce
n'eſt

n'eft pas elle même, qui forme ces fignes & ces mouvemens, qu'on nous a-
prenne donc, quelle eft cette Caufe autre que l'Ame même ? Et fi c'eft elle,
côme quant à moi, je ne faurois concevoir la Chofe autrement, je ne demande point d'autre preuve en faveur
de mon Hipothèfe que l'Ame eft un Etre
réellement & intrinféquement étendu.
Mais il y a plus : Je ne veux pas me
fervir préfentement de cet avantage que
me done le Philofophe refpectable dont
il eft queftion, quelqu'évident qu'il foit:
Je me contenterai de rejeter à pur & à
plein cette Hipothèfe : *Qu'au lieu d'une*
Puiffance motrice, Dieu a doné à l'Ame une
faculté innée répréfentative de tout ce qui fe
paffe tant hors d'elle, qu'en elle même : Je
me contente de ces deux Propofitions
mentionées fur lefquelles nous fommes
d'acord 1°. Que le Langage articulé,
diftinct & intelligible eft la Marque ca-
racteriftique de la diférence qu'il y a entre l'Home & la Bête. 2°. Que dans
l'Home on peut concevoir un Langage
extérieur & intérieur, d'où il refulte que
la penfée n'eft qu'un Langage intérieur :
Il ne m'en faut pas d'avantage pour
prouver que l'Ame capable de ce Langage

gage intérieur, eft néceſſairement un Ê-
tre réellement étendu.

Diféren-ce entre les Pro-poſitions & let Hipothè-ſes.

Mais en vertu de quoi rejetés vous ſi
ſechement cette Hipothèſe dont il eſt
queſtion, pourra-t'on m'objecter ? Pour
y répondre, je dirai, qu'il faut comencer par définir ce que c'eſt qu'une Hipothèſe, & pour examiner la diférence
qu'il y a entre ce qu'on apelle Hipothèſe & Principe; quelles ſont les Hipothèſes qu'on peut admettre, & celles qui
ſont à rejeter.

Les Principes ſont des Axiomes, des
Propoſitions évidentes, par elles mêmes
admiſes de tout le Monde, ou telles
qu'on ne ſauroit ne pas les admettre
ſans rejeter quelqu'une de ces Vérités
qu'on apelle immuables.

L'Hipothèſe eſt une Propoſition qui
reſulte d'un de ces Principes admis, tels
que je viens de les définir, ou une conſéquence que l'on tire d'un ſemblable
Principe adopté, & dont cependant la
certitude n'eſt pas fondée ſur *l'Intuition*,
& qui dans toutes ſes parties ne peut
être prouvée par une Démonſtration géometrique.

Il n'y a point de dificulté d'adopter
ces ſortes d'Hipothèſes qui éclairciſſent
les Vérités principales qu'il s'agit de mettre

tre dans un certain jour, autant qu'elles
refultent naturellement & inconteftable-
ment de ces Principes. Elles fervent
au moins à prouver par cet Argument
que Mr. Locke apelle *ad ignorantiam* ; je
veux dire, elles font admiffibles, jufqu'à
ce que quelqu'un vienne, qui à l'égard
de ce qui feroit obfcur dans ces Hipothèfes, mette quelque chofe de plus folide & de mieux raifoné à leur Place.

Dans le nombre des Hipothèfes rejet-
tables font celles qui font fondées fur
d'autres Propofitions hipothètiques ; celles qui refultent ou que l'on tire de femblables propofitions, qui auroient befoin de preuves elles mêmes. Il eft trés
évident qu'on eft en droit de ne pas admettre ces fortes d'Hipothèfes, à mefure
que les Propofitions primitives fur lesquelles on les fonde, ou d'où on les fait
refulter, font douteufes elles mêmes,
ou fauffes tout à fait.

Or, come l'Hipothèfe de nôtre Philofophe n'eft fondée que fur le Siftème
hipothètique de l'Harmonie préetablie de
Mr. *de Leibnitz*, & fur cette autre Hipothèfe, que nôtre Ame eft un E-
tre abfolument non étendu : Hipothèfe en tout fens infoutenable, ainfi que
je crois l'avoir deja fufifamment prou-

Tom. II.   E e   vé ;

vé ; j'eſtime d'être par cela ſeul en droit de la rejeter ſans l'examiner d'avantage.

Cette Diſtinction ſert pour répondre à une objection contre le Siſtème de l'Auteur, tirée de l'obſcurité qu'on lui atribue.

La diſtinction que je viens d'établir entre les Principes & les Hipothêſes, entre les Hipothêſes admiſſibles & inadmiſſibles, pourra ſervir en même tems de réponſe à une inſtance qui m'a été faite par quelques uns de ceux qui ont vû une Partie de mon Siſtème, & qui ſont dans des Sentimens opoſés aux miens ſur la nature de nôtre Ame. ,, Vous ne ,, concevés pas, *me diſoient ils*, l'Exiſtence ,, des Etres purement ſpirituels : Vous ,, ne concevés pas coment un Etre pu- ,, rement ſpirituel peut être capable des ,, propriétés & fonctions actives & paſſi- ,, ves que nous lui atribuons. Mais n'y ,, a-t-il pas, ſelon vous même, de l'hi- ,, pothétique & de l'inconcevable auſſi ,, dans vôtre Siſtème ? Vous atribüés la ,, Création de vôtre Ame, autant que ,, vous la ſupoſés étendue, & toutes ſes ,, opérations, à un certain Mecaniſme, ,, dont vous ne ſauriés vous former au- ,, cune idée, ni par conſéquent nous en ,, rendre aucune bone raiſon ; vous con- ,, venés que vous ne concevés pas, co- ,, ment ce Soufle Divin qui anime le ,, Corps ſpirituel de vôtre Ame peut o- ,, perer en elle la faculté de ſentir ; de

pen-

,, penſer & tout ce qui en dépend. Or,
,, inconcevable pour inconcevable, ne
,, vaut il pas mieux s'en tenir à l'ancien
,, Siſtême, que d'imaginer des Nouveau-
,, tés, qui ne peuvent qu'embaraſſer les
,, Eſprits encore plus qu'ils ne le ſont &c?

J'aurois bien des choſes à remarquer ſur ce raiſonement; mais je me
contenterai d'une réponſe toute ſimpie.
Je demanderai: Cette Propoſition: *Il y*
a des Etres abſolument non étendus qui exiſ-
tent; eſt elle évidente; eſt elle un Axiome? Peut on prouver cette Propoſition
Hipothètique: *Les proprietés & les facultés*
que nous apercevons dans l'Amè, ne ſauroient
être conçues que dans un Etre abſolument non
étendu? Bien loin qu'on ſoit en état de
prouver cette ſeconde Propoſition, qui eſt
un conſéquence de la premiéie, on ne
prouvera pas ſeulement l'exiſtence de ſem-
blables Etres: La Raiſon en eſt; que nous
ne ſaurions nous en former aucune idée *po-*
ſitive, & ce n'eſt que par ces idées poſitives,
que nous pouvons conoitre l'Exiſtence & la
Nature des Etres; au lieu, que je crois,
que cette Propoſition; *Il y a des Etres*
réellement étendus qui exiſtent; eſt évidente
par elle même: Et quant à cette ſeconde Propoſition qui entre dans mon Siſtème: *Il n'y a qu'un Etre réellement éten=*
E e 2   *dus*

du, *qui foit capable des proprietés & des facultés que nous atribuons à l'Ame*, je crois
l'avoir déja fufifamment prouvée dans ce
fecond Volume, indépendamment d'autres
preuves que j'en donerai dans la fuite
de mon Ouvrage. Il y a donc une
grande diférence entre vos Propofitions
ou vos Hipothèfes & les miennes.

Je dis : La formation du Corps fpirituel
de nôtre Ame, & toutes fes operations
ne peuvent être conçues fans un certain Mecanifme. Pour me nier cette Propofition, il faut nier la pré-
cédente ; celle que nôtre Ame eft un
Etre réellement étendu, & doner la preuve de la negative : C'eft en quoi vous
ne reuffirés jamais.

Je dis que je n'ai aucune Idée du Mécanifme en vertu duquel l'Ame produit
fes operations : La Raifon en eft, que
nos fens extérieurs, qui font les feuls
moïens de parvenir à la conoiffance à
cet égard, ne fauroient y pénétrer.

Je dis que le Corps fpirituel de l'Ame
eft formé par un Mécanifme. Ce Mécanifme come celui de tous les autres
Corps naturels eft une operation immédiate de la Toute Puiffance Divine. Ces
opérations font ce que nous apellons
Miracle. Il ne nous eft pas permis de
pe-

pénétrer dans la nature des Miracles.

Je dis que le Soufle Divin done la Vie & la Puiſſance active & paſſive au Corps ſpirituel de l'Ame. Pour nier cette Propoſition, il faudroit doner le démenti au Saint Eſprit. Mais coment cela ſe peut il; coment ce Soufle Divin peut il produire ces éfets? Demandés le à Dieu. Il me ſuffit à moi que le fait ſoit conſtaté. Voici une leçon que vous done un Auteur illuſtre, & un grand Partiſan du Sîlème de *Deſcartes*: „ Le „ plus grand abrègement qu'on puiſſe „ trouver, *dit it* ∗, dans l'étude des ſcien- „ ces, eſt de ne s'apliquer jamais à la „ recherche de tout ce qui eſt au deſ- „ ſus de nous, & que nous ne pouvons „ eſperer raiſonablement de pouvoir com- „ prendre. De ce genre ſont toutes les „ queſtions qui regardent la Puiſſance de „ Dieu, qu'il eſt ridicule de vouloir ren- „ fermer dans les Bornes étroites de nô- „ tre Eſprit: Il ſe perd & s'eblouit dans „ cet *abime*: Il demeure acablé ſous la „ multitude des penſées contraires qu'el- „ le fournit.

∗ *Art de penſer* Part. IV. *Ch.*1. *E.l.* VI. *p.* 346.

Ce même Auteur done ailleurs ∗ pour un *Axiome*: *Qu'on ne doit pas nier ce qui eſt clair & évident, pour ne pouvoir comprendre ce qui eſt obſcur.*

∗ *p.*384.

C'eſt

C'eſt préciſément le Cas dont il s'agit entre nous, & qui a ſon aplication auſſi à cette fameuſe Objection, qu'on ne ſauroit comprendre que *l'étendue & la faculté de penſer puiſſent coexiſter dans un même ſujet.*

Tout ce que je viens de dire, fait voir clairement, encore un coup, la diférence qu'il y a entre vos Hipothèſes & les miennes. Votre Propoſition, que nôtre Ame eſt un Etre abſolument non étendu, n'eſt rien moins qu'un Axiome, & par conſéquent tous les raiſonemens que vous fondés ſur elle, ne ſont d'aucune valeur. C'eſt une fauſſe conſéquence que vous tirés de ces Principes, que nôtre Ame eſt inviſible, impalpable, indiviſible & immortelle : Elle ne reſulte nullement de ces Principes, & je crois avoir prouvé que ces Principes ſont trés compatibles avec l'étendue réelle dans l'Ame, & que même la choſe ne ſauroit être conçue autrement. Je conclus donc que vous n'êtes nullement en droit de rejeter mon Siſtème & de vous confirmer dans vos anciennes opinions, par la Raiſon qu'il y a de l'inconcevable dans mon Siſtème, parce que l'obſcurité, ſi obſcurité y a, eſt dans la nature de la choſe même, & non dans ce Siſtème.

Fin du II. Tome.

ABREGE,

Pour servir de sommaire, ou de Table des Matiéres, par lequel le Lecteur pourra d'abord se mettre au fait du contenu en ce second Volume.

PREFACE.

M A-

MATIERES

Contenues dans le II. Tome.

Et

Tom. II. Ff

I. REMARQUE.

F f 2

Autre Paffage de ce Philofophe raporté fur le même fujet.　P. 112

La Caufe de l'Embaras & de l'Incertitude de nos conoiffances dérive en partie de l'abus que nous faifons des Termes abftraits.　114

Dificulté qu'il y a , à bien definir , ces termes & fur tout celui de *Subftance*.

Ces fortes d'Idées fimples , felon Mr. Locke , font indéfiniffables.

Il n'y auroit pas grand mal de banir tout à fait ce Terme de la bone Philofophie.　115

Mr. l'Abé Pluche cité fur ce fujet.

On perd fon tems à chercher la nature de l'Etre independamment du *concret*.

La conoiffance certaine de l'Etre réel n'eft fondée que fur le tèmoignage de nos fens extérieurs ; excepté ce que la Révelation nous enfeigne.

Encore eft elle fort incertaine.

Mr. LOCKE cité.　116

La plûpart de nos Hipothèfes en Phifique, pour ne pas dire toutes, selon ce Philosophe, ne font que conjecturales. **P. 117**

Reflexion fur le Livre IV. du Traité de l'Entendement humain de Mr. Locke.

Le Sentiment de ce Philosophe est justifié par la Conduite qu'a tenüe l'Academie Roïale des Sciences de Paris, au fujet de l'adjudication du Prix concernant la Question *fur la Caufe du flux & du reflux de la Mer.*

Le Principe pofé à la pag. 117. étant certain, coment a-t-on ofé fe promettre de prouver à *priori* la nature des Etres invifibles & impalpables à nos fens groffiers? **119**

Le *Critérium* le plus certain de l'Exiftence des Etres phifiques crées à nous conus, eft leur étendue réelle, vifible & palpable : D'où il réfulte.

1°. Que, come on a déja remarqué, il n'y a point de certitude fur ce fujet, que par le Témoignage de nos fens extérieurs.

2°. Que l'affertion des Cartéfiens, *que nos fens extérieurs nous trompent,* eft fans fondement.

3°. Que ce n'eft que par la conoiffance des Etres vifibles & palpables, que nous parvenons jufqu'à un certain point, à celle de ceux qui n'ont pas ces deux qualités à l'égard de nos fens extérieurs. P. 120

4°. Que la Conoiffance de Dieu & toute la Révélation font fondées fur ces Principes.

Le moïen le plus fûr de bien définir les Etres réels; c'eft par les atributs & les propriétés que nous reconoiffons en eux, en vertu de nos fens extérieurs.

On découvre tous les jours de nouvelles propriétés dans la Matié-re,   120

Nos prémiéres conoiffances de l'E-tre fuprème ne nous font venues que par l'Ouïe & par la Vüe.   121

Règles pour parvenir à la Conoif-fance de nôtre Ame invifible & im-palpable à nos fens groffiers.   122

1°. Ne rien fupofer ou établir qui foit contraire au témoignage de nos fens extérieurs, d'autant que

2°. Tout ce qu'on apelle Raifon, Vérité, Evidence par raport à la co-noiffance des Etres, ne peut réfulter que du parfait acord de nos fens ex-térieurs avec les fens intérieurs de nôtre Ame.

3. Ne rien supofer qui foit contradictoire avec ce qu'on veut établir dans le fond.

4. N'avancer que des Propofitions
par où les fonctions & les opérations de nôtre Ame puiffent être
clairement conçües & expliquées.

5o. Ne rien produire qui foit fujet à de plus grandes dificultés, que
ne font celles qu'on auroit envie de
lever.

Defcartes en nous donant fon Siftême fur la fpiritualité pure de l'Ame n'a guere fuivi ces règles.   **P. 123**

Il a plus hazardé en voulant prouver à *priori*, que n'a fait Mr. Locke,
en propofant modeftement fes doutes.

On ne fauroit prouver ici que par
cet Argument que le Philofophe Anglois apelle *Ad ignorantiam.*

Horace cité fur la queftion : *S'il*
y a plus de certitude dans ce que nous
voions, que dans ce que nous entendons..   **124**

Examen de ce Sentiment, qui en
conftate la Vérité, & qui conduit
à des Reflexions qui font fentir,
qu'il eft impoffible que nôtre Ame
foit un Etre abfolument non étendu.   **125**

II. REMARQUE.

Objection: *qu'il n'y a pas moïen de concevoir, coment la Matiére peut penser.*　P. 126

C'eſt le ſophiſme qu'on apelle *Ignoratio elenchi.*　127

La queſtion eſt de ſavoir ſi Dieu peut créer un Etre doué d'étendue & de la faculté de penſer ?

Mr. Locke a prouvé l'Afirmative par des raiſons ſans replique.

Ridicule de l'opinion contraire prouvé par la Comparaiſon d'un Home qui nieroit qn'il y a des Mores, parce qu'il n'a jamais vû que des Homes blancs.

Inſtance contre cette *Objection. Dieu a-t-il pu joindre & organiſer certaines particules de la Matiére, pour en former un Corps ſpirituel qui ſoit la Cauſe ſine quâ non de la faculté de penſer & de ſentir au moïen du Soufle dont* Moiſe *parle.*　128

Cela eſt auſſi aiſé à concevoir, que l'on conçoit que *deux & deux font quatre.*

La négative ne pourroit être fondée, que ſur une Propoſition pareille à celle ci : *Dieu n'a pû faire que deux & deux font quatre, parce qu'il eſt évident que deux & deux font cinq.*

L'Objection de ceux qui prétendent *que ſi l'Ame étoit un Etre étendu & organiſé, elle ſeroit diviſible, & que par conſéquent ſes capacités & leurs modiſications ſeroient diviſibles auſſi, ou diviſées*, n'eſt fondée que ſur une pareille extravagance.   P. 129

Diférence entre argumenter *d'une choſe conue à une autre qui nous eſt inconue*; & argumenter *de ce qui nous eſt conu dans une choſe, à ce qui nous eſt inconu en elle.*

L'Objection que l'Auteur combat done le démenti au Saint Eſprit, qui a dit par la bouche de St. Jean Batiſte (St. Mathieu Ch. III. v. 9.) *que Dieu des Pierres mêmes peut ſuſciter des Enfans à Abraham.*   130

Raiſonement à nôtre portée, qui fait voir que Dieu peut doner à la Matiére entant que telle, la Capacité de penſer, ou d'être *Cauſe ſine quâ non* de cette Capacité.

Raiſonement ſur l'étendue réelle de l'Etre ſuprème.   131

Les Objections contre l'étendue

réelle de Dieu font tout auſſi mal fondées.

L'Etendue réelle de la Nature Divine eſt toute diférente de celle de la Matiére à nous conuë.

Ce qui lève toutes les dificultés opoſées par ceux qui ſont d'un ſentiment contraire.

Certaines Idées abſtraites ſont apliquables à tous les Etres ſans que l'on ſoit cenſé deroger pour cela à la prééminence de nature que les uns ont ſur les autres. P. 132

Trois conſéquences que l'Auteur tire de ce principe en faveur de l'Etendüe réelle de l'Etre ſuprème.

Qui prouvent, que l'objection, *que c'eſt mettre Dieu à niveau de la Matiére vile à nous conuë*, eſt mal fondée.

Objection tirée de ce Principe p. 132. réfutée. 133

Autre conſéquence que l'Auteur tire de ce principe en faveur de l'Etendue réelle de nôtre Ame. 135

Diférences entre l'Etendue réelle de nôtre Ame, & la Matiére inſenſible. 136

1°. *Dieu peut créer un Etre, dont les principaux atributs ſeront l'Etendue réelle & la faculté de penſer.*

La double Machine humaine étendue est cause *fine quâ non* de la Capacité de penser.

Dieu a doné cette Capacité au Tout individuel, au moïen de ce soufle dont Moïse parle.

L'Immortalité de l'Ame, quoiqu'étendue, est facile à concevoir. P. 144

Il n'y a pas tant de distance de la Création à la conservation, qu'il y en avoit du néant à l'Etre que Dieu a doné à l'Ame.

Dieu n'a qu'à laisser l'Ame dans l'état, où elle se trouve, lors de sa séparation du Corps grossier.

Ce que l'Auteur soutient n'est point contraire aux Termes de *Moïse* raportés. *Gen.* II 7.

Diférence entre la Machine humaine & celle des Bêtes. 146

De la diférence des organes dépend celle des facultés intelectuelles.

La faculté de former des sons articulés distincts & de produire des Idées abstraites nominales, est ce qui distingue l'Etre raisonable des Bêtes.

Cette Distinction est principalement fondée sur les *Causes finales.* 147

Le Péché confiste moins dans l'Acte phifique, que dans l'intention & dans la transgreffion de la Loi.

Le Péché eft donc un Erre moral.

III. REMARQUE.

Queftion : *Si une fubftance étendue & folide peut penfer ?*

La Matiére ne peut tirer cette Capacité de fon propre fond ; mais Dieu peut joindre cette faculté à quelques particules de la Matiére.

Penfer, que celui, *que les Cieux & les Cieux des Cieux ne peuvent contenir,* eft femblable au Point mathématique, eft une efpéce de blafphême.

Tom. II.　　　　　G g

Jufte idée qu'on doit fe former du Terme Efprit.

Cette Idée & le Siftème de l'Auteur répondent à toutes les grandes fins que la Révélation nous develope.

La Diftinction entre les Etres étendus & non étendus eft purement arbitraire & imaginaire.

Explication du Paffage de St. Luc. XXIV. 39.

Conforme à celle de Mr. *Cudworth.*

Deux Paffages St. *Jean.* Ch. xx. 39. & St. *Luc.* Ch. xxiv. 30. 31. raportés.

Sens qu'il convient de doner aux Termes dont J. C. s'eft fervi dans ces Paffages.

Le Corps de J. C. après fa Refurrection, en confervant la même figure extérieure, eft devenu un Corps fpirituel & glorieux.

Ce qui prouve que les Corps fpirituels ne font pas invifibles abfolument.

C'eft par un Miracle que N. S. après fa refurrection s'eft manifefté à fes Difciples.

Ce qui fait voir que les Etres fpirituels ne font pas invifibles abfolument à nos fens groffiers mêmes, &
par conféquent que ces Etres font
réellement étendus. P. 187

Dieu peut ôter à nos fens extérieurs le défaut qui les empêche de
les apercevoir, fans quoi l'Ecriture ne
pourroit pas dire, *que nous verrons*
Dieu face à face dans la vie avenir. 188

Conféquences que l'Auteur tire de
la Prop. énoncée p. 185. qui prouvent, que c'eft inutilement qu'on
nous allegueroit l'invifibilité & l'impalpabilité de nos Ames, pour argumenter à leur prétendue Immatérialité pure.

IV. REMARQUE.

Supofition de Mr. *Locke que Dieu*
peut créer ou faire exifter une fubftance
immatérielle, qui fans doute ne perdra
pas fon être de fubftance, quoique Dieu
ne lui done que cette fimple exiftence,
fans lui comuniquer aucune activité

Dificultés à laquelle cette fupofition eft fujete. 189

Elle eft inconcevable à nôtre Raifon.

V. REMARQUE.

Gg 3

un Etre abfolument non étendu. P. 197

Un Etre non étendu ne peut être le fujet d'inherence de quelque mode que ce foit.

Les modifications de l'Activité fupofent un changement de lieu, de fituation, de figure ou d'atitude.

La penfée eft un Langage de l'Etre avec foi même ou avec les autres, qui fupofe un mouvement, autre modification de l'Activité.

Un Etre abfolument non étendu, en eft incapable.

On trouvera plûtôt la Quadrature du Cercle ou le mouvement perpétuel, que la folution à toutes ces dificultés. 198

Plufieurs inftances contre la Non étendüe de l'Ame.

La diverfité des modifications ne fauroit être conçue dans la fimplicité abfolüe.

La capacité de penfer n'apartient qu'à la fubftance qui a le Principe du mouvement en elle.

Le fil, la fuite des Penfées, ou

le paſſage d'une penſée à l'autre ;
celui du repos à l'activité , ſupoſent
un mouvement qui ne peut être
qu'une proprieté des Etres réellement étendus.　　　　　P. 199

VI. REMARQUE.

Objection : *On ne ſauroit concevoir,*
coment la ſubſtance ſolide peut être ca-
pable de ſe mouvoir elle même.

Il eſt impoſſible qu'une ſubſtance
non étendue ſe meuve ni activement
ni paſſivement.

Aſſertions ridicules des *Carteſiens*,
qui ſupoſent que l'Ame n'ocupe aucun lieu.　　　　　　　　200

La ſubſtance étendüe a tout ce
qu'il lui faut pour être ſuſceptible
du mouvement *paſſif.*

Les mêmes proprietés de cette
ſubſtance ſont néceſſaires pour être
des Cauſes *ſine quibus non*, du mouvement *actif.*

La ſubſtance étendue peut ſe mouvoir & agir ſur elle même & ſur
d'autres ſubſtances.　　　　203

Gg 4

Elle peut agir extérieurement & intérieurement.

Les Actes de nôtre Etre intérieur font reflechis fur lui même; il y a donc un *reflechiffant* & un *reflechi* en lui.

P. 204

Tout cela prouve l'étendue réelle de l'Ame.

Ariftote & *Plutarque* faifoient confifter la principale proprieté de l'Ame dans la force de fe mouvoir, qui ne peut convenir qu'à un Etre étendu.

205

Les Sentimens de plaifir & de douleur font des mouvemens intérieurs, qui ne fauroient être conçûs dans un Etre qui n'a ni *extérieur* ni *intérieur*.

L'A ne peut tomber foudainement d'une extrémité de fenfation dans l'autre; changement qui ne fauroit être conçû dans un Etre non étendu, fans un Miracle perpetuel.

206

Encore ne faurions nous concevoir la poffibilité d'un femblable Miracle.

Objection : *Où placera-t-on dans le Corps groffier l'Ame réellement étendüe,*

invisible & impalpable, & par consé-
quent semblable au Point Mathémati-
que ? P. 207

Réponse : Il n'y a point de compa-
raison entre l'étendue réelle, quelle
qu'elle soit, & le Point Mathématique.

Il y a des Etres réellement existans, qui ne sauroient être découverts par le Microscope, & qui ont
néanmoins en petit toutes les parties d'un Eléphant ou d'une Baleine. 208

Le manque de conoissance distincte où l'Ame est placée dans le Corps
ne prouve rien contre son étendue
réelle.

Cette dificulté est encore plus
grande dans les autres Sistèmes.

La Pensée actuelle est réellement
un Langage intérieur. 209

C'est le Sentiment de *Platon*, de
Mrs. *Esprit* & *Thomasius*.

L'Imperceptibilité de l'Articulation
interieure ne prouve rien contre cette Proposition. 210

Elle est rendüe sensible par la

transpiration imperceptible de nos Corps, qui se fait par un Mecanisme ou par un mouvement phisique.

Un être non étendu ne sauroit se mouvoir, articuler, former des sons, & se les rendre intelligibles à soi même.

Objection des Cartésiens : Que ce qui paroit incomprehensible à l'Auteur, ne sauroit être conçû par *l'Imagination*, mais seulement par *l'Intellect pur*. P.211

La Distinction entre l'Imagination & l'Intellect pur n'a point de fondement.

L'Auteur fait voir en quoi consiste cette diférence.

Objection : Il resulte de l'Hipothèse de l'Auteur, qui fait de nôtre Ame un Etre composé, qu'elle est mortelle & périssable. 212

Cette Hipothèse de l'Auteur est fondée sur celle du célèbre Mr. de *Leibnitz*. 213

Diférence entre ces deux Hipothèses expliquée.

La composition ne supose pas absolument & nécessairement la décomposition. 216

La Véracité de Dieu eſt le grand fondement de l'Immortalité de nôtre Ame.

Dieu ne décompoſera point ce compoſé de l'Ame, & aucune Créature ne le peut.

Cet Etre ne ſe decompoſera pas de lui même par une défaillance de ſa nature.

L'Entrepriſe de *Deſcartes* de prouver l'Immortalité de l'Ame par ſa propre nature, étoit une Curioſité préſomptüeuſe.   P. 217

Dieu peut il detruire l'Ame ? Oui il le peut ; donc elle n'eſt pas immortelle par ſa propre nature.   218

C'eſt le Sentiment de Mr. Baïle

L'Hipothèſe de Deſcartes, *Que l'Ame eſt immortelle par ſa propre nature*, prouve trop.   219

Elle prouveroit que Dieu même ne pourroit la détruire, qu'elle exiſteroit par elle même, & independamment de Dieu.

L'Exiſtence par ſoi même, & l'Immortalité par ſa propre nature, ſont deux atributs, qui n'apartiennent qu'à l'Etre ſuprème, excluſivement à tout autre Etre.

Si l'Ame n'eſt immortelle que dans un ſens limité ; Deſcartes n'a pas prouvé ce qu'il avoit entrepris de prouver. Il n'a rien prouvé : Il ne va pas plus loin que l'Auteur.

L'Immortalité de l'Ame n'eſt pas moins certaine dans le Siſtème de l'Auteur, qu'elle l'eſt dans tous les autres.   P. 22o

Il étoit inutile d'imaginer des Siſtèmes pour prouver l'Immortalité de l'Ame, qui dans un ſens font Dieu Auteur du Péché & ôtent la Liberté à l'Etre raiſonable.   221

L'Immutabilité phiſique de Dieu eſt de droit & de fait.   221

L'Indiviſibilité de nôtre Ame eſt de fait, & ſemblable à celle des Atomes.

Sentiment de l'Auteur des *Penſées diverſes ſur l'Home*, concernant la nature de nôtre Ame.   223

Reflexions de l'Auteur ſur ce Paſſage raporté.   224

Le raport entre ce que cet Auteur eſtimable apelle *un je ne ſais quoi*, *un Soufle*, & les organes corporels, n'eſt point établi.

Manière de concevoir ce raport

entre l'Ame & le Corps groſſier.   P. 225.

Ce raport ne peut être fondé que ſur une proprieté comune à l'une & à l'autre, qui eſt *l'étendue réelle*.

Ce raport fait évanouir toutes les dificultés inſolubles dans les autres Siſtèmes.   226

Objection contre l'Auteur : *Qu'il varie dans ſa façon de penſer.*   227

Répohſe : Le Soufle Divin, qui ſelon *l'Auteur des penſées diverſes* eſt une émanation de la Divinité, en cette qualité n'eſt pas un Etre crée, une ſubſtance capable d'Activité par elle même.   228

Il n'eſt donc qu'un Principe de Vie, qui anime un Etre réel, & en fait, ce que cet Auteur apelle le *Nous*.

Definition de ce *Nous*, qui ſelon cet Auteur, en qualité d'un Etre *actif* conduit &c.   Ce même *Nous*, conſideré en tant que *ſenſitif & paſſif*.   229

Les organes de ce *Nous*, étant, ſelon cet Auteur, tout au moins des Cauſes *ſine quibus non* de l'Activité de ce *nous*; il ſuit que nôtre Ame

ne peut être envifagée come abfolument non étendüe, & que par conféquent, en adhérant au fentiment de
cet Auteur, l'on ne *varie point*, ou
l'on ne tombe point dans la contradiction. P. 230

VII. REMARQUE.

Selon M. Locke les Bêtes penfent. 231

Il y a lieu de croire, que Defcartes n'étoit pas plus perfuadé de la vérité de fon Hipothèfe, *que les Bêtes font
de pures Machines*, que le font ceux qui
font dans un fentiment contraire au
fien.

Quelle étoit, felon la Reflexion
d'un Savant raportée, la vüe fecrete
de Defcartes ; en imaginant cette
Hipothèfe.

Cette Réflexion fait honeur à Defcartes.

Conféquences qui réfultent de ce
principe, *Que les Bêtes penfent*, fort em-
baraffantes pour ceux qui nient, que
Dieu peut joindre la faculté de penfer
à la Matière, ou qui atribuent une
Ame mortelle ou immortelle aux
Bêtes. 232

Les plus habiles & les plus modeftes

VIII. REMARQUE

Question faite à M. Locke : *Qu'y a-t-il dans la Matiére, qui pût repondre au sentiment intérieur, que nous avons de nos actions ?*　　237

Réponse de l'Auteur : *Il y a Capacité*; non entant que cette Matiere est brute & informe ; mais entant qu'elle est arrangée d'une certaine façon, par le Divin Ouvrier.

Cette Capacité de la Matiére est purement passive.

La Capacité active n'apartient qu'à

l'Etre complet doué d'Etendue & du Soufle Divin dont il est animé. P. 238

Ce Soufle Divin opére cette capacité active, en vertu de la Volonté & de la Toute Puissance Divine.

L'Arrangement de cet Etre étendu & pensant, tel qu'il est, étoit nécessaire, puisque Dieu l'a preferé à tous les autres arrangemens possibles.

Le *Coment* des modifications de cet Etre est conu à Dieu seul.

Reflexions sur la Nature de l'Ame, à l'ocasion de la question, dont il s'agit.

L'Ame peut être quelqu'autre chose, que ce que nous apellons proprement *Matiére* & *Esprit*. 240

Soit qu'on la regarde come une substance diférente de ce qu'on apelle *Matiére* & *Esprit*, ou come un composé de ces deux choses; elle a d'un côté toutes les proprietés nécessaires, de cette Matiére, à laquelle ceux à qui l'Auteur a à faire refusent la Capacité de penser : Elle a d'un autre côté toutes celles que l'on atribue à la Nature spirituelle, dans laquelle l'Auteur ne sauroit concevoir la non étendue absolue.

C'est un point de fait & de senti-
timent, qui ne sauroit être contesté,
& qui rend par conséquent inutile
toutes les autres recherches qu'on
pourroit faire pour parvenir à une
connoissance plus distincte sur la Nature de l'Ame.   P. 241

1. Cette Proposition ne renferme
rien de contradictoire en aucun sens.

2°. La chose ne sauroit être envisagée autrement, sans démentir l'Experience, ou sans tomber dans des
contradictions manifestes.

Il ne seroit pas absurde de dire,
que nôtre Ame tient quelque chose
de la Nature de l'Etendue & de la
Nature de la spiritualité réelle de
Dieu lui même, ou de celle des Etres
au dessus de l'Humanité.   242

En se fondant sur le Passage de
S. Paul Act. XXVII. 28. 29.

Mais il convient mieux de s'en
tenir aux Termes de Moïse.   243

L'Indivisibilité ou l'Immortalité de
l'Ame, est plus évidente dans le Sistême de l'Auteur que dans les autres.   244

Le sentiment de l'Auteur sur la
Nature de l'Ame est conforme à celui
de M. Colliber, savant Anglois.   247

IX. REMARQUE.

penſant; mais détruire ce Corps &
créer un Etre penſant à la place.

S'il reſtoit quelque choſe de ce
Corps qui pût ſervir à une metamor-
phoſe, on peut dire, que Dieu changeroit l'arrangement de ce Corps
inſenſible, & le rendroit capable
de la penſée au moïen de ſon Soufle Divin, dont il l'animeroit. P. 254

Supoſé que Dieu ait ôté de ce Corps
tout ce qui le diſtinguoit de la Subſtance prétendue immatérielle, en lui donant la faculté de penſer, ne pouroit-il
pas lui redoner la ſolidité, ſans lui ôter
cette faculté de penſer? 255

Qui eſt ce qui niera que cela eſt
poſſible à Dieu?

Il eſt impoſſible de prouver que
l'Etendue & la faculté de penſer ſont
incompatibles dans un même ſujet. 256

X. REMARQUE.

Objection de M. Locke. S'il eſt dangereux de ne pas admettre l'immaterialité
de l'Ame, il faloit mieux la prouver qu'on
n'a fait. Le D. Stilingfleet l'a t-il fait?
Il n'a pû le faire. 257

C'est manquer au respect que l'on doit à l'Etre suprême & à sa veracité, que d'entreprendre de prouver l'Immortalité de l'Ame par la Raison.

Il est moins dangereux de combatre l'immatérialité de l'Ame que de la soutenir.

Certains Sistèmes sur la Nature de l'Ame ont fait plus de mal, que n'a fait le libertinage. **P. 258**

Sentiment de M. *Gordon* sur ce sujet. **259**

XI. REMARQUE.

Prop. de M. *Locke*: *Avant Descartes on n'a point revoqué en doute que Dieu peut joindre la faculté de penser à la Matiére.*

Le Sistème de *Descartes* n'est d'aucune solidité. **262**

Celui de l'Harmonie préétablie n'est pas mieux fondé, & il est moins suivi encore.

Sentiment d'un Savant de Paris sur le Sistème du P. *Malebranche*.

XII. REMARQUE

L'Etendue atribuée aux Esprits, selon Mr. *Locke*, n'est pas une idée nouvelle.

Chés les Anciens, l'Esprit n'étoit autre chose, *qu'un Etre invisible, vivant, pensant, libre, immortel, qui a en lui même le principe de ses Actions & de ses mouvemens.* P. 264

Les Anciens ont crû que Dieu lui même n'est pas un *Esprit pur*, à prendre ce Terme dans la signification qu'on lui done aujourd'hui.

Selon *Origene* ils ont entrepris de prouver l'étendue réelle de Dieu par ce Passage même (St. Jean Ch. IV. 24.) *Deus spiritus est.*

Dans les anciennes Langues Hebraiques, Grèque & Latine les Termes, *Esprit, Ame, Vent, Soufle* étoient *Sinonimes.* 265

Ce qui s'acorde avec le Texte de Moïse sur la Création de l'Home.

Ce Soufle ne sauroit être conçû que dans un Etre capable de le recevoir; dans un Etre réellement étendu. 266

RAISONEMENS *sur le Sistème*
Hh 3

Le but de l'Auteur est de rétablir le Sistème de l'Influence phisique, en le rectifiant. P. 267

Ce Sistème bien entendu est fondé
sur la nature de la chose & sur l'expérience.

Les Auteurs des Sistèmes des Caufes ocafionelles & de l'Harmonie
préetablie ont senti la néceffité de
redreffer l'ancien Sistème ; mais ils
ont mal réuffi.

Les conféquences qui réfultent de
ces deux Sistèmes, par raport à la
Religion, font bien plus redoutables
que ne le font celles que l'on tire
de l'Ancien Sistème, & qui fe ré-
duifent à ce feul point, que nôtre
Ame feroit mortelle & périffable fi
elle étoit étendue.

L'Idée que Dieu ne peut doner
l'Immortalité à un Etre réellement
étendu, eft dérogatoire aux notions
que nous devons avoir de la Toute
Puiffance de l'Etre fuprème. 268

Paffage de l'Apôtre St. PAUL cité, pour prouver la Réfurrection de
nos Corps groffiers.

Si Dieu peut doner l'Immortalité

au Corps groffier , pourquoi ne pourroit-il pas l'avoir donée auffi au Corps fpirituel de l'Ame?

se qu'un Langage qui supose le mouvement.

Il en resulte

1°. Que ces mouvemens ne peuvent convenir qu'à un Etre réellement étendu.

2°. Que si l'Ame a la Puissance
de produire cette Volition qui est
un Acte phisique, elle a celle aussi
de mouvoir (par exemple) le bras,
qui est l'efet de cette Volition.

3°. Qu'elle a donc un Empire immédiat ou une influence phisique &
réelle sur le Corps.

4°. Que si elle a cette influence
sur le Corps, il n'y a plus aucune
dificulté d'etablir l'influence réciproque dont il est question.

Ces conséquences font tomber la
seconde objection.

Elles prouvent l'étendue réelle de
l'Ame.

Ou Dieu est la Cause immédiate
de toutes les modifications quelconques de l'Ame, & l'Ame n'est qu'u-
ne Machine;

Ou l'Ame est un Etre réellement
étendu, puisque la Capacité du mou-

vement n'apartient qu'aux Etres é-
tendus.

Les Volitions de l'Ame ne sauroient être conçües que dans le sens
que leur done l'Auteur.

Elles sont inconcevables dans un
Etre absolument non étendu.

Il n'y a aucune Opération réelle,
quelle qu'elle soit, & dans quelque
Etre que ce soit, qui puisse être conçüe sans mouvement.

Il n'est pas permis de fonder des
Hipothèses insoutenables sur nôtre ignorance.   P. 281

L'Etendue réelle de l'Ame suit des
propres Principes des Immatériali-
stes.

L'Activité, atribut caractéristique
de l'Ame, ne sauroit être conçüe
sans mouvement ; ce qui prouve encore l'étendue réelle de l'Ame.   282

Sans cette étendue réelle de l'A-
me, les organes des sens extérieurs
seroient des hors d'oeuvre.   283

Autre Reflexions contre la seconde Objection.   284

Elle n'est qu'un Jargon inintelligible,
auquel on ne sauroit doner aucun
sens raisonable.

Le bras ne peut être levé sans un mouvement. La Volonté, *dit-on*, n'est pas proprement la Cause de ce mouvement. De quoi est elle donc Cause ?

Dieu, dit-on, dans le Siſtème Cartéſien, qui conoit cette Volonté produit ce mouvement.   P. 285

Mais coment Dieu conoit il cette Volonté ?

Si c'eſt à quelque ſigne, ce ſigne dénote un mouvement ou un changement, qui dénote la Capacité de ſe mouvoir, & par conſéquent l'Etendue réelle de l'Ame. Dans ce Cas l'Intervention de Dieu n'eſt pas néceſſaire.

Ou Dieu la conoit en vertu de la ſérie des choſes, ou par les Cauſes antécédentes, qui ocaſionent cette Volonté. Dans ce cas la Volonté de l'Ame eſt néceſſaire, & l'Ame n'eſt nullement libre.   286

Dieu n'étant point la Cauſe de cette Volonté qui produit le mouvement, dira-t-on, que ce mouvement eſt produit par de certaines Loix établies par le Créateur ? Où eſt la preuve de cette aſſertion ?

Elle n'eſt fondée ni ſur la Révélation; ni fur la nature de la chofe.

Si ces Loix font des caufes fecondes, quelle Idée peut-on avoir de ces caufes & de ce mécanifme?

Entend on par ces Loix une operation immédiate de Dieu? Les mêmes dificultés reviennent.   P. 287

Qu'on convienne que nôtre Ame eſt étendue, & toutes les dificultés s'évanouïront.

Les objections N°. 3. 4. 5. qui ne portent fur l'Ancien Siſtéme de l'influence, qu'autant qu'il eſt fondé fur l'immatérialité de l'Ame, (Pétition de Principe des deux cotés) ne demandent donc pas de reponfe.

L'Auteur n'a rien à dire non plus fur le *Sixiéme Argument*, par la même raifon.

Cet Argument donne cependant lieu à des reflexions fur deux découvertes faites par nos Géometres modernes concernant le mouvement.   288

1. *Qu'il y a toûjours dans l'Univers la même quantité de force.*

2. *Que la direction de cette force ou du mouvement eſt toûjours la même.*

Les Partifans des deux Siſtèmes emploïent ces deux principes contre l'Ancien.

Dans l'Hipothèſe de l'Immaterialité de l'Ame, il n'y a rien à répondre.

M. de *Leibnitz* fait uſage du ſecond
Principe contre *Deſcartes*.   289

Ses raiſons ſont victorieuſes.

Mais elles ne peuvent rien contre
le Siſtème de l'Auteur, qui ſupoſe
avec raiſon, que l'Ame étendüe a
ſa quotepart de cette force, qui
fait le total de celle qui eſt dans
tous les Corps dont l'Univers eſt
compoſé.   290

Raiſons qui prouvent que le ſecond principe n'eſt point contraire à
la liberté de l'Ame.   291

Ces deux Principes réſultent plus
évidemment du Siſtème de l'Auteur,
que de la Demonſtration de nos Géomêtres.   292

M· *Sgraveſande* panche du côté du
Siſtème de l'Infiuence, malgré ce
qu'il a dit en faveur de celui des
Cauſes ocaſionelles.   293

La poſſibilité ou l'impoſſibilité du
Siſtème de l'Infiuence dépend uniquement de la Queſtion : *Si nôtre Ame eſt
étendüe ou non étendüe.*   295

ner enfuite par fes proprietés & fes fonctions, fi elle eft étendüe ou non.

Il y a d'autres Etres compofés & indivifibles de fait come les Globes celeftes, & l'Univers même. P. 301

La Capacité de penfer de l'Etre doüé d'étendue eft diferente des proprietés (come la grandeur, la figure &c.) que nous apercevons dans la Matiére. 302

Preuve de cette Propofition, qui fait voir l'inconfequence de l'Argument de M. *Sgravefande*. 303

Certaines proprietés ne font pas à la Matiére compofée même, ce que lui font la grandeur, la figure &c.

Cette Prop: eft prouvée par le mouvement d'une Montre, montée.

Le mouvement peut être divifé intellectuellement : Mais non pas phifiquement. 305

Selon le R. P. Daniel, toutes les queftions & les Raifonemens que les Anciens Philofophes faifoient fur la divifibilité du Mouvement étoient chimériques. 306

Diftinction à remarquer fur la comparaifon de l'Ame avec une Montre.

Le Principe de la Puissance est tout
entier & indivisiblement dans
l'Ame. P. 308

La question, si lorsque ce Principe se modifie, toutes les Parties du
Corps spirituel de l'Ame sont en
mouvement ou non, est inexplicable, de même que le mécanisme de
ses operations.

On peut dire, que les Parties immobiles du Corps grossier & du Corps
spirituel de l'Ame, suposé qu'il y en
ait, sont à l'Ame toute entiere, ce
que les Parties d'une Montre, qui ne
se meuvent point, sont au Tout de
cette Machine artificielle, & qu'elles
sont *des Parties integrantes*, & *Causes*
sine quibus non. 309

L'Argument de M. *Sgravesande* ne
prouve rien. 310

1. Parce que le Corps spirituel de
l'Ame est indivisible de fait.

2. Parce que la Capacité de penser
n'étant qu'un mode, elle est indivisible aussi, come l'est tout ce qui s'a-
pelle *Capacité*. 311

L'Indivisibilité de la capacité d'indiquer les heures, & celle de la capacité de penser, résultent de l'In-
tention des Ouvriers respectifs. El-

Tom. II. I i

prouver l'Immatérialité de l'Ame par la Raison?

Ne pas se contenter du témoignage respectable de celui qui est le Créateur & le Conservateur de l'Ame; c'est révoquer en doute la Véracité de cet Etre suprème; c'est vouloir aller plus loin, que Dieu n'est allé lui même.

Est il plus aisé de prouver le Dogme de l'Immortalité de l'Ame par la Révélation ou par la Raison.

La Raison, de la maniére qu'on l'a emploïée jufqu'à préfent, n'a fervi qu'à embaraffer cette Matiére & à produire des éfets diamétralement opofés à ceux qu'on pouvoit avoir en vûe.

me s'excluent celles du Jour & de la Nuit; ce qui est impossible. P.398

repétitions par deux Paſſages qu'il raporte.

F I N du Somaire des Matières.

FAUTES

A corriger dans le Ier VOLUME.

Page IX. Du Difc. Prélimin. L. 4. & 5. *Que Dieu n'a pas fû trouver ce moïen, ou un moïen &c.* Lifés ; *fans quil ait fû trou-trouver pour éxécuter tout cela un moïen &c.*

P. XXXI. L. 20. *à mettre pat là,* lifés, *de mettre par là.*

P. XXXIV. L. 20. *præmatur,* lifés, *prematur.*

P. XL. L. 2. *& de quelle,* lifés, *& voir de quelle.*

P. XLV. L. 15. *præmatur,* lifés, *prematur.*

Ibid. Note marginale. *Réponfe à difé-,* ajoutés, *à diférentes Objections.*

LII. L. 3. *un faute,* lifés, *un faux.*

LIX. L. 8. *de plus douce confolation,* lifés, *de plus douce ocupation.*

IX. L. 22. *de les prefcrire,* lifés, *de le prefcrire.*

LXXIV. L. 22. *ils fe coulent,* lifés, *il fe coule.*

CXV. L. 3. *imprudent,* lifés, *impudent.*

TOME I. PARTIE Iere

P. 15. L. 16. *Efacés chacune.*

P. 32. L. 21. *a reflé,* lifés, *eft reflée.*

P. 46. L. dernière, *fat*, lisés, *fait*.

P. 56. L. 18. *Expliquare*, lisés, *explicare*.

P. 59. VIII. *Remarque*, lisés, *VII. Remarque*.

P. 84. L. dernière, *& si elle n'y opére pas*, lisés, *& qu'elle y opére*.

P. 94. L. 3. *signiefira*, lisés, *signifiera*.

P. 134. L. 7. *qu'il soutenoit*, lisés, *qu'ils soutenoient*.

P. 151. L. 23. *de sa nature*, lisés, *de la nature de l'Ame*.

P. 152. L. 7. *a pensé*, lisés, *pense*.

P. 157. L. 13. Ajoutés à la Marge, *Voïes p. 32. & suiv.*

Ibid. L. dernière, *Impossilité*, lisés, *Impossibilité*.

P. 159. L. 10. *assûrer*, lisés, *rassûrer*.

P. 209. L. 22. *spiritüel*, lisés, *spirituels*.

P. 262. L. 26. *sont*, lisés, *font*.

P. 272. L. dernière, *Comunication*, ajoutés, *de force*.

P. 291. L. 19. *ne peut*, lisés, *ne peut faire*.

Ibidem, *sans être*, lisés, *sans qu'il soit*.

P. 301. L. 13. Ajoutés en Note Marg. *Pour & Contre Nº. 336*.

P. 303. L. 5. Ajoutés de même, *Genése II. 7*.

P. 316. L. 7. & 8. *une Chimère*, lisés, *des Chiméres*.

P. 328. L. 13. Après *triviales*, ajoutés, *entre ce*.

PARTIE II.

P. 4. L. 1. *qu'il sait*, lisés, *que l'Auteur sait*.

P. 15. L. 2. *à posriori*, *ne pourroient*, lifés, *à posteriori*, *ne peuvent*.

P. 29. L. 4. *probetur*, lifés, *probentur*.

Ibid. L. 23. & 25. *Hipoteheticam*, lifés, *Hipotheticam*.

P. 49. L. derniére & 50. L. prémiére, *extérieures & intérieures*, lifés, *extérieure & intérieure*.

P. 79. L. pénultiéme, *métaphifique*, lifés, *mathématique*.

P. 74. L. 5. Après *métaphifique* en place de ; mettés. & ligne 9. au lieu de . mettés ;

P. 85. L. pénultiéme, après *fuite*, ajoutés, *que*, & p. 86. L. 1. après *Idée*, ajoutés, *est une pure chimére*.

P. 119. L. 28. *élevés*, lifés, *élevées*.

II. TOME.

Page 28. L. 5. *Ruftibus*, lifés, *rupibus*.

P. 34. Note Marginale, *Hiopthéfes*, lifés, *Hipothéfe*.

P. 36. L. 11. *décidé de ton fort*, lifés, *décidé ton fort*.

P. 40. L. 4. *difcrepitans que*, lifés, *difcrepitanfque*.

Ibid. L. 16. Retranchés un *que*.

Ib. L. 20. *afeélion*, lifés, *afeélation*.

P. 60. L. 9. *riducule*, lifés, *ridicule*.

P. 62. L. 7. 8. *come a fait nôtre Abé d'infinüer*, lifés, *d'infinuer come a fait &c.*

Pag. 80. L. 3. après *général*, ponctüés avec ;

P: 107. L. 19. *féminime*, lifés, *féminine*.

P. 109. N. Marg. p. 56. lifés, 77.

P. 120. N. Marg. lifés, *Moïen fûr.*

P. 123. N. Marg. *fuivie*, lifés, *fuivies.*

P. 129. L. 13. Après *divifée auffi*, ajoutés ; *ce raifonement eft du même calibre.*

P. 141. L. 9. *éxécucuter*, lifés, *éxécuter.*

P. 187. L. 6. *aux*, lifés, *eux*,

P. 200. L. 3. *fine quâ non*, lifés, *fine quibus non.*

P. 215. L. 17. *Crateur*, lifés, *Créateur.*

Ibid. L. 23. *doner*, lifés, *done.*

P. 255. L. 12. *C'eft paffif, donc le fujet*, lifés, *c'eft donc le fujet paffif.*

P. 269. L. 20. *inftruit*, lifés, *inftruits.*

P. 281. L. dernière, *n'eft qu'un Etre*, lifés, *eft un Etre.*

P. 287. L. 22. *d'autant qu'ils ne font fondés que fur l'Hipothèfe*, lifés, *puis qu'ils ne portent fur le Siftème de l'Influence qu'autant qu'il eft fondé fur l'Hipothèfe &ɕ.*

P. 306. Ligne pénultiéme, retranchés un *en.*

P. 348. L. 15. *véritahle*, lifés, *véritable.*

P. 360. L. 15. *ne peut confifter dans*, lifés, *ne peut confifter que dans.*

P. 368. L. 9. *La mortalité*, lifés, *l'immortalité.*

P. 377. L. 8. *rrouveroit*, lifés, *trouveroit.*